2023 中国乡村振兴综合调查研究报告

CHINA RURAL
REVITALIZATION SURVEY 2023

魏后凯 ◎ 主　编
张海鹏　王术坤 ◎ 副主编

中国社会科学出版社

图书在版编目（CIP）数据

中国乡村振兴综合调查研究报告.2023/魏后凯主编.
—北京：中国社会科学出版社，2023.12
ISBN 978-7-5227-2831-5

Ⅰ.①中… Ⅱ.①魏… Ⅲ.①农村—社会主义建设—研究报告—中国—2023 Ⅳ.①F320.3

中国国家版本馆 CIP 数据核字（2023）第 242341 号

出 版 人	赵剑英
责任编辑	李斯佳　刘晓红
责任校对	周晓东
责任印制	戴　宽

出　　版	中国社会科学出版社
社　　址	北京鼓楼西大街甲 158 号
邮　　编	100720
网　　址	http://www.csspw.cn
发 行 部	010-84083685
门 市 部	010-84029450
经　　销	新华书店及其他书店
印刷装订	北京君升印刷有限公司
版　　次	2023 年 12 月第 1 版
印　　次	2023 年 12 月第 1 次印刷
开　　本	710×1000　1/16
印　　张	29
字　　数	460 千字
定　　价	169.00 元

凡购买中国社会科学出版社图书，如有质量问题请与本社营销中心联系调换
电话：010-84083683
版权所有　侵权必究

编委会

主　编　魏后凯
副主编　张海鹏　王术坤
编　委　（按拼音排序）
　　　　　崔　凯　董　翀　杜　鑫　顾冬冬
　　　　　胡晓燕　胡　祎　李登旺　李　功
　　　　　李婷婷　林　珊　刘梦婷　刘长全
　　　　　芦千文　罗千峰　罗万纯　乔　慧
　　　　　全世文　苏红键　孙韩小雪　谭清香
　　　　　陶艳萍　王明哲　王术坤　王　瑜
　　　　　魏后凯　杨　穗　杨　鑫　杨园争
　　　　　于法稳　于元赫　余家林　张海鹏
　　　　　张延龙　朱文博　左　茜

主要编撰者简介

魏后凯 经济学博士,第十三、十四届全国人大代表,农业与农村委员会委员,中国社会科学院农村发展研究所所长、二级研究员、博士生导师,享受国务院特殊津贴专家。兼任中国社会科学院城乡发展一体化智库常务副理事长,中国农村发展学会和中国林牧渔业经济学会会长,国务院学位委员会农林经济管理学科评议组成员,中央农办、农业农村部乡村振兴专家咨询委员会委员。获第三届全国创新争先奖,入选国家哲学社会科学领军人才和文化名家暨"四个一批"人才。主要研究领域:区域经济、城镇化、农业农村发展。

张海鹏 管理学博士,中国社会科学院农村发展研究所副所长、研究员,中国社会科学院大学应用经济学院教授、博士生导师。兼任中国农村发展学会副会长。主要研究领域:农村发展、城乡关系、林业经济理论与政策等。

王术坤 管理学博士,中国社会科学院农村发展研究所副研究员,兼任中国林牧渔业经济学会常务副秘书长。主要研究领域:农业技术经济、农业政策评估。

序　言

　　自党的十九大提出实施乡村振兴战略以来，经过全党全国各族人民共同努力，乡村振兴扎实推进，取得了阶段性重大成就。习近平总书记在2022年中央农村工作会议上进一步指出，"全面推进乡村振兴是新时代建设农业强国的重要任务"。依托客观、真实、有效的数据，全面准确地把握乡村振兴中的新变化、新动向、新趋势，科学谋划、统筹推进各项重点工作，是全面推进乡村振兴、加快建设农业强国的题中应有之义。

　　鉴于公开的微观调查数据库无法满足乡村振兴研究需要，乡村振兴数据基础仍然薄弱，2020年中国社会科学院农村发展研究所（以下简称农发所）集中全所优质资源和科研力量，正式启动中国乡村振兴综合调查（China Rural Revitalization Survey，CRRS）。CRRS是第一个以乡村振兴战略为主题的全国性追踪调查项目，旨在夯实乡村振兴战略实施的数据基础，为乡村振兴的理论前沿问题研究提供数据支撑，为全面推进乡村振兴提供客观、科学的决策依据。CRRS基期调查于2020年开展，覆盖黑龙江省、浙江省、安徽省、山东省、河南省、广东省、四川省、贵州省、陕西省和宁夏回族自治区共10个省份，50个区县，150个乡镇，300个村庄，3800余户家庭，样本代表性强。调查内容涵盖了乡村振兴各个关键领域，包括"农村人口与劳动力""农村产业结构""农民收支与社会福祉""农村居民消费""乡村治理""农村综合改革"共六大模块和一个政策热点模块。

　　CRRS项目自实施以来，受到学术界的广泛关注和好评，得到中央和地方各级领导同志的高度认可和大力支持。目前，CRRS的学术影响力和社会影响力正在不断扩大。截至2023年11月，CRRS数据的申请数量超过1500人次，申请人员几乎遍布全国所有涉农高校和科研院所。据不完全统计，截至2023年11月，基于CRRS数据发表的学术论文已达59篇，其中中文论文46篇、外文论文13篇。基于CRRS数据，农发所紧紧围绕全面推进乡村战略部署，主动加强全局性、战略性、前瞻性研究，捕捉新情况、新问题、新做法，形成了一批具有较高政策价值和较大社会影响力的研究成果，为中央科学决策提供了有力的智力支持。

2022年暑期，CRRS调查组针对基期调查的村庄和农户开展了第二轮追踪调查。除更新政策热点模块以外，此轮调查内容与基线调查大致相同。追踪调查面临的最大困难和挑战是受访对象追踪困难。为确保问卷追踪率理想、数据准确有效，CRRS采用"前站员+访员"的创新模式，安排前站员提前1—2天与村干部沟通追踪农户情况、确定访问时间和访问地点，随后访员采取一对一的形式与受访对象开展访谈工作。尤其，当时疫情频发，给追踪调查带来了极大的困难和挑战。调查团队迎难而上，错峰追踪调查，尽最大可能追踪到每一个样本。最终，CRRS追踪到全部的受访村庄，共计3043户家庭，受访农户追踪率达到79.4%，取得了超出预期的成效。为确保数据质量，CRRS严格审核调查问卷，建立了队员自查、队员互查、队长检查的"三查"制度。

《中国乡村振兴综合调查研究报告（2023）》是基于CRRS 2022数据并综合参照CRRS 2020数据而形成的研究成果，旨在对乡村振兴战略实施的总体情况进行科学评价，对乡村振兴领域的重大形势变化和深层次问题进行系统、科学、战略研判，为全面推进乡村振兴提供决策参考，为乡村振兴的学术理论创新提供数据支撑，为关心、热爱乡村振兴工作的广大读者提供背景情况。本报告精心挑选了乡村振兴战略实施过程中存在的若干重要问题，特别是对一些新形势下的新问题进行重点研究。每个专题独立成篇，篇幅力求简短，文字力求简洁。全报告分为1个总报告和以农业、农村、农民为主题的3个板块。其中，总报告主要介绍调查方案、调查内容、调查基本情况和主要发现；农业篇主要包括五篇报告，主要分析农业生产结构和生产方式、土地规模经营与生产性服务、农户金融市场参与、生产环境和水资源利用等问题；农村篇包括七篇报告，主要分析村庄发展、新型农村集体经济、农村宅基地、乡村治理、农村公共服务、文明乡风建设和农村基层党组织建设等问题；农民篇包括七篇报告，主要分析农民就业、收入、福祉、健康、消费、信息化和人居环境等问题。

在CRRS项目执行中，大量的工作人员付出了巨大的努力和无私的贡献，CRRS取得的成果凝聚了集体的智慧和心血。他们是参与调查设计的诸多专家学者，为调查执行付出了大量努力的工作人员，奔波于一线的访员和负责数据清理维护工作的团队。他们不仅有来自中国社会科学院农村发展研究所的各位研究人员，还有来自全国60余所高校和科研院所的200多位师生。在此，我谨代表中国社会科学院农村发展研究所和中国乡村振兴综合调查课题组对所有支持者表示由衷的感谢，特别感谢农发所原副所长苑鹏研究员在CRRS项目组织协调方面作出的突出贡献。

CRRS连续两轮得到了中国社会科学院重大经济社会调查项目的大力资助，也得到了各省（区）农业农村厅局等涉农单位、中国社会科学院科研局等有关部门领导的高度重视和关心支持。中国社会科学出版社为本报告的出版花费了大量的时间和精力。在此，一并表示感谢。

同时，我们也深知不足。第三期CRRS正在认真筹备中，将在多个方面进行创新和改进：一是利用信息化技术，引入计算机辅助面访系统和托管云系统，更大力度地提高数据收集和共享效率；二是适度扩大样本量，完善调查问卷内容；三是更新热点模块，及时回应乡村振兴领域的新形势、新情况；四是加强微信公众号等新型媒体建设，创新传播手段，提升社会影响力。敬请各级领导、专家、学者和广大读者继续给予关心、支持和帮助，对本书以及CRRS的工作多加批评指正！

魏后凯

2023年11月22日于北京

目 录

总报告 …………………………… 王术坤　王　瑜　胡晓燕（1）

第一篇　农业篇

农业生产结构与生产方式分析 ……… 刘长全　王术坤　罗千峰（23）
土地规模经营与生产性服务主体 ……………… 杜　鑫　芦千文（43）
农户金融市场参与分析 …………………………………… 董　翀（57）
农业生产环境的现状分析 ……… 林　珊　孙韩小雪　于法稳（80）
粮食作物灌溉用水情况、节水技术应用及效果分析 …… 李婷婷（108）

第二篇　农村篇

村庄分类与村庄发展 ……………………………………… 苏红键（137）
新型农村集体经济发展进展与推进策略 ………………… 芦千文（154）
农村宅基地利用现状及政策启示 ………………………… 李登旺（168）
乡村治理组织建设与治理参与 …………… 张延龙　王明哲（184）
农村公共服务发展现状、问题及政策建议 …… 罗万纯　杨园争（205）
文明乡风建设现状、问题及对策 ………………………… 罗万纯（224）
农村基层党组织建设的现状分析 ………………………… 胡　祎（239）

第三篇　农民篇

住户成员特征、劳动与就业情况 …………… 王　瑜　李　玏（265）
农村居民收入与相对贫困状况 ……… 杨　穗　刘梦婷　顾冬冬（287）
农民福祉状况及变动分析 …………… 谭清香　陶艳萍　左　茜（313）
农村居民营养与健康状况 ………………………… 全世文　朱文博（342）
农村居民支出状况与消费评价 …………………… 乔　慧　杨　鑫（371）
信息接入、使用及农民在线参与行为 ………………… 崔　凯（395）
农村人居环境现状分析 ……………… 于法稳　林　珊　孙韩小雪（416）

致　　谢 ……………………………………………………………（449）

总报告

王术坤　王　瑜　胡晓燕[*]

2023年中央农村工作会议上，习近平总书记强调，推进中国式现代化，必须坚持不懈夯实农业基础，推进乡村全面振兴。从乡村振兴的视角，深入开展农村调查，全面、客观、准确掌握农村基本情况和关键数据，科学把握当前农业农村发展变化趋势和面临的主要困境，并在此基础上提出可操作性强的政策建议，对于实现乡村全面振兴和农业农村现代化具有重要的意义。

近年来，中国社会科学院农村发展研究所承担了中国社会科学院重大经济社会调查项目"乡村振兴综合调查及中国农村调查数据库建设"，在全国陆续开展了大规模村庄和农户调查。2020年，在广东、浙江、山东、安徽、河南、黑龙江、贵州、四川、陕西和宁夏共10个省份完成了308个行政村[①]、3800余户、1.5万余人的基线调查。2022年，在此基础上开展追踪调查，形成了"中国乡村振兴综合调查"（China Rural Revitalization Survey，CRRS）两期面板数据。

一　调查方案

2022年的调查是对基线调查过的村庄和农户进行回访，抽样方案

---

[*] 王术坤，管理学博士，中国社会科学院农村发展研究所副研究员，研究方向为农业技术经济、农业政策评估；王瑜，管理学博士，中国社会科学院农村发展研究所副研究员，研究方向为劳动力流动与城乡关系、农业农村数字化转型发展；胡晓燕，经济学博士，中国社会科学院农村发展研究所助理研究员，研究方向为生态经济、农业农村绿色发展。

① 此处包括了8个预调查行政村。

仍以基线调查为主。

（一）基线调查抽样方案

CRRS 按照多阶段分层随机抽样原则，分别选取样本省份、样本县（市、区）、样本乡镇、样本村庄和样本农户。

1. 样本省份抽样

综合考虑经济发展水平、区域位置以及农业发展情况等因素，分别从东部、中部、西部和东北地区（以下简称四大区域）随机抽取所有省份数量的1/3，东部地区抽取了浙江、山东、广东3个省份，中部地区抽取安徽和河南2个省份，西部地区抽取贵州、四川、陕西、宁夏4个省份，东北地区抽取的是黑龙江，共计10个省份。

2. 样本县（市、区）抽样

样本县（市、区）主要根据人均GDP等距随机抽样。根据2019年各省（区）统计年鉴，将每个省份所有县（市、区）按照人均GDP依次排序，平均分为高水平、中高水平、中水平、中低水平和低水平5组，从每个组内随机抽取1个县。同时考虑样本县尽量在空间上能够覆盖整个省份，如果抽取的样本县处于同一地级市，则选取与该县人均GDP最接近的但和抽取的样本县不在同一地级市的县（市、区）替代。因此，每个省份随机抽取5个县，共调查50个样本县。

3. 样本乡镇抽样

乡镇的抽样原则和样本县相似，将每个县内所有的乡镇（街道）按照人均GDP排序，然后平均分为高、中、低3组，从每组内随机抽取1个乡镇，在抽取时同时考虑区位、产业布局等相关指标。因此，每个县随机抽取3个乡镇，共抽取150个乡镇。

4. 样本村抽样

样本村的抽取同样按照经济发展水平随机抽取，但是由于村级层面难以获得人均GDP的数据，因此，在乡镇政府的配合下，根据当地所有村的经济发展情况，结合区位、产业布局等因素，分为经济发展较好和较差的两组，从每组中随机抽取一个村。最终，每个乡镇随机抽取2个村，共抽取300个村。

5. 样本户抽样

根据村委会提供的花名册，筛选出在家居住的农户，根据随机原则抽取 14 户，其中，2 户作为备选。样本户选择同样采取等距随机取样的方法。首先将所有在家居住的农户标记编码平均分为 14 组，然后计算样本组距（组距＝在家居住总样本数/14），从第一组的农户中随机抽取一个编码为第一户，然后在抽取的编码上依次增加组距，直至抽取到 14 户为止。例如，A 村在家居住的农户总共有 290 户，则组距为 290/14≈21。从 1—20 户中随机抽取一户，假设为第 6 户，则抽取的其他样本农户依次是第 27 户、第 48 户、第 69 户、第 90 户、第 111 户、第 132 户、第 153 户、第 174 户、第 195 户、第 216 户、第 237 户、第 258 户、第 279 户、第 10 户①，其中第 279 户和第 10 户作为备选。

（二）追踪调查方案

与基线调查相似，第二期的追踪调查仍然由十个调查团队组成，每个调查团队负责一个省份。追踪调查的首要任务是保证问卷追踪率，课题组提前制订了严格的追踪方案，确保最大可能追踪到基线样本。追踪调查的十个团队由中国社会科学院农村发展研究所的老师带队，各队的调查队员主要来自调查省份的在读硕士生和博士生。在样本追踪过程中，各调查团队得到了当地省（区）委农村工作领导小组办公室、省（区）农业农村厅、县级农业农村局等相关单位的支持。

1. 做好打前站工作，提前预约基线农户

打前站是指在正式调查前，提前安排专职人员前往调查地区与当地乡村干部了解基本情况，包括介绍调查任务、预约调查队员、提前抽样等，为后续正式调查提前做好准备，可以有效提高追踪率和调查效率。具体而言，每个省份需要安排 1—2 名调查队员专门打前站。在调查队员到达目的地之前，前站人员需要提前 1—2 天到达调查村，在当地政府部门配合下提前入村，跟村干部了解追踪农户的基本情况，掌握基线农户的基本情况。前站人员根据了解的基本情况填写追踪调查表，包括基线调查的村干部、调查农户的姓名和联系方式等信息。尤其，前站人员需要根据实际情况判断基线调查农户是否能够追踪，如果不能追踪，需要在前站表中登记不能追踪的原因。

---

① 第 300 户超过了总户数（290），故减去总样本后重新开始抽样（300-290=10）。

2. 新农户（补充农户）抽样原则

如果调查村中所有农户都能追踪到则无须再抽样，如果追踪的农户不足12户，不足样本需重新抽样，抽样原则和基线的抽样原则相同。如果原来农户本次追踪时已经分家，则所有农户全部调查；如果村庄分离则分离后的多个村庄都进行调查，如果村庄出现合并则调查合并后的村庄。

3. 农户（村庄）调查

基于上述抽样原则，课题组分为10个小组在不同省份展开调查。调查对象分为农户和村庄两个层面，其中农户调查是本项目调查的核心，村庄调查主要是围绕样本农户所在的村庄展开。村问卷主要是对村负责人进行调查，主要是村党组织书记、村主任和会计等熟悉调查村基本情况的村干部；农户问卷主要是户主或者熟悉自家情况的居民。

(三) 其他说明

1. 调查时间

本次调查大部分省份调查是在2022年暑期开展，但是个别省份因为受新冠疫情的影响，需要与新冠疫情发生时间错开开展调查。例如，山东省是在2022年7月份开展调研，四川省是在9月份开展，广东省则是在2023年1月份开展调研，其他省份集中在8月份开展调研。也有个别省份的少量调查地区在整个调查行程中发生了新冠疫情，导致分两个阶段完成。

2. 调查形式

实际调查时，各省份负责人在村干部的配合下，将提前预约好的农户集中在村委会。调查队员采取一对一的形式对受访农户进行调查，村庄调查一般由带队的老师负责完成。每份农户问卷访谈时间在1.5小时左右。调查队员主要来自不同高校的在读硕士生或博士生。在招募调查队员时，课题组对报名人员进行了严格的筛选，要求调查队员熟悉农村情况或者所学专业接近，并且在预备调查时也进行了初步筛选，保证每个调查队员能够胜任调查任务。

在正式调查前，课题组对每个调查队员进行室内培训和室外培训。室内培训主要是以调查问卷讲解为主，让调查队员熟悉问卷的内容和逻辑结构。室外培训主要是选取一个村进行预调查。在预调查过程中，带队老师会对调查队员遇到的问题或难点做出解答。为保证数据质量，课题组严格控制调查数量和问卷审核。每位调查队员当天最多只做4份问卷，且当天调查结束后，调查队员首先要对自己的调查问卷进行检查，然后不同调查队员进行互查，最后再交由带队人员进行第三轮检查。

二 调查内容

本次追踪调查的问卷内容和基线调查大致相同，调查内容主要包括农村人口与劳动力、农村产业结构、农民收支与社会福祉、农村居民消费、乡村治理和农村综合改革六大模块。下面进行简单介绍，详细请参阅《中国乡村振兴综合调查研究报告（2021）》。

1. 农村人口与劳动力模块

主要包括：①农村居民（家庭）、农业劳动力的社会统计学特征。②农村劳动力就业结构、就业歧视、户籍与劳动力流动概况。③农业劳动力的兼业化状况。④农民工市民化过程中的社会融入与制度障碍。⑤留守儿童与留守老人概况。⑥农村居民的宗教信仰概况。⑦新生代农民与农民工的专业技术培训、就业结构与就业意愿。⑧农村居民生养观念、育龄妇女的（多胎）生育意愿。

2. 农村产业结构模块

主要包括：①主要农作物（稻米、小麦、玉米、大豆）的种植结构与成本收益（包括主要生产资料的投入）、农户种植意愿。②生猪养殖的成本收益。③农户生产经营规模与农业社会化服务的发展状况。④农业合作社及新型农业经营主体的运行状况。⑤农户绿色生产行为与意愿。⑥农户对气候变化影响农业生产的认知。⑦农业保险的发展状况与农户参与状况。⑧农村第二、第三产业的发展状况及其与第一产业的融合情况。⑨电商与"互联网+"在农村产业发展中的应用状况。⑩农业补贴政策实施概况，农户对不同类型补贴政策的评价。

3. 农民收支与社会福祉模块

主要包括：①家庭收入来源，包括经营性收入（农业经营和非农经营）、工资性收入、财产性收入、转移性收入（公共转移和私人转移）等。②家庭支出，包括生活支出、医疗支出、教育支出、人情支出等。③生活居住条件，包括住房、饮水、道路、电网等。④家庭财产情况，包括耐用消费品、金融资产等。⑤主观幸福感和生活满意度。⑥低收入群体生活、防范化解规模性返贫风险。⑦农村留守老人、儿童和妇女等特殊群体的相关生活保障。

4. 农村居民消费模块

主要包括：①农村居民在主要商品类别中的消费结构与支出水平。②农村居民及返乡农民工的食物消费结构与营养摄入结构、恩格尔系数。③农村食品安全概况及农村居民对食品安全的认知。④农村居民成人与儿童的肥胖状况，农村居民可持续食品消费行为与意愿。⑤移动互联网技术与农村消费模式变迁。⑥农村居民对文娱产品及村庄公共服务的消费行为与意愿。⑦农村居民的金融认知与理财产品消费状况。

5. 乡村治理模块

主要包括：①自治、德治、法治"三治"结合情况。②村党组织书记、主任"一肩挑"的新治理机制。③基层政权建设和乡村法治建设。④多元主体参与。⑤村规民约。⑥乡镇政府与村民委员会关系问题。⑦村级基础设施和基本公共服务。⑧村级公共文化服务。⑨农村人居环境和美丽乡村建设。⑩集体经济组织状况。

6. 农村综合改革模块

主要包括：①农户耕地经营和调整情况，包括经营土地的类型，土地征用、没收、增加的情况。②土地确权和纠纷，包括土地确权时间、完成程度、是否办证和土地纠纷等。③土地流转调查，包括农户间以及农户与中介组织之间土地流转的年份、地块大小、租赁期限、租赁方式、租金等；土地细碎化调查，包括农户经营地块的数量、大小、质量和距离等。④农村土地调查，包括宅基地确权、颁证等。农村集体产权制度改革，集体成员资格认定、经营性资产股份量化改革等其他调查。⑤村级集体经济发展情况。

需要说明的是，除了居民意愿、消费类问题，需要调查当年的情况外，其他大多数内容是调查受访者（村）上一年的情况，具体在调查问卷中进行了明确标识。

三 调查基本情况

（一）样本追踪情况

本次调查完成了全国 10 个省份、50 个（市、区）、150 个乡镇、305 个行政村①、3712 户调查，其中，追踪农户 3043 户，占第一期样本量的 79.4%。通过等距随机抽样补充新样本 669 户。由于各省份差异较大以及部分省份调查期间受到新冠疫情的影响，各省份样本追踪率存在一定差异，最高的省份追踪率达到 87.0%，最低的省份为 73.7%（见表 1）。

表 1　　　　　　　分省第二期数据追踪情况　　　　　单位：户；%

省份	第一期数量	追踪数量	追踪数量占第一期的比例
四川	399	294	73.7
宁夏	396	336	84.9
安徽	361	296	82.0
山东	376	291	77.4
广东	362	266	73.5
河南	374	306	81.8
浙江	414	323	78.0
贵州	416	317	76.2
陕西	362	315	87.0
黑龙江	373	299	80.2
总计	3833	3043	79.4

本次调查共有 790 户样本没有追踪到，占基线调查样本的 20.6%。经过初步统计，在没有追踪到的样本中，没有追踪到的最主要原因是农户"短期出走"，占比达到 46.62%，其次是"临时有事"和"长期出

---

① 此处包括了 5 个预调查行政村。

走"，占比分别为13.23%和12.03%，"生病"不能到场的占比为9.32%；"销户""迁出""拒访"的农户占比分别为3.46%、3.31%和3.16%（见图1）。总体来看，追踪样本丢失的主要原因是农户"短期出走""临时有事""生病"等突发性事件，而非不愿意参加调查，属于非系统性样本丢失，不存在严重的选择偏误。由于"长期出走""销户""迁出""拒访"等系统性原因造成的样本丢失大约有174户，占全部样本的4.5%，影响不大。

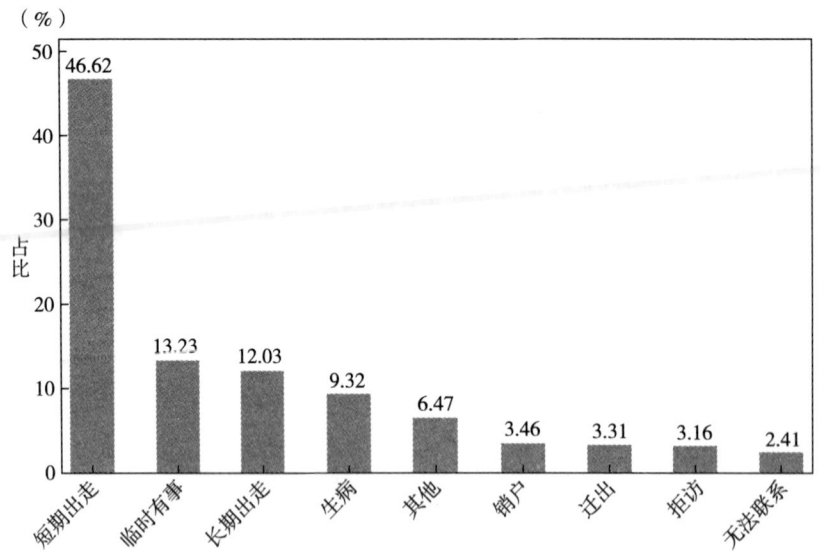

图1　第二期追踪时样本退出的原因

（二）调查基本情况①

在此，按照人口、农户、村庄3个维度对调查样本作简要分析，更加详细深入的专题分析放在后面的分报告当中。

1. 人口维度

在总调查人口中，男性占比51.1%，平均年龄为39.5岁，少数民族占比14.0%，其中回族占比最高，为4.9%。为更好地反映人口维度

---

① 基本情况的分析没有包括预备调查村庄及农户的样本。后文各章节根据研究内容及预备调查指标的数据质量对预备调查的样本进行适度选择，具体请参阅各章节的内容。

数据的基本情况,下面选取18周岁以上的成年人口从年龄、教育、工作三个方面进行介绍。

(1) 年龄方面。成年人口平均年龄为47.7岁,务农人口年龄较大,平均为53.4岁。分地区看,四个地区劳动人口的平均年龄相差不大,但是务农人口的年龄有一定差异,东部地区务农人口年龄最高,为55.0岁,东北地区务农年龄为最低的50.3岁(见图2)。

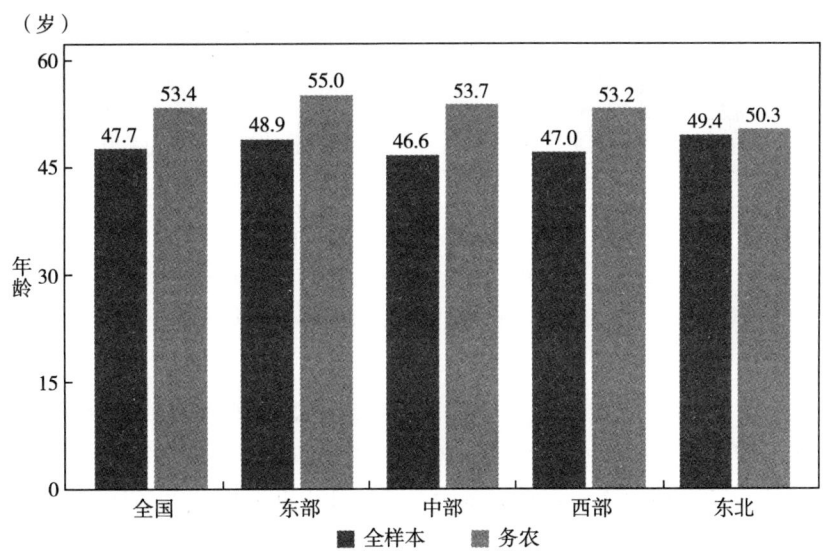

图2 调查样本18岁以上劳动人口年龄分布

(2) 教育方面。成年人口中,大学及以上人口、高中教育、初中、小学、文盲分别占比为13.8%、14.0%、36.9%、25.5%和9.8%,务农人口的受教育程度相对较低,高中及以上占比为12.3%,主要集中在小学和初中水平,两者占比达到76.3%。分地区看,总劳动人口中东部地区受教育水平最高,东北和中部地区受教育水平相对较低,务农人口中,中部地区务农人员受教育水平最高,西部地区受教育水平最低(见图3)。

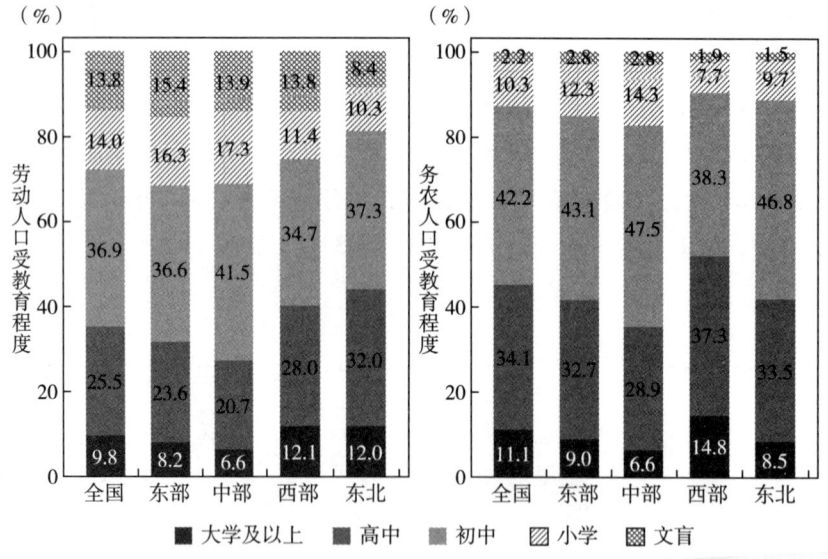

图3　调查样本18岁以上劳动人口受教育情况

注：由于四舍五入的原因，百分比有可能不完全等于100%；下同。

（3）工作方面。成年人口中，全职务农、全职非农、兼职务农总共占比77.3%，无业、待业及离退休的人口占比17.4%，在校学生4.3%，其他为1.1%。在全职务农、全职非农和兼职务农的样本中，全职务农占比41.8%，全职非农占比42.4%，兼职务农占比15.8%。这三种类型工作在不同地区表现出明显的差异，东部地区兼职务农的比例最高，东北地区全职务农的比例最高（见图4）。

2. 农户维度

本次总共调查家庭户3712户，下面分别从家庭人口规模、耕地规模、人均收入、抚养比五个方面对农户基本情况进行介绍。

（1）人口规模。平均家庭规模为4.2人，其中东部、中部、西部、东北地区的平均家庭规模分别为4.3人、4.7人、4.1人和3.3人；农村平均家庭常住人口规模为3.1人，其中东部和中部地区相接近，均为3.3人，西部和东北地区常住人口规模较小，分别为3.0人和2.5人。

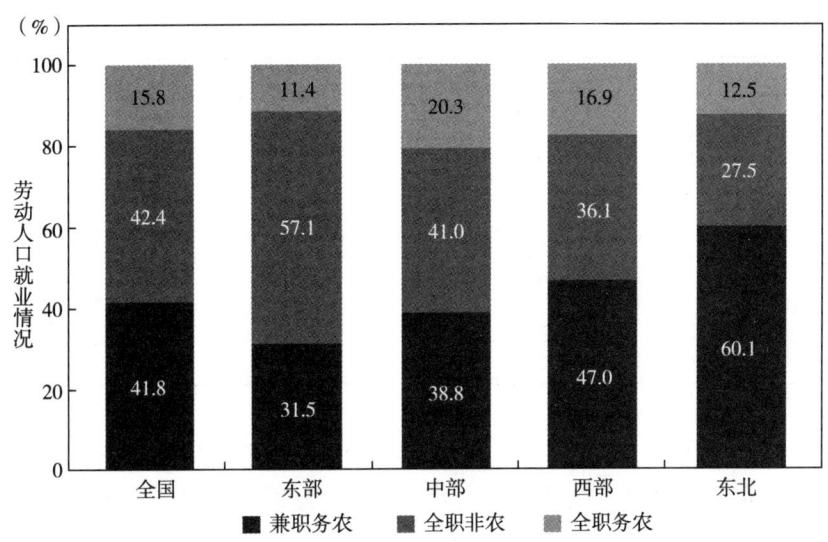

图 4　调查样本 18 岁以上劳动人口工作情况

注：通过询问受访者目前就业状况得到，剔除了"学前儿童或在校学生""因病因残无法就业""无业/待业""离退休"等未参与就业的样本。

（2）人均收入。家庭的人均纯收入为 21814.7 元。按地区做加权处理后，东部地区的农村家庭人均纯收入为 26965.6 元，中部、西部、东北地区分别为 19810.7 元、18162.3 元和 23841.9 元。

（3）耕地规模。总共有 2508 户从事农业生产，占比 67.6%。从事农业生产的农户耕地经营规模平均为 19.5 亩，东北地区户均规模最大，为 80.3 亩，东部地区最低，为 6.6 亩，中部地区和西部地区差别不大，分别为 16.6 亩和 15.0 亩。

（4）抚养比。抚养比平均为 44.7%，少儿抚养比平均为 24.6%，老年抚养比平均为 20.1%。分地区来看，东部地区的总抚养比最高为 52.3%，东北地区的最低为 33.5%；少儿抚养比最高的为中部地区的 28.7%，最低的为东北地区的 13.0%；东部地区的老年抚养比为 24.4%，中部地区为 17.9%，两者分别为老年抚养比中的最高和最低。

3. 村庄维度

本次调查共涉及全国 300 个村庄，其中东部地区有 3 个省份 90 个村庄，中部地区有 2 个省份 60 个村庄，西部地区有 4 个省份 140 个村

表2　　　　　　　　　　　分地区家庭特征

地区		全国	东部	中部	西部	东北
家庭户（人）		4.2	4.3	4.7	4.1	3.3
家庭常住人口规模（人）		3.1	3.3	3.3	3.0	2.5
户均经营规模（亩）		19.5	6.6	16.6	15.0	80.3
家庭人均纯收入（元）		21814.7	26965.6	19810.7	18162.3	23841.9
抚养比（%）	总抚养比	44.7	52.3	46.6	40.9	33.5
	少儿抚养比	24.6	27.9	28.7	22.7	13.0
	老年抚养比	20.1	24.4	17.9	18.2	20.5

庄，东北地区有1个省份30个村庄，其中，有4个村庄发生了合并。下面分别从村庄人口规模和种植结构两个方面对村庄基本情况进行介绍。

（1）村庄人口规模。村庄的平均户籍人口为2356人，常住人口为1618人，外来人口为201人。其中，西部地区的村庄平均户籍人口最多，为2820人，东北地区的村庄平均户籍人口最少为1865人，东部和中部地区分别为2014人和2188人；在常住人口中，西部地区村庄的平均人口数最多为1927人，东部地区为1718人，中部地区为1329人，东北地区村庄的平均常住人口最少为670人；东部地区的外来人口最多，平均每村为201人，中部、西部和东北地区的村庄平均外来人口分别为66人、137人和30人。

（2）种植结构。主产粮食类村庄有121个，经济作物类村庄有66个，一般类村庄有113个。其中西部地区的主产粮食类、经济作物类和一般类村庄均为最多，分别有36个、29个和55个。东北地区的主产粮食类村庄有29个，经济作物类和一般类村庄均为最少，分别有0个和1个。

表3　　　　　　　　　　　分地区村庄特征

地区		全国	东部	中部	西部	东北
村庄数量（个）		300	90	60	140	30
平均人口数（人）	户籍人口	2356	2014	2188	2820	1865
	常住人口	1618	1718	1329	1927	670
	外来人口	201	438	66	137	30

续表

地区		全国	东部	中部	西部	东北
村种植特征（个）	主产粮食类	121	27	29	36	29
	经济作物类	66	25	12	29	0
	一般类	113	38	19	55	1

四　主要发现

本书从乡村振兴视角，全面详细地分析了中国"三农"的基本状况。整体看，乡村振兴建设稳步推进，农民收入、消费和各类福祉稳定向好，农业基础持续稳固，农村改革向纵深推进，同时在调查过程中也发现了一些问题。下面选取乡村振兴战略实施中的重点内容，系统梳理了九个方面的调查发现，对于其他相关内容可以参阅具体的章节。

（一）农村人口老龄化严峻，未来"谁种地"和"谁养老"问题亟待提前谋划

农村地区的老龄化程度远超全国平均水平。调查样本中，60岁及以上人口的比重为19.79%，65岁及以上人口的比重为13.87%，农村"老龄化社会"持续深化，接近"老龄社会"标准（65岁及以上人口占总人口比重达到14%）。在常住人口样本中，老龄化程度更深，60岁及以上人口占比达到25.86%，65岁及以上人口占比达到18.24%，接近"超老龄社会"标准（65岁及以上人口占总人口比重达到20%）。

农村人口老龄化面临两个重大问题。

第一，将来由谁种地。目前农村务农劳动力年龄偏大，人力资本不足。调查显示，18岁以上全职务农劳动力平均年龄达到53.4岁。农村劳动力受教育程度普遍较低，调查样本中户主的受教育程度不高，超过八成的户主受教育程度在初中及以下，15岁及以上人口中文盲率为6.56%。应加快实施乡村振兴人才支持计划，培养和吸引高质量的职业务农劳动力，强化农业后备劳动力的职业教育和现有劳动力的继续教育，提升务农劳动力的人力资本水平和社会地位。

第二，将来由谁养老。农村地区逐步建立了养老服务中心，但是仍然不能满足老龄化人口的需求。2021年，调查地区有超过26%的村庄建有居家养老服务中心，其运营费用平均为9.27万元，将近90%来自政府补助和集体经济投入，其中政府补助经费占比将近57%，老人及其亲属缴纳费用占比10%左右。大部分居家养老服务中心主要提供休闲娱乐服务，但随着农村空心化和老龄化，农村老人对助餐、护理等服务的需求不断增加，居家养老服务供需错位现象越来越突出。目前在运营的居家养老服务中心中，81.82%的村提供文化娱乐，60.61%的村提供日间照料，59.09%的村提供就餐配餐服务，24.24%的村提供紧急救助服务。需要尽快完善乡村养老设施，创新优化农村养老服务供给模式，有效降低居家养老服务供给成本。

（二）农村居民幸福感总体较高，农村邻里互助氛围浓厚，但婚娶、人情往来负担仍然较重

文明乡风建设是乡村振兴工作的重要组成部分，在国家相关政策的引导和支持下，各地区文明乡风建设取得了积极进展。调查发现，农村居民主观幸福度普遍较高。农村居民对自己昨天幸福感的主观评价普遍较高，以10分为满分，平均评分为8.26分，这在一定程度上说明农村居民总体上对自己的生活较为满意。农村邻里互助氛围较浓。2021年，农村居民在红白喜事方面的互帮互助最多，占比为80%，然后是农业生产方面和建房方面，占比分别为60%和45%。农村纠纷解决机制实现多元化。2018—2022年内发生纠纷的受访者总体上占比为3.40%。发生的纠纷主要是邻里纠纷、土地纠纷、家庭纠纷等。不同类型的纠纷，解决途径有一些差异。对于土地纠纷，主要选择法律途径和找上级领导解决；对邻里纠纷、家庭纠纷，主要选择不采取任何行动、找熟人调解；对车祸等其他纠纷，主要通过法律途径解决。

农村居民婚娶负担和人情往来支出负担仍然较重。村民娶媳妇，包括彩礼、房子、车子等平均花费为47.64万元，其中中部地区最高，为66.18万元，西部地区最低，为38.93万元，东北地区和东部地区居中，分别为48.41万元和47.45万元。这和农村地区性别结构失衡、盲目攀比、生活压力大等因素密切相关，需要综合施策来解决。此外，受访者表示村里人情支出主要是结婚的占比最大，为97.77%，其后依次为丧事、孩子出生、孩子升学、迁居新居和过生日。农村居民每年要参加名目繁多的人情往来活动，每年在该方面的支出负担比较沉重，甚至在一些地方存在借钱"赶礼"的现象，有必要加大宣传力度，引导农村居民减少不必要的人情往来活动。

（三）农村居民食物消费需求不断改善，但是膳食不均衡问题突出，膳食多样性有待提高

随着农村食物供给体系持续改善和居民收入水平不断提高，农村居民食物消费需求正在经历从"吃得饱"转向"吃得好""吃得健康"。2022年，农村居民人均热量摄入水平有所提高，达到2530.22千卡/日；其中，粮食消费量略有下降，肉类、奶制品和蔬菜消费量稳中有升。农村居民用于满足基本生活的食物需求可以得到有效保障，但农村居民的食物可得条件仍有待改善。农村居民的膳食不均衡问题较为突出，与城镇居民膳食和营养结构相比存在一定差异。农村居民有待培育和树立健康饮食观念，推进膳食多样性和膳食质量提升。

农村居民膳食不均衡主要表现为食物消费集中度较高、膳食多样性不足。粮食（含薯类）、食用油和猪肉是农村居民主要的供能食物来源，这三类食物的能量在农村居民热量摄入总量中的占比达到81.9%，此集中度要高于城镇居民。农村居民对粮食、食用油、猪肉、蛋类、蔬菜和食盐等基础生存型食物的消费充足，对牛羊肉、禽肉、乳制品、水产品和食糖等升级改善型食物的消费欠缺。四成以上农村家庭完全没有消费以上改善型食物中的至少一种，尤其是，超过2/3的农村家庭没有消费牛羊肉。

膳食不均衡导致农村居民食物消费结构与膳食指南推荐标准之间存在明显差异，突出表现为肉、油、盐摄入过量，而乳制品、水果摄入严重不足。统计结果显示，农村居民乳制品摄入量仅为中国居民平衡膳食宝塔（2022）推荐摄入范围下限的12%，水果摄入量也仅达到推荐范围下限的71%。在当前食物消费结构下，农村居民的营养结构表现出脂肪摄入过量而维生素B2、钙元素摄入严重不足的特征。其中，农村居民的脂肪供能比为33.7%，超过推荐摄入范围上限3.7个百分点，钙元素摄入量仅达到推荐摄入标准的一半。

（四）新冠疫情过后，农村劳动力外出就业比重有所提高，目前农村劳动力非农就业以当地县域为主，城市落户意愿较低

新冠疫情防控放开后，国家积极实施就业优先政策，农民工外出就业比例得到提高。2021年农民工就业总体稳定，农村劳动力外出就业规模有所增加、比重有所提升。与2019年相比，调查样本中农村劳动力外出就业人口比重提高了3.93个百分点，达到19.80%。

农村外出务工人员表现出两个明显的特点：一是外出打工的离家距离不断缩短。二是在城市落户意愿呈现下降趋势。目前省内县级市及县城成为外出农民工就业的主要载体。县级市及县城吸纳外出就业农民工的比例在各个规模等级城市中最高，占总外出就业的33.67%。中国县域行政单元数量多、承载力大，是未来吸纳农业转移人口的主要载体之一。跨省流动的农民工仍然聚集在浙江、江苏、广东、上海、北京等地。

农村外出就业劳动力在城镇落户的意愿较低，并呈现逐年下降的趋势。本次调查中，愿意在城镇落户的农村外出就业劳动力占比仅为26.98%，受访者表示不愿意落户的主要原因是不愿意放弃承包地、宅基地及其他相关权益。需要协调推进新型城镇化和乡村振兴战略，加快推进以县城为重要载体的新型城镇化，建立健全促进城乡要素自由流动、平等交换和公共资源合理配置的体制机制和政策体系，不断提高县域产业支撑能力和公共服务品质。

（五）中国农村居民收入差距总体缩小，但地区差距和人群差距仍不容忽视，相对贫困状况也有所加剧

2021年农村居民人均可支配收入达到20105.2元，在可支配收入的各项构成中，工资性收入与经营性收入为当前农村居民收入的两大主要来源，工资性收入数额最高，为8915.8元，占44.3%；其次是经营性净收入，为6876.9元，占34.2%；财产性收入仍然存在绝对值低、占比少的问题。结合两期调查数据看，农村居民人均纯收入水平从2019年的19292.9元提高到2021年的21814.7元，提高2521.8元，增长率为13.1%。其中，不同类型农户的收入增长率表现出差异，建档立卡人口与相对贫困人口的收入增速低于平均水平，收入差距仍然存在，而收入最低40%人口的收入增长率则高于平均水平，体现了发展的共享性和益贫性。随着收入水平的提高，农村居民收入差距总体有所缩小，人均纯收入的基尼系数从2019年的0.486下降为2021年的0.473，但仍处于较高水平。

与此同时，调查数据也凸显了相对贫困问题的严重性，需要予以关注。2021年农村居民相对贫困状况较2019年有所加剧，相对贫困发生率、相对贫困深度与强度均呈现上升趋势。以50%收入中位数衡量，2019—2021年，收入相对贫困发生率提高了1.4个百分点，相对贫困深度提高了4.8个百分点，而相对贫困强度提高了11.3个百分点。同时，相对贫困状况也呈现出地区差异，东部、中部、西部、东北地区在相对贫困发生率、相对贫困深度与强度这三个指标下的相对贫困表现有所不同。除此之外，相对贫困群体也呈现出不同的人口与家庭特征。

（六）"非粮化"生产主要集中在小农户，规模农户更倾向于种植粮食作物

"非粮化"是政府及全社会所普遍关注的一个重要问题。按照农户看，2021年，总计有16.0%从事作物种植的农户不种植粮食，按照播种面积看，非粮作物在总播种面积的占比达到18.19%。总体看，"非粮化"现象主要集中在小农户。适度规模经营已经成为当前中国农业的主导经营方式，这部分农户更加倾向于种植粮食作物。2021年中国耕地经营规模不足30亩的小农户约占全部农户的90%，其耕地经营面积仅占全部经营面积的1/4，依然呈现出"大国小农"的突出特征。耕地经营规模50亩以上农户所占比例不足10%，其耕地经营面积已占到全部经营面积的2/3。研究发现，随着经营规模的扩大，农户粮食作物播种面积所占比例呈现出逐渐上升的趋势。这表明，农地规模经营不存在"非粮化"现象，而且还表现出了"趋粮化"特征。当前中国的农地规模经营已经获得了较高程度的发展，规模化生产不必太过担心"非粮化"问题。但是，鉴于当前小农户数量依然众多、农业提质增效和农民增收致富的压力依然较大的现实情况，中国需要继续大力推进农地流转和规模经营，继续鼓励和支持新型农业经营主体加大投资力度，扩大经营规模。

（七）粮食产区水资源使用压力增加，急需发展现代节水技术

中国粮食生产重心向农业灌溉用水强度高的地区转移，水资源需求不断增加。研究显示，粮食生产的蓝水足迹区域差异主要体现在东西方向上，呈现由东向西增加的态势。西部地区生产1公斤粮食消耗蓝水0.430立方米，是东部和中部的2倍多。农业用水使用强度亦呈现由东向西增加的变化趋势。此外，北方地区的农业用水使用强度为868.46立方米/万元，每万元产值用水量是南方地区的1.36倍。这意味着北方和西部地区生产粮食的用水量较大。而当前中国粮食生产空间重心表现出"北扩西进"的格局，势必会增加粮食作物单位产量和产值的用水量，加剧粮食主产区的水资源压力。同时，口粮的灌溉用水量比饲料粮大。小麦和水稻无论从灌溉率、亩均用水量以及蓝水足迹，都远远超过玉米和大豆。可见，当前国家更加重视口粮生产进一步增加了对水资源的消耗。

节水灌溉技术推广运用存在较大的困难。中国农业灌溉高度依赖地下水，59.50%的水浇地采取地下水浇灌，且在规模大户中表现尤为明显。相对于传统灌溉技术，现代节水技术使得每亩次灌溉可节水51.34%，每亩耕地可节水59.80%。但是，中国的传统灌溉方式仍然占主导地位，微喷灌等现代节水技术的采纳率非常低，只有约10.00%的农户采用喷灌、滴灌、微灌等现代节水灌溉技术，这是导致中国农业用水低效的主要原因。

中国当前以小农为主的基本经营制度不利于发挥规模经营对节水的正外部性。无论从蓝水足迹、农业用水使用强度、农业灌溉成本，还是从节水技术采纳和节水效应来看，规模经济都有助于减少水资源消耗。应该加速土地规模化生产和现代节水技术推广，使其规模正外部性得以显化。

（八）农村宅基地仍然是保障农民基本居住权益的最主要方式，农民居住形态开始呈现一些新特征

农村宅基地仍然是保障农民基本居住权益的最主要方式，高达98.23%的农户拥有宅基地，户均可以达到1.15宗。宅基地面积普遍较大且呈现明显的区域特征。拥有宅基地的农户户均持有宅基地面积294.88平方米，最少为15平方米，最多为2960平方米。

农民居住形态开始呈现一些新特征。部分农户不再以单宗分散的宅基地而是以相对集中的农民公寓、农民住宅小区等方式实现"户有所居"，这些新的居住形态兼顾了保障农民基本居住权益和提高土地利用效率，具有重要的推广价值。虽然农民普遍拥有宅基地，但是"进城买房"现象愈加普遍。数据显示，所有样本农户中，20.88%的农户拥有商品房。县域城镇是共性选择，买房结婚、享受优质教育资源等公共服务是主要原因。

农村宅基地管理和使用中也存在一些问题。一是"一户多宅"现象、"超标多占"问题普遍存在，一定程度上阻碍了农村改革深化和宅基地规范管理，这些问题是长期演进的结果，需要保持历史耐心、妥善解决。二是农村宅基地闲置现象依然突出。经济发达地区或乡村旅游地区就地盘活利用为主，方式较为单一。传统农区闲置宅基地盘活利用存在诸多堵点，农民自愿有偿退出宅基地有需求但落地少。三是在一些土地资源相对稀缺、城乡接合部村庄，仍有部分农户宅基地需求难以得到满足。应持续深化农村宅基地制度改革，探索构建农民住房多元化保障体系，合理保障农民基本居住权益，在尊重农民意愿、照顾农民生活习惯和保护乡村特色风貌的基础上，探索推广农民公寓、农民住宅小区等模式。

（九）农户参与金融市场的基础条件优化，农户金融需求出现明显分化

农村数字支付不断增加，正规金融服务可得性得到改善。目前农村以现金为首选支付方式的农户占比仍超过总样本的一半，但是数字支付在农户使用中不断普及。获得正规金融机构授信的农户占比稳定，约占1/3，授信额度明显上升，授信期限有所延长。在未获得正规信贷的原因中，"没有担保人或抵押物""网点远、手续复杂、审批时间长""利息太高、不想付利息"三大约束性因素合计占比明显下降。获得正规信贷的农户，贷款额度均值明显提升，贷款年利率明显下降，贷款产品平均期限总体有所延长。

农户的信贷需求出现明显分化。对于有信贷需求的农户，信贷需求额度和期限总体上均大幅上升，最高可承受年利率也略有提升。但是仍存在资金需求不足的农户占比明显上升，农户实际需要使用的贷款期限仍长于贷款产品期限。虽然正规金融服务得到发展，但是农户仍然首选从亲朋好友处借钱。随着互联网在农村的发展，农村开始不断出现互联网信贷，但是各地区差异呈现缩小趋势。因此，应进一步改善农户参与金融市场的基础条件，加强金融新基础设施建设，引导各类金融机构分工协作，激励其在农村金融市场合理定位和创新产品服务，提高金融服务的质量和效率，有效满足各类主体的多元化金融需求。

第一篇

农业篇

农业生产结构与生产方式分析

刘长全　王术坤　罗千峰[*]

摘　要：农户种养分离和专业化非常普遍，农户种植作物的品种数普遍较少，以三大谷物为主；伴随农村劳动力非农就业增加，土地流转加速，规模经营农户占比显著上升，耕地资源在向大规模农户集中；对小麦、水稻、玉米和大豆四个品种来说，小麦平均播种面积最小，大豆平均播种面积最高；耕地非粮化问题较上一轮调查有所上升；主要粮食作物生产机械化水平已达到较高水平，但是不同环节及品种之间仍存在一些差距，其中打药与施肥环节为机械化薄弱环节，水稻机械化水平相对较低；农户参与农民专业合作社和家庭农场的比例仍较低，农户参与农民专业合作社的主要原因是为了寻求技术和资金等帮助，不参加主要是因为不知道或当地没有合作社；家庭农场普遍农户土地转入土地较大，更容易实现土地规模化经营。

关键词：种植结构；农业机械化；新型经营主体

---

[*] 刘长全，经济学博士，中国社会科学院农村发展研究所研究员，研究方向为粮食安全、畜牧业经济；王术坤，管理学博士，中国社会科学院农村发展研究所副研究员，研究方向为农业技术经济、农业政策评估；罗千峰，管理学博士，中国社会科学院农村发展研究所助理研究员，研究方向为农业产业链、畜牧业经济。

Analysis of the Structure and Pattern of Agricultural Production

LIU Changquan   WANG Shukun   LUO qianfeng

Abstract: The specialization shown by the separation of farming and breeding by farm households is very common, and the number of varieties of crops grown by farm households is generally small, dominated by the three major cereals. Accompanied by the increase in non-farm employment of rural laborers, the acceleration of land transfer, the proportion of large-scale business farmers has risen significantly, and arable land resources are concentrating to large-scale farmers. For the four varieties of wheat, rice, corn and soybean, the average sown area of wheat is the smallest, and the average sown area of soybean is the highest. The problem of non-grain cultivation of arable land has risen from the previous round of surveys. The mechanization level of major food crop production has reached a high level, but there are still some gaps between different segments and varieties, with the pesticide application and fertilizing segments being the weak links in mechanization, and the mechanization level of rice being relatively low. The proportion of farmers participating in farmers' professional cooperatives and family farms is still low, and the main reason for farmers to participate in farmers' professional cooperatives is to seek help in terms of technology and finance, and not to participate mainly because they don't know or absence of local cooperatives. Family farms generally farmers' land transfer to land delivery is large, easier to realize the land scale operation.

Keywords: Agricultural Cropping Structure; Agricultural Mechanization; New Agricultural Business Entities

一 农业生产的结构、专业化与规模化

（一）农作物种植结构

从调查数据来看，总计有 16.02% 从事种植业的农户不种植粮食①，与上一轮调查相比这个比例进一步上升（见表1）。这一比例在东部高达 25.85%，在中部也达到 17.38%，在西部为 14.54%，东部地区和西部地区都有一定上升，而在东北地区则不存在这个问题。按非粮食作物在总播种面积中的占比来看，总体上已达到 18.19%，比上一轮调查上升 2 个多百分点；在东部地区高达 45.91%，与上一轮调查相比上升 10 多个百分点；在中部和西部也分别达到 17.66% 和 30.47%。在粮食作物中，种植面积占比最高的是谷物，其次是大豆，而大豆生产主要集中在东北地区。粮食作物之外，最主要的作物是经济作物，包括油菜等油料作物，其次是蔬菜瓜果。

表1 分地区农作物种植结构

分作物	东部 数量	东部 比例(%)	中部 数量	中部 比例(%)	西部 数量	西部 比例(%)	东北 数量	东北 比例(%)	总体 数量	总体 比例(%)
总户数（户）	530		558		1252		257		2597	
种粮食	393	74.15	461	82.62	1070	85.46	257	100.00	2181	83.98
不种粮食	137	25.85	97	17.38	182	14.54			416	16.02
总面积（亩）	8239		21818		24426		28396		82879	
粮食	4456	54.09	17965	82.34	16982	69.53	28396	100.00	67799	81.81
谷物	4042	49.06	17516	80.28	15610	63.91	22734	80.06	59902	72.28
薯类	166	2.01	132	0.61	596	2.44			894	1.08
大豆	249	3.02	317	1.45	610	2.50	5660	19.93	6836	8.25
其他豆类					166	0.68	2	0.01	168	0.20
经济作物	1662	20.17	2850	13.06	3178	13.01			7690	9.28
蔬菜瓜果	1022	12.41	366	1.68	1042	4.26			2430	2.93

---

① 在此，依据国家统计分类标准，粮食的范围包括谷物、薯类和大豆等豆类。

25

(二) 农业生产的专业化

1. 农户层面种养结构

农户层面农户种养分离和专业化非常普遍（见表2）。在2695户农户中，只从事种植业的农户为1752户，占65.01%；只从事养殖业的农户为98户，占3.64%；还有845户家庭采用种养结合的生产方式，占31.35%。分区域来看，东部地区只从事种植和养殖的农户占区域农户的比例依次为80.89%和5.36%，还有77户家庭采用种养结合模式生产，占13.75%，专业从事种植的农户的占比与2019年调查数据相比有较大上升趋势；中部地区只从事种植和养殖的农户占区域农户的比例依次为78.78%和2.96%，还有105户家庭采用种养结合模式生产，占18.26%；西部地区只从事种植和养殖的农户占区域农户的比例依次为50.93%和3.25%，还有593户家庭采用种养结合模式生产，占45.83%，既种且养混合经营的农户的占比大幅高于其他地区；东北地区只从事种植和养殖的农户占区域农户的比例依次为70.30%和3.38%，还有70户家庭采用种养结合模式生产，占26.32%，并且与第一轮调查结果相比，专业种植的农户占比明显上升，而混合经营的农户占比大幅下降。

表2　四大区域种养结构情况

区域	种植 户数（户）	种植 占比（%）	养殖 户数（户）	养殖 占比（%）	种养结合 户数（户）	种养结合 占比（%）	总计 户数（户）
合计	1752	65.01	98	3.64	845	31.35	2695
东部地区	453	80.89	30	5.36	77	13.75	560
中部地区	453	78.78	17	2.96	105	18.26	575
西部地区	659	50.93	42	3.25	593	45.83	1294
东北地区	187	70.30	9	3.38	70	26.32	266

注：由于四舍五入的原因，合计有可能不完全等于100%；下同。

2. 种植结构的专业化

从事种植的农户，种植作物的品种数普遍较少，且以三大谷物为主（见表3）。在2597户中，分别有31.38%和36.89%的农户种植一种和两种作物,只有12.78%的农户种植四种及以上作物。分区域来看,东北地区仅种植一种作物的农户占比达到61.87%,大幅高于另外三个地区。为避免轮作种植对结果的低估,将普遍种植的小麦、稻谷、玉米三大谷物归为一类。总计有2031户种植三大谷物,占比78.21%;这一比例在东北地区达到94.16%,在中部和西部都在80.0%左右,在东部地区最低,为68.87%。在种植三大谷物的农户中,不再种植其他作物的占到45.20%;在东北地区达到69.83%,中部达到58.13%,西部只有32.92%。在西部种植三大谷物的农户中,有高达14.26%的农户还种植三种及以上三大谷物之外的其他作物,这一比例在东部、中部地区分别只有8.22%、3.12%,而东北地区则为0。在不种植三大谷物的所有农户中,仅种植一种作物的农户占到71.20%,这一比例在东北地区达到100%,在东部和中部也分别达到78.79%和81.65%,但是在西部仅有61.01%。西部地区不种植三大谷物的农户中,种植三种及以上其他作物的农户占到14.44%。总体来看,三大谷物在作物种植中占主导地区,农户种植结构专业化水平较高,但西部地区偏低。与第一轮调查相比,种植三大谷物的比例有所下降,仅种植三大谷物的农户的比例也有所下降。

表3 分地区农户种植品种数量结构

	东部		中部		西部		东北		总计	
	户数(户)	占比(%)	户数(户)	占比(%)	户数(户)	占比(%)	户数(户)	占比(%)	户数(户)	占比(%)
总户数	530		558		1252		257		2597	
一种	155	29.25	138	24.73	363	28.99	159	61.87	815	31.38
两种	216	40.75	278	49.82	380	30.35	84	32.68	958	36.89
三种	102	19.25	96	17.20	280	22.36	14	5.45	492	18.94
四种	33	6.23	35	6.27	143	11.42	0	0.00	211	8.12
五种及以上	24	4.53	11	1.97	86	6.87	0	0.00	121	4.66
种三大谷物	365	68.87	449	80.47	975	77.88	242	94.16	2031	78.21
不种三大谷物	165	31.13	109	19.53	277	22.12	15	5.84	566	21.79

续表

	东部		中部		西部		东北		总计	
	户数（户）	占比（%）	户数（户）	占比（%）	户数（户）	占比（%）	户数（户）	占比（%）	户数（户）	占比（%）
种三大谷物的农户，三大谷物之外其他作物品种数量结构											
仅三大谷物	167	45.75	261	58.13	321	32.92	169	69.83	918	45.20
一种	129	35.34	123	27.39	323	33.13	71	29.34	646	31.81
两种	39	10.68	51	11.36	192	19.69	2	0.83	284	13.98
三种及以上	30	8.22	14	3.12	139	14.26	0	0.00	183	9.01
不种三大谷物的农户，三大谷物之外其他作物品种数量结构											
一种	130	78.79	89	81.65	169	61.01	15	100.00	403	71.20
两种	20	12.12	18	16.51	68	24.55	0	0.00	106	18.73
三种及以上	15	9.09	2	1.83	40	14.44	0	0.00	57	10.07

（三）农户经营的规模化

1. 农户规模结构与规模化水平

伴随农村劳动力非农就业增加，土地流转加速，耕地资源在向大规模农户集中。在3620份有效样本中，4.78%的农户没有承包地，但是20.81%的农户不从事农业种植，比前者高了超过15个百分点。对比承包耕地规模结构和经营耕地规模结构，后者100亩以上经营者占比显著提升，经营耕地面积占比也相应增加。其中，承包面积在100亩以上的农户占0.66%，承包了9.07%的耕地，经营面积在100亩以上的农户占3.88%，经营了51.17%的耕地，分别比前者高出3个多和42.10个百分点；承包面积在50—100亩（含）的农户和经营面积在50—100亩（含）的农户分别占2.35%和3.96%，后者比前者高约1.6个百分点；50亩（含）以下按经营规模的组与按承包规模的组相比，农户和耕地占比都普遍下降，尤其是10—50亩（含）的组。按承包面积在10—50亩（含）的农户和经营面积在10—50亩（含）的农户分别占24.86%和20.73%，后者比前者低了4.13个百分点，后者经营耕地面积占比23.76%，比前者经营耕地面积占比低了24.80个百分点。1亩以下超小规模经营者的占比为8.28%，高于1亩以下承包者的占比（见表4），而且与上一轮调查相比还有所上升。

表 4　　　　　　　　　　户均经营规模结构

规模组	按承包耕地				按经营耕地			
	农户		耕地		农户		耕地	
	户数	比例（%）	总面积（亩）	比例（%）	户数	比例（%）	总面积（亩）	比例（%）
总户数	3620				3585			
无农地	173	4.78			746	20.81		
有农地	3447	95.22	39583		2839	79.19	70001	
0—1亩（含）	196	5.41	135	0.34	297	8.28	179	0.26
1—2亩（含）	360	9.94	613	1.55	290	8.09	493	0.70
2—5亩（含）	1009	27.87	3677	9.29	665	18.55	2436	3.48
5—10亩（含）	873	24.12	6525	16.48	563	15.70	4186	5.98
10—50亩（含）	900	24.86	19223	48.56	743	20.73	16635	23.76
50—100亩（含）	85	2.35	5819	14.70	142	3.96	10253	14.65
100亩以上	24	0.66	3591	9.07	139	3.88	35819	51.17
户均规模（亩/户）			10.93				19.53	

注：户均规模指从事作物种植的农户户均经营规模或有承包地的农户户均承包规模。

所有农户平均经营规模为19.53亩。如表5所示，分区域来看，东北地区平均经营规模最大，户均经营80.29亩，与上一轮调查相比有较大下降；东部最小，户均经营6.60亩，仅相当于平均水平的33.79%。不从事种植的农户的占比在东部地区最高，达到33.07%，西部和中部地区最低，分别为13.31%和15.10%，东北地区29.25%。在东部地区，从事种植的农户以经营2—5亩（含）的占比最高，达到19.07%，经营50—100亩（含）和100亩以上的农户分别仅占1.09%和0.89%；在中部地区，占比最高的是经营2—5亩（含）和5—10亩（含）的农户，比重都达到21.12%，经营50—100亩（含）和100亩以上的农户分别占了1.96%和2.52%；在西部地区，占比最高的经营2—5亩（含）的农户，比重达到21.09%，经营50—100亩（含）和100亩以上的农户分别占4.06%和1.13%；在东北地区，占比最高的是经营100亩以上的农户，比重高达26.18%。

表5　　　　　　　　分地区农户经营规模构成

户均耕地面积		东部地区		中部地区		西部地区		东北地区	
		户数	面积	户数	面积	户数	面积	户数	面积
总数（户、亩）		1007	6649	715	11830	1503	22566	359	28824
户均经营规模(亩/户)			6.60		16.55		15.01		80.29
占比(%)	不种植	33.07		15.10		13.31		29.25	
	种植	66.93		84.90		86.69		70.75	
	0—1亩（含）	13.31	1.06	9.93	0.37	6.12	0.29		
	1—2亩（含）	11.52	2.93	9.09	0.91	7.25	0.84		
	2—5亩（含）	19.07	10.18	21.12	4.51	21.09	5.33	1.39	0.08
	5—10亩（含）	10.63	11.90	21.12	9.45	19.83	9.81	1.95	0.22
	10—50亩（含）	10.43	31.95	19.16	22.95	27.21	39.70	25.63	9.84
	50—100亩（含）	1.09	12.03	1.96	9.03	4.06	18.36	15.60	14.72
	100亩以上	0.89	29.95	2.52	52.78	1.13	25.66	26.18	75.15

2. 重点农产品的规模化

在小麦、水稻、玉米和大豆四个品种中①（见表6），小麦平均播种面积最小，户均17.13亩；大豆平均播种面积最高，为26.90亩；水稻和玉米的户均播种面积分别为18.60亩和18.96亩。值得注意的是，各作物户播种面积的中位数大幅小于均值，这是由于承包地的流转使得经营权更加集中，各作物种植面积的分布呈右偏分布。分区域来看，小麦在中部地区的户均种植规模最大，达到26.74亩，东部和西部分别仅有8.31亩和10.58亩；水稻在东北地区的户均种植规模最大，高达93.65亩，东部地区和西部地区的分别仅有5.10亩和2.81亩；玉米也是在东北地区的户均种植规模最大，达到76.29亩，东部和西部则分别只有6.59亩和9.05亩；大豆也呈现和水稻、玉米相似的特征，在东北地区的户均规模最大，达到66.58亩，在中部和西部地区分别只有6.46亩和2.55亩。

---

① 玉米包含籽粒玉米和青贮玉米，水稻包含早稻、中稻和晚稻。

表6　　　　　　　四大区域重点农产品的生产规模　　　　　　单位：亩

区域	小麦 均值	小麦 中位数	水稻 均值	水稻 中位数	玉米 均值	玉米 中位数	大豆 均值	大豆 中位数
总计	17.13	6.00	18.60	3.00	18.96	4.72	26.90	3.00
东部地区	8.31	4.54	5.10	2.50	6.59	3.40	13.05	1.20
中部地区	26.74	7.58	17.18	7.50	21.16	4.89	6.46	2.00
西部地区	10.59	4.00	2.81	2.00	9.05	4.00	2.55	2.00
东北地区	—	—	93.65	65.00	76.29	34.50	66.58	30.00

二　主要粮食作物生产的机械化

（一）主要粮食作物生产机械化水平

农业机械化是提升农业生产力和转变发展方式的重要保障，为全面推进乡村振兴战略和农业农村现代化提供了重要条件。近年来，中国农业机械化水平不断提升，农业机械化逐步向高质高效方向发展（见表7）。从全国主要粮食作物不同种植环节机械化情况来看，耕地环节小麦、水稻、玉米和大豆的机械化率均在93%以上，其中大豆的机械化率最高，为98.81%；而水稻耕地环节机械化率相对较低，为93.26%。在播种环节，大豆和小麦的机械化率保持在较高水平，分别为97.20%和94.44%；水稻的机械化率处于较低水平，为81.11%。在打药环节，大豆的机械化率达96.92%，显著高于其他作物机械化水平；水稻的机械化率最低，为68.65%。在施肥环节，大豆的机械化率达90.45%，是主要粮食作物机械化率的最高水平；水稻的机械化率最低，为55.40%。在收获运输环节，小麦、水稻、大豆机械化率均超过92%，其中小麦机械化率处于最高水平；相较之下，玉米机械化率为83.53%，为主要粮食作物机械化率最低水平。总体来看，主要粮食作物不同种植环节机械化水平差异较大，耕地、播种、运输收获环节机械化水平均较高，而打药、施肥环节机械化水平相对较低。

表7　　　　全国主要粮食作物不同种植环节机械化情况　　　单位:%

作物	耕地	播种	打药	施肥	收获运输
小麦	97.44	94.44	69.03	81.49	99.02
水稻	93.26	81.11	68.65	55.40	94.89
玉米	97.14	87.76	75.59	77.58	83.53
大豆	98.81	97.20	96.92	90.45	92.80

分地区来看,主要粮食作物不同种植环节机械化水平具有显著的异质性(见表8)。具体来说,在耕地环节,东部地区水稻机械化率为84.27%,为主要粮食作物机械化率最低水平;小麦的机械化率达98.57%,为主要粮食作物机械化率最高水平。中部地区机械化情况与东部地区类似,水稻机械化率最低,为88.02%;相较之下,小麦的机械化率较高,为97.26%。西部地区,小麦和玉米机械化率均超过93%,处于较高水平;而水稻、大豆机械化率较低。东北地区作物机械化率整体处于较高水平,机械化率均超过了98%,其中大豆机械化率高达100%。

表8　全国不同地区主要粮食作物不同种植环节机械化情况　单位:%

	区域	小麦	水稻	玉米	大豆
耕地	东部	98.57	84.27	95.79	—
	中部	97.26	88.02	96.14	—
	西部	97.20	62.22	93.60	65.10
	东北	—	98.89	99.58	100
播种	东部	95.41	43.90	94.49	—
	中部	94.86	70.73	98.21	—
	西部	91.51	12.88	59.75	37.45
	东北	—	94.12	98.46	99.26
打药	东部	45.22	31.81	39.68	—
	中部	74.44	61.78	73.95	—
	西部	66.67	10.36	41.47	1.21
	东北	—	78.80	98.37	99.39

续表

	区域	小麦	水稻	玉米	大豆
施肥	东部	79.96	37.30	73.58	—
	中部	85.29	34.92	89.35	—
	西部	66.46	2.22	37.23	29.12
	东北	—	67.59	97.30	97.18
收获运输	东部	99.39	90.19	86.70	—
	中部	99.92	98.64	96.92	—
	西部	94.39	57.63	47.76	15.25
	东北	—	98.64	96.45	99.38

注:"—"为样本量小于20的作物，均值代表性不足，没有统计；收获运输环节指收获以及收获后将作物运输到家的过程。

在播种环节，东部地区小麦与玉米机械化率较高，分别为95.41%、94.49%；水稻机械化率较低，为43.90%。中部地区小麦与玉米机械化率均超过了94%，水稻机械化率为70.73%。西部地区小麦的机械化率为91.51%，显著高于其他作物机械化水平；而水稻机械化率处于最低水平。东北地区主要粮食作物机械化率均超过94%，其中大豆机械化率为99.26%，为主要粮食作物机械化率最高水平。

在打药环节，东部地区小麦的机械化率为45.22%，为最高水平；水稻机械化率为31.81%，处于最低水平。中部地区小麦和玉米的机械化率处于较高水平，均超过了73%；水稻的机械化率较低，为61.78%。西部地区小麦的机械化率为66.67%，为最高水平；水稻和大豆的机械化率相对较低，均低于11%。东北地区玉米和大豆的机械化率较高，均超过98%；水稻的机械化率较低，为78.80%。

在施肥环节，东部地区小麦和玉米的机械化率较高，均超过73%；水稻的机械化率较低，为37.30%。中部地区玉米的机械化率为89.35%，为最高水平；水稻的机械化率为34.92%，处于最低水平。西部地区小麦的机械化率为66.46%，处于最高水平；水稻机械化率较低，处于主要粮食作物机械化最低水平。东北地区玉米和大豆的机械化率较高，均超过97%；水稻的机械化率较低，为67.59%。

在收获运输环节，东部地区小麦的机械化率为99.39%，处于最高水平；玉米的机械化率为86.70%，处于最低水平。中部地区主要粮食作物机械化率均较高，其中小麦的机械化率最高，为99.92%；水稻次之，玉米最低，但均超过了96%。西部地区小麦的机械化率为94.39%，处于最高水平；大豆的机械化率为15.25%，处于最低水平。东北地区主要粮食作物机械化水平总体较高，均超过了96%，其中大豆最高，水稻次之，玉米最低。

（二）主要粮食作物机械作业的效率及来源情况

从机械作业效率角度看，耕地环节主要粮食作物机械作业效率具有显著的差异（见表9）。小麦、水稻和玉米自家机械的作业效率分别为4.81亩/小时、5.26亩/小时、5.80亩/小时，高于购买服务的机械作业效率。对比之下，大豆购买服务的机械作业效率分别为9.40亩/小时，高于自家机械的作业效率。

表9　　　　全国主要粮食作物耕地环节机械作业效率情况

单位：亩/小时

作物	分作物—耕地—纯自家机械—机械作业效率	分作物—耕地—纯购买机械—机械作业效率
小麦	4.81	3.85
水稻	5.26	3.93
玉米	5.80	5.30
大豆	7.21	9.40

分地区来看，小麦耕地环节机械作业效率方面，中部地区小麦自家机械的作业效率为5.04亩/小时，高于购买机械服务的作业效率（见表10）；西部地区小麦自家机械的作业效率为4.08亩/小时，高于购买机械服务的作业效率。水稻耕地环节机械作业效率方面，东部和西部地区水稻购买机械服务的作业效率分别为1.69亩/小时、1.65亩/小时，高于自家机械的作业效率；中部地区水稻自家机械作业效率为10.95亩/小时，高于购买机械服务的作业效率。玉米耕地环节机械作业效率方面，东部、西部和东北地区玉米购买机械服务的作业效率高于自家机械的作业

效率，分别为2.78亩/小时、3.90亩/小时、亩8.52/小时；中部地区玉米自家机械作业效率为5.06亩/小时，高于购买机械服务的作业效率。大豆耕地环节机械作业效率方面，西部和东北地区购买机械服务的作业效率分别为3.88亩/小时、9.68亩/小时，均高于自家机械作业效率。

表10　全国不同地区主要粮食作物耕地环节机械作业效率情况

单位：亩/小时

	分区	小麦	水稻	玉米	大豆
耕地环节自家机械作业效率	东部	—	1.56	1.75	—
	中部	5.04	10.95	5.06	—
	西部	4.08	1.35	3.31	1.19
	东北	—	5.02	6.70	7.44
耕地环节购买机械作业效率	东部	2.65	1.69	2.78	—
	中部	4.52	3.47	2.48	—
	西部	3.17	1.65	3.90	3.88
	东北	—	—	8.52	9.68

注："—"为样本量小于20的作物，均值代表性不足，没有统计。

从机械化作业来源来看，主要粮食作物不同环节机械化来源具有显著差异（见表11）。在耕地环节，水稻、大豆自家机械化作业比例高于购买机械化作业服务比例，分别为52.02%、62.12%。小麦和玉米购买机械化作业服务比例分别为78.94%、59.92%，高于自家机械化作业比例。在播种环节，水稻和大豆自家机械化作业比例高于购买机械化作业服务比例，分别为47.33%、66.67%；小麦、玉米购买机械化作业服务比例分别为82.85%、70.16%，高于自家机械化作业比例。打药环节，大豆自家机械化作业比例为67.12%，高于购买机械化作业服务比例；小麦、水稻、玉米购买机械化作业服务比例分别为55.08%、60.00%、53.83%，高于自家机械化作业比例。施肥环节，小麦、玉米购买机械化作业服务比例分别为58.93%、50.28%，高于自家机械化作业比例。收获和运输环节，小麦、水稻、玉米购买机械化作业服务比例分别为93.61%、84.81%、89.45%，高于自家机械化作业比例。

表 11　　　　　　　不同粮食作物机械化作业来源　　　　　　单位:%

作物	耕地 自家	耕地 购买	播种 自家	播种 购买	打药 自家	打药 购买	施肥 自家	施肥 购买	收获和运输 自家	收获和运输 购买
小麦	18.64	78.94	15.06	82.85	43.85	55.08	39.29	58.93	5.45	93.61
水稻	52.02	45.56	47.33	46.56	34.17	60.00	55.74	—	13.55	84.81
玉米	38.26	59.92	27.52	70.16	44.20	53.83	46.63	50.28	8.77	89.45
大豆	62.12	36.36	66.67	31.82	67.12	30.14	63.64	—	—	74.03

注：自家指使用自家机械作业；购买指购买机械化服务作业；自家机械占比和购买占比不等于100%是因为有少量农户采取自家机械和购买机械同时作业。

分地区来看，不同地区机械化作业来源差异明显（见表12）。耕地环节，东部、中部、西部地区购买机械化作业服务比例分别为81.89%、70.57%、53.24%，高于自家机械化作业比例；东北地区自家机械化作业比例为60.54%，高于购买机械化作业服务比例。播种环节，东部、中部、西部地区购买机械化作业服务比例分别为81.37%、77.64%、83.40%，高于自家机械化作业比例；东北地区自家机械化作业比例为66.23%，高于购买机械化作业服务比例。打药环节，东部、东北地区自家机械化作业比例分别为66.67%、50.34%，高于购买机械化作业服务比例；中部、西部地区购买机械化作业服务比例分别为64.89%、66.67%，高于自家机械化作业比例。施肥环节，东北地区自家机械化作业比例为63.76%，高于购买机械化作业服务比例；东部、中部、西部地区购买机械化作业服务比例分别为50.72%、62.75%、60.90%，高于自家机械化作业比例。收获和运输环节，东部、中部、西部、东北地区购买机械化作业服务比例分别为93.20%、95.58%、83.97%、76.97%，均高于自家机械化作业比例。

表 12　　　　　　　不同地区机械化作业来源　　　　　　　单位:%

地区	耕地 自家	耕地 购买	播种 自家	播种 购买	打药 自家	打药 购买	施肥 自家	施肥 购买	收获和运输 自家	收获和运输 购买
东部	16.96	81.89	14.91	81.37	66.67	33.33	43.48	50.72	5.60	93.20
中部	25.92	70.57	21.09	77.64	32.98	64.89	35.29	62.75	4.42	95.58

续表

地区	耕地 自家	耕地 购买	播种 自家	播种 购买	打药 自家	打药 购买	施肥 自家	施肥 购买	收获和运输 自家	收获和运输 购买
西部	45.21	53.24	16.60	83.40	32.39	66.67	36.84	60.90	14.35	83.97
东北	60.54	36.75	66.23	26.84	50.34	44.86	63.76	29.26	17.76	76.97

注：自家指使用自家机械作业；购买指购买机械化服务作业。

三 新型农业经营主体的发展

（一）农民专业合作社

由表13可知，在两次调查中参与农民专业合作社的农户平均比例为22.64%，其中第一期有902个农户参与农民专业合作社，比例为24.00%，第二期有781个农户参加，比例为21.24%。分省份分析，各个省份参与农民专业合作社的家庭数量和比例存在显著的差异。其中，广东参与农民专业合作社的平均比例最低，两期均值为15.33%；宁夏两期平均参与比例为15.38%，略高于广东；浙江参与比例最高，达到32.94%，是广东和宁夏的两倍以上；河南和贵州的平均参与比例也相对较高，分别为32.16%和29.68%。考虑各省份参与农民合作社的比例变动趋势，其中四川、宁夏、广东、河南、浙江、贵州和陕西等省份第一期参与比例高于第二期，仅有安徽、山东、黑龙江等省份第二期比例增加。

表13　两期数据中参与农民专业合作社的家庭数量和比例

	第一期 家庭数（个）	第一期 比例（%）	第二期 家庭数（个）	第二期 比例（%）	两期平均比例（%）
总体	902	24.00	781	21.24	22.64
其中：四川	86	21.66	78	21.25	21.47
宁夏	62	16.49	56	14.32	15.38
安徽	53	15.14	78	21.73	18.48
山东	56	15.01	81	22.88	18.84
广东	57	16.10	52	14.57	15.33
河南	164	43.85	74	20.22	32.16

续表

	第一期		第二期		两期平均比例（%）
	家庭数（个）	比例（%）	家庭数（个）	比例（%）	
浙江	145	36.52	105	29.01	32.94
贵州	131	31.57	102	27.57	29.68
陕西	81	22.75	82	20.97	21.82
黑龙江	67	18.31	73	20.28	19.28

表14为农户参与或不参与农民专业合作社的原因。首先，获得生产技术服务、响应政府号召和获得农资服务是家庭参与农民合作社比例三个主要原因，比例分别为31.82%、30.53%和26.13%；而随大流、合作社动员、获得政策财政补贴、村两委要求等原因的影响较小，分别占比13.84%、11.90%、11.64%和11.51%。其次，农户不参与农民专业合作社的原因主要有两个：一是没有听说过，占比达33.85%；二是村里没有，占比为28.66%。另外，有13.04%的农户认为参与合作社没有用处，因此没有参加。而不能自由退出和申请过，但被拒绝了等原因对农户几乎无影响，仅有0.34%和0.45%的农户在不参与农民专业合作社原因中选择了这两项。

表14 第二期数据中参与或不参与农民专业合作社的原因和比例

参与专业合作社的原因	比例（%）	不参与专业合作社的原因	比例（%）
获得农资服务	26.13	没有听说过	33.85
获得生产技术服务	31.82	村里没有	28.66
获得销售农产品服务	23.42	认为合作社都是挂个名，没啥用	13.04
获得资金服务	16.30	不加入也能获得合作社服务	1.85
获得信息服务	16.56	不能自由退出	0.34
响应政府号召	30.53	不具备资格	6.87
随大流	13.84	申请过，但被拒绝了	0.45
合作社动员	11.90	其他	15.79
获得政策财政补贴	11.64		
村两委要求	11.51		
其他	5.82		

注：参与和不参与专业合作社可选择多个原因，因此比例加总超过100%。

如表15所示，在参加专业合作社的家庭中，有42.30%的家庭完全没有参与过任何经营管理活动，剩余57.70%的家庭至少参与过一项经营管理活动。在参与专业合作社的经营管理活动中，比例最高的是参加合作社成员（代表）大会，占69.51%；第二是选举合作社理事或监事，占35.87%；第三是按股份获得分红，占30.94%；参与合作社经营管理决策比例略低于按股份获得分红，占28.03%，排名第4位。而按照和合作社的交易额（量）获得返还的比例较低，仅为8.74%。

表15 第二期数据中参与农民专业合作社经营管理活动的内容和比例

是否参与过专业合作社的经营管理活动	占参与农民专业合作社中的比例（%）	占参与过农民专业合作社经营活动中的比例（%）
没有参与任何经营管理活动	42.30	—
参与过经营管理活动	57.70	—
其中：		
参加合作社成员（代表）大会	40.10	69.51
选举合作社理事或监事	20.70	35.87
被选举为合作社理事或监事等	11.90	20.63
参与合作社经营管理决策	16.17	28.03
按照和合作社的交易额（量）获得返还	5.05	8.74
按股份获得分红	17.85	30.94
其他	2.98	5.16

注：可参与多项专业合作社经营管理活动，因此各分项经营管理活动参与率加总超过100%。

从整体上看，参与和不参与农民专业合作社的农户在平均土地经营面积上的差异较小（见表16）。参与专业合作社的农户平均经营总面积在第一期为16.00亩，第二期增长至17.56亩，两期平均为16.78亩，略高于不参与农民专业合作社的农户，其两期平均为14.48亩。分项来看，在自家承包地面积方面，参与农民专业合作社的农户略低于未参与的农户，其中参与农民专业合作社的农户两期自家平均承包分别为8.26亩和9.33亩，而未参与的农户两期平均承包分别为9.66亩和9.89亩。在转入和转出土地面积方面，参与农民专业合作社的农户平均转入土地面积多于未参与的农户，两期平均多2.73亩；平均转出土地面积则略少，两期平均少0.18亩。

表16　两期数据中参与或不参与农民专业合作社的农户土地经营面积

	第一期		第二期		两期平均	
	参与	不参与	参与	不参与	参与	不参与
平均经营总面积（亩）	16.00	15.35	17.56	13.61	16.78	14.48
其中：自家平均承包地（亩）	8.26	9.66	9.33	9.89	8.80	9.78
平均转入土地面积（亩）	9.54	7.25	9.33	6.10	9.43	6.68
平均转出土地面积（亩）	1.45	1.62	1.83	2.02	1.64	1.82

注：本报告将土地面积数据进行了前后各1%的缩尾去除异常值。两期平均为第一期和第二期的算术平均值。

（二）家庭农场

无论是总体还是分地区，农村中参与家庭农场的农户比例均较小（见表17）。在两期数据中，参与家庭农场的平均比例仅为4.25%，其中第一期参与比例为3.30%，第二期为5.24%。分地区来看，东部地区参与家庭农场的农户数量第一期为27个，比例为2.40%，第二期为39个，比例为3.77%；在中部地区，第一期参与家庭农场的比例为4.48%，第二期的参与比例为7.20%；在西部地区，两期参与家庭农场的比例分别为3.12%和4.85%；东北地区参与家庭农场的比例相对较高，两期参与比例分别为4.42%和10.64%。可见，虽然参与家庭农场的比例较少，但是通过对比第一、第二期的数据，第二期参与家庭农场的比例均都高于第一期，均为正增长。

表17　两期数据中参与家庭农场的农户数量和比例

区域	第一期		第二期		两期平均比例（%）
	农户数	比例（%）	农户数	比例（%）	
总体	123	3.30	188	5.24	4.25
东部	27	2.40	39	3.77	3.06
中部	48	4.48	77	7.20	5.84
西部	48	3.12	72	4.85	3.97
东北	16	4.42	38	10.64	7.51

由表18可见，农户参加和不参加家庭农场存在经营土地面积上巨大差距，参与家庭农场的农户经营土地总面积在第一期为54.25亩，在第二期为42.76亩，但是不参与家庭农场的农户两期面积仅有14.35亩

和 13.24 亩，两期平均面积的差距为 34.71 亩。造成经营土地总面积差距如此之大的主要原因在于转入土地面积，其中参与家庭农场的两期平均面积为 33.39 亩，不参与家庭农场的两期平均面积仅为 6.34 亩。在自家承包地上，参与和不参与家庭农场的面积相差不大，两期平均分别为 13.52 亩和 9.40 亩。在转出土地面积上，参与和不参与家庭农场的面积同样相差不大，两期平均分别为 0.93 亩和 1.80 亩。

表 18　　两期数据中参与和不参与家庭农场的农户土地经营面积

	第一期		第二期		两期平均	
	参与	不参与	参与	不参与	参与	不参与
平均经营总面积（亩）	54.25	14.35	42.76	13.24	48.50	13.79
自家平均承包地（亩）	11.72	9.26	15.33	9.55	13.52	9.40
平均转入土地面积（亩）	39.25	6.75	27.53	5.93	33.39	6.34
平均转出土地面积（亩）	0.55	1.61	1.31	1.99	0.93	1.80

注：本报告将土地面积数据进行了 1% 的缩尾处理，两期平均为第一期和第二期的算术平均值。

（三）农业企业

表 19 为第二期调查数据中各个行政村农业企业的基本情况。首先，平均每个村庄有 10.22 个工商注册的农业企业。在有农业企业的村庄中，平均每个企业能提供 146.15 个就业岗位，带动本村就业人数 96.19 人，职工平均工资为 3045.83 元/月。其次，有三产融合型企业的村庄较少，三产融合企业平均就业人数为 68.61 人，平均带动本村就业人数 57.82 人，职工的平均工资为 4993.75 元。

表 19　　　　　　第二期数据中农业企业的基本情况

	所有样本村	有农业企业的样本		
	平均数量（个）	平均就业总人数（人）	本村平均就业人数（人）	职工平均月收入（元）
本村农业企业	10.22	146.15	96.19	3045.83
其中：三产融合型企业	0.02	68.61	57.82	4993.75

注：由于第一期调查时没有调查农业企业，故此处不做汇报。

将所有类别的农业企业进行分类分析，在就业方面，商贸企业和文旅等服务型企业就业人数相对较多，平均就业人数分别为107.68人和100.75人；提供就业岗位最少的是养殖企业、农产品加工企业和种养一体型企业，分别为20.11人、37.08人和38.58人。农业企业中，本村平均就业人数在文旅等服务型企业中最多，达到79.35人，养殖企业的本村平均就业人数最少，仅17.16人。而在带动本村农户就业数量方面，文旅等服务型企业的平均带动数量最多，达到124.51人；最少的也同样为养殖企业，平均带动数量为30.43人。最后，矿业企业提供了最高的薪资待遇，每月为3588.89元，最少的为种植企业，职工平均月收入为2666.20元。

表20　　　　第二期数据中分类农业企业的基本情况

	种植企业	养殖企业	种养一体型企业	农产品加工企业	其他工业企业	矿业企业	商贸企业	文旅等服务型企业
平均就业总人数（人）	76.89 (100)	20.11 (83)	38.58 (26)	37.08 (64)	205.61 (62)	78.38 (8)	107.68 (38)	100.75 (52)
本村平均就业人数（人）	73.45 (100)	17.16 (80)	30.31 (26)	27.97 (62)	75.41 (59)	30.25 (8)	56.36 (36)	79.35 (51)
平均带动本村农户数量（人）	91.62 (90)	30.43 (69)	79.30 (23)	76.33 (54)	74.58 (48)	94.14 (7)	64.56 (32)	124.51 (45)
职工平均月收入（元）	2666.20 (98)	3313.62 (81)	2854.55 (22)	3095.16 (62)	3510.00 (59)	3588.89 (9)	3272.77 (34)	2973.47 (49)

注：括号内为样本量。

土地规模经营与生产性服务主体

杜 鑫 芦千文*

摘 要：由于耕地流转市场的发展，尽管耕地经营规模 30 亩以上农户所占比例仅有大约 10%，但其耕地经营面积却占到全部经营面积的大约 3/4；耕地经营规模 50 亩以上农户所占比例不足 10%，其耕地经营面积已占到全部经营面积的大约 2/3，上述情况表明当前中国农村地区的农业规模经营已经获得了较高程度的发展，规模经营已成为中国农业生产的主导经营方式。在当前的农地流转市场上，有大约 2/3 的耕地流转行为其流入方为新型农业经营主体；大约 2/3 的耕地流转行为签订有书面协议并约定了明确租期，契约关系具有一定的规范性和稳定性。规模经营户特别是 200 亩以上规模经营户在主要粮食作物的生产上也具有一定优势，其平均单产水平大都高于小规模农户。各省份样本村农业生产性服务主体表现出多样性，主要有村集体经济组织、专业合作社、农户、农业生产服务公司、邮政储蓄基层网点、农业龙头企业等。

关键词：土地规模经营；土地流转；农业生产

---

* 杜鑫，经济学博士，中国社会科学院农村发展研究所研究员，研究方向为城乡关系与城乡融合发展。芦千文，管理学博士，中国社会科学院农村发展研究所副研究员，研究方向为农村组织与制度。

An Analysis about Large-scale Land Operation Agricultural Productive Service Enterprises in Rural China

DU Xin　LU Qianwen

Abstract: Due to development of the land leasing market, although the proportion of farm households with a land operation scale of more than 30 mu is only about 10%, their cultivated land operation area accounts for approximately three-quarters of the total operation area; the proportion of farm households with a land operation scale of more than 50 mu is less than 10%, but their cultivated land operation area already accounts for about two-thirds of the total operation area. This indicates that the scale operation of agriculture in rural areas of China has achieved a high level of development, and large-scale operation has become the dominant mode of operation in Chinese agricultural production. In the current land circulation market, approximately two-thirds of the land circulating activities involve the transfer to new types of agricultural operators. About two-thirds of the land circulating activities have signed written agreements and have specified lease terms, indicating a certain degree of standardization and stability in the contractual relationship. At the same time, large-scale farm households, especially those with a scale of more than 200 mu, also have certain advantages in the production of major food crops, with their average yield per unit area mostly higher than that of small-scale farm households. The main bodies of agricultural productive services in the sample villages in each province show diversity, mainly village collective economic organizations, professional cooperatives, farmers, agricultural production service companies, China postal savings service grass-roots outlets, and leading agricultural enterprises.

Keywords：Large-scale Land Operation；Land Circulation；Agricultural Production

推进农村土地规模经营是提高农业生产效益和农民收入的重要途径。党的二十大报告指出，要巩固和完善农村基本经营制度，发展新型农业经营主体和社会化服务，发展农业适度规模经营。2023年中央一号文件指出："引导土地经营权有序流转，发展农业适度规模经营。"本报告考察中国当前的农村土地规模经营和农业生产性服务主体状况，并为推进农村土地规模经营、加快农业现代化提供一些思考和建议。

一　全体农户的经营规模结构

根据CRRS的农户调查数据，可以计算出2021年全体样本农户的经营规模结构，从中可以获得对当前中国农地经营状况的概览性认识。图1列出了各种经营规模的农户数量占比及其耕地经营面积占比。图1显示，随着耕地经营规模的扩大，各经营规模农户的数量比例显著降低，但其经营面积所占比例却显著上升。具体来说，耕地经营面积5亩（含）以下农户占全部农户的比例约为55.77%，其经营面积占全部经营面积的比例仅为4.44%；耕地经营面积5—10亩（含）农户占全部农户的比例约为15.70%，其经营面积占全部经营面积的比例仅为5.99%；耕地经营面积10—20亩（含）农户占全部农户的比例约为11.62%，其经营面积占全部经营面积的比例仅为8.78%；耕地经营面积20—30亩（含）农户占全部农户的比例约为4.86%，其经营面积占全部经营面积的比例则为6.37%；耕地经营面积30—50亩（含）农户占全部农户的比例约为4.22%，其经营面积占全部经营面积的比例则为8.61%；耕地经营面积50—100亩（含）农户占全部农户的比例约为3.97%，其经营面积占全部经营面积的比例则上升为14.69%；耕地经营面积100—200亩（含）以下农户占全部农户的比例仅为2.26%，其经营面积占全部经营面积的比例则进一步上升为16.80%；耕地经营面积 200 亩以上农户占全部农户的比例仅为 1.60%，其经营面积占全部经营面积的比例则高达 34.32%。

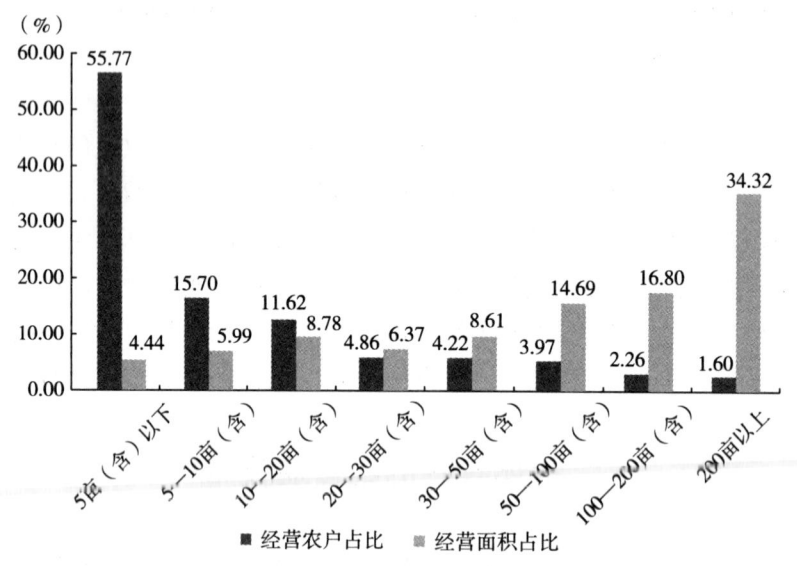

图 1　2021 年农户耕地经营规模结构

世界银行将经营规模不足 2 公顷（30 亩）的农户定义为小农户（World Bank，2003）。根据 CRRS 的调查数据估算，2021 年中国耕地经营规模不足 2 公顷（30 亩）的小农户占全部农户的大约 90%，其耕地经营面积仅占全部经营面积的大约 1/4，依然呈现出"大国小农"的突出特征。同时也可以看到，尽管耕地经营规模 30 亩以上农户所占比例仅有大约 10%，其耕地经营面积却占到全部经营面积的大约 3/4；耕地经营规模 50 亩以上农户所占比例不足 10%，其耕地经营面积已占到全部经营面积的大约 2/3。这也表明，当前中国的农地规模经营已经获得了较高程度的发展。

二　农村土地流转市场发展状况

在当前农村土地产权制度架构下，农地流转是推进农业规模经营、加快农业现代化的主要途径。本部分考察各经营规模农户对农地流转市场的参与状况与农地流转市场运行状况，以此加强对当前中国农村土地流转市场发展的了解。

(一) 各经营规模户的耕地流转市场参与情况

根据 CRRS 的农户调查数据，表 1 列出了各种经营规模农户参与耕地流转市场的情况。根据表 1，对于耕地经营规模 10 亩以下的小农户，其平均耕地转出面积大于平均耕地转入面积；对于耕地经营规模 10 亩以上的农户，其平均耕地转出面积则小于平均耕地转入面积。与此相对应，在三种土地流转类型中，耕地经营规模 5 亩（含）以下和 5—10 亩（含）的小农户中分别有 46.44% 和 17.08% 的比例为耕地转出户，其耕地转入户的比例分别仅有 5.36% 和 22.24%；对于耕地经营规模 10 亩以上的农户，其耕地转出户的比例较低甚至为 0，但其耕地转入户的比例较高甚至接近 100%。上述情况表明，耕地经营规模较小农户在耕地流转活动中主要处于转出方的位置，而各种较大经营规模的农户则主要处于转入方的位置。就全体农户来说，其中的耕地转出户占到大约 30%，耕地转入户占到大约 20%，不参与耕地流转活动的自给自足户则占到将近 50%。

表 1　　　　　　　　2021 年农户参与耕地流转情况

耕地经营规模	平均耕地转出面积（亩）	平均耕地转入面积（亩）	耕地流转类型		
			转出户（%）	转入户（%）	自给自足户（%）
5 亩（含）以下	3.57	0.17	46.44	5.36	48.20
5—10 亩（含）	1.41	0.78	17.08	22.24	60.68
10—20 亩（含）	0.59	3.36	7.69	41.11	51.20
20—30 亩（含）	0.43	7.53	4.02	48.85	47.13
30—50 亩（含）	1.12	15.92	3.97	60.26	35.76
50—100 亩（含）	0.75	36.45	4.93	78.17	16.90
100—200 亩（含）	0.00	100.71	0.00	86.42	13.58
200 亩以上	0.00	363.18	0.00	96.49	3.51
平均	2.39	11.50	30.04	22.77	47.19

注：在全部 3712 个样本户中，删除 5 个分离户和 3 个合并村样本户，剩余 3704 个样本户为本文分析对象；在 3704 个样本户中，有 143 个样本户既有土地转出行为，又有土地转入行为。对于同时有土地转出行为和土地转入行为的样本户，为便于分析，将土地转出面积大于土地转入面积的农户定义为土地转出户，其土地转出面积定义为原土地转出面积与原土地转入面积之差；将土地转出面积小于土地转入面积的农户定义为土地转入户，其土地转入面积定义为原土地转入面积与原土地转出面积之差。

（二）农村耕地流转市场运行情况

CRRS 农户调查问卷从地块层面收集了耕地流转相关信息。根据上述调查信息，表 2 描述了 2021 年农村耕地流转市场的运行情况。

表 2　　　　　　　2021 年农村耕地流转市场的运行情况

项目	比例/租金标准
转入方类型（%）	占比
合作社	15.59
龙头企业	14.48
种粮大户	18.16
家庭农场	3.27
普通农户	37.25
其他	11.27
流转信息来源（%）	
农户私下沟通	43.43
微信群	0.57
村委会	45.15
农民合作社	5.28
地方政府土地流转平台	3.85
土流网等平台	0.00
其他	1.72
是否签订书面协议（%）	
签订	64.53
没签订	35.47
是否约定了明确租期（%）	
明确	60.76
没明确	39.24
是否收取租金（%）	
收取	86.95
没收取	13.05
年租金标准（元/亩）	768.14

表 2 显示，在农村耕地流转市场上，数量最多的耕地转入方类型依然是普通农户，其占有大约 37.25% 的耕地转入比例；其次是种粮大

户，其所占比例约为18.16%；然后依次是合作社、龙头企业和家庭农场等新型农业经营主体，分别占有大约15.59%、14.48%和3.27%的比例。如果将种粮大户、合作社、龙头企业和家庭农场合并计算，可以发现，已经有大约2/3的耕地流转行为的流入方为新型农业经营主体。

从流转信息来源来看，村委会和农户私下沟通分别是农村耕地流转的两大主要信息渠道，二者分别占有大约45.15%和43.43%的比例；其他几种信息来源渠道分别有合作社、地方政府所建立的土地流转平台、微信群、土流网等平台，但所占比例均比较低，总计占有大约10%的比例。

关于书面流转协议的签订情况，大约有64.53%的流转地块签订有正式的书面协议，同时也有大约35.47%的流转地块并未签订正式的书面协议，流转契约关系仅停留在口头层面，呈现出较强的易变性。

在是否约定有明确的流转租期方面，大约有60.76%的流转地块约定了明确的租期，同时也有大约39.24%的流转地块没有确定明确的租期，呈现出较强的短期性和不确定性。

关于耕地流转租金情况，高达86.95%的流转地块都收取了租金，同时也有13.05%的流转地块由于耕地流转价值不高、亲友关系等原因并未收取租金；所有流转地块的平均年流转租金大约为每亩768.14元。

综合上述情况来看，当前农村耕地流转市场主要呈现出如下运行特征，即有大约2/3的耕地流转行为其流入方为新型农业经营主体；大约有2/3的耕地流转行为签订有书面协议、约定了明确租期，契约关系具有较高的规范性；流转信息来源渠道以村委会和农户私下沟通为主；就全国范围内来看，平均年流转租金大约为每亩768元。

三 各经营规模农户的农业生产情况

在对农村土地承包经营及流转状况进行分析之后，本部分考察各种经营规模农户的农作物种植结构与主要粮食作物单产水平，并对其差异进行比较分析。

(一) 农作物种植结构

农地规模经营主体是否存在农地经营"非农化""非粮化"是政府及全社会所普遍关注的一个重要问题。根据CRRS的农户调查数据，

图2给出了各种经营规模户按照播种面积计算的农作物种植结构。图2显示，随着经营规模的扩大，农户粮食作物播种面积所占比例呈现出逐渐上升的趋势，包括经济作物、蔬菜瓜类及果类作物的播种面积所占比例则逐渐下降。具体来说，经营规模5亩（含）以下农户的粮食作物播种面积所占比例大约为60%，其他作物播种面积所占比例接近40%；经营规模5—10亩（含）农户的粮食作物播种面积所占比例上升至接近70%，其他作物播种面积所占比例下降至大约30%；经营规模10—20亩（含）农户的粮食作物播种面积所占比例进一步上升至大约3/4，其他作物播种面积所占比例进一步下降至大约1/4；到经营规模20亩以上的农户，其粮食作物播种面积的占比一直上升到80%以上，其他作物播种面积的占比则下降到了不足20%。综合上述结果，当前中国农户农作物种植结构呈现出粮食作物占比随经营规模扩大而提高的特征，农地规模经营不仅不存在"非粮化"现象，而且还表现出了"趋粮化"特征。

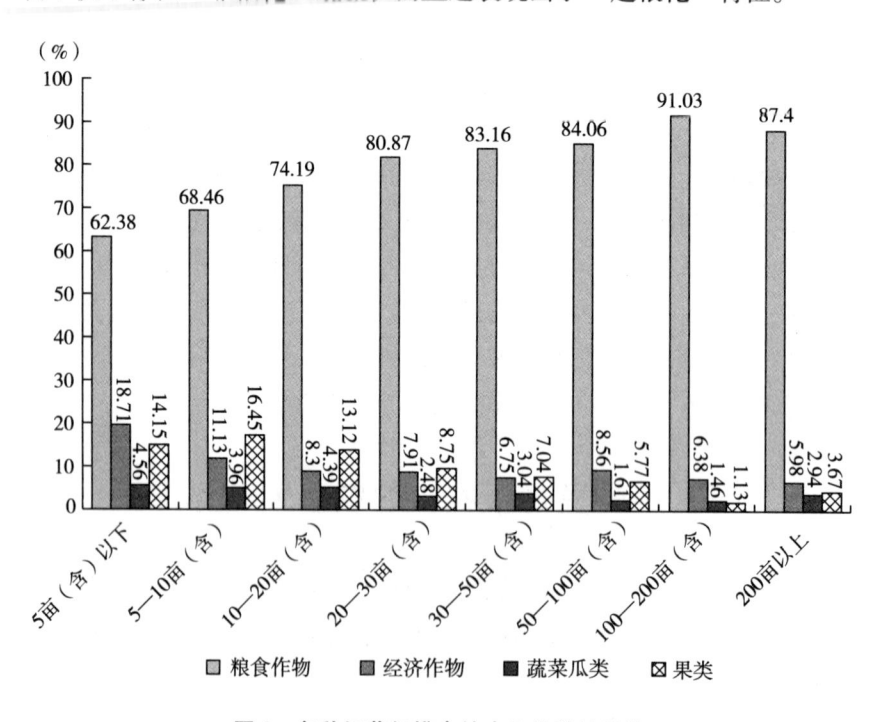

图2 各种经营规模户的农作物种植结构

注：CRRS调查搜集了农户播种面积0.5亩以上的各种农作物的播种面积数据，不含播种面积0.5亩以下的各种农作物的播种面积。

(二) 主要粮食作物单产水平

确保粮食供应安全是中国"三农"政策的主要目标之一。在耕地规模既定的条件下，提高粮食单产水平是增加粮食产量、增强粮食安全的根本途径。表3列出了各经营规模农户小麦、玉米、水稻、大豆四种主要粮食作物的土地单产水平。

表3　　　　2021年各经营规模农户主要粮食作物平均单产水平

单位：公斤/亩

耕地承包规模	小麦	中稻	晚稻	玉米	大豆
5亩（含）以下	461.24	491.20	428.65	438.43	201.85
5—10亩（含）	462.48	495.80	446.66	465.91	199.78
10—20亩（含）	463.73	477.66	420.62	521.17	134.79
20—30亩（含）	462.00	555.00	516.66	569.10	128.33
30—50亩（含）	419.43	528.50	370.00	579.81	159.29
50亩以上	466.35	463.83	541.66	549.00	183.00
50—100亩（含）	448.75	436.60	550.00	504.37	197.34
100—200亩（含）	462.50	—	—	598.06	146.88
200亩以上	494.61	600.00	500.00	577.22	212.97
全体农户	460.36	491.26	440.81	496.01	177.70

注：表中玉米仅指籽粒玉米，不包括青贮玉米；大豆仅指黄豆，不包括绿豆、黑豆、红豆等其他豆类。由于早稻样本户过少（只有39个），未计算早稻单产；小麦、中稻、晚稻、（籽粒）玉米、大豆样本户分别有680个、1190个、299个、80个、159个。

根据表3，各种经营规模的农户在小麦、中稻、大豆的平均单产上并没有表现出明显的规律性趋势特征，但对于200亩以上经营规模的农户，其小麦、中稻、大豆平均单产水平分别达到了每亩大约500千克、600千克和210千克，比其他较小经营规模的农户有显著提高。与小麦、中稻、大豆不同，各种经营规模的农户的晚稻、玉米的平均单产水平呈现出一定程度的趋势性特征，即平均单产水平随着农户耕地经营规模的扩大而呈现出逐步提高的变化趋势。大体来看，规模经营户特别是200亩以上规模经营户在主要粮食作物的生产上享有一定程度的优势，其单产水平高于小规模农户。

截至目前，国内外发展经济学及农业经济学界已有较多的研究发现发展中国家农业生产率与经营规模之间存在反向关系（Sen，1966；Bardhan，1973；Barret，1996；危薇和杜志雄，2019），但也有少量文献发现两者之间存在正向关系（Dethier and Effenberger，2012；王建英等，2015）或非线性关系（Hansson，2008）。本报告关于当前中国农业规模经营户的粮食生产率高于小规模农户的发现是否真正成立，还需要更多的经验证据加以验证。

四 农业生产性服务主体

（一）各省份样本村农业生产性服务主体分析

农业社会化服务主体多样，主要有村集体经济组织、专业合作社、农户、农业生产服务公司、邮政储蓄基层网点、农业龙头企业等。2021年样本村的调查数据显示，村集体经济组织有12个，占比为4.0%；专业合作社有15个，占比为5.0%；农户有29个，占比为9.6%；农业生产服务公司有2个，占比为0.7%；邮政储蓄基层网点有3个，占比为1.0%；农业龙头企业有1个，占比为0.3%。其中，农户承接农业社会化服务的占比最多，其次是专业合作社，再者是村集体经济组织；邮政储蓄基层网点、农业生产服务公司和农业龙头企业也有一定的占比，相对较少。进一步地，本村有两个服务主体的有86个，占比为28.5%；有3个服务主体的有90个，占比为29.8%；有4个服务主体的有31个，占比为10.3%；有5个服务主体的有13个，占比为4.3%；有6个及以上的服务主体的有10个，占比为3.3%。其中，本村有3个服务主体的占比最高，也存在有6个及以上的服务主体，占比最低（见表4）。

表4　2021年村级涵盖农业生产性服务主体数量（多选）

选项	村集体经济组织	专业合作社	农户	农业生产服务公司	邮政储蓄基层网点	农业龙头企业	其他	有两个服务主体	有三个服务主体	有四个服务主体	有五个服务主体	有六个及以上
数量	12	15	29	2	3	1	10	86	90	31	13	10
占比（%）	4.0	5.0	9.6	0.7	1.0	0.3	3.3	28.5	29.8	10.3	4.3	3.3

近年来，村集体经济组织在提供直接服务或居间服务过程中发挥重要作用，进一步，根据样本村的数据，对2021年村集体经济组织提供服务进行分析，村集体提供种子化肥农资采购服务的有10个，占比为9.7%；提供耕种收等农机作业服务的有2个，占比为1.9%；提供统防统治服务的有6个，占比为5.8%；提供产品销售的有5个，占比为4.9%；组织农户接受服务的有16个，占比为15.5%；其他有15个，占比为14.6%。其中，村集体经济组织农户接受服务的占比最高，其次为提供种子化肥农资采购，说明村集体在组织农户对接社会化服务主体过程中发挥重要作用。进一步，村集体提供两种服务的数量有24个，占比为23.3%；提供三种服务的数量有12个，占比为11.7%；提供四种及以上服务的有13个，占比为12.6%。提供两种服务的占比最高（见表5）。

表5　　　　　2021年村集体经济组织提供服务汇总（多选）

选项	种子化肥农资采购	耕种收等农机作业服务	统防统治服务	产品销售	组织农户接受服务	其他	提供两种服务	提供三种服务	提供四种及以上服务
数量	10	2	6	5	16	15	24	12	13
占比（%）	9.7	1.9	5.8	4.9	15.5	14.6	23.3	11.7	12.6

（二）各样本村农业社会化服务中心、站点分析

服务主体能够通过社会化服务联结小农户，通过区域性农业生产服务中心、站点的布局，横向上形成服务主体的联合，纵向上推动服务资源整合，将触角延伸至各个村庄，形成区域性规模经济。2021年各乡镇提供农业生产性服务中心、站点的占比为78.4%，各乡镇未提供农业生产服务中心、站点的占比为21.6%。

进一步，样本村调研数据显示，在各省份中，广东各乡镇提供农业生产服务的中心、站点有18个，占比为7.9%；浙江各乡镇提供农业生产服务的中心、站点有28个，占比为12.3%；山东各乡镇提供农业生产服务的中心、站点有23个，占比为10.1%；安徽各乡镇提供农业生产服务的中心、站点有24个，占比为10.5%；河南各乡镇提供农业生产服务的中心、站点有16个，占比为7.0%；贵州各乡镇提供农业生产服务的中心、站点有27个，占比为11.8%；四川各乡镇提供农业生产服务的中心、站点有27个，占比为11.8%；陕西各乡镇提供农业生产服务的中心、站点有20个，占比为8.8%；宁夏各乡镇提供农业生产服务的中心、站点有26个，占比为11.4%；黑龙江各乡镇提供农业生产服务的中心、站点有19个，占比为8.3%。这10个省份中，浙江各乡镇提供农业生产服务的中心、站点占比最高，排名第1位；贵州和四川占比排名第2位；宁夏排名第3位；安徽排名第4位；山东排名第5位；陕西排名第6位；黑龙江排名第7位；广东排名第8位；河南排名第9位。

表6　2021年各省份中乡镇提供农业生产服务的中心、站点分布情况

选项	广东	浙江	山东	安徽	河南	贵州	四川	陕西	宁夏	黑龙江
数量	18	28	23	24	16	27	27	20	26	19
占比（%）	7.9	12.3	10.1	10.5	7.0	11.8	11.8	8.8	11.4	8.3

五　小结

本报告利用2022年中国乡村振兴综合调查（CRRS）数据，考察了中国当前的农村土地规模经营和农业生产性服务主体发展状况，主要得到以下研究结论。

第一，中国农村集体所有制下耕地承包分配具有小规模、均等性特征，但由于耕地流转市场的发展，使得中国农村地区的耕地经营呈现出如下两个方面的特征。一方面，耕地经营规模不足30亩（含）的小农户占全部农户的大约90%，其耕地经营面积仅占全部经营面积的大约1/4，依然呈现出了"大国小农"的突出特征。另一方面，尽管耕地经营规模30亩以上农户所占比例仅有大约10%，其耕地经营面积却占到全部经营面积的大约3/4；耕地经营规模50亩以上农户所占比例不足10%，其耕地经营面积已占到全部经营面积的大约2/3，这突出表明当前中国农村地区的农业规模经营已经获得了较高程度的发展，规模经营

已成为中国农业生产的主导经营方式。

第二，作为中国农地规模经营的主要推动力量，中国的农地流转市场当前主要呈现出如下运行特征，即有大约2/3的耕地流转行为其流入方为新型农业经营主体；大约2/3的耕地流转行为签订有书面协议并约定了明确租期，契约关系具有一定的规范性和稳定性；流转信息来源渠道以村委会和农户私下沟通为主。2021年全国农村耕地平均年流转租金约为每亩768元。

第三，当前中国农户的农作物种植结构呈现出粮食作物占比随农户经营规模扩大而提高的特征，农地规模经营不仅不存在所谓的"非粮化"现象，而且还表现出了"趋粮化"特征。与此同时，规模经营户特别是200亩以上规模经营户在主要粮食作物的生产上也享有一定程度的优势，其平均单产水平大都高于小规模农户。

第四，各省份样本村农业生产性服务主体表现出多样性，主要有村集体经济组织、专业合作社、农户、农业生产服务公司、邮政储蓄基层网点、农业龙头企业等，分别占比为4%、5%、9.6%、0.7%、1%、0.3%。各乡镇提供农业生产性服务中心、站点的占比为78.4%。

推进农村土地规模经营是提高农业生产效益和农民收入、建设农业强国的重要途径。根据上述研究发现，规模经营已成为当前中国农业生产的主导经营方式，并在以粮食单产为代表的农业经营绩效上初步表现出了一定的优势地位，中国的农业规模经营已经取得了显著成绩。但是，鉴于当前小农户数量依然众多、农业提质增效和农民增收致富的压力依然较大的现实情况，中国需要继续大力推进农地流转和规模经营。因此，需要继续深化农地产权制度改革，增强农地产权和投资预期的稳定性；改善农村法制环境，提高农地流转规范性和契约稳定性；加强农村信息化建设，增强农地流转开放性；继续鼓励和支持新型农业经营主体加大投资力度，扩大经营规模；通过农村集体经济组织的统筹协调，形成"村集体+新型农业经营主体+服务主体"形式，切实提高小农户获取农业社会化服务的组织程度。

参考文献

王建英等：《转型时期土地生产率与农户经营规模关系再考察》，

《管理世界》2015年第9期。

危薇、杜志雄：《新时期家庭农场经营规模与土地生产率之间关系的研究》，《农村经济》2019年第3期。

Amartya K. Sen, "Peasants and Dualism with or without Surplus Labor", *Journal of Political Economy*, Vol. 74, No. 5, October 1966, pp. 425–450.

Christopher B. Barrett, "On Price Risk and the Inverse Farm Size-Productivity Relationship", *Journal of Development Economics*, Vol. 51, No. 2, December 1996, pp. 193–215.

Helena Hansson, "Are Larger Farms More Efficient? A Farm Level Study of the Relationships Between Efficiency and Size on Specialized Dairy Farms in Sweden", *Agricultural and Food Science*, Vol. 17, No. 4, 2008, pp. 325–337.

Jean-Jacques Dethier and Alexandra Effenberger, "Agriculture and Development: A Brief Review of the Literature", *Economic Systems*, Vol. 36, No. 2, June 2012, pp. 175–205.

Pranab K. Bardhan, "Size, Productivity and Returns to Scale: An Analysis of Farm-level Data in Indian Agriculture", *Journal of Political Economy*, Vol. 61, No. 6, November–December 1973, pp. 1370–1386.

World Bank, *Reaching the Rural Poor: A Renewed Strategy for Rural Development*, Washington, D. C.: World Bank, 2003.

农户金融市场参与分析

董 翀[*]

摘 要：本报告从农户参与金融市场的基本条件、农户信贷需求、正规信贷和民间借贷行为和农业保险参与五个方面，描述了农户金融市场参与情况及变化。数据显示，数字支付在农户中持续普及。获得正规金融机构授信的农户占比稳定，授信额度明显上升，授信期限也有所延长。农户的信贷需求出现明显分化。在借贷偏好方面，首选从亲朋好友处借钱且不需要支付利息的农户占比明显提升。与上一期相比，获得过正规信贷的农户占比明显下降；农户实际需要使用贷款期限与贷款产品期限之比上升。农信社系统金融机构仍是农户正规信贷的第一大来源，但占比下降。总体上讲，民间借贷的年利率在地区间出现明显差异，民间借贷的实际使用期限总体上缩短。农户借贷中用于农业生产经营支出和教育、医疗等消费性支出的占比有所上升，而购置和修缮房屋支出和购置生产性资产支出的占比有所下降。农户参保需求出现分化，农户购买农业设施保险和提升保险保障水平的需求较旺盛。

关键词：农户金融市场参与；支付；正规信贷；民间借贷；农业保险

---

[*] 作者简介：董翀，管理学博士，中国社会科学院农村发展研究所农村金融研究室副研究员，研究方向为农村金融、供应链金融、农业保险、合作经济。

Analysis of Farmers' Financial Market Participation

DONG Chong

Abstract: To examine the changes in financial market participation among farm households, this chapter analyses five key components. These include the essential criteria needed to participate in the financial market, credit needs of farm households, the conduct of formal credit and private lending, and participation in agricultural insurance. The data indicate that digital payments are increasingly favoured among farm households. The proportion of farm households that receive credit from formal financial institutions remains stable, the amount of credit provided has significantly increased from the previous reporting period. Similarly, the duration of credit has also risen substantially. The credit requirements of farm households were explicitly differentiated. Regarding borrowing preferences, there was a significant increase in the proportion of farmers who preferred to borrow money from friends and relatives without paying interest. Compared to the previous period, the number of farmers who have received formal credit has decreased noticeably, the proportion of the actual duration for which farmers require loans to the duration of loan products has increased. The Rural Credit Institutions remain the prime source of formal credit for farming households, albeit with a declining share. The annual interest rate on private loans varies significantly between regions, and the actual term of use for such loans has generally decreased. The amount of farm household borrowing allocated towards agricultural production and operation expenses, and consumer expenditures such as education and medical care, has increased. In contrast, the amount of expenditures on purchasing and repairing homes and acquiring productive assets has declined. The need and urgency for farmers to obtain coverage of agricultural insurance has significantly varied. There are still strong demand for agricultural facilities insurances and an upgrading of current level of insurance coverage.

Keywords：Farmers'Financial Market Participation；Payment；Formal Credit；Private Lending；Agricultural Insurance

为了观察农户金融市场参与情况的变化，进一步研究金融服务对农户经济行为的影响，本次调查在 2020 年调查的基础上，继续对支付、信贷、金融资产持有等农户金融市场参与相关问题进行了调查，并结合上一期数据的分析结果和现实情况变化，对部分问题进行了调整。此外，本期调查还增加了农户参与农业保险的相关问题。

一 农户参与金融市场的基本条件

本次调查的全部样本中有 3244 户农户表达了自己的支付偏好，占全部样本的 87.39%；其中东部地区有 904 户，占东部地区样本的 83.09%；中部地区有 666 户，占中部地区样本的 91.74%；西部地区有 1393 户，占西部地区样本的 90.75%；东北地区有 281 户，占东北地区样本的 77.41%。在授信方面，全部样本中有 3596 户农户表达了自己的支付偏好，占全部样本的 96.88%；其中东部地区有 1049 户，占东部地区样本的 96.42%；中部地区有 709 户，占中部地区样本的 97.66%；西部地区有 1493 户，占西部地区样本的 97.26%；东北地区有 345 户，占东北地区样本的 95.04%（见表 1、表 2）。

（一）支付偏好

农户购买种苗、化肥、饲料等农资产品首选的支付方式中，最主要的仍是现金支付，占 53.39%，其次为微信、支付宝支付，占 39.06%，手机银行、储蓄卡、信用卡及其他支付方式合计占比约为 7.55%。分地区来看，现金支付为首选占比最高的是东北，为 64.77%；占比最低的是东部，为 51.22%。微信、支付宝支付为首选占比最高的是西部，为 43.29%；占比最低的是东北，为 28.83%。相对而言，东部地区的支付手段更为多元化，手机银行、储蓄卡、信用卡及其他支付方式合计占比约为15.48%，为四个地区最高（见表1）。

表1　　　　　　　　　　农户支付偏好

地区	样本数（户）	现金占比（%）	微信、支付宝占比（%）	手机银行占比（%）	储蓄卡占比（%）	信用卡占比（%）	其他占比（%）
全国	3244	53.39	39.06	0.37	0.31	0.06	6.81
东部地区	904	51.22	33.30	0.22	0.11	0.00	15.15
中部地区	666	53.30	42.34	0.45	0.90	0.30	2.71
西部地区	1393	52.55	43.29	0.07	0.14	0.00	3.95
东北地区	281	64.77	28.83	2.14	0.36	0.00	3.90

与上期相比，全部样本中以现金为首选支付方式的农户占比降低了17.13个百分点。其中，占比下降最多的是西部地区，下降了20.29个百分点；其次为东部地区和东北地区，分别比上期下降了16.67个百分点和15.46个百分点；下降最少的中部地区下降了11.28个百分点。全部样本中以微信、支付宝为首选支付方式的占比提升了14.43个百分点。其中，占比提升最多的是西部地区，提升了20.39个百分点；其次为东北地区和中部地区，分别提升了13.36个百分点和10.42个百分点；提升最少的东部地区提升了7.89个百分点。

（二）授信情况

在全部样本中，获评信用户的占30.62%。其中，西部地区信用户占比高达37.11%，为四个地区最高；东北地区和中部地区占比接近，分别为30.14%和29.20%；东部地区占比最低，仅为22.50%。全部样本的授信额度平均为17.75万元，授信期限平均为2.71年。其中，东部地区授信额度均值最高，为25.68万元，授信期限均值也最长，为3.68年；中部地区授信额度均值也较高，为18.54万元，但授信期限均值最小，仅为2.00年；西部地区和东北地区水平接近，授信额度均值分别为14.57万元和15.71万元，授信额度分别为2.51年和2.45年（见表2）。

表 2　　　　　　　　农户获得授信情况

地区	样本数(户)	信用户数量占比(%)	授信额度均值(万元)	授信期限均值(年)
全国	3596	30.62	17.75	2.71
东部地区	1049	22.50	25.68	3.68
中部地区	709	29.20	18.54	2.00
西部地区	1493	37.11	14.57	2.51
东北地区	345	30.14	15.71	2.45

与上一期相比，本期样本信用户占比有所下降，但授信额度和授信期限均值都有所上升。全部样本中，信用户占比下降了3.94个百分点，其中东北地区下降的最多，下降了9.99个百分点。中部地区、西部地区和东北地区分别下降了0.54个百分点、1.75个百分点和2.03个百分点。全部样本的授信额度均值比上一期增加了3.4万元。其中，中部地区增加的最多，增加了5.37万元；其次为东北地区，增加了4.63万元；东部地区和西部地区分别增加了3.88万元和3.05万元。全部样本的授信期限均值增加了0.34年。其中，东部地区增加的最多，增加了0.82年；其次为东北地区，增加了0.69年，中部地区和西部地区变化不大，分别增加了0.18年和0.03年。

二　农户的信贷需求

本次调查的全部样本中有3593户农户表达了自己有无信贷需求，占全部样本的96.79%。其中，有信贷需求的农户有1044户，占全部样本的28.13%，比上一期减少了3.22个百分点；东部地区有201户，占东部地区样本的18.47%，比上一期减少了3.13个百分点；中部地区有154户，占中部地区样本的21.21%，比上一期减少了6.65个百分点；西部地区有552户，占西部地区样本的35.96%，比上一期减少了1.43个百分点；东北地区有137户，占东北地区样本的37.74%，比上一期减少了4.65个百分点。

（一）农户信贷需求特征

在回答了问题的3593个农户样本中，有71.64%的农户表示没有信贷需求，11.33%的农户表示在生产经营方面有信贷需求，10.27%的农户表示在生活方面有信贷需求，6.76%的农户表示在生产生活方面都有信贷需求（见表3）。

表3　　　　　　　　　　农户信贷需求

地区	样本数（户）	生活生产方面都有占比（%）	生产经营方面有过占比（%）	生活方面有过占比（%）	都没有过占比（%）
全国	3593	6.76	11.33	10.27	71.64
东部地区	1053	3.23	6.55	8.93	81.29
中部地区	711	2.95	10.41	7.74	78.90
西部地区	1482	10.05	14.30	12.01	63.63
东北地区	347	11.24	14.99	12.10	61.67

分地区来看，东部地区没有信贷需求的农户占比最高，为81.29%；其次为中部地区，为78.90%；西部地区和东北地区比例接近，分别为63.63%和61.67%。在信贷需求最旺盛的东北地区和西部地区，有生产经营方面需求的样本占比最高，分别占14.99%和14.30%，生产生活都有需求的样本分别占11.24%和10.05%，仅生活方面有需求的分别占12.10%和12.01%。此外，在信贷需求总体不太旺盛的中部地区和东部地区，相对于其他方面，中部地区生产经营方面有需求的样本占比较高，占10.41%，而东部地区生活方面有需求的样本占比较高，占8.93%，如表3所示。

与上一期相比，全部样本中没有信贷需求的农户占比上升了2.34个百分点，在生产经营方面有需求和在生活方面有需求的样本占比分别下降了2.09个百分点和1.42个百分点，但在生活生产方面都有需求的样本占比上升了1.24个百分点。其中，中部地区和东北地区没有信贷需求的农户占比上升较多，分别上升了5.70个百分点和4.30个百分点。四个地区在生产经营方面有需求的农户占比均出现下降，其中中部地区和东北地区下降较明显，分别下降了4.69个百分点和9.14个百分点，东部地区和中部地区变化不大。另一方面，东部地区、中部地区和西部地区在生活方面有需求的样本占比都有轻微下降，而东北地区却出现上升，上升了2.18个百分点。四个地区生产生活方面都有需求的样本均略有上升，其中西部地区和东北地区上升相对明显，分别上升了1.96个百分点和2.66个百分点，东部地区和中部地区变化不大。

从有过借贷行为的1044个样本来看，农户的信贷需求额度均值为12.65万元，实际获得额度均值为10.94万元，需求期限均值为2.89年，最高可承受年利率均值为5.18%。其中，东部地区和中部地区的需求额度均值较高，分别为20.11万元和17.22万元，实际获得额度均值分别为17.47万元和13.91万元，需求期限也较长，分别为4.51年和3.17年，最高可承受年利率均值较低，分别为4.71%和4.80%。西部地区和东北地区的需求额度均值较低，分别为9.82万元和7.34万元，实际获得额度均值分别为8.60万元和7.00万元，需求期限也明显较短，分别为2.58年和1.44年，最高可承受年利率均值明显高于其他两个地区，分别为5.13%和6.40%。东北地区的最高可承受年利率均值超过全国平均水平，如表4所示。

表4 农户信贷需求特征

地区	样本数（户）	需求额度均值（万元）	实际获得额度均值（万元）	需求期限均值（年）	最高可承受年利率均值（%）
全国	1044	12.65	10.94	2.89	5.18
东部地区	201	20.11	17.47	4.51	4.71
中部地区	154	17.22	13.91	3.17	4.80
西部地区	552	9.82	8.60	2.58	5.13
东北地区	137	7.34	7.00	1.44	6.40

与上一期相比，农户的信贷需求额度和期限总体上均出现大幅上升，分别上升了30.55%和33.18%，最高可承受年利率也略有提升，上升了0.09个百分点。分地区来看，东部地区农户的信贷需求额度上升幅度最大，提升了46.36%，中部地区、西部地区、东北地区农户的

信贷需求额度分别上升了 29.57%、26.55% 和 23.57%。中部地区农户的信贷需求期限增幅最大，提升了 52.40%，其次为东部地区、西部地区和东北地区，分别提升了 50.84%、23.44% 和 11.63%。中部地区农户的最高可承受年利率有大幅增长，提升了 0.96 个百分点；其次为东部地区，提升了 0.51 个百分点。与此同时，西部地区和东北地区农户的最高可承受年利率却出现下降，分别下降了 0.42 个百分点和 0.25 个百分点。

（二）农户的借贷来源偏好

在 3512 户表达了借贷首选来源的农户样本中，有 69.19% 的农户首选从亲朋好友处借钱，且不需要支付利息，占比最高；其次为从银行等金融机构贷款，占 24.57%。从亲朋好友处借钱并支付利息的占 2.56%，使用互联网信贷的占 0.28%，从民间放贷人处获得贷款的占 0.17%（见表 5）。

表 5　　农户借贷首选来源

地区	样本数（户）	亲朋好友（无利息）占比（%）	亲朋好友（有利息）占比（%）	银行等金融机构占比（%）	互联网信贷占比（%）	信用卡提现占比（%）	互助资金社占比（%）	民间放贷人占比（%）	其他占比（%）
全国	3512	69.19	2.56	24.57	0.28	0.14	0.09	0.17	2.79
东部地区	1027	70.89	2.24	21.23	0.19	0.19	0.10	0.39	4.48
中部地区	693	76.19	2.31	17.89	0.58	0.14	0.00	0.00	2.74
西部地区	1453	64.97	1.86	30.83	0.21	0.14	0.14	0.00	1.65
东北地区	339	67.85	7.08	21.53	0.29	0.00	0.00	0.59	2.65

分地区来看，东部地区农户有 70.89% 首选从亲朋好友处借钱且不需要支付利息；从银行等金融机构贷款占 21.23%；从亲朋好友处借钱并支付利息的占 2.24%；从民间放贷人处获得贷款的占 0.39%；使用互联网信贷的占 0.19%，为四个地区最低。中部地区农户有 76.19% 首选从亲朋好友处借钱且不需要支付利息，从亲朋好友处借钱并支付利息的占 2.31%，使用互联网信贷的占 0.58%，这三项来源占比均为四个地区最高；从银行等金融机构贷款占 17.89%，为四个地区最低。西部地区农户有 64.97% 首选从亲朋好友处借钱且不需要支付利息，从亲朋

好友处借钱并支付利息的占1.86%，使用互联网信贷的占0.21%，这三项来源占比均为四个地区最低；从银行等金融机构贷款占30.83%，为四个地区最高。东北地区有67.85%首选从亲朋好友处借钱且不需要支付利息，也处于较低水平；从银行等金融机构贷款占21.53%；从亲朋好友处借钱并支付利息的占7.08%，从民间借贷人处借钱占0.59%，这两项来源占比均为四个地区最高；使用互联网信贷的占0.29%，如表5所示。

与上一期相比，总体上讲，首选从亲朋好友处借钱且不需要支付利息的样本占比出现明显提升，提升了7.44个百分点；四个地区也均有所提升，且提升比例大致接近。首选从银行等金融机构贷款的样本占比出现大幅下降，下降了8.07个百分点；四个地区也均出现明显下降；下降幅度最小的是西部地区，下降了5.72个百分点；下降幅度最大的是中部地区，下降了10.81个百分点。首选从亲朋好友处借钱并支付利息的样本占比总体变化不大，下降了0.02个百分点，在各地区出现一定差异；东部地区下降了0.46个百分点；中部地区和西部地区则分别上升了0.53个百分点和0.37个百分点；东北地区上升了0.03个百分点。首选为互联网信贷的样本占比仍然较小，总体提升了0.06个百分点；东部地区下降了0.22个百分点；中部地区和西部地区分别上升了0.28个百分点和0.07个百分点；东北地区实现0的突破，上升了0.29个百分点。首选为民间放贷人的样本占比也出现明显下降，全国层面下降了0.33个百分点，西部地区和东北地区分别下降了0.82个百分点和0.73个百分点，东部地区上升了0.39个百分点，中部地区占比仍然为0。

三 农户正规信贷申请与获得

为观察农户的正规信贷可得性变化，本次调查收集了样本农户最近一次正规信贷的申请与获得情况，且对2020年受访过的农户，调查了其2020年以来的正规信贷申请与获取情况。

（一）农户正规信贷申请

在全部样本中，2020年初以来向正规金融机构申请过贷款的有811

户，占全部样本的 23.12%，正规信贷获批率为 94.65%，处于较高水平。其中东部地区有 14.29% 的农户申请过正规信贷，为四个地区最低，正规信贷获批率为 91.50%；中部地区有 19.63% 的农户申请过正规信贷，正规信贷获批率为 94.16%；西部地区有 30.09% 的农户申请过正规信贷，正规信贷获批率为 95.01%，为四个地区最低；东北地区有 27.41% 的农户申请过正规信贷，正规信贷获批率为 98.90%，为四个地区最高，如表 6 所示。

表 6　　　　　　农户 2020—2022 年正规信贷申请情况

地区	申请过正规信贷的户数（户）	申请过正规信贷的占比（%）	正规信贷获批率（%）
全国	811	23.12	94.65
东部地区	147	14.29	91.50
中部地区	137	19.63	94.16
西部地区	436	30.09	95.01
东北地区	91	27.41	98.90

与上一期相比，申请过正规信贷的农户占比总体上略有上升，上升了 1.36 个百分点，但在地区间出现差异。中部地区和西部地区分别上升了 2.23 个百分点和 2.97 个百分点，东部地区和东北地区却分别下降了 0.11 个百分点和 2.62 个百分点。正规信贷获批率总体上下降了 0.87 个百分点，但也出现了地区差异。东部地区和中部地区分别下降了 4.82 个和 1.08 个百分点，西部地区和东北地区分别上升了 0.19 个百分点和 1.58 个百分点。

（二）农户最近一次获得正规信贷基本情况

全部样本中有 859 户农户获得过正规信贷，占全部样本的 24.46%，其中东部地区有 156 户，占东部地区样本的 15.19%；中部地区有 143 户，占中部地区样本的 20.63%；西部地区有 772 户，占西部地区样本的 32.28%；东北地区有 164 户，占东北地区样本的 26.84%（见表 7）。

农户最近一次正规信贷的申请额度均值为 16.08 万元，实际获得的贷款额度为申请额度的 98.48%，即贷款申请基本能得到全额批准。贷款年利率均值为 4.77%。贷款产品平均期限为 31.38 个月，而农户实际需要使用贷款期限与贷款产品期限之比为1.50，即农户实际需要使用贷款期限是贷款产品期限的1.50倍。农户从提出借贷请求到拿到贷款平均需要10.03天，大部分农户不需要额外支付请客吃饭送礼等花费，极少数农户（50户）需要花费相关人情往来支出，支出均值为378.9元（见表7）。

表7　　　　　　　　　农户最近一次获得正规信贷情况

地区	样本数（户）	申请贷款额度均值（万元）	实际获得贷款额度满足率（%）	年利率（%）	贷款产品期限（月）	需要使用期限与贷款产品期限之比	从申请到获得贷款的时间（天）
全国	859	16.08	98.48	4.77	31.38	1.50	10.03
东部地区	156	28.04	97.27	4.95	63.01	1.26	16.96
中部地区	143	15.75	98.16	4.70	23.19	1.39	8.03
西部地区	469	12.81	99.06	4.61	27.47	1.67	8.29
东北地区	91	13.36	98.01	5.39	14.19	1.16	11.16

分地区来看，东部地区农户正规信贷申请额度最高，为28.04万元，实际获得的信贷额度为申请额度的97.27%，利率为4.70%，信贷产品期限最长，为63.01个月。农户实际需要使用贷款期限是贷款产品期限的1.26倍。农户从提出借贷请求到拿到钱平均需要16.96天，在四个地区中最长。中部农户正规信贷申请额度仅次于东部，为15.75万元，实际获得的信贷额度为申请额度的98.16%，利率为4.70%，信贷产品期限为23.19个月。农户实际需要使用贷款期限是贷款产品期限的1.39倍。农户从提出借贷请求到拿到钱平均需要8.03天。西部地区农户和东北地区农户的正规信贷申请额度接近，分别为12.81万元和13.36万元，实际获得的信贷额度分别为申请额度的99.06%和98.01%，但两个地区的利率水平差别较大，西部地区为四个地区最低，为4.61%，东北地区为四个地区最高，为5.39%；两个地区信贷产品期限也非常大，西部地区为27.47个月，而东北地区仅为14.19个月；农户实际需要使用贷款期限与贷款产品期限的比也差距较大，西部地区为1.67，为四个地区最高，东北地区为1.16，为四个地区最低。两个地区农户从提出借贷请求到拿到钱需要的时间分别为8.29天和11.16

天，如表 7 所示。

与上一期相比，获得过正规信贷的样本占比出现明显下降，总体上下降了 13.06 个百分点；其中东北地区下降幅度最大，下降了 17.13 个百分点；中部地区下降幅度最小，下降了 6.44 个百分点。与此同时，申请贷款额度均值出现明显提升，总体上提升了 48.89%；其中东北地区提升幅度最大，上升了 79.09%；中部地区提升幅度最小，上升了 36.25%。实际获得贷款额度满足率与上一期基本一致。贷款年利率出现明显下降，总体下降了 17.47%；中部地区和东北地区下降幅度较大，分别下降了 24.32% 和 24.19%；东部地区和西部地区分别下降了 13.61% 和 13.83%。贷款产品平均期限总体延长了 5.97 个月；其中东部地区延长幅度最大，延长了 20.48 个月；西部地区和东北地区分别延长了 4.61 个月和 2.39 个月；中部地区延长幅度最小，延长了 1.8 个月。农户实际需要使用贷款期限与贷款产品期限之比总体上出现上升，从 1.26 上升至 1.5；其中东部地区、中部地区、西部地区均出现上升，分别从 1.23、1.15 和 1.31 上升至 1.26、1.39 和 1.67；东北地区出现下降，从 1.2 下降至 1.16。农户从提出借贷请求到拿到贷款的时间总体上增加了 0.85 天；其中东部地区增加最明显，增加了 4.78 天；与此同时，中部地区却减少了 3.4 天，是四个地区中唯一缩短了时间的地区；西部地区和东北地区分别增加了 0.69 天和 2.47 天。

（三）农户最近一次获得正规信贷来源分布

农户最近一次正规信贷的来源如表 8 所示。来自农信社系统金融机构的占 68.10%；其次为来自工农中建等国有商业银行，占 19.32%；来自村镇银行、邮政储蓄银行和股份制银行和城商行的占比比较接近，分别为 1.86%、2.21% 和 3.73%；有 1.76% 的农户同时从多个渠道贷款。

分地区来看，东部地区农户正规信贷来自于农信社系统金融机构的占比仅为 49.36%，为四个地区最低；其次为来自工农中建等国有银行，占 33.97%，为四个地区最高；来自邮政储蓄银行的占比仅为 1.92%，低于来自股份制银行和城商行的占比 5.77%；有 4.49% 的农户同时从多个渠道贷款，为四个地区中最高（见表 8）。

表 8　　　　　　　　　　　农户正规信贷来源机构

地区	样本数（户）	农信社系统金融机构占比（%）	国有银行（工农中建）占比（%）	村镇银行占比（%）	邮政储蓄银行占比（%）	股份制银行和城商行占比（%）	民营银行占比（%）	多渠道占比（%）	其他占比（%）
全国	859	68.1	19.32	1.86	2.21	3.73	0.58	1.76	1.16
东部地区	156	49.36	33.97	0.64	1.92	5.77	1.28	4.49	2.56
中部地区	143	51.75	28.67	4.20	3.50	7.69	2.10	1.40	0.00
西部地区	469	78.04	11.94	1.92	1.28	2.56	0.00	1.91	1.28
东北地区	91	74.73	17.58	0.00	5.49	0.00	0.00	2.20	0.00

中部地区农户正规信贷来自农信社系统金融机构的占51.75%；其次为来自工农中建等国有银行，占28.67%；来自村镇银行、股份制银行和城商行的占比比较接近，分别占4.20%和7.69%，均为四个地区中最高；来自邮政储蓄银行的占3.50%；有2.10%的农户从民营银行贷款，为四个地区中最高（见表8）。

西部地区农户正规信贷来自农信社系统金融机构的占78.04%，为四个地区中最高；其次为来自工农中建等国有银行，占11.94%，为四个地区中最低；来自村镇银行、邮政储蓄银行和股份制银行和城商行的占比比较接近，分别占1.92%、1.28%和2.56%。没有农户从民营银行得到贷款（见表8）。

东北地区农户正规信贷来自于农信社系统金融机构的占74.73%；其次为来自工农中建等国有银行，占17.58%；来自邮政储蓄银行的占比为5.49%，为四个地区中最高；来自村镇银行、股份制银行和城商行、民营银行的占比均为0（见表8）。

与上一期相比，农户正规信贷的第一大来源仍是农信社系统金融机构，但占比出现明显下降，下降了6.03个百分点。其中东部地区下降幅度最大，下降了17.64个百分点；中部地区和西部地区分别下降了8.55个百分点和2.66个百分点；与其他地区不同，东北地区上升了1.56个百分点。国有商业银行（工商银行、农业银行、中国银行、建设银行）仍是第二大正规信贷来源，且占比明显上升，上升了5.34个百分点。其中东部地区上升幅度最大，上升了16.48个百分点；中部地区、西部地区和东北地区分别上升了 7.56 个百分点、1.58 个百分点和 1.73 个百分点。其他来源占比基本稳定，来自村镇银行和邮储银行的占比均有轻微下降，来自股份制银行和城商行、民营银行的占比略有上升。

（四）农户最近一次获得正规信贷担保类型分布

在 859 户获得过正规信贷的农户样本中，信用贷款占比最高，为 63.33%，其次为抵押贷款，占 13.50%；第三为担保贷款，占 11.99%；抵押担保相结合的占 1.98%，其他各类变相担保和抵质押的合计占 8.62%（见表 9）。

表 9　　　　　　　　农户正规信贷抵押担保类型

地区	样本数（户）	信用贷款占比（%）	担保贷款占比（%）	抵押贷款占比（%）	抵押担保相结合占比（%）	其他占比（%）
全国	859	63.33	11.99	13.50	1.98	8.62
东部地区	156	66.03	6.41	16.67	1.92	6.41
中部地区	143	72.03	9.79	8.39	0.70	9.10
西部地区	469	63.97	15.78	8.74	1.92	9.38
东北地区	91	41.76	5.49	40.66	4.40	7.70

分地区来看，东部地区信用贷款占比为 66.03%；抵押贷款占 16.67%；担保贷款占比较低，为 6.41%。中部地区信用贷款的占比在四个地区中最高，为 72.03%；抵押贷款占比在四个地区中最低，为 8.39%；担保贷款占比为 9.79%。西部地区信用贷款的占比为 63.97%；担保贷款的占比为 15.78%，为四个地区最高；抵押贷款占比为 8.74%，也处于较低水平。东北地区信用贷款的占比为 41.76%，为四个地区中最低；抵押贷款、抵押担保相结合贷款占比均为四个地区中最高，分别为 40.66% 和 4.40%；担保贷款占比为 5.49%，为四个地区中最低，如表 9 所示。

与上一期相比，信用贷款占比出现明显提升，总体上升了 5.26 个百分点。其中，东部地区占比上升了 9.59 个百分点；中部地区占比上升了 2.68 个百分点；东北地区上升幅度最大，上升了 24.69 个百分点；而西部地区却下降了 0.54 个百分点。与此同时，担保贷款占比出现大幅下降，总体下降了10.68个百分点。其中，东北地区和东部地区下降幅度较大，分别下降了19.51个百分点和15.70个百分点；中部地区和西部地区分别下降了8.30个百分点和7.80个百分点。抵押贷款和抵押担保相结合贷款占比总体上基本保持稳定，但东北地区抵押贷款占比下降幅度较大，下降了6.29个百分点。

（五）农户最近一次获得正规信贷用途

农户正规信贷的用途分布如表10所示。从全国样本来看，农户正规信贷的第一大用途是农业生产性支出，占38.23%；其次为购置和修缮房屋，占16.20%；第三是非农经营性支出，占12.82%；之后是教育、医疗等消费性支出，占12.00%；购置生产性资产支出仅占3.15%。

分地区来看，东部地区农户正规信贷的第一大用途是购置和修缮房屋，占35.71%，该项的占比明显高于其他三个地区；其次为农业生产经营支出，占20.14%；第三大用途是教育、医疗等消费性支出，占13.64%；非农经营性支出和购置生产性资产支出分别占11.69%和3.90%（见表10）。

表10　　　　　　　　　　农户正规信贷的用途分布

地区	样本数（户）	农业生产性支出占比（%）	购置生产性资产支出占比（%）	非农经营性支出占比（%）	教育、医疗等消费性支出占比（%）	购置和修缮房屋占比（%）	其他占比（%）
全国	858	38.23	3.15	12.82	12.00	16.20	17.60
东部地区	154	20.14	3.90	11.69	13.64	35.71	14.92
中部地区	143	30.08	4.20	24.48	13.99	8.39	18.86
西部地区	470	41.91	2.77	11.70	12.13	14.47	17.02
东北地区	91	62.64	2.20	2.20	5.49	4.40	23.07

中部地区农户正规信贷的最大用途是农业生产性支出和非农经营性支出，分别占30.08%和24.48%；其次为教育、医疗等消费性支出，占13.99%，为四个地区最高；购置和修缮房屋支出占8.39%；购置生产性资产支出仅占4.20%（见表10）。

西部地区农户正规信贷的最大用途为农业生产性支出，占

41.91%；其次为购置和修缮房屋及教育、医疗等消费性支出，分别占14.47%和12.13%；非农经营性支出和购置生产性资产支出分别占11.70%和2.77%（见表10）。

东北地区农户正规信贷的第一大用途是农业生产性支出，占62.64%，为四个地区最高；其次是教育、医疗等消费性支出，购置和修缮房屋支出，购置生产性资产支出以及非农经营性支出，分别占5.49%、4.40%、2.20%和2.20%，均为四个地区中最低（见表10）。

与上一期相比，总体上农户正规信贷各类用途的占比大致稳定，农业生产性支出占比略有上升，上升了2.2个百分点；购置生产性资产支出占比和非农经营性支出占比分别下降了5.06个百分点和2.27个百分点；教育、医疗等消费性支出和购置和修缮房屋支出占比分别上升了0.03个百分点和下降了0.21个百分点。分地区来看，东部地区正规信贷中用于非农经营性支出占比和购置生产性资产支出占比均出现明显下降，分别下降了13.8个百分点和3.05个百分点；农业生产性支出占比、教育、医疗等消费性支出占比和购置和修缮房屋支出占比分别上升了2.92个百分点、7.35个百分点和6.57个百分点。中部地区正规信贷中用于非农经营性支出占比、购置生产性资产支出占比和购置和修缮房屋支出占比均出现下降，分别下降了4.02个百分点、3.30个百分点和5.11个百分点；而农业生产性支出占比和教育、医疗等消费性支出占比分别上升了0.08个百分点和3.49个百分点。西部地区正规信贷中用于农业生产性支出占比和非农经营性支出占比上升，分别上升了6.15个百分点和1.46个百分点；而购置生产性资产支出占比，教育、医疗等消费性支出占比和购置和修缮房屋支出占比出现下降，分别下降了6.69个百分点、2.51个百分点和0.17个百分点。东北地区正规信贷用于农业生产性支出占比下降了8.08个百分点，是唯一出现下降的地区；购置生产性资产支出占比和教育、医疗等消费性支出占比也出现下降，分别下降了3.29个百分点和6.10个百分点；非农经营性支出占比和购置和修缮房屋支出占比基本稳定，分别下降了0.24个百分点和0.48个百分点；正规信贷用于五类主要支出之外的其他支出占比上升了18.19%。

四 农户民间借贷

本次调查的全部样本中有557户农户有民间借贷行为，占全国样本的15.01%，比上一期减少了17.89个百分点。其中东部有113户，占东部样本的10.39%，比上一期减少了14.96个百分点；中部有89户，占中部样本的12.26%，比上一期减少了15.09个百分点；西部有265户，占西部样本的17.26%，比上一期减少了21.14个百分点；东北有90户，占东北样本的24.79%，比上一期减少了19.18个百分点。

（一）农户最近一次民间借贷基本情况

从全部样本情况来看，农户最近一次民间借贷需要的额度均值为5.39万元，借贷额度满足率达98.44%，基本可以满足资金需求。有554户农户借款不需要支付利息，无利息借款额度均值为3.75万元，如需要支付利息，年利率均值为6.43%。农户实际使用借款的期限均值为12.23个月。农户从提出借贷请求到拿到钱平均需要5.84天，大部分农户不需要额外支付请客吃饭送礼等花费（见表11）。

表11　　　　　　　　农户最近一次民间借贷情况

地区	需要借款额度均值（万元）	获得借款中无利息额度均值（万元）	获得无利息借款户数（户）	年利率（%）	实际使用期限（月）	从借到获得借款的时间（天）
全国	5.39	3.75	554	6.43	12.23	5.84
东部地区	8.29	5.45	112	6.01	20.66	2.61
中部地区	7.6	5.72	89	8	13.74	1.85
西部地区	4.22	3.08	263	3.01	9.72	7.13
东北地区	3.05	1.67	90	7.81	8.23	10.06

分地区来看，东部地区农户民间借贷额度最高、使用时间最长，但利率低于全国平均水平。东部地区农户最近一次民间借贷需要借款的额度为8.29万元，不需要支付利息的借款额度为5.45万元，如需支付利息，平均年利率为6.01%。农户实际使用借款的时间均值为20.66个

月。中部地区农户民间借贷额度、使用时间仅次于东部,且利率最高。中部地区农户最近一次民间借贷需要借款的额度为 7.60 万元,不需要支付利息的借款额度为 5.72 万元,如需支付利息,平均利率为 8.00%。农户实际使用借款的时间均值为 13.74 个月。西部地区和东北地区农户的民间借贷额度均较低、使用时间均较短,但利率水平差异较大。西部地区和东北地区农户最近一次民间借贷需要的额度分别为 4.22 万元和 3.05 万元,不需要支付利息的借款额度分别为 3.08 万元和 1.67 万元,如需支付利息,平均利率分别为 3.01% 和 7.81%。农户实际使用借款的时间分别为 9.72 个月和 8.23 个月,如表 11 所示。

与上一期相比,农户需要借款额度总体上稳定,仅比上年上升了 2.08%,但各地区差异较大。东部地区和东北地区分别下降了 4.60% 和 2.87%,而中部地区和西部地区分别上升了 20.44% 和 8.76%。农户获得借款中不需要支付利息的额度均值变化明显,总体上下降了 20.04%。其中,东部地区、西部地区和东北地区分别下降了 23.99%、13.97% 和 40.99%,而中部地区上升了 0.88%。获得无利息民间借贷的农户数量大幅下降,总体上下降了 49.77%。东部地区、中部地区、西部地区和东北地区分别下降了 57.58%、50.28%、50.56% 和 29.69%。民间借贷的年利率出现明显下降,总体上下降了 2.65 个百分点,但各地区也出现明显差异。其中,东部地区、西部地区和东北地区分别下降了 1.63 个百分点、6.09 个百分点和 3.51 个百分点,而中部地区上升了 2.5 个百分点。民间借贷的实际使用期限也出现明显缩短,总体上缩短了 2.62 个月,且各地区出现明显差异。其中,东部地区与其他地区相反,延长了 3.36 个月,中部地区、西部地区和东北地区分别缩短了 2.81 个月、4.86 个月和 1.74 个月。从借到获得借款的时间总体上增加了 3.14 天。其中,东部地区和中部地区分别缩短了 0.49 天和 1.02 天,而西部地区和东北地区分别延长了 4.54 天和 7.85 天。

(二) 农户民间信贷的用途分布

农户民间借贷的用途分布如表 12 所示。从全国来看,农户民间借贷的第一大用途是教育、医疗等消费性支出,占 37.70%;其次为农业生产性支出,占 24.07%;第三大用途为购置和修缮房屋,占 11.85%,非农经营性支出和购置生产性资产支出分别占 9.34% 和 1.62%。

表 12　　　　　　　　农户民间信贷用途分布

地区	农业生产性支出占比（%）	购置生产性资产支出占比（%）	非农经营性支出占比（%）	教育、医疗等消费性支出占比（%）	购置和修缮房屋支出占比（%）	其他支出占比（%）
全国	24.07	1.62	9.34	37.70	11.85	15.42
东部地区	15.17	2.68	6.25	35.71	24.11	16.08
中部地区	18.89	2.22	15.56	28.89	18.89	15.55
西部地区	23.77	1.13	10.57	41.51	7.55	15.47
东北地区	41.11	1.11	3.33	37.78	2.22	14.45

分地区来看，东部地区、中部地区和西部地区农户民间借贷的第一大用途都是教育、医疗等消费性支出，西部地区最高，占41.51%；中部地区最低，占28.89%。东部地区民间借贷的第二大用途是购置和修缮房屋，占24.11%；其次为农业生产经营支出，占15.17%。在中部地区，购置和修缮房屋支出和农业生产性支出并列第二大民间借贷用途，均占18.89%；其后是非农经营性支出，占15.56%，为四个地区中最高。西部地区农户民间借贷的第二大用途是农业生产性支出，占23.77%，其后是非农经营性支出和购置和修缮房屋支出，分别占10.57%和7.55%。东北地区农户民间借贷的两大最主要用途分别是农业生产性支出和教育、医疗等消费性支出，分别占41.11%和37.78%；非农经营性支出、购置和修缮房屋和购置生产性资产支出的占比均较低，分别占3.33%、2.22%和1.11%（见表12）。

与上一期相比，总体上农户民间借贷中用于农业生产经营支出和教育、医疗等消费性支出的占比有所上升，分别上升了3.44个百分点和4.49个百分点；非农经营性支出占比基本稳定，上升了0.02个百分点；而购置和修缮房屋支出和购置生产性资产支出的占比有所下降，分别下降了10.60个百分点和2.69个百分点。分地区来看，东部地区农户民间借贷中用于农业生产经营支出和教育、医疗等消费性支出的占比有所上升，分别上升了5.09个百分点和13.83个百分点；用于购置和修缮房屋支出、非农经营性支出和购置生产性资产支出的占比有所下降，分别下降了16.87个百分点、3.82个百分点和0.80个百分点。中部地区民间借贷支出结构相对稳定，用于农业生产经营支出，购置生产性资产支出，教育、医疗等消费性支出和购置和修缮房屋支出均略有下降，分别下降了 0.61 个百分点、1.28 个百分点、1.61 个百分点和 3.61 个百分点；非农经营性支出和其他支出占比分别上升了 0.56 个百分点和 6.05 个百分点。西部地区民间借贷中用于农业生产经营支出、非农经营性支出和教育、医疗等消费性支出的占比有所上升，分别上升了 3.54 个百分点、2.46 个百分点和 4.41 个百分点；而用于购置生产性资产支出和购置和修缮房屋支出占比出现下降，分别下降了 3.52 个百分点和 11.16 个百分点。东北地区民间借贷中用于购置生产性资产支出、非农经营性支出、教育、医疗等消费性支出和购置和修缮房屋支出均略有下降，分别下降了 4.38 个百分点、2.16 个百分点、4.90 个百分点和 1.44 个百分点；用于农业生产经营支出和其他支出的占比分别上升了 1.47 个百分点和 8.96 个百分点。

五　农业保险参与

党的十八届三中全会以来，中央高度重视农业保险，政策性农业保险市场规模不断增长，主要粮食作物等重要农产品保障水平不断提升。2022 年，农业保险共为 1.67 亿户次农户提供风险保障 5.46 万亿元[①]，农业保险成为农户金融市场参与的重要内容。有鉴于此，本次调查设计了农户参与农业保险的相关问题。

全部样本中，有 1159 户农户购买了农业保险，占 31.60%。在未购买农业保险的原因中，"没有经营相关农产品"、"灾害少，没必要买"和"想买但不知如何买、无法买"占比最高，分别占 38.79%、35.53% 和 6.16%。农户购买的农业保险标的覆盖了粮食作物、经济作物、蔬菜、水果和畜产品，其中，小麦保险占 19.88%，玉米保险占 39.32%，水稻保险占 15.09%；三大粮食作物保险合计占比高达 74.29；畜产品保险占比为 8.42%。在购买了农业保险的农户中，有

---

① 《农业保险提供风险保障逾 5 万亿元》，中国政府网，http：//www.gov.cn/xinwen/2023-02/07/content_5740457.htm。

67.06%的农户购买了不止一种农产品保险,如表13、表14所示。

表13　　　　　　　　　农户农业保险参与

地区	购买农业保险农户占比(%)	参保农产品类型分布(%)							
^	^	粮食作物				经济作物	蔬菜	水果	畜产品
^	^	小麦	玉米	水稻	其他粮食作物	^	^	^	^
全国	31.24	19.88	39.32	15.09	6.70	5.53	1.35	3.71	8.42
东部地区	24.18	39.26	38.67	8.89	2.07	5.78	1.33	3.26	0.74
中部地区	25.14	42.48	24.56	20.13	1.33	5.31	0.88	1.11	4.20
西部地区	36.44	9.07	41.51	13.43	6.20	6.88	1.84	5.66	15.41
东北地区	53.80	—	49.73	26.74	23.53	—	—	—	—

表14　　　　　　农户农业保险理赔行为与未来参保意愿

地区	购买多种农险的农户占比(%)	申请理赔农户占比(%)	购买农业设施保险意愿分布(%)				购买高保障农业保险意愿分布(%)			
^	^	^	愿意	不愿意	不知道	不适用	愿意	不愿意	不知道	不适用
全国	67.06	67.46	39.69	47.58	12.1	0.63	58.34	29.25	11.72	0.69
东部地区	79.36	57.79	30.41	52.05	16.98	0.56	47.32	33.3	18.84	0.54
中部地区	69.19	57.67	36.6	51.55	10.82	1.03	57.97	32.39	9.63	0.01
西部地区	64.92	70.72	45.47	43.66	10.39	0.48	61.14	27.67	10.15	1.04
东北地区	54.39	77.24	41.26	48.14	9.74	0.86	71.71	22.33	5.46	0.5

有933户农户申请过理赔,占购买农业保险农户总数的67.46%。有309个农户说明了未申请理赔原因,"不知如何理赔"是第一大原因,占32.04%;"损失小、没必要理赔""损失大但理赔金额少,流程麻烦""不在保险保障范围内,无法理赔"分别占18.12%、17.80%和16.83%。在未来参保意愿方面,有1388户农户表示有购买农业设施保险的意愿,占全部样本的39.69%;有1664户农户明确表示"用处不大,不愿意购买",占全部样本的47.58%;还有423户农户表示"不懂、不清楚",占全部样本的12.10%。对于是否愿意支付更多保费购买保障水平更高的农业保险,有2200户农户表示愿意,占全部样本的58.34%;

有1103户农户表示不愿意，占全部样本的29.25%；还有442户农户表示"不懂、不清楚"，占全部样本的11.72%（见表14）。

分地区来看，东北地区农户购买农业保险的比例最高，达到53.80%；东部地区、中部地区、西部地区分别有24.18%、25.14%和36.44%的农户购买了农业保险。其中，东部地区和中部地区三大粮食作物保险合计占比较高，分别达到86.82%和87.17%，但畜产品保险占比较低，分别为0.74%和4.20%；西部地区三大粮食作物保险合计占比较低，仅为64.01%，但畜产品保险占比较高，达到15.41%。东北地区的样本农户仅购买了玉米保险、水稻保险和其他粮食作物保险，其中玉米保险占比最高，为49.73%，水稻保险占26.74%，其他粮食作物保险占23.53%。在购买了农业保险的农户中，购买了不止一种农产品保险的农户占比最高的是东部地区，达到79.36%；中部地区、西部地区和东北地区占比分别为69.19%、64.92%和54.39%（见表13、表14）。

在购买了农业保险的农户中，理赔农户占比较低的是东部地区和中部地区，分别为57.79%和57.67%；占比较高的是西部地区和东北地区，分别为70.72%和77.24%。在未来参保意愿方面，东部地区和中部地区农户购买农业设施保险和高保障农业保险的意愿相对较低。东部地区表示愿意购买农业设施保险和高保障农业保险的农户分别占30.41%和47.32%；中部地区分别占36.60%和57.97%；而西部地区表示愿意购买农业设施保险的农户占比高达45.47%，为四个地区最高；东北地区表示愿意购买高保障农业保险的农户占71.71%，为四个地区最高。此外，东部地区对农业设施保险和高保障农业保险表示不清楚，不知道该不该购买的农户占比最高，分别为16.98%和18.84%；中部地区和西部地区的占比接近，均约为10%；东北地区对农业设施保险和高保障农业保险表示不清楚，不知道该不该购买的农户占比最低，分别为9.74%和5.46%（见表14）。

六 政策启示

基于以上分析，本报告可以得出以下政策启示。

第一，数字支付在农户中持续普及，但以现金为首选支付方式的农户占比仍超过总样本的一半。因此，在持续推动新型支付方式普及应用的同时，应兼顾偏远地区助农存取款等基本金融服务的可持续发展；进一步完善农村信用体系建设，激发各类机构创新征信产品和服务，推动信用评价结果应用；有针对性地改善农村金融基础设施条件，为全面优化农村金融生态提供保障。

第二，金融机构普遍下沉普惠金融业务、加大信用贷款投放的举措在农村地区取得了一定成效。但随着农户信贷需求出现明显分化，正规金融机构信贷产品同质化使得部分农户的金融需求难以满足的问题越来越凸显。虽然面向农户的信用贷款产品在向着期限延长和额度增加的方向调整，贷款产品的利率也普遍下降，但总体上农户信贷可得性的改善程度有限。因此，应引导各类金融机构分工协作，激励其在农村金融市场合理定位，充分发挥各自优势创新金融产品和服务模式，提高金融服务的质量和效率，避免加剧农村金融市场信贷供给局部过剩、结构性不足的局面，全面有效满足农村各类经营主体的信贷需求。

第三，随着农户参与农业保险的需求出现明显分化，农业保险的普惠性与精准性越来越不能满足各类农户的风险补偿需要，保险机构提供的风险减量服务也远不能满足需求。因此，一方面，应加强农业保险教育，全面提升农户金融素养，充分调动农业保险市场需求与农户参与性；另一方面，应充分激发农业保险承保机构采用新技术深化服务覆盖深度、提升服务质量和效率，继续探索各类保险产品和服务方式的创新，使其有效发挥风险减量、风险补偿的作用，有效满足不同农业经营主体的风险保障需求。

农业生产环境的现状分析

林　珊　孙韩小雪　于法稳*

摘　要： 本报告重点分析2022年调查的耕地轮作休耕、农业废弃物资源化利用以及农业废弃物收集与处置认知的现状，并与2020年的调查结果进行了对比。结果表明：（1）从总体上来看，实施耕地轮作、休耕的农户比例均有一定程度的下降，同时，实施耕地轮作休耕得到政府补贴的农户比例表现出明显的下降。（2）农作物秸秆利用方式仍然以"粉碎还田做肥料""处理后做饲料"为主；农药包装物处理仍然以"回收至固定点"为主。（3）认为农药包装物存在"破坏了土壤""影响了农作物产量""污染了环境"多种危害性的农户比例有所上升。2021年，认为农药包装物回收没有阻力的农户比例为37.66%；认为农作物秸秆随意丢弃是多种原因并存以及"粉碎还田弊大于利"的农户比例均有一定程度的增加。为此，应处理好耕地轮作休耕与农产品供给能力，尤其是粮食安全之间的关系、农作物秸秆还田与农业生产环境改善之间的关系，以及农药包装物资源化利用中不同主体之间的关系；等等。

关键词： 农业生产环境；耕地轮作休耕；农业废弃物

---

* 林珊，中国社会科学院大学应用经济学院博士研究生，研究方向为生态经济学；孙韩小雪，中国社会科学院大学应用经济学院博士研究生，研究方向为农业农村绿色发展；于法稳，管理学博士，中国社会科学院农村发展研究所研究员、博士生导师，研究方向为自然资源管理、农村生态治理、农业绿色发展。

Current Situation Analysis on Agricultural Production Environment

LIN Shan   SUN Hanxiaoxue   YU Fawen

Abstract: This report focuses on analyzing the current situation of farmland rotation and fallow, agricultural waste resource utilization, and agricultural waste collection and disposal cognition in the 2022 survey, and compares it with the results of the 2020 survey. The results showed that: (1) Overall, the proportion of farmers who implement farmland rotation and fallow has decreased to a certain extent, while the proportion of farmers who receive government subsidies for farmland rotation and fallow has shown a significant decrease. (2) The main utilization methods of crop straw are still "crushing and returning to the field for fertilizer" and "feed after treatment". The treatment of pesticide packaging still focuses on "recycling to fixed points". (3) The proportion of farmers who believe that pesticide packaging has multiple hazards such as "damaging the soil", "affecting the crop yield" and "polluting the environment" has increased. In 2021, 37.66% of farmers believed that there was no resistance to the recycling of pesticide packaging. The proportion of farmers who believe that the random discarding of crop straw is due to multiple reasons coexisting and that "the harm of crushing and returning to the field outweighs the benefit" has increased to a certain extent. Therefore, it is necessary to handle the relationship between farmland rotation and fallow and the supply capacity of agricultural products, especially the relationship between food security, the relationship between returning crop straw to the field and improving agricultural production environment, as well as the relationship between different entities in the resource utilization of pesticide packaging.

Keywords: Agricultural Production Environment; Farmland Rotation and Fallow; Agricultural Waste

党的十九大报告提出，中国特色社会主义进入新时代，中国社会主要矛盾已经转化为人民日益增长的美好生活需要和不平衡不充分的发展之间的矛盾。实现农业绿色发展，是提升农业生态产品的主要途径，是破解社会主要矛盾的重要抓手。2023年中央一号文件明确指出要推进农业绿色发展。为此，需要加快农业投入品减量增效技术的推广应用，建立健全秸秆、农膜、农药包装废弃物、畜禽粪污等农业废弃物资源化利用的市场体系，健全耕地轮作休耕制度等，以提升农业生产环境质量。

本报告基于2022年农户问卷调查数据，围绕着耕地轮作休耕、农业废弃物资源化利用以及农业废弃物收集与处置的认知等相关问题进行分析，从中判断农业生产环境的现状，并将其与2020年农户问卷调查数据结果进行对比[1]，据此提出改善农业生产环境的路径。

一 耕地轮作休耕的现状

休耕是对土壤和生态环境遭到严重破坏、亟须修复治理、恢复生产能力的补救性措施，重点在地下水漏斗区、重金属污染区、生态严重退化地区推进，通过农艺措施和其他手段开展修复治理，待符合种植要求后复耕。轮作则是在同一田块上、在季节间和年度间轮换种植不同作物或复种组合的农业种植方式[2]。

耕地轮作休耕制度试点实施6年多来，实施规模逐年增加，由

---

[1] 本报告中部分表格数据剔除了农户选择"不知道"选项的样本观测，致使2019年相关指标数值与《中国乡村振兴综合调查研究报告（2021）》略有不同。特此说明。

[2] 国家发改委：《"十四五"规划〈纲要〉名词解释之171：耕地休耕轮作制度》，中华人民共和国国家发展和改革委员会官网，https://www.ndrc.gov.cn/fggz/fzzlgh/gjfzgh/202112/t20211224_1309437.html，2022年7月12日。

2016年的616万亩增至2021年的6926万亩，补助资金由14.36亿元增至111.45亿元；实施范围不断扩大，由最初的9个省份增至24个省份。轮作休耕制度的实施，有力地促进了中国粮食生产的高质量发展[①]。

（一）耕地轮作及方式选择

1. 耕地轮作的实施现状

总体上看，2021年实施耕地轮作的农户为521户，占比为14.70%；未实施耕地轮作的农户为3022户，占比为85.25%。相对于2019年，实施耕地轮作的农户比例下降了3.01个百分点（见图1）。

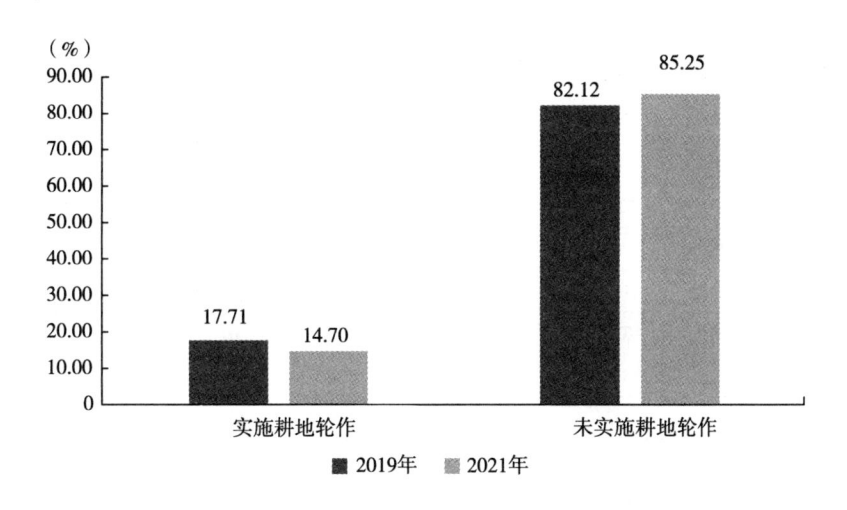

图1 农户实施耕地轮作的总体情况

分区域来看，2021年四大区域实施耕地轮作的农户比例表现出一个共同点，就是实施耕地轮作的农户占比偏低，而未实施耕地轮作的农户占比较高。就区域差异性而言，西部地区实施耕地轮作的农户比例最高，为16.53%；中部地区、东部地区和东北地区，分别为14.63%、13.46%、10.68%。表1是不同区域两个年度农户实施耕地轮作的对比情况，从中可以看出，除了东部地区实施耕地轮作的农户比例比2019

---

① 《轮作休耕藏粮于地》，光明网，https：//difang.gmw.cn/2023-02/17/content_36374089.htm，2023年2月17日。

年上升了 0.29 个百分点之外，其他三个地区的该比例均有所下降。具体来讲，西部地区和东北地区下降幅度较大，分别下降 5.30 和 5.25 个百分点，中部地区下降 3.04 个百分点。而 2021 年四大区域中未实施耕地轮作的农户比例整体比 2019 年上升 3.13 个百分点。

表1　　　　　　　不同区域农户实施耕地轮作的情况　　　　单位：户；%

地区	年份	样本数	实施轮作 数量	实施轮作 比例	未实施轮作 数量	未实施轮作 比例	不确定 数量	不确定 比例
东部地区	2019	1048	138	13.17	906	86.45	4	0.38
	2021	1040	140	13.46	900	86.54	0	0.00
	变化	-8	2	0.29	-6	0.09	-4	-0.38
中部地区	2019	894	158	17.67	736	82.33	0	0.00
	2021	704	103	14.63	601	85.37	0	0.00
	变化	-190	-55	-3.04	-135	3.04	0	0.00
西部地区	2019	1315	287	21.83	1026	78.02	2	0.15
	2021	1464	242	16.53	1222	83.47	0	0.00
	变化	149	-45	-5.30	196	5.45	-2	-0.15
东北地区	2019	339	54	15.93	285	84.07	0	0.00
	2021	337	36	10.68	299	88.72	2	0.59
	变化	-2	-18	-5.25	14	4.65	2	0.59
合计	2019	3596	637	17.71	2953	82.12	6	0.17
	2021	3545	521	14.70	3022	85.25	2	0.06
	变化	-51	-116	-3.01	69	3.13	-4	-0.11

2. 耕地轮作方式的现状

表2、表3分别是耕地轮作以及"粮经轮作"的方式选择情况。

总体来看，2021 年农户实施耕地轮作的方式集中于"粮粮轮作"和"粮经轮作"两种，其比例分别为 51.36% 和 29.38%。在"粮经轮作"方式中，主要包含了"粮豆轮作""粮油轮作""粮菜轮作"三种方式，农户比例分别为 45.03%、31.13% 和 23.84%。采取"粮绿轮作"、"粮饲轮作"、"其他轮作"以及"多种轮作并存"方式的农户较少，所占比例分别为 0.97%、3.31%、5.06% 和 9.92%。

农业生产环境的现状分析

表2 耕地轮作的方式选择

单位：户；%

地区	年份	总样本	粮粮轮作 数量	粮粮轮作 比例	粮经轮作 数量	粮经轮作 比例	粮绿轮作 数量	粮绿轮作 比例	粮间轮作 数量	粮间轮作 比例	其他轮作方式 数量	其他轮作方式 比例	多种轮作并存 数量	多种轮作并存 比例
东部地区	2019	119	7	5.88	42	35.29	17	14.29	22	18.49	30	25.21	1	0.84
东部地区	2021	140	87	62.14	32	22.86	1	0.71	2	1.43	5	3.57	13	9.29
东部地区	变化	21	80	56.26	-10	-12.43	-16	-13.58	-20	-17.06	-25	-21.64	12	8.45
中部地区	2019	155	61	39.35	40	25.81	22	14.19	17	10.97	15	9.68	0	0.00
中部地区	2021	101	68	67.33	17	16.83	2	1.98	0	0.00	5	4.95	9	8.91
中部地区	变化	-54	7	27.98	-23	-8.98	-20	-12.21	-17	-10.97	-10	-4.73	9	8.91
西部地区	2019	280	23	8.21	74	26.43	73	26.07	85	30.36	14	5.00	11	3.93
西部地区	2021	238	108	45.38	68	28.57	2	0.84	15	6.30	16	6.72	29	12.18
西部地区	变化	-42	85	37.17	-6	2.14	-71	-25.23	-70	-24.06	2	1.72	18	8.25
东北地区	2019	55	0	0.00	52	94.55	1	1.82	0	0.00	2	3.64	0	0.00
东北地区	2021	35	1	2.86	34	97.14	0	0.00	0	0.00	0	0.00	0	0.00
东北地区	变化	-20	1	2.86	-18	2.59	-1	-1.82	0	0.00	-2	-3.64	0	0.00
合计	2019	608	91	14.97	208	34.21	113	18.59	124	20.39	60	9.87	12	1.97
合计	2021	514	264	51.36	151	29.38	5	0.97	17	3.31	26	5.06	51	9.92
合计	变化	-94	173	36.39	-57	-4.83	-108	-17.62	-107	-17.08	-34	-4.81	39	7.95

注："粮粮轮作"包含"粮薯轮作"；"多种轮作并存"是指多种轮作方式并存。

85

表3　　　　　　　　"粮经轮作"的方式选择　　　　　　单位：户；%

地区	年份	样本数	粮豆轮作 数量	粮豆轮作 比例	粮油轮作 数量	粮油轮作 比例	粮菜轮作 数量	粮菜轮作 比例
东部地区	2019	42	39	92.86	1	2.38	2	4.76
	2021	32	6	18.75	16	50.00	10	31.25
	变化	-10	-33	-74.11	15	47.62	8	26.49
中部地区	2019	40	23	57.50	12	30.00	5	12.50
	2021	17	0	0.00	9	52.94	8	47.06
	变化	-23	-23	-57.50	-3	22.94	3	34.56
西部地区	2019	74	58	78.38	8	10.81	8	10.81
	2021	68	28	41.18	22	32.35	18	26.47
	变化	-6	-30	-37.20	14	21.54	10	15.66
东北地区	2019	52	51	98.08	0	0.00	1	1.92
	2021	34	34	100.00	0	0.00	0	0.00
	变化	-18	-17	1.92	0	0.00	-1	-1.92
合计	2019	208	171	82.21	21	10.10	16	7.69
	2021	151	68	45.03	47	31.13	36	23.84
	变化	-57	-103	-37.18	26	21.03	20	16.15

从动态变化情况来看，"粮粮轮作"的农户比例比2019年上升了36.39个百分点，上升幅度较大，"粮豆轮作"的农户比例比2019年下降了37.18个百分点，下降幅度较大；"粮油轮作"和"粮菜轮作"的农户比例比2019年分别上升了21.03百分点、16.15个百分点，上升幅度较大。

从区域层面来看，东部地区、中部地区和西部地区主要耕地轮作方式是"粮粮轮作"，农户比例分别为62.14%、67.33%和45.38%，而东北地区实施"粮粮轮作"的农户比例仅为2.86%，其主要轮作方式是"粮经轮作"，占比为97.14%，其中"粮经轮作"全部为"粮豆轮作"。与2019年相比，东部地区、中部地区和西部地区采取"粮粮轮作"的农户比例分别上升了56.26个百分点、27.98个百分点和37.17个百分点，上升幅度较大。此外，这三大区域"粮经轮作"的农户比例变化特点不同，西部地区上升了2.14个百分点，而东部地区和中部地区分别下降了 12.43 个百分点、8.98 个百分点,其中,采用"粮豆轮作"的农户比例,东部地区、中部地区和西部地区分别下降了 74.11 个百分点、57.50 个百分点和 37.20 个百分点,下降幅度较大。同时,这三大区域选择"粮绿轮作"和"粮饲轮作"的农户比例均有不同程度的下降,实施"多种轮作并存"的农户比例则有一定程度的上升。

(二) 耕地休耕及周期选择

1. 耕地休耕的实施现状

总体来看,2021 年实施耕地休耕的农户仅有 38 户,占 1.11%,未实施耕地休耕的农户 3399 户,占 98.87%。与 2019 年相比,实施耕地休耕的农户比例降低了 5.79 个百分点(见图 2)。

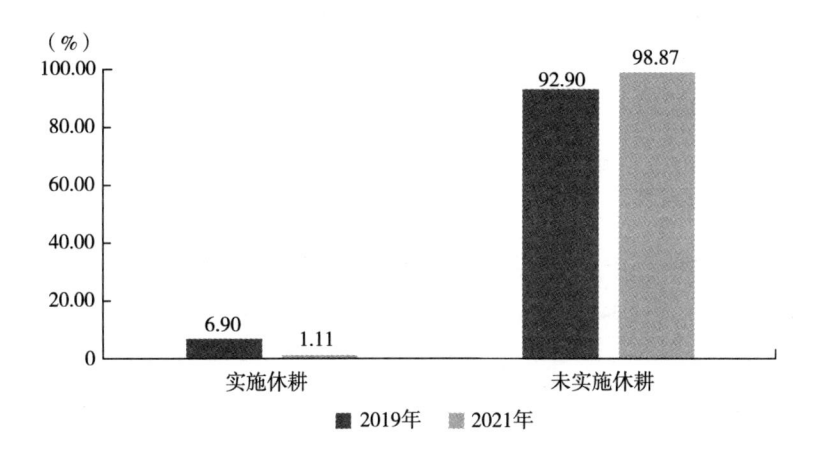

图 2 农户实施耕地休耕的总体情况

从区域层面上来看,四大区域表现出一个共性,即未实施耕地休耕的农户比例较高。其中,东部地区为 99.01%,中部地区为 98.83%,西部地区为 98.87%,东北地区为 98.46%。四大区域实施耕地休耕的农户比例总体偏低,基本上在 1.00% 左右。具体来看,东部地区为 0.99%,中部地区为 1.17%,西部地区为 1.13%,东北地区为 1.23%(见表 4)。与 2019 年相比,四大区域未实施耕地休耕的农户比例均有所增加,其中,西部地区增加的幅度最大,上升了 9.25 个百分点。

表4　　　　　不同区域农户实施耕地休耕的情况　　　　单位：户；%

地区	年份	样本数	实施休耕 数量	实施休耕 比例	未实施休耕 数量	未实施休耕 比例	不确定 数量	不确定 比例
东部地区	2019	1013	63	6.22	946	93.39	4	0.39
	2021	1014	10	0.99	1004	99.01	0	0.00
	变化	1	−53	−5.23	58	5.62	−4	−0.39
中部地区	2019	850	35	4.12	814	95.76	1	0.12
	2021	685	8	1.17	677	98.83	0	0.00
	变化	−165	−27	−2.95	−137	3.07	−1	−0.12
西部地区	2019	1291	132	10.22	1157	89.62	2	0.15
	2021	1415	16	1.13	1399	98.87	0	0.00
	变化	124	−116	−9.09	242	9.25	−2	−0.15
东北地区	2019	337	11	3.26	326	96.74	0	0.00
	2021	324	4	1.23	319	98.46	1	0.31
	变化	−13	−7	−2.03	−7	1.72	1	0.31
合计	2019	3491	241	6.90	3243	92.90	7	0.20
	2021	3438	38	1.11	3399	98.87	1	0.03
	变化	−53	−203	−5.79	156	5.97	−6	−0.17

2. 耕地休耕周期选择情况

从总体情况来看，在2022年调查数据的样本中仅有36户农户对耕地休耕周期的问题进行了回答，该36户农户实施耕地休耕的周期主要集中在小于1个月、1—3个月、4—6个月和10—12个月4个时间周期。其中，选择休耕周期为1—3个月的农户最多，所占比例为30.56%；选择4—6个月休耕周期的农户比例为27.78%，选择10—12个月休耕周期的农户比例为22.22%，选择小于1个月休耕周期的农户比例为13.89%，选择7—9个月和1—3年休耕周期的农户比例之和仅为5.56%。从变化情况来看，2021年休耕情况与2019年相比，实施休耕的农户中，选择小于3个月休耕周期的农户比例明显增加，选择其他休耕周期的农户比例均出现下降趋势（见图3）。

农业生产环境的现状分析

（%）
40.00
30.00 33.75
      30.56 27.78
20.83
       22.92 22.22
13.89   15.00
                    4.17 2.78   2.78 2.92 0.00
0.42

小于1个月　1—3个月　4—6个月　7—9个月　10—12个月　1—3年　大于3年

■ 2019年　■ 2021年

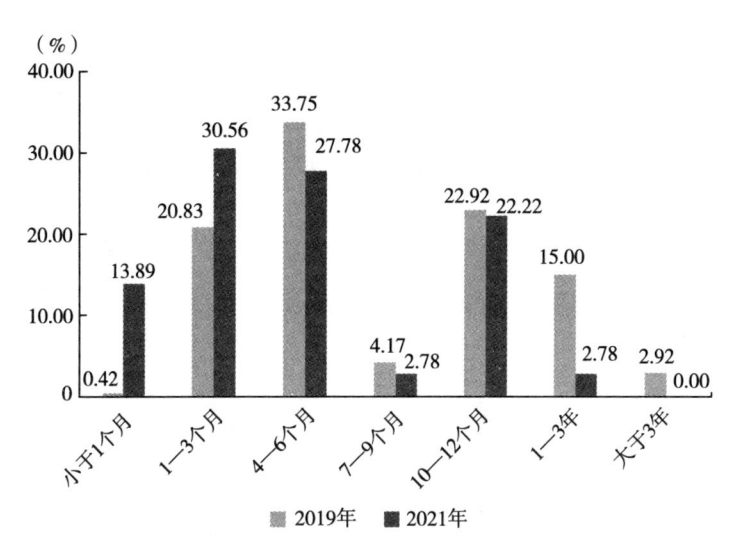

图3　耕地休耕周期选择的总体情况

从区域层面上看，由于四大区域气候条件不同，耕作制度、农作物种植种类及结构均具有不同特点，耕地休耕周期的选择也存在一定的差距。2022年的调研数据表明，东部地区耕地休耕周期主要集中在小于1个月、1—3个月和4—6个月3个时间周期，占比分别为20.00%、50.00%和20.00%；中部地区耕地休耕周期主要为4—6个月和10—12个月2个时间周期，占比均为37.50%；西部地区耕地休耕周期主要集中在1—3个月、4—6个月和10—12个月3个时间周期，占比分别为25.00%、31.25%和31.25%；东北地区耕地休耕周期主要为小于1个月和1—3个月2个时间周期，占比均为50.00%。不同区域选择不同耕地休耕周期的农户比例变化的详细情况如表5所示。

（三）耕地轮作休耕补贴的实施情况

国家实行轮作休耕补贴政策，一方面有利于农业生产投入的土地要素得以休养生息，改善土地健康状况，提升综合产能水平。另一方面有利于促进农业种植业发展质量的提升。

1. 耕地轮作补贴情况

总体来讲，2021年实施耕地轮作的农户共有516户，其中有194户得到政府补贴，所占比例为37.60%。与2019年相比，实施耕地轮作得到政府补贴的农户比例有所下降，降低了0.92个百分点（见图4）。

表 5　不同区域农户选择耕地休耕周期情况

单位：户；%

地区	年份	样本数	小于1个月 数量	小于1个月 比例	1—3个月 数量	1—3个月 比例	4—6个月 数量	4—6个月 比例	7—9个月 数量	7—9个月 比例	10—12个月 数量	10—12个月 比例	1—3年 数量	1—3年 比例	大于3年 数量	大于3年 比例
东部地区	2019	67	0	0.00	28	41.79	23	34.33	6	8.96	6	8.96	4	5.97	0	0.00
东部地区	2021	10	2	20.00	5	50.00	2	20.00	1	10.00	0	0.00	0	0.00	0	0.00
东部地区	变化	-57	2	20.00	-23	8.21	-21	-14.33	-5	1.04	-6	-8.96	-4	-5.97	0	0.00
中部地区	2019	37	0	0.00	6	16.22	17	45.95	1	2.70	5	13.51	5	13.51	3	8.11
中部地区	2021	8	1	12.50	1	12.50	3	37.50	0	0.00	3	37.50	0	0.00	0	0.00
中部地区	变化	-29	1	12.50	-5	-3.72	-14	-8.45	-1	-2.70	-2	23.99	-5	-13.51	-3	-8.11
西部地区	2019	127	1	0.79	16	12.60	40	31.50	3	2.36	37	29.13	26	20.47	4	3.15
西部地区	2021	16	1	6.25	4	25.00	5	31.25	0	0.00	5	31.25	1	6.25	0	0.00
西部地区	变化	-111	0	5.46	-12	12.40	-35	-0.25	-3	-2.36	-32	2.12	-25	-14.22	-4	-3.15
东北地区	2019	9	0	0.00	0	0.00	1	11.11	0	0.00	7	77.78	1	11.11	0	0.00
东北地区	2021	2	1	50.00	1	50.00	0	0.00	0	0.00	0	0.00	0	0.00	0	0.00
东北地区	变化	-7	1	50.00	1	50.00	-1	-11.11	0	0.00	-7	-77.78	-1	-11.11	0	0.00
合计	2019	240	1	0.42	50	20.83	81	33.75	10	4.17	55	22.92	36	15.00	7	2.92
合计	2021	36	5	13.89	11	30.56	10	27.78	1	2.78	8	22.22	1	2.78	0	0.00
合计	变化	-204	4	13.47	-39	9.73	-71	-5.97	-9	-1.39	-47	-0.70	-35	-12.22	-7	-2.92

从区域层面来看，四大区域实施耕地轮作并得到政府补贴的农户比例表现出一定的差异性。其中，东北地区实施耕地轮作并得到政府补贴的农户比例最高，为67.65%；东部地区、中部地区、西部地区分别为42.75%、25.47%和35.71%。与2019年相比，东部地区、东北地区实施耕地轮作并得到政府补贴的农户比例分别上升了16.13个百分点、15.38个百分点；中部地区、西部地区实施耕地轮作并得到政府补贴的农户比例均有所下降，分别下降了19.59个百分点、2.78个百分点（见表6）。

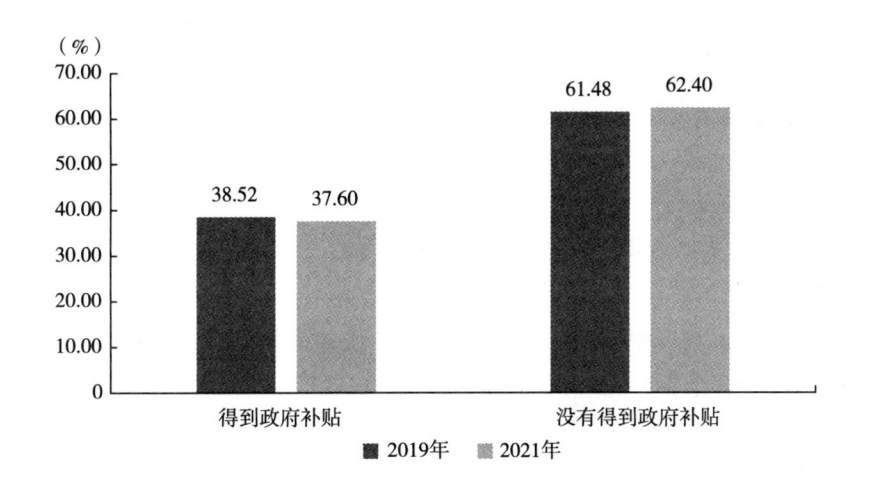

图4　耕地轮作政府补贴的总体情况

表6　　　　　　不同区域耕地轮作政府补贴情况　　　　　　单位：户；%

地区	年份	样本数	得到政府补贴 数量	得到政府补贴 比例	没有得到政府补贴 数量	没有得到政府补贴 比例
东部地区	2019	139	37	26.62	102	73.38
	2021	138	59	42.75	79	57.25
	变化	-1	22	16.13	-23	-16.13
中部地区	2019	162	73	45.06	89	54.94
	2021	106	27	25.47	79	74.53
	变化	-56	-46	-19.59	-10	19.59

续表

地区	年份	样本数	得到政府补贴 数量	得到政府补贴 比例	没有得到政府补贴 数量	没有得到政府补贴 比例
西部地区	2019	291	112	38.49	179	61.51
西部地区	2021	238	85	35.71	153	64.29
西部地区	变化	-53	-27	-2.78	-26	2.78
东北地区	2019	44	23	52.27	21	47.73
东北地区	2021	34	23	67.65	11	32.35
东北地区	变化	-10	0	15.38	-10	-15.38
合计	2019	636	245	38.52	391	61.48
合计	2021	516	194	37.60	322	62.40
合计	变化	-120	-51	-0.92	-69	0.92

2. 耕地休耕补贴情况

总体来看，2021年实施耕地休耕的38户农户中，只有15户得到了政府补贴，占比为39.47%；没有得到政府补贴的农户有23户，占比为60.53%。与2019年相比，实施耕地休耕并得到政府补贴的农户比例下降了2.02个百分点（见图5）。

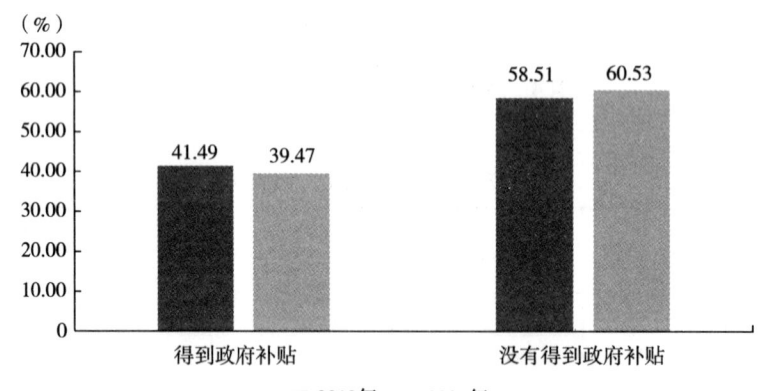

图 5　耕地休耕政府补贴的总体情况

从区域层面上来看，实施耕地休耕并得到政府补贴的农户比例也表现出一定的区域差异性。西部地区、东部地区实施耕地休耕并得到政府补贴的农户比例相对较高，占比分别为46.67%、41.67%；其次是东北地区，占比为33.33%；中部地区最低，占比为25.00%。与2019年相比，各地区实施耕地休耕并获得政府补贴的农户比例变化情况不同，其中，东部地区上升了24.09个百分点，上升幅度较大；中部地区下降了16.38个百分点，西部地区下降了12.96个百分点，东北地区下降了25.00个百分点（见表7）。

表7　不同地区耕地休耕政府补贴情况　　　单位：户；%

地区	年份	样本数	得到政府补贴 数量	得到政府补贴 比例	没有得到政府补贴 数量	没有得到政府补贴 比例
东部地区	2019	91	16	17.58	75	82.42
东部地区	2021	12	5	41.67	7	58.33
东部地区	变化	-79	-11	24.09	-68	-24.09
中部地区	2019	29	12	41.38	17	58.62
中部地区	2021	8	2	25.00	6	75.00
中部地区	变化	-21	-10	-16.38	-11	16.38
西部地区	2019	109	65	59.63	44	40.37
西部地区	2021	15	7	46.67	8	53.33
西部地区	变化	-94	-58	-12.96	-36	12.96
东北地区	2019	12	7	58.33	5	41.67
东北地区	2021	3	1	33.33	2	66.67
东北地区	变化	-9	-6	-25.00	-3	25.00
合计	2019	241	100	41.49	141	58.51
合计	2021	38	15	39.47	23	60.53
合计	变化	-203	-85	-2.02	-118	2.02

二　农业废弃物资源化利用现状

农业废弃物是造成农业面源污染的重要原因。党中央、国务院高度重视农业废弃物资源化利用工作，并出台了一系列的政策措施。2023

年中央一号文件指出,要建立健全农业废弃物收集利用处理体系。本部分重点分析农作物秸秆、农药包装物处理的相关情况。

(一)农作物秸秆利用及方式选择

严格来讲,农作物秸秆是一种资源,但如果得不到有效利用,可能成为污染源。近年来,国家出台了一系列政策性措施,有力地推动了农作物秸秆的资源化利用。

1. 农作物秸秆利用现状

农作物秸秆的产生量与种植品种、种植结构紧密相关。总体来看,2021年2148户农户种植了有秸秆的农作物,占59.83%;1442户农户没有种植有秸秆的农作物,占40.17%。与2019年相比,种植有秸秆农作物的农户比例上升了1.18个百分点(见图6)。

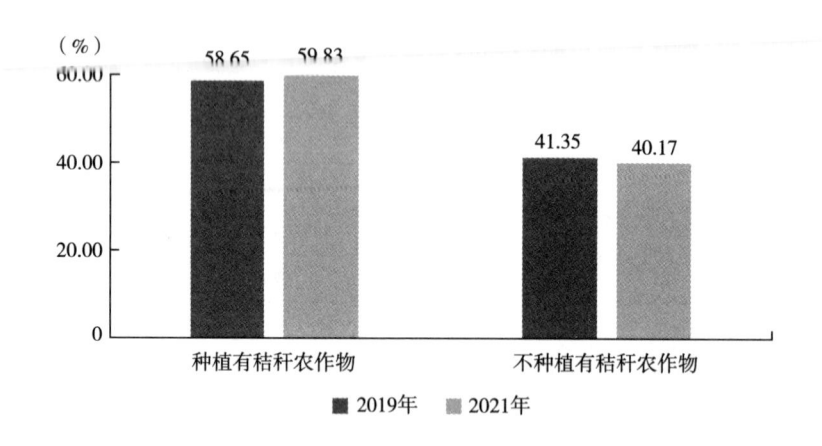

图6 农户种植农作物的总体情况

从区域层面来看,由于农作物种植结构的不同,从而导致了农作物秸秆产生量的差异。种植有秸秆农作物的农户比例在区域上呈现出东部低,中部、西部、东北部高的特点。具体而言,东部地区为36.81%,中部地区为64.15%,西部地区为70.93%,东北地区最高,为73.91%(见表8)。与2019年相比,东部地区、中部地区种植有秸秆农作物的农户比例分别下降2.03个百分点和2.41个百分点;西部地区、东北地区则分别上升5.15个百分点和1.00个百分点。

表 8　　　　　　　　不同地区农户种植农作物的情况　　　　　单位：户；%

地区	年份	样本数	种植有秸秆农作物 数量	种植有秸秆农作物 比例	不种植有秸秆农作物 数量	不种植有秸秆农作物 比例
东部地区	2019	1107	430	38.84	677	61.16
	2021	1054	388	36.81	666	63.19
	变化	-53	-42	-2.03	-11	2.03
中部地区	2019	903	601	66.56	302	33.44
	2021	714	458	64.15	256	35.85
	变化	-189	-143	-2.41	-46	2.41
西部地区	2019	1359	894	65.78	465	34.22
	2021	1500	1064	70.93	436	29.07
	变化	141	170	5.15	-29	-5.15
东北地区	2019	358	261	72.91	97	27.09
	2021	322	238	73.91	84	26.09
	变化	-36	-23	1.00	-13	-1.00
合计	2019	3727	2186	58.65	1541	41.35
	2021	3590	2148	59.83	1442	40.17
	变化	-137	-38	1.18	-99	-1.18

2. 农作物秸秆利用方式

总体来看，2021年在种植有秸秆农作物的农户中，选择"粉碎还田做肥料"的农户比例为45.10%；选择"处理后做饲料"的农户比例为16.71%；选择"回收给加工企业或秸秆经纪人"的农户比例为10.18%；选择"丢弃在路边、沟渠""拉回家做燃料"的农户分别为5.60%、5.28%；选择"做栽培基料"的农户比例仅为0.33%。有一部分农户选择"多种方式并存"的利用方式，比例为7.70%；还有一部分农户选择"其他方式"，如等待统一回收、送人养殖或作燃料等（不再展开分析），占比为9.10%。与2019年相比，选择"多种方式并存"的利用农作物秸秆的农户比例上升了4.54个百分点，选择"其他方式"的农户比例下降了3.07个百分点。

从区域层面来看，东部地区、中部地区选择"粉碎还田做肥料"的农户较多，所占比例分别为70.54%、70.90%；西部地区选择"粉碎还田做肥料"的农户占比为28.75%，选择"处理后做饲料"的农户占比为29.31%，是西部地区农户利用农作物秸秆的两类主要方式；东北地区以"粉碎还田做肥料"作为农作物秸秆利用的主要方式，占比为27.00%，但相较于其他三个地区的该比例仍为最低。与2019年相比，东部地区选择"丢弃在路边、沟渠"的农户比例上升了5.38个百分点；中部地区选择"粉碎还田做肥料""回收给加工企业或秸秆经纪人"的农户比例均有小幅度上升，分别上升了1.91个百分点、1.14个百分点；西部地区选择"多种方式并存"利用农作物秸秆的农户比例上升了6.23个百分点；而东北地区选择"粉碎还田做肥料"的农户比例下降了10.40个百分点，下降幅度较大，而选择"拉回家做燃料"以及"多种方式并存"利用农作物秸秆的农户比例均有一定幅度的增加，分别上升了5.95个百分点、7.25个百分点（见表9）。

（二）农药包装物的产生及处理情况

1. 农药包装物的产生情况

总体上看，2021年认为农业生产中产生农药包装物的农户有2355户，占65.86%；认为不产生农药包装物的农户有1221户，占34.14%。与2019年相比，农户认为农业生产中会产生农药包装物的比例依然较高，但下降了6.60个百分点（见图7）。

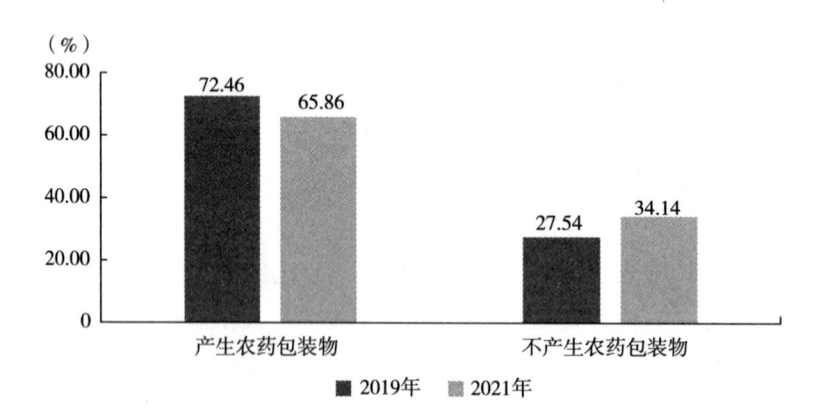

图7 农药包装物产生的总体情况

农业生产环境的现状分析

表9　不同地区农作物秸秆利用方式

单位：户；%

地区	年份	样本数	丢弃在路边、沟渠 数量	丢弃在路边、沟渠 比例	粉碎还田做肥料 数量	粉碎还田做肥料 比例	处理后做饲料 数量	处理后做饲料 比例	做栽培基料 数量	做栽培基料 比例	拉回家做燃料 数量	拉回家做燃料 比例	回收给加工企业或秸秆经纪人 数量	回收给加工企业或秸秆经纪人 比例	其他方式 数量	其他方式 比例	多种方式并存 数量	多种方式并存 比例
东部地区	2019	426	9	2.11	326	76.53	15	3.52	0	0.00	10	2.35	26	6.10	36	8.45	4	0.94
东部地区	2021	387	29	7.49	273	70.54	20	5.17	2	0.52	14	3.62	15	3.88	18	4.65	16	4.13
东部地区	变化	-39	20	5.38	-53	-5.99	5	1.65	2	0.52	4	1.27	-11	-2.22	-18	-3.80	12	3.19
中部地区	2019	603	28	4.64	416	68.99	26	4.31	2	0.33	15	2.49	67	11.11	28	4.64	21	3.48
中部地区	2021	457	16	3.50	324	70.90	15	3.28	0	0.00	9	1.97	56	12.25	17	3.72	20	4.38
中部地区	变化	-146	-12	-1.14	-92	1.91	-11	-1.03	-2	-0.33	-6	-0.52	-11	1.14	-11	-0.92	-1	0.90
西部地区	2019	895	58	6.48	244	27.26	261	29.16	2	0.22	51	5.70	102	11.40	156	17.43	21	2.35
西部地区	2021	1061	72	6.79	305	28.75	311	29.31	5	0.47	56	5.28	102	9.61	119	11.22	91	8.58
西部地区	变化	166	14	0.31	61	1.49	50	0.15	3	0.25	5	-0.42	0	-1.79	-37	-6.21	70	6.23
东北地区	2019	262	3	1.15	98	37.40	16	6.11	0	0.00	22	8.40	54	20.61	46	17.56	23	8.78
东北地区	2021	237	3	1.27	64	27.00	12	5.06	0	0.00	34	14.35	45	18.99	41	17.30	38	16.03
东北地区	变化	-25	0	0.12	-34	-10.4	-4	-1.05	0	0.00	12	5.95	-9	-1.62	-5	-0.26	15	7.25
合计	2019	2186	98	4.48	1084	49.59	318	14.55	4	0.18	98	4.48	249	11.39	266	12.17	69	3.16
合计	2021	2142	120	5.60	966	45.10	358	16.71	7	0.33	113	5.28	218	10.18	195	9.10	165	7.70
合计	变化	-44	22	1.12	-118	-4.49	40	2.16	3	0.15	15	0.80	-31	-1.21	-71	-3.07	96	4.54

从区域层面来看，认为农业生产中产生农药包装物的农户比例存在一定的地区差异性。2021年，东部地区认为农业生产过程中会产生农药包装物的农户比例最低，占比为49.19%；中部地区、西部地区和东北地区认为农业生产过程中会产生农药包装物的农户比例分别为67.04%、74.82%和76.18%。与2019年相比，东部地区认为农业生产中产生农药包装物的农户比例下降了10.46个百分点，中部地区、西部地区和东北地区则分别下降了13.22个百分点、0.98个百分点和3.60个百分点（见表10）。

表10　　　　　　　　不同地区农药包装物产生情况　　　　　　单位：户；%

地区	年份	样本数	产生农药包装物 数量	产生农药包装物 比例	不产业农药包装物 数量	不产业农药包装物 比例
东部地区	2019	1130	674	59.65	456	40.35
东部地区	2021	1051	517	49.19	534	50.81
东部地区	变化	-79	-157	-10.46	78	10.46
中部地区	2019	917	736	80.26	181	19.74
中部地区	2021	713	478	67.04	235	32.96
中部地区	变化	-204	-258	-13.22	54	13.22
西部地区	2019	1376	1043	75.80	333	24.20
西部地区	2021	1493	1117	74.82	376	25.18
西部地区	变化	117	74	-0.98	43	0.98
东北地区	2019	371	296	79.78	75	20.22
东北地区	2021	319	243	76.18	76	23.82
东北地区	变化	-52	-53	-3.60	1	3.60
合计	2019	3794	2749	72.46	1045	27.54
合计	2021	3576	2355	65.86	1221	34.14
合计	变化	-218	-394	-6.60	176	6.60

2. 农药包装物处理方式

总体来看，2021年认为农业生产中产生农药包装物的农户里，选择"回收至固定点"进行处理的农户比例最高，为40.50%；选择"就地掩埋""焚烧""随地丢弃"等比较省事的处理方式的农户比例分别

农业生产环境的现状分析

表11 不同地区农药包装物处理方式情况

单位：户；%

地区	年份	样本数	就地掩埋 数量	就地掩埋 比例	集中填埋 数量	集中填埋 比例	焚烧 数量	焚烧 比例	回收至固定点 数量	回收至固定点 比例	回收至农资市场 数量	回收至农资市场 比例	随地丢弃 数量	随地丢弃 比例	其他方式 数量	其他方式 比例	多种方式 数量	多种方式 比例
东部地区	2019	604	39	6.46	30	4.97	23	3.81	314	51.99	17	2.81	74	12.25	98	16.23	9	1.49
东部地区	2021	517	29	5.61	22	4.26	10	1.93	232	44.87	13	2.51	83	16.05	119	23.02	9	1.74
东部地区	变化	-87	-10	-0.85	-8	-0.71	-13	-1.88	-82	-7.12	-4	-0.30	9	3.80	21	6.79	0	0.25
中部地区	2019	692	81	11.71	15	2.17	37	5.35	315	45.52	17	2.46	84	12.14	123	17.77	20	2.89
中部地区	2021	478	44	9.21	10	2.09	14	2.93	193	40.38	7	1.46	66	13.81	131	27.41	13	2.72
中部地区	变化	-214	-37	-2.50	-5	-0.08	-23	-2.42	-122	-5.14	-10	-1.00	-18	1.67	8	9.64	-7	-0.17
西部地区	2019	983	178	18.11	43	4.37	201	20.45	328	33.37	10	1.02	68	6.92	119	12.11	36	3.66
西部地区	2021	1115	153	13.72	50	4.48	220	19.73	383	34.35	27	2.42	100	8.97	142	12.74	40	3.59
西部地区	变化	132	-25	-4.39	7	0.11	19	-0.72	55	0.98	17	1.40	32	2.05	23	0.63	4	-0.07
东北地区	2019	274	17	6.20	16	5.84	39	14.23	131	47.81	3	1.09	43	15.69	16	5.84	9	3.28
东北地区	2021	243	12	4.94	7	2.88	24	9.88	145	59.67	8	3.29	23	9.47	14	5.76	10	4.12
东北地区	变化	-31	-5	-1.26	-9	-2.96	-15	-4.35	14	11.86	5	2.20	-20	-6.22	-2	-0.08	1	0.84
合计	2019	2553	315	12.34	104	4.07	300	11.75	1088	42.62	47	1.84	269	10.54	356	13.94	74	2.90
合计	2021	2353	238	10.11	89	3.78	268	11.39	953	40.50	55	2.34	272	11.56	406	17.25	72	3.06
合计	变化	-200	-77	-2.23	-15	-0.29	-32	-0.36	-135	-2.12	8	0.50	3	1.02	50	3.31	-2	0.16

99

为10.11%、11.39%、11.56%；选择"集中填埋"和"回收至农资市场"等比较复杂的处理方式的农户仍然占比较低，分别为3.78%和2.34%；选择"其他方式"的农户比例为17.25%；一些农户选择"多种方式"并存的处理方式，占比为3.06%。与2019年相比，尽管选择"回收至固定点"的农户比例下降了2.12个百分点，但仍然是农户选择农药包装物处理方式中比例最高的一类。

从区域层面来看，2021年四大区域选择"回收至固定点"进行农药包装物处理的农户比例皆较高。具体来讲，东部地区、中部地区、西部地区分别为44.87%、40.38%、34.35%，东北地区比例最高，为59.67%。同时，东部地区、中部地区、西部地区和东北地区选择"随地丢弃"进行农药包装物处理的农户比例分别为16.05%、13.81%、8.97%和9.47%。与2019年相比，选择农药包装物"回收至固定点"的农户比例，东北地区和西部地区分别上升了11.86个百分点、0.98个百分点，而东部地区、中部地区分别下降了7.12个百分点、5.14个百分点。不同地区选择农药包装物处理方式的情况，如表11所示。

三 农户对农业废弃物收集与处置的认知情况分析

农民对农业废弃物处理及利用问题的认知，直接影响着农业废弃物资源化利用程度，以及农业面源污染的治理程度。这里重点围绕着农户对农药包装物危害性、回收阻力的认知问题以及随地丢弃农作物秸秆的原因等相关数据进行分析。

（一）对农药包装物危害性的认知及回收阻力的判断

2015年出台的《到2020年农药使用量零增长行动方案》，对农药的减量增效发挥了一定作用。但由于当前三大主要粮食作物农药使用率为40.6%，再加上使用方式的不当，导致农药使用量依然没有实现根本性下降。此外，由于包装规格（容量）的减少，农药包装物生产量快速增加。农药包装物中的残留农药未经稀释，浓度极高，是农业面源污染的重要来源，严重威胁生态安全和人体健康。

1. 农药包装物危害性认知的分析

总体来看，在2022年调查数据中，有2297户农户对"农药包装物危害性认知"方面的问题进行了回答。其中,认为农药包装物存在多种危害性的农户比例最高,占比为55.12%,主要表现在同时"破坏了土壤""影响了农作物产量""污染了环境";认为农药包装物危害性只是"污染了环境"的农户比例为26.25%,认为只是"破坏了土壤"的农户比例为6.53%;认为只是"影响了农作物产量"的农户比例为1.09%;此外,还有11.01%的农户认为农药包装物还产生了其他危害。与2019年相比,认为农药包装物存在多种危害性的农户比例增加了19.76个百分点,而认为存在单一危害性的农户比例均有所降低。

从区域层面来看,2021年四个地区均有超过半数的农户认为农药包装物存在多种危害性,表现为同时选择"破坏了土壤""影响了农作物产量""污染了环境"的选项。其中,东北地区对农药包装物危害性进行多选的农户比例最高,为63.56%,其次是西部地区为55.56%,中部地区、东部地区分别为53.09%和52.09%。与2019年相比,四个地区认为农药包装物存在多种危害的农户比例均有不同程度的上升。具体地,东部地区、中部地区、西部地区和东北地区分别上升了12.80个百分点、15.71个百分点、27.74个百分点以及14.65个百分点(见表12)。

表12　　　不同地区农户对农药包装物危害性认知的情况　　单位:户;%

地区	年份	样本数	破坏了土壤		影响了农作物产量		污染了环境		其他危害		多种危害	
			数量	比例	数量	比例	数量	比例	数量	比例	数量	比例
东部地区	2019	621	49	7.89	11	1.77	231	37.20	64	10.31	244	39.29
	2021	503	41	8.15	4	0.80	144	28.63	52	10.34	262	52.09
	变化	-118	-8	0.26	-7	-0.97	-87	-8.57	-12	0.03	18	12.80
中部地区	2019	701	63	8.99	8	1.14	263	37.52	90	12.84	262	37.38
	2021	469	37	7.89	1	0.21	116	24.73	66	14.07	249	53.09
	变化	-232	-26	-1.10	-7	-0.93	-147	-12.79	-24	1.23	-13	15.71
西部地区	2019	1003	74	7.38	15	1.50	453	45.16	163	16.25	279	27.82
	2021	1089	62	5.69	15	1.38	281	25.80	126	11.57	605	55.56
	变化	86	-12	-1.69	0	-0.12	-172	-19.36	-37	-4.68	326	27.74

续表

地区	年份	样本数	破坏了土壤 数量	破坏了土壤 比例	影响了农作物产量 数量	影响了农作物产量 比例	污染了环境 数量	污染了环境 比例	其他危害 数量	其他危害 比例	多种危害 数量	多种危害 比例
东北地区	2019	274	17	6.20	2	0.73	93	33.94	27	9.85	134	48.91
	2021	236	10	4.24	5	2.12	62	26.27	9	3.81	150	63.56
	变化	-38	-7	-1.96	3	1.39	-31	-7.67	-18	-6.04	16	14.65
合计	2019	2599	203	7.81	36	1.39	1040	40.02	344	13.24	919	35.36
	2021	2297	150	6.53	25	1.09	603	26.25	253	11.01	1266	55.12
	变化	-302	-53	-1.28	-11	-0.30	-437	-13.77	-91	-2.23	347	19.76

2. 农药包装物回收阻力的分析

2022年的调查问卷比2020年多设置了"没有阻力""不知道回收给谁"两个选项，总体来看，选择这两个选项的农户比例分别为37.66%和26.29%，显示出认为农药包装物回收没有阻力的农户比例较高。选择"没有补贴，没有回收动力"的农户比例为8.75%，选择"回收与否无所谓"的农户比例为7.68%，选择"邻居不回收"的农户比例为0.53%，选择"不回收也不会处罚"的农户比例为1.51%，选择"其他阻力"，如"个人认知不到位""素质觉悟不高"等的农户比例为3.29%，认为回收农药包装物存在以上多种阻力的农户比例为14.30%。与2019年相比，选择"没有补贴，没有回收动力"的农户比例下降了13.52个百分点，选择"回收与否无所谓"的农户比例下降了22.39个百分点，选择"其他阻力"的农户比例下降了23.62个百分点。

从区域层面来看，四个地区农户对导致农药包装物回收受阻原因的认知存在一定的差异性。具体而言，东部地区农户认为"不知道回收给谁""没有补贴，没有回收动力"是阻碍农药包装物回收的两个主要因素，占比分别为26.37%、10.55%；中部地区、西部地区和东北地区的农户均认为"不知道回收给谁"以及"多种阻力"是造成农药包装物回收阻力的两大主要诱因。与2019年相比，四大区域的农户选择"没有补贴，没有回收动力""回收与否无所谓""不回收也不会处罚""邻居不回收""其他阻力"的农户比例均呈现不同程度的下降，而选择"多种阻力"因素的农户比例则出现不同程度的增加（见表13）。

农业生产环境的现状分析

表13　不同地区农药包装物回收阻力情况

单位：户；%

地区	年份	样本数	没有阻力 数量	没有阻力 比例	不知道回收给谁 数量	不知道回收给谁 比例	没有补贴，没有回收动力 数量	没有补贴，没有回收动力 比例	回收与否无所谓 数量	回收与否无所谓 比例	邻居不回收 数量	邻居不回收 比例	不回收也不会处罚 数量	不回收也不会处罚 比例	其他阻力 数量	其他阻力 比例	多种阻力 数量	多种阻力 比例
东部地区	2019	585	—	—	—	—	140	23.93	188	32.14	16	2.74	53	9.06	133	22.74	55	9.40
东部地区	2021	493	180	36.51	130	26.37	52	10.55	38	7.71	2	0.41	14	2.84	26	5.27	51	10.34
东部地区	变化	-92	—	—	—	—	-88	-13.38	-150	-24.43	-14	-2.33	-39	-6.22	-107	-17.47	-4	0.94
中部地区	2019	653	—	—	—	—	130	19.91	182	27.87	33	5.05	64	9.80	181	27.72	63	9.65
中部地区	2021	470	162	34.47	103	21.91	39	8.30	44	9.36	2	0.43	3	0.64	13	2.77	104	22.13
中部地区	变化	-183	—	—	—	—	-91	-11.61	-138	-18.51	-31	-4.62	-61	-9.16	-168	-24.95	41	12.48
西部地区	2019	934	—	—	—	—	197	21.09	330	35.33	29	3.10	112	11.99	218	23.34	48	5.14
西部地区	2021	1054	381	36.15	317	30.08	90	8.54	83	7.87	8	0.76	11	1.04	31	2.94	133	12.62
西部地区	变化	120	—	—	—	—	-107	-12.55	-247	-27.46	-21	-2.34	-101	-10.95	-187	-20.40	85	7.48
东北地区	2019	266	—	—	—	—	76	28.57	33	12.41	5	1.88	8	3.01	124	46.62	20	7.52
东北地区	2021	235	125	53.19	42	17.87	16	6.81	8	3.40	0	0.00	6	2.55	4	1.70	34	14.47
东北地区	变化	-31	—	—	—	—	-60	-21.76	-25	-9.01	-5	-1.88	-2	-0.46	-120	-44.92	14	6.95
合计	2019	2438	—	—	—	—	543	22.27	733	30.07	83	3.40	237	9.72	656	26.91	186	7.63
合计	2021	2252	848	37.66	592	26.29	197	8.75	173	7.68	12	0.53	34	1.51	74	3.29	322	14.30
合计	变化	-186	—	—	—	—	-346	-13.52	-560	-22.39	-71	-2.87	-203	-8.21	-582	-23.62	136	6.67

103

(二) 农作物秸秆随意丢弃的原因

农户对农作物秸秆随意丢弃的原因是多方面的，对此设置了8个备选答案："粉碎的成本太高""没有人回收""粉碎还田弊大于利""秸秆没有利用价值""运输麻烦且成本高""没有时间和精力""堆积场地受限""其他原因"。

总体上看，在2022年调查数据中共有253个有关农作物秸秆随意丢弃原因的样本数据。其中，选择"粉碎的成本太高"的农户占10.67%；选择"没有人回收"的农户占15.81%；选择"粉碎还田弊大于利"的农户占4.35%；选择"秸秆没有利用价值"的农户占9.49%；选择"运输麻烦且成本高"的农户占4.35%；选择"没有时间和精力"的农户占13.04%；选择"堆积场地受限"的农户占0.79%；选择"其他原因"的农户占17.39%；认为农作物秸秆随意丢弃存在以上多种原因的农户占24.11%。

从区域层面来看，东部地区、中部地区以及西部地区农户选择农作物秸秆随意丢弃存在"多种原因"的比例皆较高，分别为22.92%、45.45%和23.94%，而东北地区选择该项的比例极低，仅有3.33%。选择"其他原因"的农户，东部地区、中部地区以及东北地区的占比较大，分别为25.00%、18.18%和50.00%，而西部地区选择该项的比例较低，仅有7.75%（见表14）。

从动态变化的整体情况来看，通过对比2021年与2019年的数据发现，认为农作物秸秆随意丢弃存在"多种原因"的农户占比上升幅度最大，上升了11.82个百分点；选择"粉碎还田弊大于利"的农户比例上升了3.79个百分点，选择"其他原因"的农户比例上升了0.07个百分点。然而，选择"粉碎的成本太高""没有人回收""秸秆没有利用价值""运输麻烦且成本高""没有时间和精力""堆积场地受限"的农户比例均出现下降趋势，分别下降了2.18个百分点、2.07个百分点、5.59个百分点、0.68个百分点、2.04个百分点、3.12个百分点。

对四大区域的动态变化而言，东北地区认为农作物秸秆随意丢弃存在"多种原因"的农户比例出现大幅度下跌，下降了30.00个百分点，而东部地区、中部地区和西部地区占比均出现较大幅度增高，分别上升了16.40个百分点、24.17个百分点、15.19个百分点；选择"没有人

农业生产环境的现状分析

表14 农作物秸秆随意丢弃的原因

单位：户；%

地区	年份	样本数	粉碎的成本太高 数量	粉碎的成本太高 比例	没有人回收 数量	没有人回收 比例	粉碎还田弊大于利 数量	粉碎还田弊大于利 比例	秸秆没有利用价值 数量	秸秆没有利用价值 比例	运输腺项目成本高 数量	运输腺项目成本高 比例	没有时间和精力 数量	没有时间和精力 比例	堆积场地受限 数量	堆积场地受限 比例	其他原因 数量	其他原因 比例	多种原因 数量	多种原因 比例
东部地区	2019	46	3	6.52	5	10.87	1	2.17	6	13.04	3	6.52	3	6.52	1	2.17	21	45.65	3	6.52
东部地区	2021	48	4	8.33	9	18.75	2	4.17	5	10.42	1	2.08	4	8.33	0	0.00	12	25.00	11	22.92
东部地区	变化	2	1	1.81	4	7.88	1	2.00	-1	-2.62	-2	-4.44	1	1.81	-1	-2.17	-9	-20.65	8	16.40
中部地区	2019	47	7	14.89	9	19.15	0	0.00	4	8.51	3	6.38	6	12.77	0	0.00	8	17.02	10	21.28
中部地区	2021	33	0	0.00	2	6.06	1	3.03	3	9.09	2	6.06	4	12.12	0	0.00	6	18.18	15	45.45
中部地区	变化	-14	-7	-14.89	-7	-13.09	1	3.03	-1	0.58	-1	-0.32	-2	-0.65	0	0.00	-2	1.16	5	24.17
西部地区	2019	80	12	15.00	17	21.25	0	0.00	16	20.00	3	3.75	18	22.50	5	6.25	2	2.50	7	8.75
西部地区	2021	142	22	15.49	26	18.31	8	5.63	12	8.45	5	3.52	23	16.20	1	0.70	11	7.75	34	23.94
西部地区	变化	62	10	0.49	9	-2.94	8	5.63	-4	-11.55	2	-0.23	5	-6.30	-4	-5.55	9	5.25	27	15.19
东北地区	2019	6	1	16.67	1	16.67	0	0.00	1	16.67	0	0.00	0	0.00	1	16.67	0	0.00	2	33.33
东北地区	2021	30	1	3.33	3	10.00	0	0.00	4	13.33	3	10.00	2	6.67	1	3.33	15	50.00	1	3.33
东北地区	变化	24	0	-13.34	2	-6.67	0	0.00	3	-3.34	3	10.00	2	6.67	0	-13.34	15	50.00	-1	-30.00
合计	2019	179	23	12.85	32	17.88	1	0.56	27	15.08	9	5.03	27	15.08	7	3.91	31	17.32	22	12.29
合计	2021	253	27	10.67	40	15.81	11	4.35	24	9.49	11	4.35	33	13.04	2	0.79	44	17.39	61	24.11
合计	变化	74	4	-2.18	8	-2.07	10	3.79	-3	-5.59	2	-0.68	6	-2.04	-5	-3.12	13	0.07	39	11.82

105

回收"的农户，除了东部地区该项占比上升了7.88个百分点以外，其他区域却均出现不同程度的下降。东部地区、中部地区和西部地区认为农作物秸秆粉碎还田弊大于利的农户比例呈现出明显的上升趋势，而东北地区近两年该项的占比均稳定为零；选择"其他原因"的农户，除了东部地区占比下降20.65个百分点之外，其他三大区域都呈现出不同程度的上升，尤其是东北地区该项占比上升了50个百分点（见表14）。

四 政策建议

根据上述不同层面农户数据分析的结果，结合调研过程中对农户的访谈，产生一些新的发现，这些发现也给予我们一些启示，以更好地改善农业生产环境，为实现农业绿色发展提供支撑。

（一）主要发现

通过对2022年农户问卷调查数据分析，并将其与2020年农户问卷调查数据对比，发现农业生产环境有如下几个特点。

第一，总体上来讲，实施耕地轮作的农户比例有所下降，但从区域层面上来看，东部地区实施耕地轮作的农户比例有小幅度的增加。从轮作方式上来看，主要以"粮粮轮作""粮经轮作"为主。

从实施耕地休耕的农户比例来看，无论是总体上还是区域层面均有所下降，耕地休耕周期多选择1—3个月和4—6个月两个时间段。正是由于农户实施耕地轮作休耕比例的下降，导致了耕地轮作休耕得到政府补贴的农户比例也出现一定程度的降低。

第二，总体上来看，农作物秸秆利用方式仍然以"粉碎还田做肥料""处理后做饲料"两种方式为主，其中东部地区、中部地区选择"粉碎还田做肥料"的农户比例较高。对农作物秸秆随意丢弃的成因，多数农户认为存在多种原因，而且这个比例具有较大幅度的增加；除此之外，认为"粉碎还田弊大于利"的农户比例也有一定程度的增加。

第三，对于农药包装物收集处理问题，总体上仍以"回收至固定点"为主要方式，且从区域层面上看，四个地区选择该项的农户比例皆较高，其中东北地区该比例接近六成。对于农药包装物危害性认知方面，总体上认为农药包装物存在多种危害性的农户比例最高，而且动态变化上存在较大幅度的增加；区域层面而言，四个地区均有超过半数的农户认为农药包装物存在多种危害性，其中东北地区选择该项的农户比例最高，西部地区增加幅度最大。

(二) 政策建议

上述主要发现，对于实施耕地轮作休耕以及农业废弃物资源化利用等实践方面也具有一定的启示，为农业生产环境的改善提供方向。

第一，要处理好耕地轮作休耕与农产品供给能力，尤其是粮食安全之间的关系。粮食安全是国之大者，每时每刻都应该树立粮食安全的底线思维。因此，在耕地轮作休耕推行进程中，一方面要努力提升耕地土壤质量；另一方面要确保农产品的供给能力，尤其是粮食生产能力。

第二，要处理好农作物秸秆还田与生产环境改善之间的关系。为保护大气质量，国家出台了一系列有关秸秆禁烧的政策措施，取得了明显成效。但农业生产的实践也表明，农作物秸秆直接还田存在一定的弊端，如后续生产中杂草、病虫害问题加剧，导致农药等投入品的增加，带来了一定的面源污染，反而影响了农业生产环境的改善。此外，秸秆焚烧也具有一定的合理性，但在方式上需要认真系统地研究。

第三，要处理好农药包装物资源化利用中不同主体之间的关系。要解决好农药包装物导致的二次污染，需要建立有效的资源化作用机制，其中涉及不同的利益主体，从生产者、销售者、使用者以及回收者都需要明确不同环节的利益主体在农药包装物资源化利用中的作用，探讨有效的长效机制。其中，更需要政府的服务及引导作用，更好地保护农业生产环境。

粮食作物灌溉用水情况、节水技术应用及效果分析

李婷婷*

摘 要：水资源作为一种日益稀缺的战略性资源，对国家粮食安全和农业经济发展具有全局性和长远性影响。未来中国粮食安全的核心问题是粮食生产扩大与水资源短缺的尖锐矛盾。本报告从农业灌溉用水情况的区域差异、品种结构和规模差异、节水灌溉技术的采纳行为和节水效应两方面进行了描述性统计分析。结果表明：（1）耕地有效灌溉率达47.23%。农业灌溉高度依赖地下水，59.50%的水浇地采取地下水浇灌，且在规模大户中表现尤为明显。（2）单位产量粮食生产的蓝水使用量为0.293立方米，生产1吨粮食需293立方米蓝水。农业用水强度为781.23立方米/万元。单位产量粮食生产的蓝水使用量和农业用水使用强度区域差异明显，呈现由东向西增加的态势。北方地区的农业用水使用强度为868.46立方米/万元，是南方地区的1.36倍。（3）口粮的灌溉用水量比饲料粮大。小麦和水稻无论从灌溉率、亩均用水量以及单位产量蓝水使用量都远远超过玉米和大豆。（4）相对于传统灌溉技术，现代节水技术使得每亩次灌溉可节水51.34%，每亩耕地可节水59.80%。但是，中国的传统灌溉方式仍然居主导地位，微喷灌等现代节水技术的采纳率非常低，只有约10.00%的农户采用喷灌、滴灌、微灌等现代节水灌溉技术。农业智慧灌溉技术发展还相当缓慢，且以公共物品提供为主。（5）无论从单位产量蓝水使用量、农业用水使用强度、

---

* 李婷婷，人文经济地理学博士，中国社会科学院农村发展研究所助理研究员，研究方向为粮食增产潜力挖掘、农业可持续发展、智慧农业。

农业灌溉成本，还是从节水技术采纳和节水效应来看，规模经济都有助于减少水资源使用，但其规模正外部性得以显化的门槛普遍在10亩以上。建议在供给端和需求端推动地表水对地下水的替代，多措并举挖掘农业节水潜力。

关键词：粮食；灌溉；农业用水强度；节水技术；智慧农业

Irrigation Water Use, Application and Effect Analysis of Water Saving Technologies of Grain Crops in China

LI Tingting

Abstract: As an increasingly scarce strategic resource, water resources have a global and long-term impact on national food security and agricultural economic development. The core issue of China's future food security is the sharp contradiction between the expansion of grain production and water resource shortage. This report conducts descriptive statistical analysis from two aspects: regional differences, variety structure, and scale differences in agricultural irrigation water use, application and effects analysis of water-saving irrigation technology. The results show that: (1) The effective irrigation rate of arable land reaches 47.23%. Agricultural irrigation is highly dependent on groundwater, with 59.50% of irrigated land being irrigated with groundwater, particularly in large households. (2) The blue water usage of per unit grain is 0.293m^3/Kg, 293m^3 meters of blue water are used to produce 1 ton of grain. Agricultural water intensity is 781.23m^3/10 thousand yuan. The blue water usage of grain production and the intensity of agricultural water use have significant regional differences, showing an increasing trend from east to west. The intensity of agricultural water use in the north is 868.46m³/10 thousand yuan, which is 1.36 times that of the southern region. (3) The irrigation water use of food grain is more than that of feed grain. Wheat and rice far exceed corn and soybeans in terms of irrigation rate, average water use per mu, and blue water usage of per unit grain. (4) Compared to traditional irrigation techniques, modern water-saving technologies can save 51.34% of water for one time, and 59.80% of water per acre of arable land. However, traditional irrigation methods still dominate in China, and the adoption rate of modern water-saving technologies is very low. Only about 10.00% of farmers use modern water-saving irrigation technologies such as sprinkler irrigation, drip irrigation, and micro irrigation. The development of agricultural intelligent irrigation technology is still quite slow, and mainly provided as public goods. (5) Whether viewed from the blue water usage of per unit grain, agricultural water use intensity, agricultural irrigation costs, or from the adoption of water-saving technologies and water-saving effects, agricultural scale management can help reduce water resource using. However, the threshold for the positive externality of its scale to be manifested is generally above 10 acres. Therefore, it is recommended to promote the substitution of surface water for groundwater on both the supply and demand sides, and take multiple measures to tap into the potential of agricultural water-saving.

Keywords: Grain; Irrigation; Agricultural Water Intensity; Water-saving Technology; Smart Agriculture

中国是世界上人均淡水资源严重短缺的国家之一。21世纪中国淡水资源短缺将成为国民经济可持续发展的瓶颈。水资源作为一种日益稀缺的战略性资源，对国家粮食安全和农业经济发展具有全局性和长远性影响。因此，必须高度重视水资源的保护和节约使用。中国人口14亿多，解决好吃饭问题始终是头等大事，而水资源可持续利用是粮食安全的重要基础。愈演愈烈的缺水问题威胁中国灌溉农业和粮食安全，迫切需要实施可持续灌溉管理。

一 中国粮食作物灌溉用水情况

(一) 灌溉条件

1. 耕地有效灌溉情况分析

耕地有效灌溉程度指当年进行正常灌溉的农田面积所占比重,表征农田灌溉工程或设备的配备程度,同时也反映了人们对气候条件的调整行为以及耕地的抗旱能力。耕地有效灌溉程度越大,表明农田水利设施供给越能满足农户的灌溉需求。农业利用的水资源包含"蓝水""绿水"。蓝水是降水形成径流后进入河道、湖泊或地下含水层形成的地表水和地下水,即传统的水资源。绿水为天然降水下渗到非饱和土壤层中用于植物生长、以蒸散发进入大气的水资源。农田水利灌溉设施旨在将蓝水引入耕种植被的土壤层,因此耕地有效灌溉程度只考虑代表地表水和地下水的蓝水,不考虑被土壤直接吸收的绿水。

总体上来看,样本农户中,灌溉耕地占总耕地面积的47.23%(见表1),接近科技部国家遥感中心《全球生态环境遥感监测2022年度报告》(以下简称《报告》)发布的49.9%的耕地有效灌溉率,可见中国粮食生产对灌溉的依赖程度非常高,居世界前列。同时,该结论意味着样本中有52.77%的粮食作物播种耕地"靠天吃饭、不灌溉",可能是因为耕地位于多雨水的地区或者农作物特性等原因不需要灌溉,也可能是因为处于干旱少水的地方没有条件灌溉,还可能是因为农业经营主体出于节水或节省劳动力的考虑而选择不灌溉。

表1　　　　　中国各区域的耕地有效灌溉率　　　　　单位:%

区域	东部地区	中部地区	西部地区	东北地区	全国
耕地有效灌溉率	78.10	43.18	51.31	42.02	47.23

从不同地区看,受中国水资源空间分布、作物种植习惯、农田水利设施供给情况的影响,中国各区域的粮食作物有效灌溉率呈现较大差异。东部地区粮食作物有效灌溉率最高,达到78.10%,比全国平均水平高30.87个百分点;西部地区粮食作物的有效灌溉率次之,为51.31%,比全国平均水平高4.08个百分点。中部和东北部的粮食作物

有效灌溉率低于全国平均水平，依次为43.18%和42.02%。

分粮食作物品种来看，口粮作物的灌溉率更高，饲料粮作物相对较低。水稻因其特有的喜水特征，灌溉率高达94.62%；就小麦来说，已有研究认为水资源是影响小麦产量的最主要因素，其在播种、冬灌、返青、拔节和灌浆期需要大量水分，但小麦生长期的年均降水量无法满足需水量，因此需要更多灌溉水进行补充，本次调研结果显示小麦灌溉率高达46.97%。玉米一般在播种、拔节和孕穗期需要浇灌或雨水补充，且生长期往往和降雨同期，导致灌溉率较低，为32.51%；大豆的灌溉率最低，只有10.61%，意味着约有89.39%的播种大豆耕地依靠降雨满足用水需求（见表2）。

表2　　　　　　中国分作物品种的有效灌溉率　　　　　单位：%

作物	水稻	小麦	玉米	大豆	油菜籽
耕地有效灌溉率	94.62	46.97	32.51	10.61	30.89

灌溉通常被划分为劳动密集生产环节，但因受降水和气温导致的蒸散发影响，灌溉次数具有不可预测性，无法像整地、收割等环节容易通过购买社会化服务来实现环节外包，外包服务在劳动密集环节对家庭劳动力的"替代效应"难以在灌溉环节体现出来。随着劳动力的外出和社会化服务组织在灌溉环节的缺位，灌溉环节劳动力的稀缺性凸显，粮食作物种植规模增加会阻碍耕地的有效灌溉。从结果来看，10亩（含）以下，耕地灌溉率随规模扩大而增加。0—1亩（含）的耕地灌溉率为53.52%；1—2亩（含）和2—5亩（含）的耕地灌溉率逐渐增加到53.56%和58.35%，5—10亩（含）的耕地灌溉率最高，为62.70%。当经营规模超过10亩时，耕地灌溉率会逐渐减少。当经营规模在100亩以上时，灌溉率最低，只有37.79%（见表3）。

表3　　　　　　不同经营规模下的耕地有效灌溉率　　　　　单位：%

规模组	灌溉率
0—1亩（含）	53.52
1—2亩（含）	53.56

续表

规模组	灌溉率
2—5亩（含）	58.35
5—10亩（含）	62.70
10—50亩（含）	54.49
50—100亩（含）	55.72
100亩以上	37.79

2. 灌溉水源结构分析

农田灌溉水来源分为地下水、地表水以及地表水和地下水综合灌溉3种。为了预判未来水资源短缺对中国农业生产的影响，首先需摸清灌溉耕地对不可持续利用的水资源（来自对地下水的开采）的依赖程度。从全部样本来看，47.52%的水浇地是以地下水作为农业灌溉的主要水源，平均规模达18.56亩；40.50%的水浇地是以地表水作为农业灌溉的主要水源，平均规模10.25亩；还有11.98%的水浇地将地下水和地表水同时作为农业灌溉的主要水源，平均规模高达32.84亩（见表4）。可见，中国农业灌溉高度依赖地下水，很多渠道中地表水的供应常常是不稳定的，有时甚至严重不足，需要地下水补充灌溉。而且农户的经营规模越大，越趋向于利用地下水或者地下水和地表水综合灌溉以避免干旱和缺水对农业造成的风险。

表4　　　　粮食作物灌溉水源统计分析　　　　单位：亩；%

灌溉水源	灌溉面积	平均规模	比例
地下水	11860	18.56	47.52
地表水	10107	10.25	40.50
地下水+地表水	2989	32.84	11.98

南北方耕地灌溉水源结构存在较大差异。北方地区粮食作物高度依赖地下水灌溉，地下水灌溉面积占灌溉耕地的52.23%，是南方地区的2.57倍。对地下水灌溉的高度依赖造成地下水抽取的速度远远快于自然补给的速度，地下水面临枯竭的风险。为了及时获取灌溉用水，北方

地区还有13.63%的灌溉耕地采取地下水和地表水的综合灌溉。相反，南方地区有77.30%灌溉耕地依赖地表水，是全国和北方地区的1.91倍和2.26倍（见表5）。当前中国粮食生产重心北移势必会加剧北方地区地下水资源的消耗，加剧了"水资源—耕地"在空间上的失衡，不利于国家的粮食和生态安全。

表5　　　　　南北方地区粮食作物灌溉水源统计分析　　　　单位：亩；%

灌溉水源	南方地区 平均规模	南方地区 比例	北方地区 平均规模	北方地区 比例
地下水	9.12	20.31	19.95	52.23
地表水	6.02	77.30	14.15	34.13
地下水+地表水	6.77	2.39	37.19	13.63

注：北方地区包括黑龙江、山东、陕西、宁夏和河南；南方地区包括浙江、安徽、广东、四川、贵州。

分省份来看，灌溉耕地对地下水的利用与水资源稀缺程度息息相关。水井深度作为水资源充足与否的重要表征，当水资源充足时，水井深度往往较浅，灌溉耕地更便于利用地表水资源。广东、浙江、安徽、贵州位于南方地区，降雨充沛使得地表水资源丰富，井深在10米左右，灌溉耕地对地表水的利用程度分别达到91.66%、100.00%、77.96%和90.79%。当水资源短缺时，井深不断增大，地下水的超采导致使用地下水的成本提高，并引起对地表水资源利用的反弹。例如，宁夏和陕西的平均井深高达69米和81米，分别有93.70%和85.95%的灌溉耕地利用地表水。当水资源介于充足和短缺之间时，农户使用地下水灌溉带来的收益增加可以覆盖由此带来的成本增加，从而增加了对地下水资源的利用。河南、四川和黑龙江的井深分别为54米、49米和36米，使用地下水进行灌溉的耕地超过地表水，占比为85.43%、43.28%和60.94%（见表6）。

受灌溉次数、需水量、时效性和空间分布等影响，不同粮食作物灌溉用水结构存在较大差异。小麦、水稻和大豆更依赖地下水。其中，大豆对地下水的依赖程度最高，71.75%的灌溉耕地使用地下水，只有28.25%

表6　　　　　　各省份农户灌溉水源结构和井深　　　　单位：%；米

区域	省份	水源结构			井深		
		地下水	地表水	地下水+地表水	均值	最大值	区域均值
东部	山东	51.98	31.19	16.83	32	200	31
	广东	8.34	91.66	0.00	11	26	
	浙江	0.00	100.00	0.00			
中部	安徽	21.29	77.96	0.75	15	40	50
	河南	85.43	13.81	0.76	54	450	
	四川	43.28	43.67	13.05	49	100	
西部	宁夏	5.25	93.70	1.05	69	220	59
	贵州	6.79	90.79	2.42	6	20	
	陕西	9.22	85.95	4.84	81	800	
东北	黑龙江	60.94	12.15	26.91	36	110	36

使用地表水；小麦次之，58.19%的灌溉耕地使用地下水，36.88%使用地表水；即便高耗水的水稻作物也有47.88%的灌溉面积依赖地下水。对小麦、大豆和水稻来说，利用地下水灌溉的耕地平均规模普遍高于利用地表水的耕地。相反，玉米的生长季与雨季有重叠，对地表水的利用优势更大，55.06%的灌溉面积使用地表水，40.30%使用地下水，且使用地表水的灌溉耕地平均规模比地下水的约大1亩（见表7）。

表7　　　　　中国分作物品种的灌溉水源统计分析　　　　单位：亩；%

水源\作物	平均耕地规模			灌溉水源结构		
	地下水	地表水	地下水+地表水	地下水	地表水	地下水+地表水
小麦	12.29	11.08	8.27	58.19	36.88	4.93
水稻	55.66	7.80	100.78	47.88	29.97	22.15
玉米	12.36	13.35	11.20	40.30	55.06	4.64
大豆	35.82	4.45	0.00	71.75	28.25	0.00
油菜籽	2.61	2.38	0.00	21.50	78.50	0.00

（二）农户灌溉行为

灌溉是中国农业生产最重要的投入之一，农户又是灌溉的末端用户,农户的灌溉选择行为直接决定着水资源管理政策执行的有效性。

1. 农业用水收费方式及水价

水价作为水资源管理的有效经济手段,在诱导农户灌溉行为方面发挥了重要作用。目前常用的农业用水计价方式有按亩计价、水量计价、按时计价、以电折水、定额收费5种。调研统计发现（见表8）,有134个村庄没有打井,占有效问卷的51.15%,其余48.85%的村庄需要打井灌溉。在有水井的村庄里,42.19%的村庄不收取灌溉水费,农村的水费收取率达到57.81%,农业用水市场化的规范程度较高。由于定额收费不符合村庄内部农户灌溉用水需求差异化的现实,在调研中并未发现该计价方式。在农业水价综合改革政策的推行下,以电折水的计价方式成为主流,占到28.91%,均价为0.66元/度;水量计价和按时计价均占到10.16%,均价为0.58元/立方米和30.83元/小时;此外,由于计量设施的缺位,仍有8.59%的村庄采取按亩计费,由此可能导致农户过度灌溉,不利于节水目标实现。而且,由于按亩计费标准多是水利管理部门制定,村庄间计费标准差异最大。

表8　　　调研村庄农业收费方式及计价标准统计　　　单位:%;元

计价方式	按村庄统计				计价标准		
	数量	占比	有井占比	均价	最低值	最高值	方差
无井	134	51.15	—	—	—	—	—
免费	54	20.61	42.19	—	—	—	—
按亩计价（元/亩）	11	4.20	8.59	42.70	5.00	100.00	31.10
以电折水（元/度）	37	14.12	28.91	0.66	0.01	3.50	0.53
水量计价（元/立方米）	13	4.96	10.16	0.58	0.067	2.00	0.61
按时计价（元/小时）	13	4.96	10.16	30.83	10.00	70.00	16.64

2. 农业灌溉成本

灌溉成本包括水电费支出、雇工支出和购买服务支出,土地和家庭劳动力等潜在要素的隐含成本不计入分析。根据有效样本数据（见表9）,粮食作物亩均灌溉成本为40.21元,在产值中的占比为4.02%。就中位数来看,亩均灌溉成本降到20.00元,在产值中的占比也降为1.82%。可以看出,全国现行的低水价政策保证了灌溉支出在农户承受范围之内，但也存在农户节水积极性不高导致用水量反弹、供水单位成本回收困难导致灌溉设施维护保养不足等弊端。

表9　　　　　分区域粮食作物亩均灌溉成本及占产值比重

单位：元/亩；%

分区		亩均灌溉成本		灌溉成本占产值比重	
		均值	中位数	均值	中位数
区域	东部	19.28	4.50	2.60	0.72
	中部	29.45	20.00	3.22	1.85
	西部	66.19	47.03	6.64	3.28
	东北部	24.32	12.20	3.41	1.23
南北方	南方	18.97	0.00	3.41	1.15
	北方	47.19	25.84	4.16	1.87
全样本		40.21	20.00	4.02	1.82

分区域来看，亩均灌溉成本与各地区水资源禀赋息息相关，呈现由东向西逐渐增加的趋势（见表9）。东部地区灌溉成本最低，为19.28元/亩，占总产值的2.60%；西部地区亩均灌溉成本最高，为66.19元/亩，占产值的6.64%。西部地区亩均灌溉成本是东部和中部的3.43倍和2.25倍。东北地区的灌溉成本也较低，只有24.32元/亩，有半数的农户灌溉成本不超过12.20元/亩。此外，南北方的灌溉成本差异也较大，北方地区的灌溉成本为47.19元/亩，是南方地区的2.49倍。南方地区有超过半数的农户无须承担灌溉成本。

农业亩均灌溉成本与经营规模存在着一种倒"U"形曲线关系，随着经营规模的扩大，亩均灌溉成本会经历先上升后下降的过程。当经营规模较小时，灌溉成本会随着经营规模的扩大而增加。经营规模小于1亩（含）时的灌溉成本为31.87元/亩；当经营规模在1—2亩（含）和2—5亩（含）时，亩均灌溉成本逐步增加到33.36元和37.05元；当经营规模在5—10亩（含）时，亩均灌溉成本为36.74元；经营规模在10—50亩（含）时的灌溉成本快速提高，达到53.91元/亩。之后进入倒"U"形曲线的下降阶段，农业灌溉的规模效应开始显现，灌溉成本随之降低。经营规模为50—100亩（含）和超过100亩的灌溉成本分别下降到38.35元/亩和33.11元/亩，较次级规模分别减少了28.86%和13.66%（见表10）。

表10　　　　　分规模粮食作物亩均灌溉成本及变化　　　单位：元/亩；%

分规模	灌溉成本		与次级规模的比较	
	均值	中位数	变化值	变化率
0—1亩（含）	31.87	4.50	—	—
1—2亩（含）	33.36	10.00	1.49	4.68
2—5亩（含）	37.05	15.00	3.69	11.06
5—10亩（含）	36.74	22.60	-0.31	-0.84
10—50亩（含）	53.91	40.00	17.17	46.73
50—100亩（含）	38.35	22.23	-15.56	-28.86
100亩以上	33.11	16.67	-5.24	-13.66

分品种来看，小麦和玉米的灌溉成本最高，分别为46.68元/亩和45.38元/亩。水稻的成本为25.12元/亩，过半水稻种植户的灌溉成本不超过1.57元/亩。大豆的灌溉成本最低，只有10.00元/亩，且有过半数的农户灌溉大豆不需要交付水费。油菜籽作为经济作物具有高投入、高收益的特点，经营农户对灌溉成本的关注较弱，亩均灌溉成本为32.42元，占产值的比重高达6.45%，超过其他粮食作物（见表11）。

表11　　　　分作物品种农业灌溉成本及占产值比重　　　单位：元/亩；%

粮食作物品种	灌溉成本		灌溉成本占产值比重	
	均值	中位数	均值	中位数
小麦	46.68	25.00	4.53	1.99
水稻	25.12	1.57	3.97	1.35
玉米	45.38	25.36	3.60	2.02
大豆	10.00	0.00	0.00	0.00
油菜籽	32.42	27.08	6.45	0.00

3. 农业灌溉亩均用水量

据调研数据统计，不同灌溉水源和灌溉方式，每亩地灌溉一次用水量也存在差异。比较来看，地表水的亩次灌溉用水量为79.62立方米，地下水的亩次灌溉用水量为59.06立方米，比地表水少25.82%。地面灌溉的亩次灌溉用水量为64.72立方米，地下灌溉降到48.41立方米，减少25.20%，喷灌和滴灌更是比地面灌溉分别减少60.21%和54.28%（见表12）。

表12　不同灌溉水源和灌溉方式的实际灌溉亩均用水量

单位：立方米；%

灌溉方式	灌溉水源		灌溉方式			
	地表水	地下水	地面灌溉	地下灌溉	喷灌	滴管
亩次用水量	79.62	59.06	64.72	48.41	25.75	29.59
变化	—	-25.82		-25.20	-60.21	-54.28

受灌溉需水量、灌溉方式、灌溉次数、水文特征等影响，口粮的灌溉用水量大、饲料粮的灌溉用水量少。水稻的用水量最大，每亩消耗灌溉水1378.16立方米。小麦次之，每亩消耗灌溉水361.56立方米。农业专家研究发现，水稻正常生长每亩只需水280—300立方米，小麦220—250立方米，可见水稻和小麦的实际用水量远超需水量，两者节水的潜力是巨大的。玉米的亩均灌溉用水为171.62立方米，约为水稻和小麦的1/8和1/2。大豆的亩均灌溉用水最少，每亩仅消耗24.41立方米，约为水稻、小麦和玉米的1/56、1/15和1/7。油菜籽作为经济作物，其用水量比大豆的还少，仅消耗13.69立方米（见表13）。与2022年《中国水资源公报》公布的耕地实际灌溉亩均用水量355立方米相比，水稻和小麦的高于全国平均水平，玉米和大豆远低于全国平均水平。可见，为解决当前口粮过剩而饲料粮不足的矛盾，适当地进行口粮向饲料粮的结构调整有助于减少水资源损耗。

表13　　　　不同作物实际灌溉用水量和样本数　　单位：立方米/亩

作物品种	实际灌溉量	样本数
小麦	361.56	407
玉米	171.62	896

续表

作物品种	实际灌溉量	样本数
水稻	1378.16	325
大豆	24.41	80
油菜籽	13.69	48
全体样本	427.93	1756

4. 单位产量的蓝水使用量

此处的粮食单位产量灌溉用水量衡量的是粮食生产过程中使用的蓝水（地表水以及地下水）资源量，是评价区域粮食生产用水水平的常用指标之一，单位为立方米/千克（吨/千克），即每千克粮食的蓝水用水量。蓝水使用量越高，说明单位粮食生产使用的蓝水资源量也越大。

据农户调研统计发现，生产每千克粮食使用的蓝水资源量为0.293立方米/千克，意味着生产1吨粮食用水293立方米蓝水，充分说明了随着农业科学的发展，中国农业的蓝水消耗是降低的。布朗先生"以每1000立方米水生产1吨粮食计"的标准作为论据预测中国2030年的灌溉用水量是不符合实际的。此外，生产每千克粮食使用的蓝水南北差异不明显，均略高于0.290立方米/千克，区域差异主要体现在东西方向上，呈现由东向西增加的态势。平均而言，生产1千克粮食，东部地区需蓝水0.189立方米，中部地区增加到0.201立方米，西部地区进一步增加到0.430立方米，是东部和中部的2倍多。东北地区作为中国重要的粮食生产基地，每千克粮食使用的蓝水资源量是最小的，为0.065立方米，是全样本平均水平的22.18%，可见东北地区生产粮食在保障国家粮食安全的同时还有利于保障水资源安全（见表14）。

表14　　　　　不同区域的单位产量粮食的蓝水使用量

单位：立方米/千克

分区		蓝水使用量	样本数
南北方	南方	0.291	692
	北方	0.294	1057

续表

分区		蓝水使用量	样本数
区域	东部	0.189	230
	中部	0.201	448
	西部	0.430	845
	东北部	0.065	226
全样本		0.293	1749

农业生产的单产蓝水资源量差异还体现在不同作物之间。分析结果再次证明了小麦和水稻等口粮作物是高耗水作物，每生产1千克的小麦和水稻需要蓝水资源0.338立方米和0.575立方米。而玉米和大豆等饲料粮属于节水型作物，每生产1千克的玉米和大豆需要蓝水资源0.198立方米和0.082立方米。单位产量玉米使用的蓝水较小麦和水稻分别少41.42%和65.57%，单位产量大豆使用的蓝水较小麦和水稻分别少75.74%和85.74%。此外，油菜籽的用水量稍微高于大豆（见表15）。

表15　　　　　　　　不同作物的单位产量蓝水使用量

单位：立方米/千克；%

作物品种	蓝水使用量	与小麦比较	与水稻比较	样本数
小麦	0.338	—	-41.22	407
水稻	0.575	70.12	—	324
玉米	0.198	-41.42	-65.57	890
大豆	0.082	-75.74	-85.74	80
油菜籽	0.101	-70.12	-82.43	48

单位产量粮食的蓝水使用量随着经营规模的扩大而不断减少。当经营规模在2亩（含）以下时，生产1千克粮食需利用约0.868立方米的蓝水，对蓝水资源的使用量巨大。当经营规模在2亩以上时，单位产量粮食的蓝水使用量将迅速减少，规模效应开始显现。经营规模在2—5亩（含）时，单位产量粮食的蓝水使用量降为0.193立方米/千克，较2亩（含）以下每生产1千克粮食节省蓝水0.621立方米，减少76.290%。随着经营规模的持续扩大，单位产量粮食的蓝水使用量也持续减少，但减

少的速率有所放缓。当经营规模为 50—100 亩（含）时，蓝水使用量进一步降为 0.069 立方米/千克，但与 10—50 亩（含）相比仅减少 5.479%。当经营规模在 100 亩以上时，规模经营的节水效应开始进一步凸显，其蓝水使用量减少到 0.012 立方米/千克，较 50—100 亩（含）减少了82.609%，可见成规模种植粮食作物的节水效果非常显著（见表 16）。

表 16　　　　　分规模单位产量粮食的蓝水使用量

单位：立方米/千克；%

分规模	平均使用量	与次级规模变化	与次级规模变化率	样本数
0—1 亩（含）	0.868	—	—	176
1—2 亩（含）	0.814	-0.054	-6.221	259
2—5 亩（含）	0.193	-0.621	-76.290	440
5—10 亩（含）	0.087	-0.106	-54.922	293
10—50 亩（含）	0.073	-0.014	-16.092	435
50—100 亩（含）	0.069	-0.004	-5.479	72
100 亩以上	0.012	-0.057	-82.609	74

5. 农业用水使用强度

农业用水使用强度指每万元产值灌溉用水量，即万元产值消耗的地表水和地下水的总量。调研数据显示（见表 17），农业用水强度为 781.23 立方米/万元，并呈现出明显的区域差异。就南北差异来看，北方地区的农业用水使用强度为 868.46 立方米/万元，每万元产值用水量是南方地区的 1.36 倍。就东西差异来看，农业用水使用强度呈现由东向西增加的变化趋势。东部地区的农业用水使用强度为 226.55 立方米/万元，中部地区农业用水使用强度是东部地区的 3.22 倍，西部地区又是中部地区和东部地区的 1.56 倍和 5.03 倍。东北地区用水量几乎与东部地区持平。当前中国粮食生产"北扩西进"的格局势必会增加单位产值的用水量。

表 17　　　不同区域的农业用水使用强度　　单位：立方米/万元

分区		平均强度	倍数	样本数
南北方	南方	638.56	—	571
	北方	868.46	1.36	934

续表

分区		平均强度	倍数	样本数
区域	东部	226.55	—	178
	中部	729.34	3.22	424
	西部	1140.62	1.56	679
	东北部	230.84	—	224
全样本		781.23	—	1505

农业用水使用强度同样呈现出随经营规模增加而递减的趋势，2亩和100亩的经营规模成为农业用水模式发生实质性转变的两个门槛（见表18）。首先，2亩的经营规模是农业从超高用水向正常用水转变的门槛。当经营规模在2亩（含）以下时，每万元产值的用水量都在2000立方米以上。当经营规模超过2亩，其农业用水使用强度呈数量级减少。当经营规模在2—5亩（含）时，农业用水使用强度直接降为584.43立方米/万元，减少了75.45%。随着经营规模的进一步扩大，其农业用水使用强度逐渐降低，但万元产值节水的规模溢出效应越来越弱。其次，100亩（含）的经营规模是农业用水使用强度从耗水农业向节水农业转变的规模门槛。当经营规模超过100亩时，万元产值的用水量降为48.70立方米，较50—100亩（含）时减少了246.71立方米，减少了83.51%。

表18　　　　　　　　分规模农业用水使用强度　　单位：立方米/万元；%

分规模	平均强度	变化	变化率	样本数
0—1亩（含）	2041.44			124
1—2亩（含）	2380.40	338.96	16.60	196
2—5亩（含）	584.43	-1795.97	-75.45	384
5—10亩（含）	331.76	-252.67	-43.23	270
10—50亩（含）	304.30	-27.46	-8.28	389
50—100亩（含）	295.41	-8.89	-2.92	68
100亩以上	48.70	-246.71	-83.51	74

二 节水灌溉工程技术采纳行为及节水效应分析

（一）节水灌溉工程技术采纳行为

1. 节水灌溉工程技术介绍

发展节水灌溉是农业提高水资源利用效率、摆脱缺水危机、保障粮食安全的必然选择。现阶段采用的节水灌溉技术主要包括节水灌溉工程技术、农业耕作栽培节水技术和节水管理技术等。本文所研究的节水灌溉技术特指节水灌溉工程技术。节水灌溉工程技术又可以分为输水环节的节水技术和田间配水环节的节水技术。在输水环节的节水技术中，依据输水工程将灌溉水从水源输送到田头的渗漏和蒸散发损失，将渗漏和蒸散发最为严重的土渠称为传统技术，将进行防渗处理的渠道称为一次现代技术，将兼具防渗和蒸散发的管道输水技术称为二次现代技术。在田间配水环节的节水技术中，依传送水的能量差异可大致地将灌溉技术划分为两类，即自流配水和加压配水。自流系统在田间通过一个地表漫流系统配水，加压系统包括喷灌、微灌、滴灌及通过加压管道网向农田输水和配水的一系列类似系统。故将漫灌、沟灌、畦灌等自流系统称为传统技术，喷灌、微灌、滴灌等加压系统称为现代技术。

2. 输水环节的节水技术采纳

输水环节的节水灌溉设施是集体提供的大型水利工程，具有公共物品的属性。且其建造所需资金投入量过大，超过了小规模农户的承受能力。因此，输水环节的节水技术采纳行为是以村为单位集体行动的结果。虽然中国耕地的灌溉比例高，但是灌溉农业中输水环节的节水技术采纳行为较落后。调研村庄中，仍然有41.67%的村庄使用土渠输水这一传统技术，造成水资源的很大浪费；有60.12%的村庄使用渠道输水，避免了渗水带来的水资源损失；只有14.29%的村庄使用管道输水，同时防止输水环节渗漏和蒸散发带来的水资源损失，提高了水资源利用效率（见表19）。

表 19　　　　　样本村庄输水环节的灌溉设施类型及其比例　　　单位：个；%

村庄	土渠	混凝土渠道、沥青渠道和塑料薄膜	地埋管道	有效样本
数量	70	101	24	168
比例	41.67	60.12	14.29	100

3. 田间配水环节的节水技术采纳

田间配水环节的灌溉设施由农户自行决策。调研结果显示（见表20），90.01%的粮食种植农户仍然采用大田漫灌（畦灌、沟灌）等传统灌溉方式，只有约10.00%的农户采用喷灌、滴灌、微灌等现代节水灌溉技术。从灌溉面积来看，使用喷灌、微灌和滴管等现代节水技术灌溉面积占有效灌溉面积的9.97%，使用传统技术灌溉面积占比高达90.03%。而经济发达国家到20世纪80年代初喷微灌技术已基本普及，如英国喷灌已占灌溉面积的100%，瑞典占99%，法国占56%，美国占21%。以色列微喷灌和滴灌各占50%。可见，中国的传统灌溉方式仍然居主导地位，微喷灌等现代节水技术的采纳率非常低，是导致中国农业用水低效的主要原因。南北方节水技术采纳行为表现出显著的异质性。众所周知，中国的水资源呈现出南多北少的分布格局。北方地区面临着水资源短缺的刚性约束，诱致农户寻求能够替代日益稀缺的水资源的节水技术，其田间配水环节的现代技术采用率为11.68%，是南方地区采用率的2倍多。

表 20　　　　　田间配水环节的节水技术采纳行为　　　　单位：个；%

灌溉方式	全样本		南北方农户	
	农户百分比	灌溉面积百分比	南方	北方
漫灌	62.19	62.38	55.46	64.47
畦灌	3.06	2.89	6.19	2.00
沟灌	11.78	11.95	20.35	8.88
塑料管道	12.98	12.81	12.98	12.97
半自动喷灌	4.10	4.12	2.95	4.49
全自动喷灌	0.75	0.64	0.59	0.80
微、喷、滴灌	5.15	5.21	1.47	6.39

续表

灌溉方式	全样本		南北方农户	
	农户百分比	灌溉面积百分比	南方	北方
传统技术	90.01	90.03	94.98	88.32
现代技术	10.00	9.97	5.01	11.68

不同作物种植对节水技术采用存在异质性。在面临先进技术时，农户在对技术改造的成本和收益进行权衡后，往往会对能够给其带来高收益的经济作物采用现代技术。而对保证其基本生存需要的粮食作物仍旧采用传统技术。据统计分析显示（见表21），21.42%的油菜籽种植农户采用喷灌、微灌、滴管等现代节水技术，高于小麦、水稻、玉米和大豆等粮食作物。就粮食作物来说，南方地区水稻种植区由于水资源较为丰富，对节水灌溉的需求较低，仅有3.69%的水稻种植户采用现代节水技术。近90%的小麦种植在相对缺水的北方地区，且灌溉次数多、生长期与雨季不同期均造成小麦对灌溉水有较大需求，倒逼其节水灌溉技术的使用，9.60%的小麦种植农户采用现代节水技术。统计还发现，玉米种植农户的节水技术使用率是最高的，达14.93%。调研农户中不存在使用节水技术的大豆种植户。

表21　不同作物田间配水环节的节水技术采纳行为　　单位：个；%

灌溉方式	小麦	大豆	玉米	水稻	油菜籽
漫灌	64.40	58.33	64.64	56.99	50.00
畦灌	2.81	0.00	2.16	4.75	0.00
沟灌	6.32	8.33	6.88	24.54	14.29
塑料管道	16.86	33.33	11.39	10.03	14.29
半自动喷灌	5.39	0.00	4.32	2.37	7.14
全自动喷灌	0.70	0.00	0.98	0.26	7.14
微、滴灌	3.51	0.00	9.63	1.06	7.14
传统技术	90.39	99.99	85.07	96.31	78.58
现代技术	9.60	0.00	14.93	3.69	21.42

田间输水环节的节水灌溉技术采纳还受到经营规模的影响。采用节

水灌溉的比例最高的为经营规模在10—50亩（含）的种植户，达到13.96%。在经营规模在50亩（含）以下时，土地经营规模越大，越能分摊节水技术的使用成本，农户越倾向于采用节水灌溉技术。随着经营规模扩大到100亩以上，采用节水灌溉的比例降低到12.77%（见表22）。

表22　　　　　　不同经营规模下农户的节水技术采纳率　　　　单位：%

灌溉方式	0—1亩（含）	1—2亩（含）	2—5亩（含）	5—10亩（含）	10—50亩（含）	50—100亩（含）	100亩以上
漫灌	47.17	64.29	59.78	66.79	66.23	54.35	61.7
畦灌	7.55	5.49	2.45	1.79	2.60	2.17	0.00
沟灌	18.87	13.74	14.95	7.14	6.82	15.22	17.02
塑料管道	18.87	9.34	14.67	14.29	10.39	15.22	8.51
半自动喷灌	1.89	3.85	4.35	6.07	2.60	2.17	8.51
全自动喷灌	1.89	0.00	0.27	0.71	0.65	2.17	4.26
微、滴灌	3.77	3.30	3.53	3.21	10.71	8.70	0.00
传统技术	92.46	92.86	91.85	90.01	86.04	86.96	87.23
现代技术	7.55	7.15	8.15	9.99	13.96	13.04	12.77

4. 智慧农业技术在灌溉中的应用

智慧农业生产主要依靠传感技术，通过科学仪器对农业生产与环境的感知及基于科学建立的后台数据分析系统，实现对农事活动的自动化管理，可以解决传统农业凭经验进行农业生产的问题。智慧农业技术在灌溉环节恰好能利用其智能优势，科学地、及时地、精准地判断农作物的需水情况做出精准灌溉，从而达到节水、增产和节省劳动力的多重目标。

当前农业生产灌溉环节中的智慧农业技术很大部分来自由政府投资并开展的高标准农田建设项目，并作为公共物品被全体村民所用。调查研究中显示（见表23），2017年前累计建成的高标准农田建设项目中，有83.33%的村庄使用了数字化技术。2021年开展高标准农田建设项目的村庄中有30%使用了数字化技术。可见，目前中国的农业智慧灌溉技术还是以公共物品提供为主。

表23　　　高标准农田建设中数字化技术在高效节水环节的应用　　　单位：%

数字化技术	2021年		2017年前	
	数量	占比	数量	占比
无	14	70.00	1	16.67
有	6	30.00	5	83.33

作为私人物品的智慧灌溉技术既包括劳动替代性较强的无人机、无人车、机器人，也包括能提高灌溉效率的GPS导航、成像设备、传感器和遥感信息等，其使用率是农户个人生产决策的结果。就村问卷来看（见表24），有26.91%的村庄在本村作业的农机上配备了GPS导航。其中，GPS导航用于灌溉的占比是1.56%。有4.37%的村庄里在本村作业的农机上安装了成像和传感器等设施。其中，只有9.80%能够采集土壤水分等环境信息。此外，有少数村庄有无人机、无人车和遥感信息等智慧农业技术，但是均没有用于灌溉环节。

智慧农业技术可以自身购买，也可以通过购买服务使用。就农户问卷来看（见表25），在灌溉环节完全没有使用智慧农业技术的农户占到98.57%，意味着只有1.43%的农户在灌溉环节使用智慧农业技术。其中，分别有0.53%的农户在自家作业和购买服务作业部分使用，还有0.38%的农户同时在自家作业和购买服务作业时使用，购买服务在灌溉环节的优势还没体现出来。

表24　　　　　农机装备智慧设备在灌溉环节的应用　　　　　单位：个；%

在本村作业的农机上是否配备GPS	数量	占比	GPS用于灌溉	数量	占比
是	67	26.91	是	1	1.56
否	182	73.09	否	63	98.44
在本村作业的农机上是否安装了摄像机、光学成像设备、激光传感器等设施	数量	占比	是否据此采集土壤水分等环境信息	数量	占比
是	10	4.37	是	5	9.80
否	219	95.63	否	46	90.20

表25　　　　　　　农户灌溉环节智能化技术使用情况　　　　单位：户；%

应用智能化技术	数量	占比
完全没有使用	1312	98.57
仅自家作业部分使用	7	0.53
仅购买服务作业部分使用	7	0.53
全部使用	5	0.38

（二）节水效应分析

1. 单位面积节水效应

现代节水灌溉技术的采用有效提高了水资源的利用效率，节约了灌溉水的使用量。调研结果统计分析显示（见表26），相对于传统灌溉技术，现代节水技术使得每亩次灌溉可节水51.34%，每亩耕地可节水59.80%。虽然南北方对现代节水技术的采纳行为有差异，但均表现出较好的节水效应。南方地区采纳现代节水技术每次灌溉可节水20.71%，每亩节水62.58%。北方地区则分别节水55.86%和56.13%。

表26　　　　　　　　节水灌溉技术的节水效应

单位：立方米/亩次；立方米/亩；%

区域		南方	北方	全样本
亩次灌溉用水量	传统技术	136.02	135.13	135.45
	现代技术	107.85	59.65	65.91
	节水效率	-20.71	-55.86	-51.34
亩均灌溉用水量	传统技术	1126.82	861.15	953.92
	现代技术	421.65	377.81	383.43
	节水效率	-62.58	-56.13	-59.80

粮食作物采纳现代节水技术能减少每次灌溉和每亩灌溉的水资源消耗。小麦、玉米和水稻采用现代节水技术每次灌溉可节水41.32%、61.02%和4.78%，每亩可节水71.30%、20.85%和65.44%。但粮食作物对水资源的需求弹性差异将影响节水技术的路径选择。小麦和水稻属

于耗水型作物,水资源需求刚性约束较强,无论采用传统技术还是现代技术,灌溉次数和有效灌溉面积差异不大,多次灌溉会将每次灌溉的节水效应叠加,最终带来每亩灌溉的节水率超过亩次灌溉。相反,玉米对水的需求弹性相对较大。使用节水技术后,由于当前的低水价,使农户不用太多考虑水费的负担,原来不浇灌的玉米开始浇灌,可浇可不浇的玉米生长期也开始浇水,虽然每次灌溉用水量减少了,但最终每亩的灌溉用水量有所反弹,每次灌溉的节水量被增加的灌溉面积和灌溉次数带来的新增用水量部分抵消,最终导致玉米的每亩灌溉节水率20.85%低于亩次灌溉节水率61.02%(见表27)。

表27 不同作物节水灌溉技术的节水效应

单位:立方米/亩次;立方米/亩;%

作物品种		小麦	玉米	水稻
亩次灌溉用水量	传统技术	122.27	121.52	163.94
	节水技术	71.75	47.37	156.11
	节水效率	-41.32	-61.02	-4.78
亩均灌溉用水量	传统技术	644.05	525.7	1675.96
	节水技术	184.87	416.11	579.22
	节水率	-71.30	-20.85	-65.44

现代农业节水技术与规模之间也存在倒"U"形关系。当经营规模低于1亩时,不但不会节水,反而可能带来过度灌溉,增水154.49%。随着经营规模的扩大,现代技术较传统技术的节水率也在逐渐增加。1—2亩(含)、2—5亩(含)、5—10亩(含)、10—50亩(含)的节水率依次增加,分别为61.93%、71.99%、79.17%、83.66%。当经营规模超过50亩时,规模经营的负外部效应开始显现,现代技术较传统技术的节水率逐步降低。50—100亩(含)、超过100亩的节水率依次减少到82.34%和75.16%(见表28)。

表 28　　　　　　　不同规模节水灌溉技术的节水效应

单位：立方米/亩；%

规模	亩均灌溉用水量		
	传统技术	现代技术	节水效率
0—1 亩（含）	1073.52	2732.00	154.49
1—2 亩（含）	1295.48	493.17	-61.93
2—5 亩（含）	649.00	181.78	-71.99
5—10 亩（含）	614.12	127.91	-79.17
10—50 亩（含）	1155.43	188.74	-83.66
50—100 亩（含）	1646.26	290.80	-82.34
100 亩及以上	1274.35	316.50	-75.16

2. 单位产量节水效应

现代节水灌溉技术可以在不减少作物产量的前提下减少灌溉水的使用量；或者在供水量不变的条件下提高作物对灌溉水的利用率，从而提高作物产量。现代灌溉技术由于系统地把灌溉水变成点滴，连续不断浸润作物根部的土壤，为作物生长提供良好的水肥气热和微生物活动的条件，增产效果十分显著，单位产量蓝水使用量减少亦明显。调研结果显示（见表29），传统技术下单位产量粮食的蓝水使用量为 0.53 立方米/千克，即 1 千克粮食用水 0.53 立方米；而现代灌溉技术下的单位产量粮食的蓝水使用量为 0.20 立方米/千克，即 1 千克粮食用水 0.20 立方米。现代灌溉技术生产每千克粮食比传统技术少用水 0.33 立方米，低62.26%。就区域差异来看，中国相对缺水的西部和北方地区采纳现代节水技术的蓝水使用减少效率是最高的，分别高达 78.65% 和 82.61%。

表 29　　　　　　节水灌溉技术的单位产量节水效应

单位：立方米/千克；%

区域	东部	中部	西部	东北部	南方	北方	全样本
传统技术	0.26	0.33	0.89	0.18	0.66	0.46	0.53
现代技术	0.23	0.28	0.19	0.02	1.03	0.08	0.20
节水效率	-11.54	-15.15	-78.65	-88.89	56.06	-82.61	-62.26

三　问题和建议

（一）问题

第一，中国农业灌溉高度依赖地下水，59.50%的水浇地采取地下水浇灌，且在规模大户中表现尤为明显。该现象引起地下水超采问题，并会引发地面沉降、河湖萎缩、生态退化等问题。

第二，口粮的灌溉用水量比饲料粮大。小麦和水稻无论从灌溉率、亩均用水量以及蓝水足迹，都远远超过玉米和大豆。可见，当前口粮过剩而饲料粮不足的供给结构带来了对水资源的过度消耗，适当地进行口粮向饲料粮的结构调整有助于减少水资源损耗。

第三，中国粮食生产重心向农业灌溉用水强度高的地区转移。研究结论显示，粮食生产的蓝水足迹区域差异主要体现在东西方向上，呈现由东向西增加的态势。西部地区生产1千克粮食消耗蓝水0.430立方米，是东部和中部的2倍多。农业用水使用强度亦呈现由东向西增加的变化趋势。此外，北方地区的农业用水使用强度为868.46立方米/万元，每万元产值用水量是南方地区的1.36倍。意味着北方和西部地区生产粮食的用水量较大。而当前中国粮食生产空间重心表现出"北扩西进"的格局，势必会增加粮食作物单位产量和产值的用水量，加剧了粮食主产区的水资源压力。

第四，节水灌溉技术推广运用存在较大的困难。相对于传统灌溉技术，现代节水技术使得每亩次灌溉可节水51.34%，每亩耕地可节水59.80%。但是，中国的传统灌溉方式仍然居主导地位，微喷灌等现代节水技术的采纳率非常低，只有约10.00%的农户采用喷灌、滴灌、微灌等现代节水灌溉技术，是导致中国农业用水低效的主要原因。且由于现行的低水价政策，农户节水积极性不高，导致种植玉米等对水资源需求弹性大的作物和经营规模1亩（含）以下的农户使用节水技术后带来过度灌溉引起了用水量反弹。而农业智慧灌溉技术发展还相当缓慢，且以公共物品提供为主。

第五，中国当前小农为主的基本经营制度不利于发挥规模经营对节水的正外部性。无论从蓝水足迹、农业用水使用强度、农业灌溉成本，还是从节水技术采纳和节水效应来看,规模经济都有助于减少水资源消耗,但其规模正外部性得以显化的门槛普遍在10亩以上。中国当前小农经营和耕地细碎化达不到节水的规模门槛。

(二)建议

第一,在供需双侧共同发力推动农业对地表水使用。就供给侧来说,地表水的有效供给依赖政府提供的提灌设施及对其维护程度。由于大多数提灌设施老化严重,无法及时满足农户对灌溉的需求。要求以政府为主体对提灌设施进行现代化改造,增加地表水使用,减少对地下水的开采。就需求侧来说,通过施行地表水比地下水更优惠的水费征收制度,诱导农户增加对地表水的使用。在地下水超采严重而地表水稀缺的地方,施行地下水超采区休耕补偿政策,有效地节约地下水。

第二,多措并举挖掘农业节水潜力。一是在有条件推广节水灌溉技术的地区实行土地的适度规模经营。二是短期内实行农业灌溉水价的结构性调整和农业生产结构调整相结合的策略。通过调整水价引导农户种植亩均用水量少、相对更有利可图的作物,实现低耗水作物对高耗水作物的替代。三是长期内可通过节水技术(品种、设备、基础设施)的研发与推广来挖掘节水潜力。增强对节水技术研究的投资力度,鼓励研究机构开发高科技含量、低成本的节水技术;实行有效地促进节水灌溉技术推广的政府支持政策;开展多种形式的节水灌溉技术培训活动,增强农户采用新技术的综合能力,抵消受教育程度不高造成的负面效应。

参考文献

莱斯特·布朗等:《中国的水资源短缺将影响世界粮食安全》,《中国农村经济》1998年第7期。

韩青、谭向勇:《农户灌溉技术选择的影响因素分析》,《中国农村经济》2004年第1期。

王哲、陈煜:《技术进步一定会带来一个区域农业用水总量下降吗——基于河北省面板数据实证分析》,《农业技术经济》2020年第6期。

第二篇

农村篇

村庄分类与村庄发展

苏红键[*]

摘　要：村庄分类发展是乡村振兴的基本原则。本报告利用两轮中国乡村振兴综合调查数据对300个样本村庄进行分类研究。研究发现：(1) 基于村庄发展的本底特征，可将样本村庄分为集聚提升类、粮食生产类、特色产业类、特色保护类、一般发展类，五类村庄结构比重约为"25∶30∶10∶25∶10"，各地村庄类型结构不同。(2) 集聚提升类村庄居民本地兼业化特征明显，收入水平较高，城乡两栖居民较多。(3) 粮食生产类村庄耕地规模经营特征明显，居民以粮食生产和外出务工为主，收入水平不高。(4) 特色产业类村庄居民主要从事特色农产品生产和本地兼业，城乡两栖居民较多。(5) 特色保护类村庄居民主要从事乡村旅游或外出务工。(6) 一般发展类村庄的本底特色不显著，居民以务农和外出务工为主。(7) 本报告提出村庄分类发展的对策建议。

关键词：乡村振兴；村庄分类；分类发展

---

[*] 苏红键，经济学博士，中国社会科学院农村发展研究所副研究员，研究方向为城镇化与城乡区域发展。

Village Classification and Village Development

SU Hongjian

Abstract: The classified development of villages is the basic principle for the rural revitalization. This report uses the China Rural Revitalization Database to classify 300 sampled villages, and finds that: (1) the sample villages can be classified into five classes according to its fundamental characteristics, the proportion of these classes of the cluster improvement villages, the grain production villages, the characteristic agricultural product villages, the characteristic protection villages and the general development villages is about "25 : 30 : 10 : 25 : 10", and the proportion of these classes of villages varies in different regions. (2) the cluster improvement villages have obvious characteristics of local part-time job, high income level, and more urban-rural amphibious residents. (3) the grain production villages are obviously with residents mainly engaged in grain production and migrant work, and their income levels are not high. (4) residents in the characteristic agricultural product villages mainly engage in the agricultural product and local part-time jobs, with a large number of urban-rural amphibious residents. (5) residents in the characteristic protection villages mainly rely on rural tourism for employment or migrant work. (6) the basic characteristics of the general development villages are not obvious, and residents mainly engage in local agriculture and migrant work. (7) Based on this, some suggestions for the different classified villages are proposed.

Keywords: Rural Revitalization; Village Classification; Classified Development

大国特征决定了中国乡村振兴实践应根据村庄特征因地制宜推进，这凸显了村庄分类发展导向的重要性。《国家乡村振兴战略规划（2018—2022年）》[①]（以下简称《规划》）将村庄分为集聚提升类、城郊融合类、特色保护类、搬迁撤并类，各地在乡村振兴规划实践中根据情况补充了保留改善类、固边兴边类等，另有少量关于各地村庄分类的案例研究提出了不同的分类方案（戴林琳，2022；杨林朋，2023）。在此基础上，本报告利用中国社会科学院乡村振兴数据库（2020年与2022年）（以下简称CRRS）的300个样本村庄数据[②]，基于村庄发展的本底特征将样本村庄分为集聚提升类、粮食生产类、特色产业类、特色保护类、一般发展类，进一步分析各类村庄的居民就业、居民收入、土地利用、城乡两栖等方面特征，提出分类推进村庄发展的建议。

一 村庄分类统计

地理特征、产业基础、人口特征是村庄发展的本底特征。本部分从本底特征视角对样本村庄进行分类统计，并进一步结合村庄分类方法进行综合分类统计。

（一）按地理特征分类

在300个样本村庄中，东部地区有3个省份90个村庄，中部地区有2个省份60个村庄，西部地区有4个省份120个村庄，东北地区有1个省份30个村庄（见表1）。

从地势来看，平原村、丘陵村、山区村、半山区村分别为117个、82个、95个、6个，分别约占39%、27%、32%和2%。与中国地形地貌特征一致，东部地区以平原村和丘陵村为主，合计占80%；中部地区的平原村接近50%，丘陵村和山区村接近50%；西部地区以山区村为主，占一半以上（约53%）；东北地区以平原村为主，接近2/3。在样本村庄中，城郊村54个，占18%；省会村42个，占14%。

[①] 中共中央、国务院印发《乡村振兴战略规划（2018—2022年）》，https://www.gov.cn/zhengce/2018-09/26/content_5325534.htm?tdsourcetag=s_pcqq_aiomsg。

[②] 根据等距随机抽样原则，CRRS在每个省份抽样30个村，总计10个省份300个村。另有个别试调查村庄样本，本报告中未纳入分析。

表1　　　　　　　　　按地理特征分类的村庄统计　　　　　单位：个；%

地区	合计	分地势村庄				是否城郊村		是否省会村	
		平原	丘陵	山区	半山区	是	否	是	否
东部	90	37	35	15	3	26	64	12	78
中部	60	29	16	13	2	11	49	6	54
西部	120	32	23	64	1	17	103	18	102
东北	30	19	8	3	0	0	30	6	24
合计	300	117	82	95	6	54	246	42	258
比重	—	39.00	27.33	31.67	2.00	18.00	82.00	14.00	86.00

注：各地区各类比重未汇报。

（二）按产业发展分类

根据调查数据，对各个村庄按照产业发展特征进行分类统计，主要考察种植特征、乡村旅游发展情况和农村电商发展情况见表2。

种植特征根据耕地的利用情况进行分类，粮食作物播种面积占耕地面积80%以上的作为主产粮食类村庄，经济作物播种面积占耕地面积50%以上的作为经济作物类村庄（特色农产品类村庄），其余作为一般类村庄。据统计，在样本村庄中，40%左右为主产粮食类村庄，20%左右为经济作物类村庄，40%左右为一般类村庄。其中，东北地区主产粮食的村庄接近100%，中部地区主产粮食的村庄接近50%，东部和西部地区的村庄种植结构比较综合。

乡村旅游发展情况根据"本村是否有乡村旅游"进行统计，其中34%的村庄有发展乡村旅游，66%的村庄没有发展乡村旅游。其中，东部、中部、西部地区发展乡村旅游的村庄比重较高，为30%—40%，东北地区发展乡村旅游的村庄很少。

农村电商发展情况根据"本村是否有农户经营电商""经营电商的农户数量"进行分类，考虑多数村庄都有电商代理点，将经营电商的农户数量以5户为分界点，分为多电商的村庄和少电商的村庄。其中，多电商的村庄仅约10%，少电商的村庄接近90%，东部和西部地区发展电商的村庄略多。

表2　　　　　　按产业特征分类的村庄统计　　　　　单位：个；%

地区	合计	种植特征			是否有乡村旅游		经营电商数量	
		主产粮食	经济作物	一般类	是	否	多	少
东部	90	27	25	38	35	55	15	75
中部	60	29	12	19	24	36	5	55
西部	120	36	29	55	39	81	15	105
东北	30	29	0	1	4	26	0	30
合计	300	121	66	113	102	198	35	265
比重	—	40.33	22.00	37.67	34.00	66.00	11.67	88.33

注：各地区各类比重未汇报。

（三）按人口发展分类

根据调查数据，对各个村庄的人口发展情况进行分析，主要对户籍人口、常住人口、外来人口及其2019—2021年的变化情况进行统计，并对村庄进行分类（见表3）。其中，村庄分类分析时未考虑发生合并的4个村庄样本。

表3　　　　按人口发展情况分类的村庄统计　　　单位：人；个；%

地区	2021年平均人口数			村庄个数（两类人口比较）		村庄个数（外来人口情况）		
	户籍人口	常住人口	外来人口	户籍人口多	常住人口多	0	0—30人	30人以上
东部	2014	1718	438	74	12	27	21	38
中部	2188	1329	66	53	7	19	20	21
西部	2820	1927	137	112	8	35	38	47
东北	1865	670	30	30	0	9	16	5
总体	2356	1618	201	269	27	90	95	111
总体比重	—	—	—	90.88	9.12	30.41	32.09	37.50

续表

地区	两年平均人口变化			村庄个数（户籍人口变化情况）			村庄个数（常住人口变化情况）		
	户籍人口变化	常住人口变化	基本稳定	明显增长	明显减少	基本稳定	明显增长	明显减少
东部	141	-177	67	15	4	14	20	52
中部	-5	-654	49	5	6	2	11	47
西部	77	-310	81	22	17	18	24	78
东北	-36	-301	22	1	7	0	2	28
总体	68	-339	219	43	34	34	57	205
总体比重	—	—	73.99	14.53	11.49	11.49	19.26	69.26

注：各地区各类比重未汇报。

根据2022年的调查数据可见，各地村庄的平均户籍人口在2356人，平均常住人口1618人，有90%的村庄常住人口少于户籍人口；外来人口数较少，平均约200人，仅约38%的村庄外来人口在30人以上。分地区来看，东部地区样本村庄的平均规模次于西部地区村庄，平均外来人口最多，平均净迁出人口最少（300人左右）；中部地区样本村庄的平均常住人口在1329人，平均外来人口较少，平均净迁出人口859人；西部地区样本村庄的平均人口规模较大，这与部分民族地区村寨较大有关（如贵州），平均外来人口数不多，平均净迁出人口接近900人；东北地区样本村庄的常住人口数最少，平均外来人口数最少，平均净迁出人口接近1200人。

结合样本来看，超大村庄主要包括两类：一类是一些东部地区的城郊村，由于本地和外来人口均较多，人口在5000人以上（有的超过1万人），比如广东惠州的茶园村、广东廉江市的燕山村、浙江省嘉兴市的千窑村等；另一类是西部地区的特色村庄（村寨），比如贵州省遵义市的田坝村、贵州贵阳的顶方村、四川成都的战旗村等。

从2019—2021年的村庄人口变化情况来看，平均户籍人口基本稳定，约3/4的村庄户籍人口基本稳定；平均常住人口明显减少，约70%的村庄常住人口明显减少，仅10%左右的村庄人口明显增加。其中，考虑人口小幅波动的情况，将人口变化在-5%—5%的界定为基本稳定，大于5%时界定为明显增加，小于-5%时界定为明显减少。分地区来看，东部地区村庄平均户籍人口增加141人，平均常住人口减幅较小，明显减少的村庄比重最小（约5%）；中部地区村庄平均户籍人口基本稳定，平均常住人口减幅最大，接近80%的村庄平均人口明显减少；西部地区村庄平均户籍人口有所增加，常住人口明显减少，65%的村庄平均人口明显减少；东北地区户籍人口减少最多，常住人口减幅较大，90%以上的村庄常住人口明显减少。

（四）综合分类统计

基于《规划》中的村庄分类及各地乡村振兴规划实践，本部分结合村庄主要功能以及村庄地理特征、产业基础、人口发展的本底特征，将村庄分为集聚提升类、粮食生产类、特色产业类、特色保护类、固边兴边类、一般发展类六类（见图1），本报告的样本村庄中主要包括固边兴边类①之外的五类。

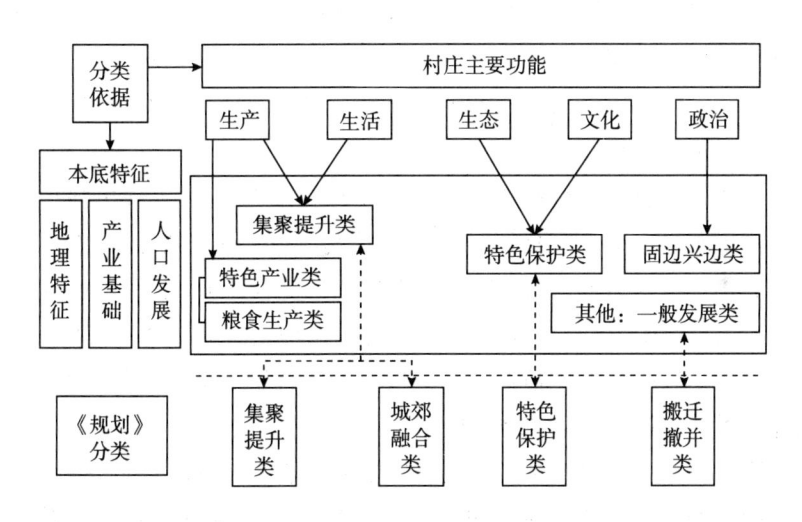

图1 村庄分类

注：本报告的样本村庄不包括固边兴边类，故主要研究五类。

本样本统计中，各类村庄按以下方式界定和统计。

第一，集聚提升类村庄。此类村庄对应《规划》中的集聚提升类

---

① 实践中，此类村庄容易根据地理位置识别。

村庄和一部分城郊融合型村庄，包括城中村、城郊村、镇中心村等人口基本稳定或增长的村庄，生产和生活功能均较重要。样本村庄分类统计中，此类村庄包括人口明显增长的村庄以及常住人口规模大于3000人的村庄。当某个村庄属于集聚提升类村庄，同时属于其他类型时，优先划为集聚提升类村庄。

第二，粮食生产类村庄。此类村庄为《规划》分类基础上的新增类型，考虑粮食生产类村庄的特殊性，苏红键（2021）较早将粮食生产类村庄单列，指具有较好的耕地条件、以粮食生产为主的村庄，以粮食主产区的村庄为主。样本村庄分类统计中，此类村庄包括按产业发展分类中主要生产粮食的村庄。

第三，特色产业类村庄。此类村庄为《规划》分类基础上的新增类型，指具有较好的特色产业发展基础或潜力的村庄，与集聚提升类的区别在于，其着重强调生产功能，人口集聚水平不明显（人口减少）或村城距离相对较远。特色产业包括特色农产品生产、乡村旅游、农村电商等。样本村庄分类统计中，此类村庄包括按产业发展分类中主要生产经济作物的村庄、电商户大于20户的村庄、乡村旅游类村庄中不属于特色保护类的村庄。

第四，特色保护类村庄。此类村庄对应《规划》中特色保护类村庄，将生态保护类、文化保护类等村庄包含在一起，主要是以生态保护、文化传承功能为主的村庄。样本村庄分类统计中，此类村庄包括按产业发展分类中有自然风光、特色文化、民俗旅游类的村庄以及产业基础薄弱的山区村庄（非粮食主产类也非经济作物类的山区村庄），即文化保护类村庄和生态保护类村庄。

第五，一般发展类村庄。此类村庄指其他未划至以上类型、发展特色不明显的村庄。此类村庄包含《规划》中搬迁撤并类村庄以及其他村庄，主要指一些生产生活条件较差、人口不断流失或发展特色不明显的村庄。

表4汇报了村庄综合分类的统计结果。总体来看，集聚提升类村庄约占25%，粮食生产类村庄约占28%，特色产业类村庄约占11%，特色保护类村庄约占26%，一般发展类村庄接近10%，五类村庄比重可以近似表述为"25∶30∶10∶25∶10"。

表 4　　　　　　　　综合分类村庄统计　　　　单位：个；%

地区		集聚提升类	粮食生产类	特色产业类	特色保护类	一般发展类
合计 （300）	数量	76	84	34	79	27
	比重	25.33	28.00	11.33	26.33	9.00
东部 （90）	数量	27	20	13	20	10
	比重	30.00	22.22	14.44	22.22	11.11
中部 （60）	数量	12	17	7	16	8
	比重	20.00	28.33	11.67	26.67	13.33
西部 （120）	数量	35	24	13	40	8
	比重	29.17	20.00	10.83	33.33	6.67
东北 （30）	数量	2	23	1	3	1
	比重	6.67	76.67	3.33	10.00	3.33

注：各地区括号中为各地样本村庄总数。

各地区各类村庄结构不同。东部地区集聚提升类、特色产业类村庄比重均高于其他地区；中部地区集聚提升类村庄比重低于总体水平，一般发展类村庄高于总体水平；西部地区集聚提升类、特色保护类村庄比重较高，粮食生产类村庄比重较低，较高的特色保护类村庄比重与其山区村庄较多有关；东北地区以粮食生产类村庄为主，约占3/4。

二　各类村庄发展特征

在村庄综合分类统计的基础上，本部分从村庄居民就业、居民收入、土地利用、城乡两栖等方面对各类村庄的发展特征进行分析。这些发展特征与分类依据相互联系、相互印证。

（一）各类村庄居民就业特征

表5汇报了各类村庄的就业特征，主要采用各个村庄的"劳动力总量""主要从事第一产业的劳动力数量""主要从事第二、第三产业的劳动力数量""主要外出务工的劳动力数量"等调查指标以及相关的比例进行分析。

表 5　　　　　　　　　各类村庄就业特征　　　　　　　单位：人；%

村庄分类	劳动力总体平均	主要就业类型			主要就业类型占总体劳动力比重		
		第一产业	本地第二、第三产业	外出务工	第一产业	本地第二、第三产业	外出务工
合计	1330	537	339	490	47.18	19.96	39.52
集聚提升类	2041	740	802	598	46.01	29.67	33.91
粮食生产类	1076	488	146	440	51.27	12.77	41.88
特色产业类	1125	549	207	390	45.22	19.51	35.07
特色保护类	1115	419	224	448	37.43	20.07	39.22
一般发展类	1024	463	165	594	69.10	15.91	54.14

注：比例为各地村庄对应比例的平均值，比例之和不为1。

集聚提升类村庄，由于以人口增长类村庄和人口大村为主，所以劳动力的总量水平也明显最高，各类就业规模均较大，"主要在本地从事第二、第三产业"的比重最高，"主要外出务工"的劳动力比重最低。这一特征与集聚提升类村庄具备相对丰富的生产、生活功能有关，本地第二、第三产业具有一定的发展基础、就业吸纳力较强，本地兼业化水平较高。

粮食生产类村庄，第一产业就业和外出务工就业的比重较高，本地第二、第三产业的就业比重较低。这与此类村庄以粮食生产为主，本地第二、第三产业发展水平不高、就业吸纳力不强，故此类村庄居民就业主要表现为粮食种植和外出务工的兼业化状态。

特色产业类村庄，本地第二、第三产业就业水平比粮食生产类村庄明显更高，这与此类村庄特色产业发展带动本地第二、第三产业发展、具有较高的本地就业吸纳力有关。相应地，此类村庄外出务工的比重低于粮食生产类村庄。可见，特色产业类村庄明显较高的本地第二、第三产业发展水平，提高了本地兼业化水平。

特色保护类村庄，第一产业就业比重明显较低，本地第二、第三产业就业比重较高，这与此类村庄中一部分会发展乡村旅游有关，外出务工比重也较高。

一般发展类村庄，本地第一产业就业比重较高，且外出务工比重明显高于其他类型村庄，这与此类村庄缺乏发展特色和就业机会有关，因而表现出本地务农和外出务工的兼业状态。

（二）各类村庄居民收入特征

表6汇报了各类村庄的居民收入特征，主要是2021年的人均可支配收入的均值和2019—2021年①的增长率。

表6　　　　　各类村庄的居民收入特征　　　　单位：元；%

地区		总体平均	集聚提升类	粮食生产类	特色产业类	特色保护类	一般发展类
总体	收入	16225	18195	14257	17968	16496	13886
	增长率	13.90	14.86	15.38	2.97	18.72	9.81
东部	收入	20782	23319	17295	24110	22527	13678
	增长率	7.27	12.32	18.02	-6.22	9.24	-3.20
中部	收入	15210	14126	13316	14759	18019	15638
	增长率	22.30	30.90	3.33	12.91	45.09	16.46
西部	收入	14273	16334	13991	13975	13087	12265
	增长率	17.66	15.44	25.71	14.57	16.05	14.47
东北	收入	13087	13670	12720	12500	15633	13300
	增长率	15.13	25.32	12.10	38.89	11.14	90.00

2021年，样本村庄的平均人均可支配收入16225元，低于全国总体的农村居民人均可支配收入（18931元），与农村居民人均可支配收入的中位数（16902元）接近。从增长率来看，样本村庄居民的平均可支配收入的两年增长率为13.90%，明显低于全国该指标2019—2021年的名义增长率（全国居民收入平均数和中位数的增长率分别为18.16%和17.46%）②。

分地区来看，与各地区发展水平类似，东部地区农村居民的人均可支配收入最高，中西部地区和东北地区明显低于东部地区。东部地区的

---

① CRRS调查的居民收入为调查年份前一年的数据。

② 《中华人民共和国2019年国民经济和社会发展统计公报》，https：//www.gov.cn/xinwen/2020-02/28/content_5484361.htm；《中华人民共和国2021年国民经济和社会发展统计公报》，https：//www.gov.cn/xinwen/2022-02/28/content_5676015.htm。

收入增速最低，中西部地区表现出一定的追赶态势。

分村庄类型来看，集聚提升类村庄的平均收入水平最高，特色产业类村庄的平均收入水平次之，粮食生产类村庄的平均收入水平较低，一般发展类村庄的收入水平最低。从增长率来看，特色保护类村庄的收入增幅最大，粮食生产类和集聚提升类村庄的收入增幅次之，一般发展类和特色产业类的增幅较低。

各地各类村庄表现出不同的特征，东部地区的集聚提升类村庄、特色产业类村庄和特色保护类村庄的收入水平较高，一般发展类村庄的收入水平明显较低且表现出小幅降低的态势。中部地区的特色保护类村庄收入水平最高且增速较快，这与其发展乡村旅游有关，其余类型的村庄收入水平接近。西部地区的集聚提升类村庄收入水平最高，一般发展类村庄的收入水平最低。东北地区的特色保护类村庄收入水平最高，粮食生产类村庄的收入水平不高。

（三）各类村庄土地利用特征

表7汇报了各类村庄的土地利用特征，考虑分类时对耕地作物情况进行了分析，这里主要对撂荒耕地、宅基地闲置、耕地规模经营（50亩以上）、耕地流转价格等情况进行分析。

表7　　　　　各类村庄的土地利用特征

单位：亩；宗；户；元/亩

地区	指标	总体平均	集聚提升类	粮食生产类	特色产业类	特色保护类	一般发展类
总体	撂荒耕地面积	43	29	19	20	74	93
	空闲废弃宅基地数量	22	18	21	10	31	21
	规模经营户数	18	7	38	12	12	11
	耕地流转价格	697	839	583	676	732	568
东部	撂荒耕地面积	77	33	36	38	187	112
	空闲废弃宅基地数量	10	10	10	2	13	12
	规模经营户数	4	2	6	15	1	0
	耕地流转价格	866	907	791	891	990	560

续表

地区	指标	总体平均	集聚提升类	粮食生产类	特色产业类	特色保护类	一般发展类
中部	撂荒耕地面积	17	58	9	0	8	0
	空闲废弃宅基地数量	15	11	15	7	12	37
	规模经营户数	3	2	3	3	2	5
	耕地流转价格	795	700	757	650	953	771
西部	撂荒耕地面积	41	18	29	13	50	175
	空闲废弃宅基地数量	32	27	23	17	49	17
	规模经营户数	8	9	6	4	12	4
	耕地流转价格	597	858	419	522	533	394
东北	撂荒耕地面积	0	0	0	0	0	0
	空闲废弃宅基地数量	31	21	34	30	26	3
	规模经营户数	129	81	124	148	155	230
	耕地流转价格	417	480	423	600	273	400

注：表中数据为各个指标的各村庄平均值。其中耕地流转价格由于本轮未调查，取2020年的调查数据（2019年情况）。

分地区来看，东部地区村庄平均撂荒耕地面积最大，东北地区村庄没有撂荒地；西部和东北地区村庄均空闲废弃宅基地数量略多；耕地规模经营主要在东北地区，其他地区规模经营较少。

分村庄类型来看，一般发展类村庄撂荒耕地面积最大，与其缺乏特色产业支撑有关；特色保护类村庄撂荒面积也较多，与其部分村庄以山区为主、人口较少有关。一般发展类和特色保护类村庄平均空闲宅基地数量较多，与其外出务工比重较高有关。耕地规模经营以粮食生产类村庄为主。集聚提升类村庄的平均耕地流转价格最高，一般发展类村庄的耕地流转价格最低。

分地区分村庄类型来看，东部地区耕地撂荒以特色保护类村庄和一般发展类村庄为主，规模经营户数较多在特色产业类村庄，一般发展类村庄的耕地流转价格最低。中部地区耕地撂荒主要是集聚提升类村庄较多，一般发展类闲置宅基地较多，规模经营户较少。西部地区的耕地撂荒主要是一般发展类村庄，特色保护类村庄闲置宅基地较多，特色保护类的规模经营户较多，集聚提升类村庄的耕地流转价格最高。东北地区没有耕地撂荒，各类村庄的规模经营户均较多。

（四）各类村庄居民城乡两栖特征

表8汇报了各类村庄居民的城乡两栖特征，根据调查数据中的"既有宅基地又购买了商品房的农户数量"进行分析，其中的比重为城乡两栖居民的户数占总户籍户数的比重。总体来看，城乡两栖居民的户数占总户籍户数接近20%。

表8　　　　各类村庄居民的城乡两栖特征　　　　单位：户；%

地区		总体平均	集聚提升类	粮食生产类	特色产业类	特色保护类	一般发展类
总体	数量	125	155	106	187	95	114
	比重	19.16	20.38	17.02	25.45	17.93	18.32
东部	数量	118	133	132	152	72	83
	比重	21.94	19.34	26.35	27.37	18.85	18.49
中部	数量	125	81	152	219	81	128
	比重	21.61	20.38	23.56	31.59	17.13	18.40
西部	数量	146	204	105	214	109	115
	比重	18.28	21.75	12.45	22.07	17.67	17.76
东北	数量	61	38	50	15	118	220
	比重	10.40	10.89	8.91	2.09	20.28	21.13

分地区来看，东部、中部、西部地区的城乡两栖户比重较高，占20%左右，东北地区的城乡两栖户的比重较低，仅10%左右。

分村庄类型来看，特色产业类的城乡两栖户比重较高（25%左右），这对应了其较高的本地第二、第三产业发展和就业水平，集聚提升类的该比重次之，其余三类村庄的该比重略低。

分地区分类型来看，东部地区特色产业类和粮食生产类村庄的城乡两栖户比重较高；中部地区的特色产业类村庄的城乡两栖户比重明显高于其他类型村庄；西部地区的特色产业类和集聚提升类村庄的该比重较高，粮食生产类村庄的该比重较低；东北地区的特色保护类和一般发展类村庄的该比重明显较高，其余类型村庄的该比重较低。

三 促进村庄分类发展的对策建议

结合村庄分类的政策导向与发展特征,本报告根据两轮CRRS调查数据,对300个样本村庄进行了分类研究。在对村庄地理特征、产业发展、人口发展特征等本底特征分析基础上,将样本村庄分为集聚提升类、粮食生产类、特色产业类、特色保护类、一般发展类,进一步分析了各类村庄的居民就业特征、居民收入特征、土地利用特征、城乡两栖特征。

本报告得到一些关于样本村庄结构和特征的发现(见表9),考虑样本村庄的代表性,这些发现兼具一般性。一是基于村庄发展的本底特征,可将样本村庄分为集聚提升类、粮食生产类、特色产业类、特色保护类、一般发展类,五类村庄结构比重约为"25∶30∶10∶25∶10",各地村庄类型结构不同。二是集聚提升类村庄居民本地兼业化特征明显,收入水平较高,土地利用效率较高,城乡两栖居民较多。三是粮食生产类村庄耕地规模经营特征明显,居民以粮食生产和外出务工为主,收入水平不高。四是特色产业类村庄居民主要从事特色产业和本地兼业,收入水平较高,城乡两栖居民较多,土地利用效率较高。五是特色保护类村庄居民往往以本地特色旅游就业或外出务工为主,收入水平中等,土地利用效率不高。六是一般发展类村庄发展的本底特色不显著,居民以务农和外出务工为主,收入水平不高,土地利用效率低。

表9　　　　　　　　各类村庄本底特征与发展特征

村庄类型	本底特征			发展特征			
	地理特征	产业基础	人口基础	就业特征	居民收入	土地利用	城乡两栖
集聚提升类	城郊等		增长或人口多	规模大、本地兼业	高/较高	土地利用效率高	较多
粮食生产类		主要生产粮食作物		粮食生产+外出务工	中/较低	耕地规模经营普遍	一般
特色产业类		特色农产品生产基础好		特色产业+本地兼业	较高	土地利用效率较高	多

续表

村庄类型	本底特征			发展特征			
	地理特征	产业基础	人口基础	就业特征	居民收入	土地利用	城乡两栖
特色保护类	含山区类	含文化旅游、自然风光旅游等		乡村旅游+外出务工	中/较低	土地利用效率低	一般
一般发展类				务农+外出务工	中/低	土地利用效率低	一般

资料来源：笔者根据前文研究归纳。

基于村庄分类及其本底特征、发展特征，结合《规划》和各地乡村振兴实践，本报告提出村庄分类发展的对策建议。

第一，集聚提升类村庄。充分发挥其区位和地理优势，因地制宜发展农村第二、第三产业以及农村电商、乡村旅游、都市农业等业态，促进农村第一、第二、第三产业融合发展。积极促进兼业化，进一步释放农业劳动力、提高农村居民的非农就业和收入水平。对于发展水平较高、城乡融合水平较高的此类村庄，要加快推进、创新探索农村土地制度改革，优化土地资源配置、提高土地利用效率。稳步推进此类村庄城镇化。

第二，粮食生产类村庄。从粮食安全角度出发，通过利益补偿、基础建设等，大力支持其粮食生产，落实新形势下国家粮食安全战略，做好农业强国建设的基础单元。鼓励耕地流转，促进粮食主产区农业规模化、机械化、现代化发展，提高农业生产效率和各方效益。积极推进粮食生产与第二、第三产业融合发展、高质量发展，促进粮食生产与农村电商、乡村旅游等融合创新发展，丰富农业功能、提升其附加值。

第三，特色产业类村庄。围绕特色农产品，完善特色产业链上下游、社会化服务体系，以特色产业发展带动产业振兴和农民增收。促进特色产业品牌化、数字化发展，提高产品附加值。加强特色农产品、农村电商、乡村旅游等产业发展相关的技能培训，加强人力资本支撑。加强特色产业发展所需的用地保障。加强县城在特色产业发展、基本公共服务和就业等方面的中心功能和辐射带动作用，促进县域城镇化和本地兼业化。

第四，特色保护类村庄。对于此类村庄，一是要坚持保护式开发，以不破坏资源环境、促进文化传承为前提，加强旅游基础设施和配套建设，科学适度开发旅游资源。二是要积极发挥乡村旅游对农户就业和增收的带动作用，让利于民，实现村庄居民、社会组织和政府的利益共享。三是要加强发展合作和帮扶，对于生态保护类的山区村庄，在土地利用和劳务合作等领域，加强与邻近城市或对口帮扶地区的合作。

第五，一般发展类村庄。对于大部分发展特色不显著的村庄，按照人口发展趋势，着力优化基本公共服务配套和基础设施建设，支持农村居民就地就近城镇化、本地兼业化或外出务工，促进居民增收与福祉增进。对于人口不断减少或逐步搬迁撤并的村庄，重点需要完善搬迁撤并的思路、原则及其实施举措，要以农民自愿为前提，在选址、新建、安置过程中充分尊重农民意愿，完善搬迁安置补偿机制，按要求落实原址复垦还绿。

参考文献

戴林琳等：《面向空间管控的村庄分类方法与实践——以天津市武清区为例》，《北京大学学报》（自然科学版）2022年第6期。

苏红键：《村庄分类、农民收入与多元化乡村振兴》，《农村经济》2021年第9期。

杨林朋等：《基于"政策—潜力—意愿"整合视角的村庄分类研究》，《地理研究》2023年第1期。

新型农村集体经济发展进展与推进策略

芦千文*

摘　要：发展新型农村集体经济对促进乡村全面振兴和全体农民共同富裕具有重要意义。本报告对农村集体产权制度改革成效、新型农村集体经济的发展进展进行详细分析。总体来看，农村集体产权制度阶段性改革任务基本完成，普遍建立了新型集体经济组织，集体"三资"规范管理条件基本具备，农村集体资产股份权益逐步完善，农村集体产权制度改革增收效果显现。与此同时，农村集体经济发展也取得积极进展，表现在村集体资产增长迅速、村集体经济收入平稳增长、村集体经济支出趋于合理、村级债务问题逐步显现。未来，要尽快启动新一轮农村集体产权制度改革，规范建设新型农村集体经济组织，建立农村集体"三资"规范管理制度，健全完善农村集体资产股份权益，加快推动新型农村集体经济发展。这为完善农村集体经济收益分配机制，预防化解村级组织债务的推进对策，为深化农村集体产权制度改革、进一步探索新型农村集体经济实现形式、推动农村"三资"规范管理提供了方向性启示。

关键词：新型农村集体经济；改革成效；发展进展；方向性启示

---

* 芦千文，管理学博士，中国社会科学院农村发展研究所副研究员，研究方向为农村组织与制度。

Development Progress and Promotion Strategies of the New Rural Collective Economy

LU Qianwen

Abstract: The development of a new rural collective economy is of great significance for promoting comprehensive rural revitalization and common prosperity for all farmers. This report conducts a detailed analysis of the effectiveness of rural collective property rights system reform and the development progress of the new rural collective economy. The study found that the reform of rural collective property rights system has achieved significant results in five aspects. Namely, the basic completion of the phased reform task of rural collective property rights system, the wide establishment of new collective economic organizations, the basis of standardized management conditions for collective funds, assets and resources (short for "three capitals"), the gradual improvement of the equity of rural collective assets and shares and the significant effects in increasing income of the reform of rural collective property rights system. At the same time, positive progress has been made in the development of rural collective economy, manifested in the rapid growth of village collective assets, the stable growth of village collective economic income, the rationalization of village collective economic expenditures, and the gradual emergence of village level debt problems. Based on this, it is proposed to launch a new round reform of rural collective property rights system as soon as possible, standardize the construction of new rural collective economic organizations, establish a standardized management system for rural collective "three capitals", improve the stock rights and interests of rural collective assets, accelerate the development of new rural collective economy, improve the income distribution mechanism of rural collective economy, and prevent and resolve the debt of village level organizations, which provides directional inspirations for the deepening reform of rural collective property rights system, the further exploration of implementation forms of the new rural collective economy and the promotion of standardized management of rural "three capitals".

Keywords: New Rural Collective Economy; Reform Effectiveness; Development Progress; Directional Inspirations

农村集体经济是集体成员利用集体所有的资源要素，通过合作与联合实现共同发展的一种经济形态，是社会主义公有制经济的重要形式①。近年来，国家大力推进农村集体产权制度改革，建立了新型农村集体经济发展的制度基础。各地积极探索新型农村集体经济实现形式，采取多种方式支持农村集体经济发展，健全完善农村集体经济治理机制，推动了农村集体经济迅速发展。那么，农村集体经济发展进展怎么样，治理机制是否能够适应市场经济要求，农村集体产权制度改革效果如何？为了解这些问题，在2020年8—9月中国社会科学院农村发展研究所对全国10个省份、50个县、306个村的调查基础上，2022年8月到2023年1月开展了新一轮追踪调查，反映了2019年到2021年农村集体经济及治理机制的变化情况。

一 农村集体产权制度改革取得显著成效

（一）农村集体产权制度阶段性改革任务基本完成

农村集体产权制度改革是维护农民合法权益、增加农民财产性收入的重大举措，是构建适用市场经济发展的集体经济机制的制度基础，也

---

① 《中共中央国务院关于稳步推进农村集体产权制度改革的意见》，中国政府网，https://www.gov.cn/zhengce/2016-12/29/content_5154592.htm。

是发展新型农村集体经济的前提。中央把农村集体产权制度改革作为深化农村改革的重要内容,并不断加大推进力度。2020年中央一号文件明确提出"全面推开农村集体产权制度改革试点,有序开展集体成员身份确认、集体资产折股量化、股份合作制改革、集体经济组织登记赋码等工作"[①]。2021年中央一号文件明确提出"2021年基本完成农村集体产权制度改革阶段性任务,发展壮大新型农村集体经济"[②]。2020年第一轮调查时,样本村数据反映,有64.26%的村庄已经完成了农村集体经营性资产产权制度改革,26.56%的村庄正在进行此项改革,9.18%的村庄尚未开展此项改革。此次追踪调查数据显示,绝大部分村庄在2021年底完成了农村集体产权制度改革阶段性任务,只有两个村是2022年上半年完成。

(二) 普遍建立了新型集体经济组织

按照要求,经过集体产权制度改革,要成立新的集体经济组织,即股份经济合作社或联合社,进行登记赋码,获得特别法人地位。样本村数据显示,新成立集体经济组织的有269个村,占88.5%,成立新的集体经济组织的原因主要是集体产权制度改革时间较早,已经存在符合要求的集体经济组织;成立了1个集体经济组织的有271个村,占89.1%,成立了2个及以上集体经济组织的有33个村,其中16个村有2个集体经济组织,4个村有3个集体经济组织,3个村有4个集体经济组织,10个村新成立的集体经济组织数量在6个及以上(甚至有的多达25个),这是因为这部分村在回答问题时把村组或自然村成立的集体经济组织也算在内。大部分村新成立的集体经济组织在农业农村部登记备案,在样本村中占85.2%,少部分村在市场监督管理部门注册登记,在样本村中占13.5%,个别村选择了在其他部门注册登记,如行政审批中心。新成立集体经济组织的组织形式或运营方式多种多样,主要的类型是党支部领办合作社(53.6%)、直接经营管理(33.6%),部分成立了农民专业合作社(16.4%),少部分成立了集体资产管理公

---

① 《中共中央国务院关于抓好"三农"领域重点工作确保如期实现全面小康的意见》,中国政府网,https://www.gov.cn/zhengce/2020-02/05/content_5474884.htm。
② 《中共中央国务院关于全面推进乡村振兴加快农业农村现代化的意见》,https://www.gov.cn/zhengce/2021-02/21/content_5588098.htm。

司（4.3%），另有极少数成立直营公司或与工商企业合作成立公司，极个别的集体经济组织由乡镇管理。有些集体经济组织选择了多种运营方式，约占样本村的11.5%（见表1）。

表1　新成立集体经济组织的组织形式或运营方式（部分多选）

类型	直接经营管理	党支部领办合作社	成立直营公司	成立集体资产管理公司	按照产业内容成立专业合作社	与工商企业合作成立公司	其他
数量（个）	102	163	6	13	50	4	6
占比（%）	33.6	53.6	2.0	4.3	16.4	1.3	2.0

（三）集体"三资"规范管理条件基本具备

农村集体产权制度改革中，开展了集体资源、资产的清产核资，明确了集体经济组织成员范围，并确保过程公平公正，为进一步建立集体"三资"管理制度奠定了基础。样本村中，96.4%的行政村对清产核资结果进行张榜公示，83.2%的行政村实现了集体资产信息化管理，94.4%的行政村完成了集体经济组织成员资格认定。值得注意的是，只有11.9%的行政村，农村集体成员数量与户籍人口数量相同；超过一半的行政村（57.2%）农村集体成员数量已经小于户籍人口数量。农村集体经济组织成员资格认定的依据主要是村民（代表）大会通过的成员认定办法（65.1%）、县（镇）政府统一下发的文件（44.4%），采取村规民约或村两委制定办法的占比较少，均为9.5%，个别村会以某一时点的户籍人口或者按照户籍人口动态变化，22.4%的行政村选择了两种及以上依据（见表2）。在农村集体经济组织成员资格认定过程中，多数行政村没有有争议的群体，样本村中有40个行政村（13.2%）存在有争议的群体，有争议群体的类型属于外嫁女（30个行政村）、入赘男（12个行政村）、在校大学生（8个行政村）、户口迁出（5个行政村，其中2个为户口迁出但有承包地）、进城务工人员（5个行政村）、服刑人员（4个行政村）、退休人员（1个行政村）、服役士官（1个行政村）等。其中，外嫁女的集体经济组织成员权益是较为突出的问题，与村级组织层面对外嫁女权益保护的制度模糊有关。样本村中，35.5%的行政村明确保留外嫁女的集体经济组织成员资格，26.6%的行政村明确不保留外嫁女的集体经济组织成员资格，31.3%的行政村就外嫁女是否保留集体经济组织成员资格表示需要协商决定。

表2　　　　　集体经济组织成员资格认定依据（多选）

选项	县（镇）政府统一下发的文件	村民（代表）大会通过的成员认定办法	村规民约	村两委制定的办法	其他	选择两个及以上
数量（个）	135	198	29	29	3	68
占比（%）	44.4	65.1	9.5	9.5	1.0	22.4

近年来，农村集体"三资"规范管理的制度基础得到确立。各地推动农村产权交易，为土地流转、"三资"利用等提供了便利条件。样本村中，45.4%的行政村表示所在县（市、区）已经成立农村产权交易平台，说明包括集体"三资"交易在内的农村产权规范利用和市场交易条件得到改善。同时，各地推行农村集体经济组织的财务独立管理，规范了村级组织财务。样本村中，77.6%的行政村已经实现了集体经济组织和村委会的分账。而且，农村集体所有的各类资源和资产确权稳步推进，耕地等农用土地的确权比例较高，样本村中的耕地、园地、林地、宅基地、商业用地等的确权比例均超过70%，而农业基础设施占地、经营性建设用地、经营性资产和生态资产等确权的比例较低（见表3）。

表3　　　　　农村集体资源和资产确权颁证情况　　　　　单位：%

资源资产种类	拥有的行政村比例	确权比例	颁证比例
耕地	77.6	86.9	87.8
园地	36.5	74.8	70.0
林地	54.6	80.2	75.1
草地	16.4	62.0	61.3
养殖水面	31.6	57.3	56.4
其他农用地	5.6	52.9	22.2
工矿仓储用地	16.1	63.3	41.9
商业用地	10.2	77.4	45.8

续表

资源资产种类	拥有的行政村比例	确权比例	颁证比例
宅基地	72.7	84.6	70.1
交通运输和水利设施用地	53.6	47.2	37.7
其他建设用地	15.1	50.0	47.8
荒地	18.1	50.9	67.9
待界定土地	6.7	30.0	66.7
经营房屋	67.1	72.1	70.1
建筑物	51.0	60.6	63.8
机器设备	28.6	48.3	45.2
工具器具	28.3	45.3	51.3
农业基础设施	39.1	42.9	58.8
农田水利设施	41.1	46.4	53.4
农村小型水利工程	27.6	48.8	50.5
企业	17.8	64.8	71.4
森林	26.0	75.9	80.0
林木	39.8	66.1	76.3
山岭	24.0	68.5	68.0
草原	6.3	47.4	55.6
滩涂	2.3	42.9	0.0

（四）农村集体资产股份权益逐步完善

农村集体资产已经基本量化到位。按照农村集体产权制度改革要求，各地已经开展了集体资产的确权量化工作。样本村中，79.9%的行政村以"按人头"的方式对集体资产进行量化，13.5%的行政村以"人头加贡献"的方式对集体资产进行量化，个别行政村按村小组或股份对集体资产进行量化，也有个别行政村尚没有对集体资产进行量化；90.8%的行政村已经将集体资产股权量化到人；63.8%的行政村以户为单位对集体资产股权进行固化；64.1%的行政村已向集体经济组织成员核发记名股权证书，其中82.1%的行政村是一户一证，17.4%的行政村是一人一证，有个别行政村已经有证书但未发放；各个地方股权设置呈现多样化特征，大部分村设置了人口股（84.2%），30.3%的行政村设置了两种及以上股权类型，有土地股（20.1%）、农龄股（14.5%）、贡献股（4.3%）、资金股（3.6%），个别村还设置了独生子女股、劳龄股、年龄股、资产股等（见表4）。

表4　　村集体资产股权设置类型（多选）

选项	人口股	农龄股	土地股	贡献股	资金股	其他	选择两个及以上
数量（个）	256	44	61	13	11	10	92
占比（%）	84.2	14.5	20.1	4.3	3.6	3.3	30.3

农村集体资产确权量化后，为更好地盘活和利用农村集体资产，赋予了农村集体经济组织成员的集体资产股份权益，为按照市场原则探索新型农村集体经济实现形式奠定了基础。有部分行政村对成员股权份额进行了限制，样本村数据显示，39.1%的行政村设置了成员股拥有的上限或有封顶，超过半数（53.0%）的行政村则表示没有设置成员股拥有的上限或有封顶。样本村中，超过半数（55.9%）的行政村已经明确集体资产成员股可以继承，也有部分（37.2%）行政村明确集体资产成员股不能继承；18.4%的行政村明确集体资产成员股可以转让，相比2019年的17.3%有所提高，但仍然有74.7%的行政村明确集体资产成员股不能转让，且相比2019年可转让股权的范围进一步明确和缩小，可以跨村转让的行政村比例明显降低，但对于行政村内部集体成员和非集体成员的转让有所放松。多数村集体已经允许集体成员退出集体资产股份，样本村中有75.7%的行政村已经明确村集体成员可以退出成员股，在退出方式选择上，主要选择了集体赎回方式，明确成员股可退出的样本村有71.3%的行政村选择了集体赎回方式，也有一些行政村选择了内部转让（28.3%）、股权赠予（9.1%）、无偿收回（5.2%）等方式，个别行政村没有发生过退出情形，因此没有考虑退出机制，个别行政村对政府公务人员等群体做出了退出约定。随着农村集体产权制度改革的推开，设置集体股的行政村比例明显降低，样本村中，设置集体股的行政村比例为40.8%，相比2019年下降了26.2个百分点，设置集体股的行政村集体股比重主要在30%及以内。政策层面并不鼓励农村集体经济组织设置集体股。这说明农村集体产权制度改革措施进一步得到落实，并在实践中逐步得到完善（见表5至表7）。

表 5　　　　　　　村集体资产成员股可转让比例和范围

选项	可转让的行政村比例（%）	可转让的行政村中可转让范围比例			
		仅限于本村集体经济组成员内部（%）	全体村民（%）	可以跨村转让（%）	其他（%）
2019 年	17.3	82.1	—	15.8	2.1
2021 年	18.4	78.6	21.4	3.6	3.6

表 6　　　　　　　村集体资产股份中成员股可退出比例和方式

选项	可退出成员股	可退出成员股行政村的退出方式（多选）				
		集体赎回	内部转让	股权赠予	无偿收回	其他
数量（个）	230	164	65	21	12	19
占比（%）	75.7	71.3	28.3	9.1	5.2	8.3

表 7　　　　　完成集体产权制度改革行政村设置集体股设置情况

选项	设置集体股的行政村比例（%）	集体股占集体资产比重不同范围的比例（%）		
		0<x≤30%	30%<x≤50%	50%<x<100%
2019 年	67.0	86.5	3.0	10.5
2021 年	40.8	82.3	4.8	8.9

（五）农村集体产权制度改革增收效果显现

经过农村集体产权制度改革后，大多数行政村都建立了规范的集体经济运营和分配机制，村集体和村民都获得集体经济发展带来实实在在的好处。在设置集体股的行政村中，已经有一定比例行政村对集体股股份进行了分红，样本村中，有 27.4% 的行政村进行了集体股分红，有 20.2% 的行政村明确集体股和个人股分红一样，有 26.6% 的行政村明确集体股和个人股分红不一样。设置集体股的行政村对集体股进行分红的比例有所提高，2019 年进行了集体股分红的行政村占设置集体股行政村的比重为 21.1%。在全部样本村中，21.7% 的行政村对个人股进行了分红，2019 年的这一比例为 16.33%。

二 农村集体经济发展取得积极进展

以农村集体产权制度改革为契机,各地积极探索新型农村集体经济实现形式,推动了农村集体经济迅速发展。

第一,村集体资产增长迅速。样本村数据显示,行政村村均集体资产达到1100.7万元,比2019年增长了22.6%。村集体资产增长迅速主要得益于政策扶持集体经济的力度不断加大。各地均把乡村产业和乡村建设的各类政策集中到农村集体经济发展上,或者将财政资金形成的资产量化为村集体资产。村集体资产中,扶贫政策或项目形成的资产村均达到166.0万元,2021年村均完成的固定资产投资达到528.4万元(见表8)。

表8 村集体资产总量及其构成

组成	村均(万元)	占比(%)
总量	1100.7	100.0
生产性固定资产	469.2	42.6
经营性资产	241.4	21.9
现金	13.6	1.2
银行存款	90.4	8.2
短期投资	36.2	3.3
应收款项	51.9	4.7
扶贫资金或项目形成的经营性资产	166.0	15.1
2021年完成固定资产投资	528.4	48.0
债权	86.5	7.9

第二,村集体经济收入平稳增长。样本村数据显示,行政村村均集体经济收入达到177.7万元,无集体经济收入的行政村占比9.2%,集体经济收入超过10万元的行政村占比达到68.1%。村集体经济发展动力明显增强,其中经营性收入占比达到61.6%,特别是村集体开展经营活动的收入占到59.8%。相比2019年,集体经济发展对政策依赖有所降低,2019年村集体经济收入中转移性收入(政府补助)占33.8%,

2021年占比下降到20.9%。但村集体经济收入渠道单一,增收压力大等难题仍然存在(见表9)。

表9　　　　　　　　村集体经济收入及构成

组成	村均(万元)	占比(%)	无收入村占比(%)	10万元以上村占比(%)
集体经济收入	177.7	100.0	9.2	68.1
经营性收入	109.4	61.6	11.8	63.8
发包收入	21.1	11.9	51.3	24.0
投资收益	9.7	5.5	75.0	11.8
开展经营活动收入	106.3	59.8	67.8	19.4
扶贫资产收益	29.7	16.7	74.0	12.5
转移性收入	35.9	20.2	64.5	23.4
其他收入	4.8	2.7	80.6	5.9

第三,村集体经济支出趋于合理。整体上看,村集体经济支出中,经营性支出占比明显提高。样本村数据显示,村集体经济组织支出中经营性支出占比达到了47.4%,远高于2019年的16.3%,且经营性支出结构更加合理。2019年,经营性支出主要用于农田水利建设支出和为农户提供生产服务,2021年支出结构调整为主要是经营活动的成本支出和购置生产性固定资产支出,体现了农村集体经济发展的转型趋势。但村集体经济组织支出中,公益事业支出的负担仍然较重,承担了过多的社会职能(见表10)。

表10　　　　　　　　村集体经济组织支出及构成情况

组成	村均(万元)	占比(%)
年内支出总量	99.9	100.0
经营性总支出	47.4	47.4
为农户提供生产服务	4.2	4.2
购置生产性固定资产支出	9.2	9.2
农田水利基本建设支出	4.8	4.8
开展经营活动的成本支出	16.0	16.0
公益事业支出	42.8	42.8

续表

组成	村均（万元）	占比（%）
农户节日福利支出、五保户烈军属老人等补助支出	6.2	6.2
教育文化体育支出	0.7	0.7
医疗卫生健康费用支出	2.4	2.4
垃圾清运等环保费用支出	9.5	9.5
社会治安费用支出	0.6	0.6
村庄道路建设与维护支出	4.8	4.8
行政管理费支出，包括干部工资和补贴	7.8	7.8
其他	10.8	10.8

第四，村级债务问题逐步显现。随着乡村建设和集体经济的迅速推进，村级组织债务也迅速增多，但基本在可控的范围内。样本村数据显示，2021年，37.2%的行政村有负债，村均负债为199.0万元，有负债行政村的村均负债为535.3万元；按村集体全部资产算，村均资产负债率为18.1%，但按经营性资产算，村均资产负债率高达82.4%；负债行政村中，负债额分化较为明显，其中负债额在50万元以内的行政村占38.1%，负债额在500万元以上的占23.9%，少部分行政村积累了大额的负债，有的甚至超过了7000万元。个别行政村的债务风险值得注意。样本村中，24.7%的行政村收不抵支，存在村级组织收支缺口（见表11）。

表11　　　　　　　　村级组织债务情况

样本村（个、%）		村均负债（万元）		资产负债率（%）		不同负债规模村庄占比（万元、%）			
负债村数量	负债村占比	全部	负债村	全部	经营性资产	≤50	≤100	≤500	大于500
113	37.2	199.0	535.3	18.1	82.4	38.1	16.8	21.2	23.9

三　发展新型农村集体经济的推进对策

综述，调查数据全面放映了农村集体产权制度改革成效、新型农村集体经济的发展进展，为深化农村集体产权制度改革、进一步探索新型农村集体经济实现形式、推动农村"三资"规范管理提供了方向性启示。结合对调查数据的分析，提出如下推进对策。

第一，尽快启动新一轮农村集体产权制度改革。以巩固农村集体产权制度改革成果为当前中心任务，推动农村集体产权制度由"形"向"实"转变，不断夯实新型农村集体经济发展的制度基础。

第二，规范建设新型农村集体经济组织。建立跨部门的新型农村集体经济组织管理机制，统一和规范农村集体经济组织的登记、注册和管理机制，避免多头重复或矛盾管理。理顺联合村、跨村、行政村、网格村、村民小组、自然村等不同层次的集体经济组织关系。规范跨所有制、多种参股或合作形式组建的农村混合所有制经济组织形式。

第三，建立农村集体"三资"规范管理制度。适应农村集体经济组织成员与农村人口不断分离的新趋势，建立农村集体"三资"的规范交易机制，确保农村集体"三资"的规范使用。有效地保护"外嫁女"等特殊群体的合法合理权益，探索农村集体经济组织新增成员的"三资"权益实现形式，推动稳定实现市民化的群体和体制内群体的农村"三资"权益有序退出。加快推动农村产权交易平台及服务体系由县向镇（乡）向村覆盖，引导制定建立农村集体"三资"规范交易和利用的制度办法。加快推动农村集体"三资"确权颁证，尽快实现由农用土地向建设用地、生态资源、基础设施、经营性资产等的全覆盖。健全农村集体资产监管体系。

第四，健全完善农村集体资产股份权益。适应农村人口动态变化，特别是人地、人与组织分离加速的新趋势，探索推动农村集体资产股份调整，完善农村集体资产股权设置，探索农村集体资产成员股有序流转、退出以及抵押等权能实现形式。推动复杂多样的农村集体资产股权设置向经营性赋能和生计型保障的两重功能转化，增强农村集体经济发展赋能乡村振兴的作用。完善农村集体资产股份中成员股的流转、退出、继承等机制，不断活化农村集体资产股份中的成员股，调动农村集体经济组织成员参与新型农村集体经济发展的积极性。继续推动农村集体资产股权中集体股权完善，通过完善乡村治理机制逐步降低直至取消集体股。

第五，加快推动新型农村集体经济发展。按照 2023 年中央一号文件明确的资源发包、物业出租、居间服务、资产参股等方向，通过多样化途径探索新型农村集体经济实现形式。继续推进农村集体经济消薄行动，完善农村集体经济政策帮扶机制，推动农村集体经济发展更多依靠经营性活动。加强对重点村的集体经济资产管理、经营活动和收益分配的监管。继续优化农村集体经济组织职能，推动村级组织事务与集体经济发展事务的"分离"，降低农村集体经济组织公共服务等公益事业支出负担，增强农村集体经济发展的内生动能。

第六，完善农村集体经济收益分配机制。加快健全农村集体经济组织收益分配机制，出台针对性、可操作性强的集体经济组织收益分配指导意见或实操手册。严格农村集体经济组织收益分配的履行程序，确保集体经济组织成员充分参与、有效监督。引导农村集体经济组织提高经营性收入的分红比例和覆盖面，让集体经济组织成员充分共享改革红利。规范农村集体经济组织收益支出范围，制定公益事业支出名录，减少代收代缴事项。

第七，预防化解村级组织债务。对村级负债要有全面的认知和正确的态度。要站在全面推进乡村振兴的高度，规范合规举债，杜绝不合理负债，尤其是村级组织的运营负债，时刻警惕村级债务风险。防范化解村级债务风险，要健全乡村振兴投入机制，发展新型农村集体经济，明确村级债务主管部门和责任主体，建立村级债务统计制度、监测和化解机制，构筑村级债务风险"防火墙"。从短期看，需要在准确界定债务前提下，摸清村级债务的真实情况；从中长期看，需要从壮大新型农村集体经济、增强内生发展能力出发，厘清村级组织功能定位，明确债务管理责任，建立监测预警和化解机制，持续赋能乡村振兴。

农村宅基地利用现状及政策启示

李登旺[*]

摘　要： 本报告深入分析了当前中国农村宅基地利用与农民住房保障的典型特征、突出问题，并尝试提出对策建议。研究发现，宅基地仍然是保障农民基本居住权益的最主要方式，但农民居住形态开始呈现一些新特征，部分农户不再以单宗分散的宅基地而是以相对集中的农民公寓、农民住宅小区等方式实现"户有所居"，这些新的居住形态兼顾了保障农民基本居住权益和提高土地利用效率，具有重要的推广价值；农民"进城买房"现象愈加普遍，县域城镇是共性选择，买房结婚、享受优质教育资源等公共服务是主要原因。尽管近七成宅基地已经实现确权登记颁证，但农村"一户多宅"现象、"超标多占"问题普遍存在，一定程度上阻碍了农村改革深化和宅基地规范管理；这些问题是长期演进的结果，需要保持历史耐心、妥善解决。农村宅基地闲置现象依然突出，以经济发达地区或乡村旅游地区就地盘活利用为主，方式较为单一，传统农区闲置宅基地盘活利用存在诸多堵点，农民自愿有偿退出宅基地有需求但落地少。在一些土地资源相对稀缺、城乡接合部村庄，仍有部分农户宅基地需求难以得到满足。未来，应持续深化农村宅基地制度改革，探索构建农民住房多元化保障体系，合理保障农民基本居住权益，在尊重农民意愿、照顾农民生活习惯和保护乡村特色风貌的基础上，探索推广农民公寓、农民住宅小区等模式；适应城镇化发展和农民进城大趋势，完善宅基地依法自愿有偿退出机制；因地制宜多措并举盘

---

[*] 李登旺，管理学博士，中国社会科学院农村发展研究所助理研究员，主要研究方向为农村土地制度。

活闲置宅基地和闲置农房，实现好农民宅基地财产权益；保持历史耐心，分类稳妥化解"一户多宅""超标多占"等历史遗留问题。

关键词：宅基地；利用；区域差异；政策启示

Current Situation of Rural Zhaijidi Utilization and Policy Implications

LI Dengwang

Abstract：This report provides an in-depth analysis of the typical features and highlighted problems of the current utilization of rural zhaijdii and farmers'housing provision in China, and tries to put forward countermeasures and suggestions. It is found that rural zhaijidi is still the most important way to protect farmers' basic housing rights, but farmers' housing patterns have begun to show some new features, and some farmers no longer use scattered zhaijidi, but rather relatively centralized farmers' apartments and farmers' residential districts to realize the "household with a residence", which have taken into account the protection of basic housing rights and the improvement of land use efficiency. These new forms of housing combine the protection of farmers' basic housing rights and interests and the improvement of land use efficiency, and are of great value for popularization; the phenomenon of farmers "going to the city to buy houses" is becoming more and more common, with county and towns being the common choice, and the main reasons are to buy a house for marriage and to enjoy public services, such as high-quality education resources. Although nearly 70% of the zhaijidi has been realized the confirmation of rights and registration and issuance of certificates, the phenomenon of "one household with multiple residences" and the problem of "exceeding the standard and occupying more than one area" are widespread in the countryside, which to a certain extent impede the deepening of the rural reform and the standardized management of the residence bases; these problems are the result of the long-term evolution, and need to be solved properly. The phenomenon of idle rural residential base is still prominent, with economically developed areas or rural tourism areas mainly utilized in situ, in a single way, and there are many blockages in the utilization of idle residential base in traditional agricultural areas, as well as the demand for farmers to voluntarily withdraw from residential bases in return for compensation, but there are fewer of them put into practice. In some relatively scarce land resources, urban and rural villages, there are still some farmers houses base demand is difficult to be met. In the future, we should continue to deepen the reform of the rural residential base system, explore the construction of a diversified security system for farmers' housing, reasonably safeguard the basic rights and interests of farmers, and, on the basis of respecting farmers' wishes, taking care of farmers' living habits and protecting the characteristics of the countryside, explore the promotion of the model of farmers' apartments and farmers' residential districts; and adapt to the development of urbanization and the general trend of farmers' moving into cities, and improve the mechanism for the voluntary and compensated withdrawal of the residential base according to the law; In accordance with local conditions, the Government will take various measures to revitalize unused homesteads and unused farm buildings, and realize the property rights and interests of farmers' homesteads; it will maintain historical patience, and categorically and steadily resolve historical problems such as "multiple dwellings for one household" and "multiple occupations in excess of the prescribed standards".

Keywords: Zhaijidi; Utilization; Regional Differences; Policy Insights

党的二十大报告提出,"深化农村土地制度改革,赋予农民更加充分的财产权益"(习近平,2022)。农村宅基地制度是中国农村土地制度的重要组成部分，是保障农民基本居住权益、赋予农民更加充分财产权益的基础性制度安排，事关亿万农民切身利益和农村社会稳定发展大局。稳慎推进农村宅基地制度改革，既是实现好、维护好、发展好农民权益的关键举措，又是全面推进乡村振兴、建设宜居宜业和美乡村的迫切需要。全面掌握农村宅基地持有和农民住房保障现状、深入分析宅基地利用突出问题及其深层次原因是深化改革、规范管理的基础。本报告基于2022年中国乡村振兴综合调查（CRRS 2022）数据，系统总结当前中国农村宅基地持有现状和农民住房保障新特征，深入分析当前农村宅基地利用存在的突出问题，并为合理保障农民基本居住权益、赋予农民更加充分财产权益、提高农村宅基地利用效率提出政策建议。需要特别指出的是，调查共收集了304个样本村庄、3712户样本农户，在本报告分析过程中，删除了信息缺失较多的44个样本村庄、87户样本农户，以260个样本村庄、3625户样本农户作为分析对象。

一 农户宅基地持有与住房保障情况

（一）宅基地是保障农民居住的主要方式

宅基地制度是中国特色土地制度的重要组织部分，一直以来，在保障农民基本居住权益方面发挥着基础性、关键性作用。数据显示，在3625户样本农户中，3561户拥有宅基地，占比高达98.23%；拥有宅基地的农户共涉及宅基地4180宗、户均1.15宗。这些宅基地中，69.35%的在1982年[①]前就已存在；16.46%的因结婚分户等原因向集体申请取得；4.02%的通过转让集体其他成员宅基地取得；4.21%的通过接受赠与或继承农房而取得；此外，还有5.96%的通过移民搬迁、易

[①] 中华人民共和国成立后，中国农村宅基地管理制度长期缺失，基层管理较为混乱。1982年国家出台《村镇建房用地管理条例》后，逐步建立并完善农村宅基地管理制度。因此，1982年成为中国农村宅基地管理的重要时间节点。如国土资源部于2016年印发的《关于进一步加快宅基地和集体建设用地确权登记发证有关问题的通知》明确，分阶段依法处理宅基地超面积问题，农民集体成员未履行批准手续建房占用宅基地的，以1982年《村镇建房用地管理条例》实施为界，实施前农民集体成员建房占用的宅基地，范围在《村镇建房用地管理条例》实施后未扩大的，无论是否超过其后当地规定面积标准，均按实际使用面积予以确权登记；实施后的则按照《中华人民共和国土地管理法》等法律法规相关规定处理。

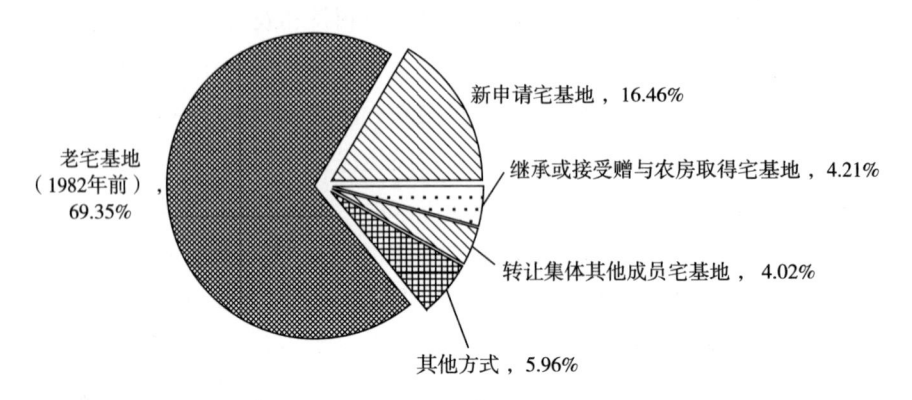

地搬迁、集中安置等其他方式取得（见图1）。

老宅基地（1982年前），69.35%
新申请宅基地，16.46%
继承或接受赠与农房取得宅基地，4.21%
转让集体其他成员宅基地，4.02%
其他方式，5.96%

图1 样本农户宅基地取得方式

从宅基地利用来看，近九成宅基地用于农户自家居住。数据显示，在全部4180宗宅基地中，3781宗用于农户自家居住，占比约为89.09%。分省份来看，宁夏、河南、四川、陕西、山东、贵州、浙江用于自家居住的宅基地比例均超过九成，分别约为96.25%、94.06%、93.88%、93.8%、91.07%、91.04%、90.43%；黑龙江、安徽、广东的比例分别约为88.89%、87%、80.61%。

从宅基地面积来看，宅基地面积普遍较大且呈现明显的区域特征（见表1）。拥有宅基地的农户户均持有宅基地面积294.88平方米，最少15平方米，最多为2960平方米；单宗宅基地面积平均为251.21平方米，最小的为12平方米，最大的为2960平方米。由于中国幅员辽阔，不同地区人口、土地资源禀赋等差别较大，宅基地面积存在明显的区域特征。东北、西北地区地域广阔、人口相对较少，宅基地面积普遍较大。黑龙江户均宅基地面积高达680.40平方米，宗均宅基地面积599.44平方米；宁夏户均宅基地面积503.93平方米，宗均宅基地面积约为482.51平方米。河南、山东以平原地区为主，土地资源禀赋相对丰富且人口众多，宅基地面积相对较大。河南户均宅基地面积约为284.93平方米，宗均宅基地面积232.24平方米；山东户均宅基地面积268.45平方米，宗均宅基地面积约为225.15平方米。中西部地区以丘陵山区为主、人口分布不均，宅基地面积相对较小。陕西户均宅基地面积约为238.01平方米，宗均宅基地面积219.11平方米；安徽户均宅基地面积237.25平方米，宗均宅基地面积约为183.95平方米；四川户均宅基地面积约为234.65平方米，宗均宅基地面积211.90平方米；贵州户均宅基地面积183.99平方米，宗均宅基地面积约为157.09平方米。浙江、广东等东部沿海地区以山区丘陵为主，且经济活跃、土地需求较大，宅基地面积普遍较小。广东户均宅基地面积约为158.55平方米，宗均宅基地面积134.36平方米；浙江户均宅基地面积146.86平方米，宗均宅基地面积约为112.74平方米。

表1　　　　　　　　　　　样本宅基地面积情况

省份	户均		宗均	
	样本量（户）	面积（平方米）	样本量（宗）	面积（平方米）
黑龙江	348	680.40	395	599.44
宁夏	383	503.93	400	482.51
河南	357	284.93	438	232.24
山东	338	268.45	403	225.15
陕西	371	238.01	403	219.11
安徽	352	237.25	454	183.95
四川	354	234.65	392	211.90
贵州	362	183.99	424	157.09
广东	352	158.55	376	134.36
浙江	344	146.86	495	112.74
总体/平均	3561	294.88	4180	251.21

（二）农村居住形态正在发生新变化

传统上，中国农村宅基地分配以单宗分散分配为主，农民居住形态则呈现散居特征。近年来，随着乡村振兴全面推进、农村土地制度改革持续深化，一些地区以相对集中的农民公寓、农民住宅小区等新型农居保障农民居住权益，以取代单宗分散的宅基地保障方式。调查数据显示，在全部样本农户中，64户（1.77%）以村集体提供的农民公寓或农民住宅小区式住房实现居住保障。这类现象的产生，主要有以下方面原因。一是一些地区土地资源禀赋十分有限，已经难以保障一户拥有一处宅基地，在尊重农民意愿前提下通过建设农民住宅小区等方式实现户有所居，如浙江（4.18%）、四川（3.01%）。二是一些地区经济活跃、土地供求资源矛盾突出，为了平衡农民居住权益保障和土地利用效率，以城乡建设用地增减挂钩等政策工具推动农民相对集中居住、盘活宅基地，如山东（2.03%）、安徽（1.68%）。三是一些原贫困地区、自然保护区等地区，在实施易地扶贫搬迁项目、生态搬迁项目过程中实现农民相对集中居住，如贵州（2.43%）。农民居住小区分布相对集中，相较于传统的宅基地，面积标准较为规范、土地利用效率较高。调研发现，农民集中式住房面积标准以当地和村庄土地资源禀赋为基础，普遍以人为单位确定，根据户内人口数量计算农户住房面积。数据显示，户均住房面积约为122.31平方米，仅约户均宅基地面积的1/3；农民集中式住房最小面积为50平方米，最大可达360平方米。

随着城镇化快速发展和农民收入水平不断提高，一部分农户除拥有宅基地或农民集中住房外，还购买了城镇商品房（见图2）。数据显示，所有样本农户中，757户持有商品房，占比约为20.88%。分地区来看，浙江省持有商品房的农户比例最高，约为32.31%；山东、四川、宁夏、广东、贵州分别约为23.77%、22.19%、21.96%、21.13%、21.02%；安徽、河南、陕西分别约为19.27%、17.83%、16.35%；黑龙江持有商品房的农户比例最低，约为13.03%。

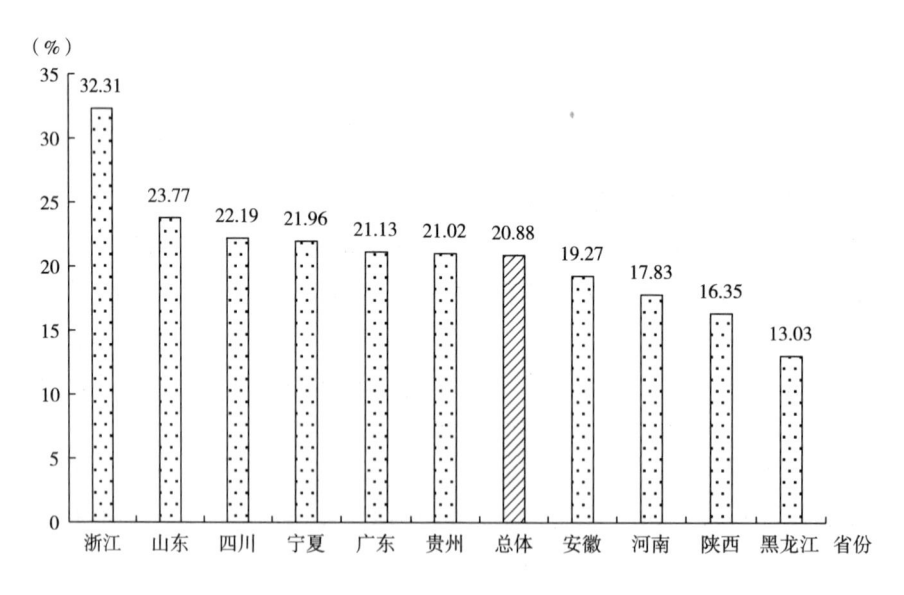

图2 样本农户商品房持有情况

从购房选址来看，县城、乡镇等县域城镇是农户的普遍选择（见图3）。数据显示，在购买商品房的农户中，75.03%的选址于家乡所在县域城镇，其中，六成以上的农户选择在家乡所在县城；24.93%的购房农户选址于家乡所在县域范围以外，具体来看，3.17%的选择本市外县，12.02%的选择本市市区，4.76%的选择本省外市，2.91%的选择本省省城，2.11%的选择外省。调研发现，购房结婚、享受优质教育资源等公共服务以及获得更多的就业机会是农民进城购房的主要原因；一些农民为了子女教育进城购房落户，待子女完成学业后又返回原村庄居住生活，农民家庭根据代际分工城乡两栖、亦工亦农渐成趋势。

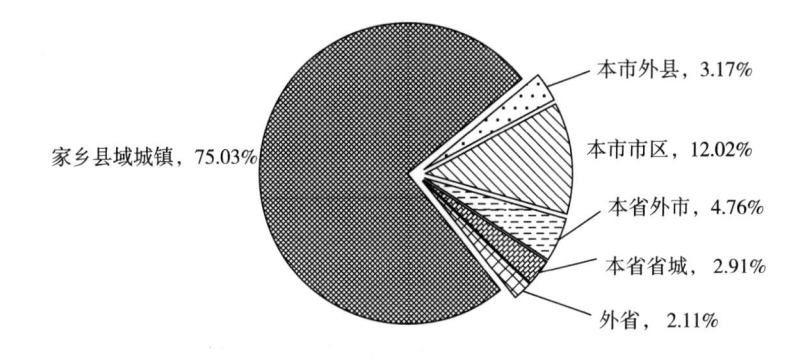

图3　样本农户商品房选址地点占比

（三）近七成宅基地已完成确权登记颁证

推动宅基地确权登记颁证，是依法保护农民财产权益、深化农村土地制度改革、推进宜居宜业和美乡村建设的基础性工作。2010年中央一号文件首次明确提出，"加快农村集体土地所有权、宅基地使用权、集体建设用地使用权等确权登记颁证工作"。目前，中国农村宅基地确权登记颁证工作取得了积极进展（见图4）。数据显示，69.31%的宅基地已经完成确权登记颁证工作，23.40%的宅基地尚未完成。但也有一些农民对宅基地确权登记颁证情况不熟悉，这部分宅基地占比约为7.30%。分地区来看，宁夏、四川、河南确权登记颁证的宅基地比例均超过八成，分别为88.50%、81.89%、81.51%；黑龙江、安徽分别约为75.44%、75.11%；山东、浙江、广东、陕西分别约为69.98%、

62.77%、62.22%、54.59%；贵州确权登记颁证的比例不足五成，约为42.45%。

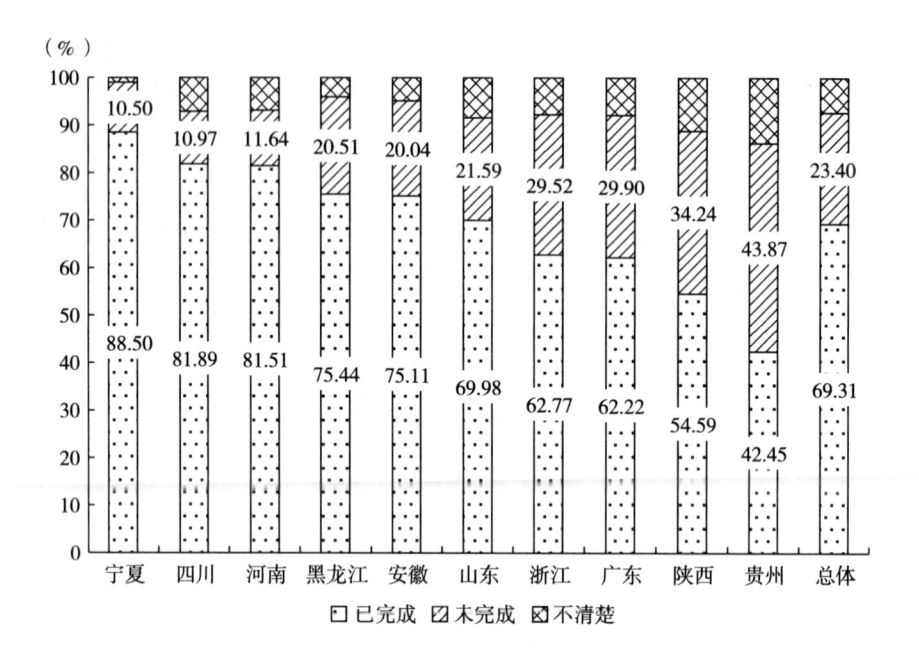

图4　样本农户宅基地确权登记颁证进展

二　当前农村宅基地利用存在的问题

（一）一户多宅、超标多占等问题普遍存在

近两成农户存在"一户多宅"现象。《中华人民共和国土地管理法》规定，"农村村民一户只能拥有一处宅基地，其宅基地的面积不得超过省、自治区、直辖市规定的标准"。但受农村宅基地管理政策变动、乡村人口与社会关系变化以及宅基地流转退出机制不健全等因素影响，一些农户通过接受赠予或继承农房、建新不拆旧等方式获得其他宅基地，形成了"一户多宅"现象。前已述及，拥有宅基地的样本农户户均持有宅基地1.15宗。具体地，符合"一户一宅"规定的农户2930户，占比约为82.28%；存在"一户多宅"情形的农户631户，占比约

为17.72%。不同省份"一户多宅"情况存在较大差异（见图5）。广东"一户多宅"最为普遍，占比高达41.13%；安徽、河南、山东"一户多宅"占比均超过两成，分别约为28.49%、23.12%、20%；贵州、黑龙江、四川、浙江、陕西分别约为16.44%、13.31%、10.41%、9.47%、9.12%；宁夏"一户多宅"的比例最低，仅约为4.39%。调研发现，"一户多宅"形成原因复杂，一部分因建新未拆旧等属于违法建设，也有一部分因继承农房等原因属于合法取得，此外也存在部分农户单宗宅基地面积较小、多宗宅基地总面积符合政策要求等情形。因此，在确认宅基地权属过程中需要分类妥善处理。

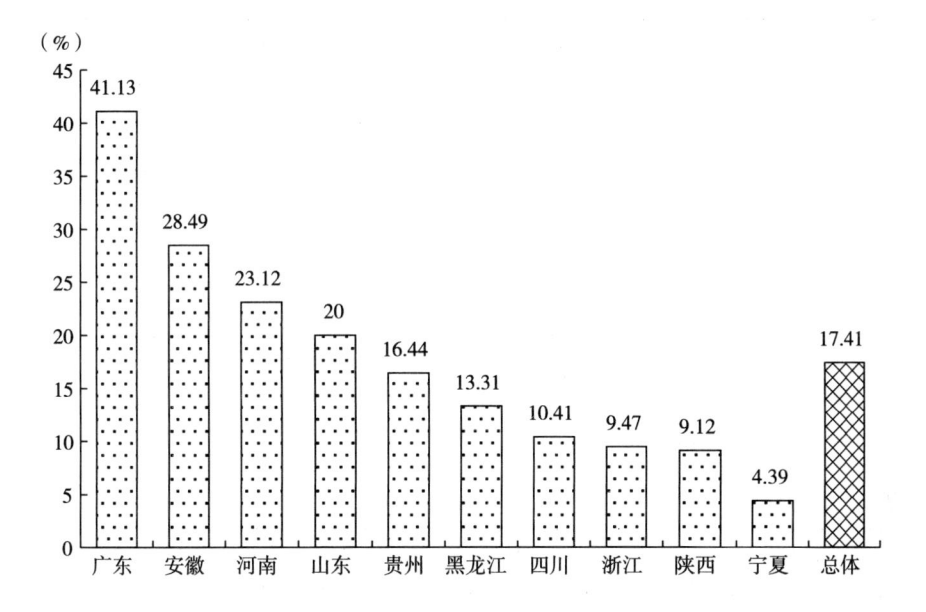

图5 样本农户"一户多宅"情况

宅基地面积"超标多占"问题普遍存在。对宅基地限定面积标准，是我国农村宅基地管理的重要手段。1982年《村镇建房用地管理条例》首次明确要求，省级人民政府根据山区、丘陵、平原、牧区等不同情况对社员建房用地规定用地限额，县级人民政府在此基础上结合人均耕地、家庭副业、民族习俗、计划生育等情况规定宅基地面积标准。此后，各地因地制宜制定了宅基地面积标准并进行了多次调整。但"限定面积"的做法在实践中并未取得预期成效，宅基地"超标多占"问题较为普遍。如前所述，样本农户户均宅基地面积接近半亩，约为294.88平方米（见表2）。分省份来看，黑龙江、河南、山东、广东户均宅基地面积均高于本省农村宅基地最高面积标准，分别是最高面积标准的1.94、1.42、1.34、1.05倍；尽管宁夏、陕西、安徽、四川、贵州、浙江户均宅基地面积均低于本省农村宅基地最高面积标准，但相差不大，分别约为最高面积标准的93.32%、89.14%、79.08%、93.86%、92.0%、91.79%。

表2　　　　各省份户均宅基地面积与法定面积标准　　　单位：平方米

省份	户均宅基地面积	最高面积标准	最低面积标准
黑龙江	680.40	350	250
宁夏	503.93	540	270
河南	284.93	200	134
山东	268.45	200	133
陕西	238.01	267	133
安徽	237.25	300	160
四川	234.65	250	90
贵州	183.99	200	170
广东	158.55	150	80
浙江	146.86	160	125
平均	294.88	294.88	—

各省份宅基地法定面积标准来源：《黑龙江省农村宅基地审批管理规程（试行）》《宁夏回族自治区土地管理条例》《河南省农村宅基地和村民自建住房管理办法（试行）》《山东省保障农村村民住宅建设用地实施细则》《陕西省农村宅基地审批管理政策解答》《四川省人民政府关于规范农村宅基地范围及面积标准的通告》《安徽省农业农村厅安徽省自然资源厅关于进一步加强农村宅基地审批管理的实施意见》《贵州省土地管理条例》《浙江省土地管理条例》《广东省土地管理条例》。

（二）闲置宅基地盘活利用方式较为单一

改革开放以来，中国工业化、城镇化快速推进，大量农村人口离土离乡进城务工、部分在城镇落户生活，同时受宅基地流转退出机制不健全等因素影响，农村宅基地闲置现象较为突出（见图6）。村庄层面数据显示，260个样本村庄中，150个（57.69%）存在空闲废弃宅基地（地上无房屋或房屋已倒塌的宅基地）；村庄平均空闲废弃宅基地数量占村庄宅基地总数量的比例约为6.64%，部分村庄空闲废弃宅基地数量比例高达38.49%；村庄平均空闲废弃宅基地面积占村庄宅基地总面积的比例约为5.57%，部分村庄高达36.13%。187个（71.92%）存在季节性闲置宅基地（农户举家外出，仅在春节等节假日回家居住，全年闲置时间大于6个月的宅基地）；村庄平均季节性闲置宅基地数量占比约为10.96%，面积占比约为6.65%。163个样本村庄（62.69%）存在常年闲置宅基地（长期无人居住，闲置时间超过1年的宅基地）；村庄平均常年闲置宅基地数量占比约为5.87%，面积占比约为4.62%。农户层面数据显示，拥有宅基地的3561户样本农户中，151户（4.24%）存在已流转或处于闲置状态的宅基地，共涉及399宗（9.55%），其中已流转79宗、占全部宅基地的比例约为1.89%，闲置320宗、占比约为7.66%。

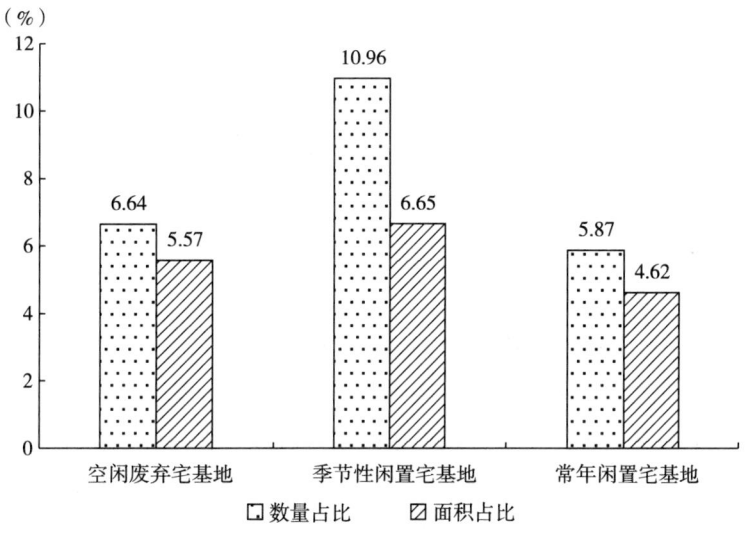

图6 样本村庄宅基地闲置类型及比例

近年来，国家持续深化农村土地制度改革，创新宅基地盘活利用方式，构建宅基地依法自愿有偿退出机制，取得了一定效果，但总体上以就地盘活利用为主、腾退复垦面窄量小、方式较为单一。在宅基地盘活利用方面，从农户层面来看，已经流转的宅基地中，60.38%的仍用于居住等生活性用途，20.75%的用于仓储制造等生产性用途，18.87%的用于民宿、乡村旅游等商业性开发项目。调研发现，闲置宅基地盘活用于乡村产业发展，主要发生在乡村旅游资源丰富、经济发展水平较高的地区。由于传统农区、偏远郊区、贫困地区产业发展用地需求偏低，难以通过流转方式盘活，普遍只能通过城乡建设用地增减挂钩、土地整理复垦复绿、集体经营性建设用地入市等政策手段实现盘活利用。村庄数据显示，约28.35%的样本村庄开展过闲置宅基地复垦，村均复垦闲置宅基地25.78亩。调研发现，闲置宅基地复垦主要由地方政府主导推动，并与政府公益性或产业发展项目配套实施，如易地扶贫搬迁、城乡建设用地增减挂钩等项目。因此，在一些西部地区省份，开展闲置宅基地复垦的村庄比例普遍偏高，如四川、贵州、陕西均超过四成，分别约为48.15%、46.43%、42.31%；一些传统农区也通过闲置宅基地复垦，通过城乡建设用地增减挂钩项目实现节余指标交易收益，如河南省开展闲置宅基地复垦的村庄比例约为33.33%。尽管如此，绝大多数地区因政府财力不足、农村集体经济组织收入有限，没有能力投入资金对闲置宅基地进行整理复垦并实现盘活利用。在宅基地退出方面，农民有有偿退出意愿但落地实践较少。农户层面数据显示，约31.37%的农户愿意有偿退出闲置宅基地；但村庄层面数据显示，2019—2021年仅约10.59%的村庄存在农户自愿有偿退出宅基地的情况，且普遍在宅基地整理复垦过程中实现。农村集体经济组织收入有限、没有资金补偿宅基地退出农户，是宅基地自愿有偿退出比例偏低的主要原因。

（三）部分农户宅基地需求尚未得到满足

党的十八大以来，国家围绕农村宅基地制度改革、保障农民建房用地、规范宅基地审批管理等出台了一系列政策。如2020年自然资源部、农业农村部联合印发《关于保障农村村民住宅建设合理用地的通知》，要求在年度全国土地利用计划中单列安排，原则上不低于新增建设用地计划指标的5%，专项保障农村村民住宅建设用地，年底实报实销，当年保障不足的下一年度优先保障。但数据显示，仍有约24.17%的农户宅基地需求尚未得到满足（见图7）。分省份来看，有新申请宅基地需求的农户主要集中在土地资源禀赋较为稀缺或经济相对发达地区，广东有需求的农户占比接近五成，高达49.58%；贵州、浙江、四川、安徽、河南分别约为30.46%、26.18%、25.21%、22.91%、21.45%；山东、陕西、宁夏分别约为19.71%、18.23%、17.05%；黑龙江土地资源禀赋较为丰富且人口大量流失，新申请宅基地需求的比例最低，约为11.33%。从村庄层面来看，村内已无新增宅基地空间是农户宅基地需求得不到满足的主要原因；在未能实现宅基地审批的96个样本村庄中，86.46%的村庄因纳入城镇开发边界不再进行单宗分散宅基地分配或永久基本农田比例划定较高未预留宅基地空间等原因而停止新批宅基地。

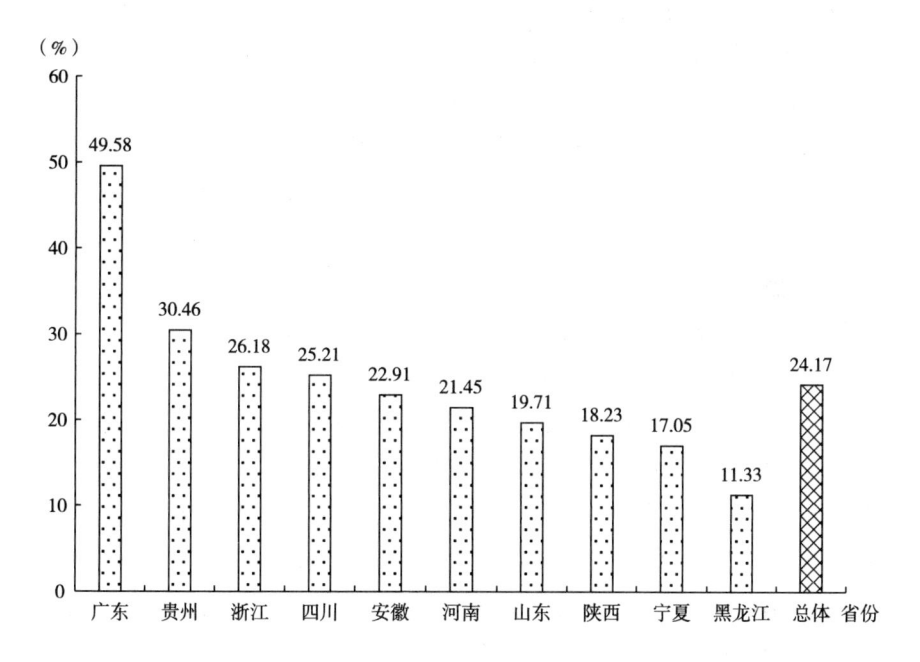

图7 农民新申请宅基地需求情况

三 优化农村宅基地利用的政策建议

（一）探索构建农民住房多元化保障体系

宅基地仍然是保障农民居住的主要方式，但一些经济发达、土地资源紧缺的地区，新增建设用地供需矛盾突出，已经愈加难以通过"一户一宅"方式保障农民基本居住权益。应因地制宜探索构建农民住房多元化保障体系。对于城镇开发边界以外、土地供需矛盾不突出的传统农区，延续"一户一宅"分配制度，新增建设用地指标倾斜与存量宅基地挖潜提效相结合，满足农民宅基地需求。对于土地资源相对紧缺的地区，鼓励农村集体经济组织在尊重农民意愿、照顾农民生活习惯、保护乡村特色风貌的基础上，探索联建房、集中式住宅建设，在用地指标、资金投入、政策指导等方面加大支持力度，允许县域内具备宅基地资格权且符合宅基地和建房申请条件的农户跨集体经济组织申请，严格资格审查，避免农民集中建设的住宅变性为"小产权房"。对于已经纳入城镇开发边界内且难以实现"一户一宅"的地区，应强化政府责任，将农民纳入公租房等城镇住房保障体系，允许利用农村集体建设用地建设保障性住房，保障农民基本居住权益。

（二）完善宅基地依法自愿有偿退出机制

快速推进的工业化城镇化，深刻地改变着农民的生产生活方式和居住形态，现阶段已经有超过两成的农民在城镇拥有了商品房，但转让退出宅基地的现象还不是很多。未来进城落户定居人口将持续增长、乡村人口将加快分化，在城与在村群体的矛盾日益显现，尽快构建宅基地依法自愿有偿退出机制十分必要。一方面，严格规范村民自愿有偿退出宅基地的程序和条件，把具有稳定的第二居所和稳定就业作为自愿有偿退出宅基地的前置条件，结合城乡基本公共服务和社会保障享受情况，针对不同群体分类设定条件。另一方面，鼓励地方探索多样化退出方式和补偿方式。宅基地应优先退给农村集体经济组织，农村集体经济组织优先用于满足本集体内部无房户合理需求，然后再用于乡村产业和乡村建设；也可转让给本集体经济组织成员，但受让方应当符合法定条件，并报本集体经济组织备案。鼓励各地因地制宜制定宅基地基准地价，为合理确定补偿标准奠定基础。支持各地综合采用发展新型农村集体经济、受让主体参与、设立财政性周转资金、金融机构支持等方式，建立多元化补偿资金筹措渠道。

（三）多措并举盘活闲置宅基地和闲置农房

在传统农区和人口流出地区，结合村庄整治、全域土地综合整治、农用地整理、城乡建设用地增减挂钩和集体经营性建设用地入市等政策工具，扩大宅基地整理复垦盘活利用实施范围。在经济发达地区和旅游地区，结合集体经营性建设用地入市改革，稳慎探索宅基地入市流转办法。对符合国土空间规划用途和"一户一宅"条件的宅基地,有流转需求的,经政府交易许可后,可进入城乡统一的建设用地市场,入市后不再按照宅基地管理,而是纳入集体经营性建设用地来管理。对不符合国土空间规划用途和"一户一宅"的,严禁入市流转。

(四)分类稳妥处置宅基地历史遗留问题

农村宅基地历史遗留问题牵涉面广、成因复杂,需要坚持"尊重历史、实事求是、分类处理、保障权益"原则,保持历史耐心、避免"一刀切",采取"控制增量、消化存量、规范新建"的思路,分类稳妥化解。一方面,扎实开展宅基地摸底工作,围绕历史遗留问题主要类型、形成原因及涉及规模,构建宅基地历史遗留问题处理台账。另一方面,系统梳理不同时期宅基地管理政策,明确不同时期权属来源宅基地的合法性认定标准和细则。此外,针对宅基地"一户多宅""超标多占"等问题,可允许农民继续以居住用途使用,但在改变居住用途、流转交易等产生增值收益的情形下,允许集体经济组织参与增值收益分配,探索构建兼顾集体和农民的宅基地增值收益分配机制。

参考文献

习近平:《高举中国特色社会主义伟大旗帜 为全面建设社会主义现代化国家而团结奋斗——在中国共产党第二十次全国代表大会上的报告》,人民出版社 2022 年版。

乡村治理组织建设与治理参与

张延龙　王明哲[*]

摘　要：乡村治理组织建设与乡村治理参与是乡村治理的重要内容，完善乡村治理组织建设与推进乡村治理参与是实现乡村善治的重要环节。本报告对调研地区的乡村治理组织建设与治理参与现状进行了分析。研究发现：当前，中国乡村组织建设与治理参与虽取得一定成效，但仍存在多元协同治理动力不足、网格化管理宣传力度薄弱、村民自治意识有待增强、村规民约普及和宣传力度不足等问题。基于此，本报告提出完善多元主体合作共治机制、加强网格化管理宣传、提高居民自治能力和完善村规民约四个方面的政策建议。

关键词：乡村治理；治理组织；农村网格化；治理参与

---

[*] 张延龙，经济学博士，中国社会科学院农村发展研究所副研究员，研究方向为乡村治理；王明哲，清华大学公共管理学院博士研究生，研究方向为农村发展理论与政策。

Rural Governance Organization Construction and Governance Participation

ZHANG Yanlong　WANG Mingzhe

Abstract: Organizational construction and governance participation are important aspects of rural governance. Improving the rural governance organizational construction and governance participation is a important link in achieving good governance in rural areas. The research analyzed the current situation of the rural governance organizational construction and governance participation in the surveyed areas. The research found that although some achievements have been made in the rural governance organizational construction and participation in China, there are still problems such as insufficient impetus for multi-coordinated governance, weak publicity of grid-based management, unenhanced awareness of villagers' autonomy, insufficient popularization and publicity of village rules and regulations. Based on this, this article proposes policy recommendations to improve the mechanism of diversified subject cooperation and joint governance, strengthen publicity of grid-based management, improve residents' self-governing ability, and improve village rules and regulations.

Keywords: Rural Governance; Governance Organization; Rural Gridding; Governance Participation

一 乡村治理组织建设的总体情况

（一）乡村治理组织的结构及其运行

自 1978 年改革开放以来，中国乡村治理改革走过 40 多年历程。乡村治理从人民公社解体到村民自治、乡政村治，再到现在的乡村共治，经历从自治到共治的变迁轨迹（袁金辉、乔彦斌，2018）。乡村共治就是在乡镇党委政府的领导和指导下，以农村两委会为基础，由村民、村办企业、农村社会组织、外部企事业单位及社会组织等多元主体的协同共治（袁金辉、乔彦斌，2018）。与传统乡村治理相比，现代乡村治理体系具有独特的产权、组织和制度基础，健全现代乡村治理体系对于推进国家治理体系和治理能力现代化关系具有重大意义（高强，2019）。

当前，中国乡村治理组织是以村民委员会为中心，人民调解委员会、治安保卫委员会等为辅助的组织架构，在制度设计上保证了村民委员会的集中统一领导和各项事务的相对独立、分工负责。村干部是农村基层干部队伍的重要组成部分，其中村党组织书记和村民委员会是主要村干部。村干部主要通过村民自治机制选举产生，在村党组织和村民委员会及其配套组织担任一定职务、行使公共权力、管理公共事务、提供公共服务，是农民诉求的首选通道和依托对象，在农民心中扮演重要角色。然而，随着农村社会经济的不断发展，当前的乡村治理组织结构呈现出治理困境，如权力分散、资源匮乏、职责不清等问题。为了提高基层治理水平，中国部分地方开始推行"农村网格化管理制度"。

从所调查区域的表现来看，基层治理组织的运行基本上能够符合国家的相关规定，并且取得较好的成效。

（二）乡村治理组织建设的现状

村民委员会从出现至 2021 年已有 42 年，基层治理组织参与乡村治理的历史则更长。那么，这些基层治理组织当前的建设状况如何？与 2019 年相比，乡村治理组织建设是否发生变化？下面将基于调研数据，通过总体状况的介绍与区域之间的比较进行说明。

1. 乡村治理组织建设的评价

信任是凝集基层社会共识的重要保障，是建立基层社会规范的基本要求，是化解基层社会风险的关键所在。在农村网格化管理制度的实施下，村民对乡村治理组织的信任感是增强农村社会管理的有效性和针对性的重要因素。提升乡村治理组织的治理水平，强化村民认同感，才能提升村民对村总体水平的满意度。

从调查数据来看，2021年调查了村民对县（区、市）干部、乡（镇）干部、村干部的信任度，并将信任度进行了大小排序。有69.58%的村民对村干部的信任度最高，乡（镇）干部次之，对县（区、市）干部的信任度最低，这明显高于其他信任度的顺序组合；有16.32%的村民对县（区、市）干部的信任度最高，乡（镇）干部次之，对村干部的信任度最低；另外，还有0.68%的村民对县（区、市）干部、乡（镇）干部、村干部都不信任。认为村干部最值得信任的村民所占人数比重达到75.83%，这要高于对乡（镇）干部最信任的人数占比（4.07%），也高于对县（区、市）干部最信任的人数所占比重（17.85%）。与2019年相比，村民对村干部的非常信任水平上升了29.58%，对乡（镇）干部非常信任的人数所占的比重下降了29.62%，对县（区、市）干部非常信任的人数所占的比重下降了9.42%。值得关注的是，村民对村干部和对乡（镇）干部的非常信任水平都发生了较大幅度的变化，其中，对村干部的非常信任水平呈上升趋势，对乡（镇）干部的非常信任水平则相反。从数据横向对比来看，存在村民对越熟悉的人越信任的趋势，就基层治理组织的信任水平而言，存在村民对越熟悉的干部的信任水平越高的趋势；从数据纵向对比来看，村民对越熟悉的干部的信任水平呈现上升趋势，这或许是因为新冠疫情防控工作增加了村干部与村民的互动，尤其是在网格化管理体系下，服务于村民的网格员大多数由村干部担任，两者的互动交流促进了政治信任的深化。

网格化管理是新型社会管理模式，也是基层社会治理的创新。从调查数据来看，有53.08%的村民知道网格化管理政策或为其服务的网格员，人数占比达一半以上，有46.92%则表示不知道，说明网格化管理政策的普及和宣传力度有待加强。知晓该政策的村民对网格化管理的实施情况满意度打分的均值为8.72分（打分范围为0—10分）。其中，有42.63%的村民打了10分，有26.46%和15.86%分别打了8分和9

分，村民对网格化管理的实施情况满意较高。这可能与政策实施后，农村社会管理水平、社区服务水平、基层治理水平得到大幅提升有关。从网格化管理的作用（见图1）来看，知晓该政策的村民认为，网格化管理主要在新冠疫情防控、自然灾害防控和巩固脱贫攻坚成果中发挥积极作用，人数所占比重依次为87.35%、54.99%和49.38%。此外，有超30%的村民认为网格化管理在产业发展、乡风文明打造、生态保护等事业方面有所贡献，而仅有29.63%和18.36%的村民认为网格化管理在治理增效和生活富裕方面发挥了作用，说明网格化网格在新冠疫情防控、自然灾害防控和巩固脱贫攻坚成果方面发挥的作用受到村民广泛认可，但在带动治理增效和生活富裕等方面仍需加强。

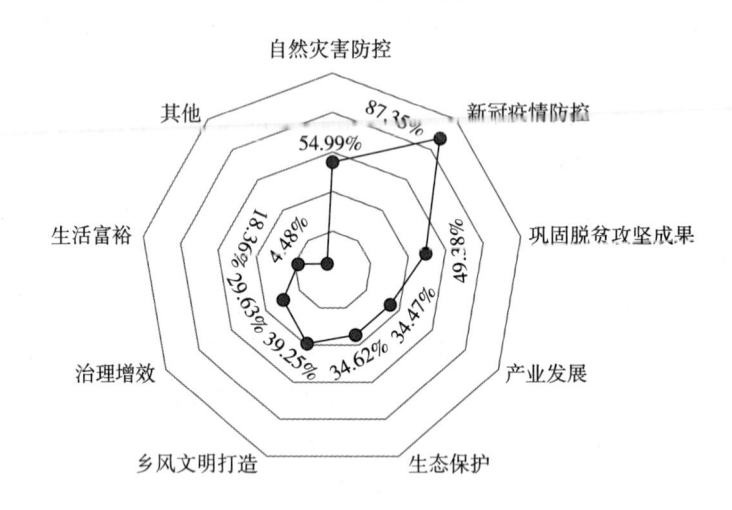

图 1　网络化管理作用成效

村民对村总体水平的满意度是激发其认同感和归属感的关键，也是乡村善治的重要保障。从村民对村总体水平满意度的调研数据（见图2）来看，48.86%的村民对村总体发展的满意度打分达8分以上，36.68%的村民打了6—8分，绝大部分的村民对村总体发展水平的满意度超过5分，乡村善治呈现良好前景。

2. 乡村治理组织建设的区域差异

从调查数据来看，在对县（区、市）干部、乡（镇）干部、村干部的信任度大小排序中，存在东部、西部、中部、东北地区的村民普遍对村干部的信任度最高，对乡（镇）干部的信任度次之，对县（区、市）

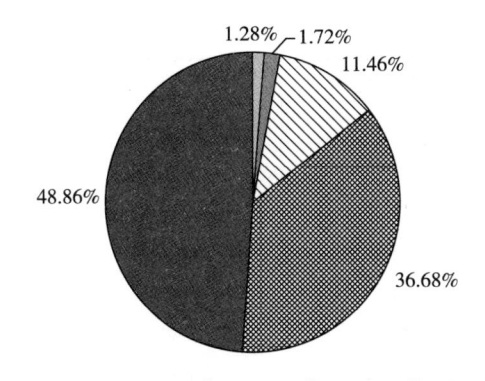

```
       1.28%  1.72%
              11.46%

48.86%

                36.68%

■2分及以下  ■2—4分  ■4—6分  ◨6—8分  ▦8分以上
```

图2　村总体发展情况的满意度评分

干部的信任度最低的现象。其中，持有此态度的中部地区村民人数占比达74.93%，高于东部（69.19%）、西部（67.35%）、东北地区（69.68%）村民的人数占比。值得关注的是，东北地区的村民对三个层级的干部均不信任的人数占比达到2.04%，明显高于东部（0.29%）、中部（0.57%）和西部（0.48%）地区。表1展示的是四个区域的村民对县（区、市）干部、乡（镇）干部、村干部最信任的人数占比，如东部地区有76.16%的村民认为村干部最值得信任。与2019年相比，四个地区的村民对村干部的非常信任度均高于对县（区、市）干部、乡（镇）干部的非常信任度的现象不变。这可以得出在四大区域中，存在与村民关系距离越近的基层治理组织受到的信任度越高的规律。这启发乡村治理组织应踏上乡土、走进村民，切实了解村民需求，加强与乡村的信息交流，由此才能提升村民对基层干部的信任度，提高基层治理水平。

表1　　　　　村民对基层干部的信任度　　　　单位:%

地区	县（区、市）干部	乡（镇）干部	村干部
东部地区	16.28	3.49	76.16
浙江	15.71	3.14	73.43
山东	10.65	2.96	81.95

续表

地区	县（区、市）干部	乡（镇）干部	村干部
广东	22.38	4.36	73.26
中部地区	16.71	2.83	79.89
安徽	15.10	2.28	82.62
河南	18.31	3.38	77.18
西部地区	20.71	4.73	73.11
贵州	26.11	5.93	67.95
四川	17.50	3.61	78.06
陕西	28.15	3.75	64.61
宁夏	11.86	5.67	81.19
东北地区：黑龙江	12.83	5.54	78.43

接下来分析村民对网格化管理的地区差异，在村民对网格化管理政策或为其服务的网格员的知晓情况的调查中（见表2），东部、中部、西部三大区域半数以上的村民知道网格化管理政策或网格员，但东北地区知晓该政策的村民不足一半。进一步调查村民对网格化管理的实施情况满意度，东部、中部、西部、东北四大区域的村民满意度打分的均值依次为8.81分、8.85分、8.61分、8.60分，其中，中部地区的村民对网格化管理实施情况的满意度最高，东北地区最低。值得关注的是，东北地区存在村民对网格化政策存在知晓度低、满意度低的双重困境，东北地区网格化政策的发展困境亟待突破。

表2　村民对网格化管理政策或为其服务的网格员的知晓情况　　单位：%

	东部地区	中部地区	西部地区	东北地区
知道	54.22	53.24	54.34	44.08
不知道	45.78	46.76	45.66	55.92

当问及村民网格化管理可以在以下哪些方面发挥积极作用时（见图3），四大区域绝大部分村民都觉得网格化管理在新冠疫情防控工作中有突出贡献，这符合中国新冠疫情阻击战取得全面胜利的时代现实，肯定了网格化管理政策的针对性、有效性和进步性。值得一提的是，中

部地区在自然灾害防控、新冠疫情防控、巩固脱贫攻坚成果、产业发展等方面受到村民肯定的比重均大于其余三个地区，而东北地区则在多个方面明显低于其余三者，这个现象与上述东北区域网格化管理政策不成熟的现象吻合。

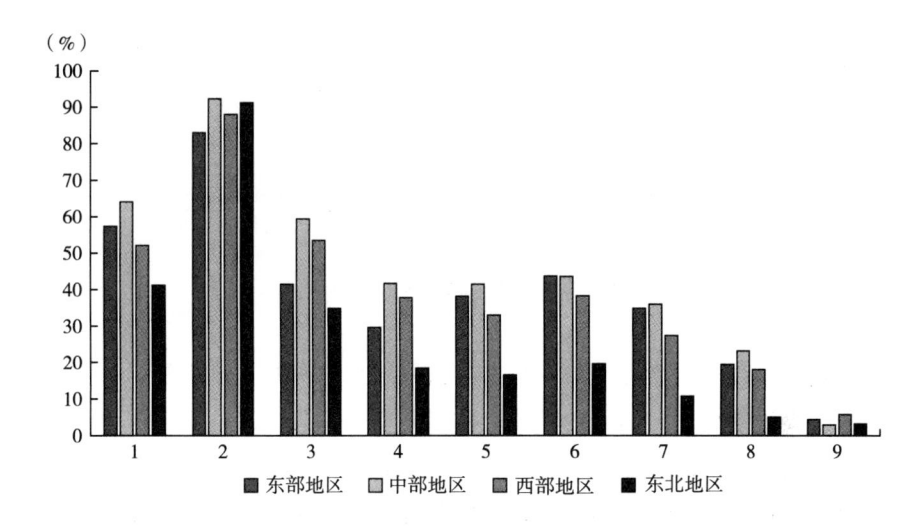

图3　网络化管理作用成效

注：1=自然灾害防控，2=新冠疫情防控，3=巩固脱贫攻坚成果，4=产业发展，5=生态保护，6=乡风文明打造，7=治理增效，8=生活富裕，9=其他。

从调查数据来看，村民对村总体发展情况的满意度存在差异（见图4）。东部地区和西部地区的村民对村总体发展情况的满意度的均值大致相同，均高于中部地区的均值，而东北地区村民对村总体发展情况的满意度明显低于其余三个区域，这可能与东北地区村民对县（区、市）干部、乡（镇）干部、村干部三者均不信任的比重高、网格化管理政策实施情况相对不理想的现实有关。

（三）小结

本部分主要对调查样本的乡村治理组织建设状况进行了描述性分析，通过对调查数据的横向和纵向对比可以看到：一是尽管村民对基层组织的信任度存在地域性差异，但存在一个共同性特征，即村民普遍对与自己互动程度高、信息交流充分的村干部的信任度更高，且这种信任

(分)

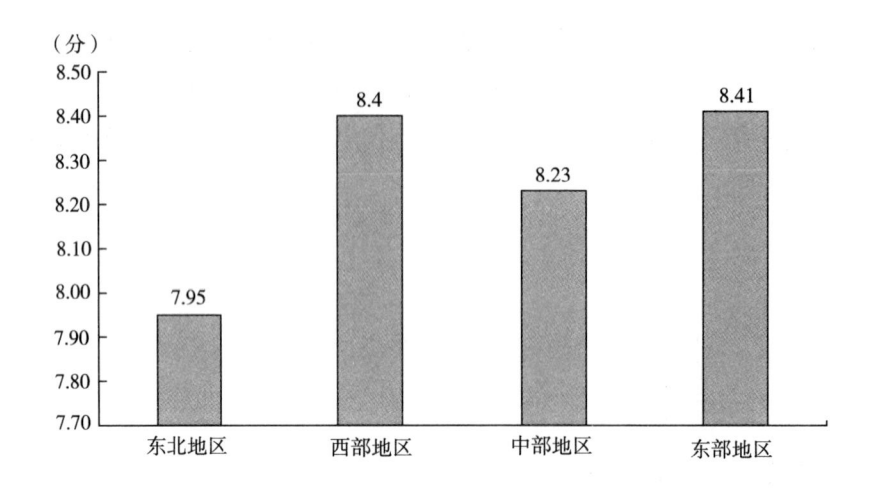

图表数据：
- 东北地区：7.95
- 西部地区：8.4
- 中部地区：8.23
- 东部地区：8.41

图 4　村总体发展情况的满意度

度呈现上升趋势，这可能与疫情期间村干部与村民的直接联系更密切有关。二是仅半数左右的受访者知晓网格化管理政策，这可能是因为网格化社会治理模式的宣传力度还不足，导致居民知情和参与程度较低。在网格化管理政策发挥的作用上，村民普遍认可其在新冠疫情防控、自然灾害防控和巩固脱贫攻坚成果方面发挥的作用，但认为其在促进治理增效和生活富裕中的作用较少，反映出当前网格化治理主要突出接济救助的功能，在带动治理实效和生活质量等方面的社会服务功能还有待提升。三是绝大多数村民对村总体发展情况的满意度较高，但相较于其他地区，东北地区村民对村总体发展情况的满意度相对较低，东北地区乡村治理的服务成效仍需加强重视。

二　乡村治理参与的总体情况

（一）治理参与的主要方式

本部分讨论的治理参与主要指村民参与村内事务的治理，参与的主要方式和内容主要包括村委会选举、村内事务的决策参与和投票、村内相关社会活动的参与等。本次调查基本覆盖了上述内容。对村民治理参与方式的分析基于本次调查数据展开，先从总体的视角进行分析，再根据调查数据对各区域差异进行说明。

（二）治理参与的现状

1. 治理参与度

根据调查数据，调查地区的村民 2021 年有 84.57% 参与了村委会选举投票，有 15.43% 没有参与投票，参与投票的人数占有效样本的比重与 2019 年数据相比提高了 47.35%，村民自治水平有所提升。参与投票的村民中，有 97.15% 的村民是自己填写选票，极少部分委托亲属、邻居等其他人投票。在所调查的地区中，有 85.05% 的村召开了村民大会，召开的次数以 1—3 次居多，占比达 82.83%。相应地，在举行过村民大会的村中，村民参与次数以 1—3 次居多，占比为 64.26%。然而，同时也存在 12.63% 的村民一次都没有参加过。通过数据对比以及两期数据的表现可以发现，村民参与村民大会的积极性比参与村委会选举的积极性要低。此外，根据调查数据，88.91% 的村民表示他们所在的社区（村）建立了微信群作为公共交流平台，远高于其他新媒体平台，与 2019 年的数据相比增长了 8% 左右。这表明微信仍是目前村民在社区（村）内进行信息交流的最主要渠道，这可能是因为微信具有便利性和及时性的特征，不仅便于村干部发通知、推送政策信息，也有利于在家或外出务工的村民快速准确获取信息。

在村内公共活动参与方面，有 72.63% 的村民有意愿参与社区（村）内的公共事务。在有意愿参与社区（村）内公共事务的村民中，村民对选举活动、重大事项决议和公益事业活动的参与热情较高，分别占比 81.07%、53.73% 和 46.50%。相应地，在参与过社区（村）内公共事务的村民中，参与过选举活动、重大事项决议和公益事业活动的村民居多，分别占 73.77%、35.97% 和 31.00%。此外，根据调查数据，只有 44.91% 的村民会主动询问了解社区发布或公示的信息。在最近一年里，只有 35.99% 的村民对社区（村）的发展提出过建议，36.59% 的村民对社区（村）的重大事项进行了监督，说明村民参与村内公共事务的积极程度还有待提高。在建议或监督方式上，通过村干部组织的会议或直接向村干部反映的方式都接近半数，远高于其他方式（见图 5）。

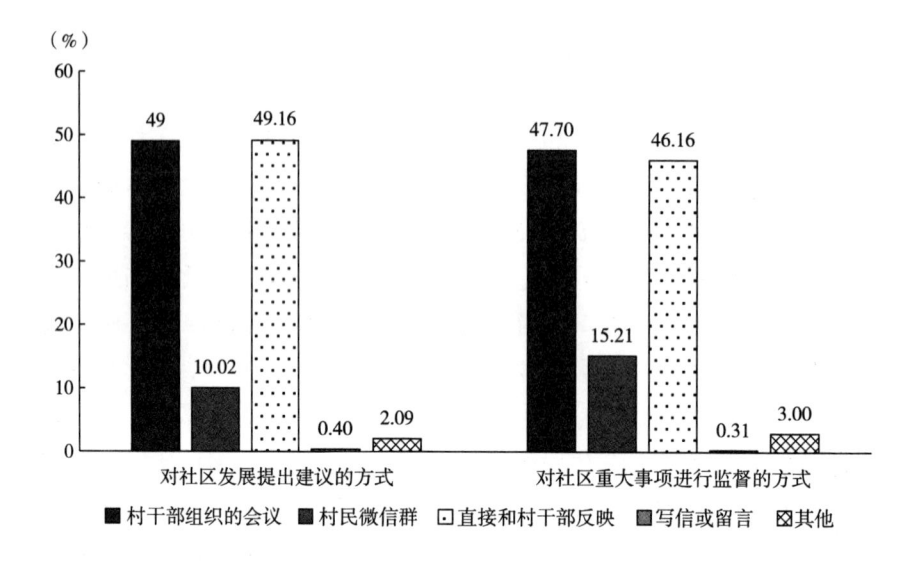

```
(%)
60
         49              49.16                47.70         46.16
50
40
30
20                                                  15.21
         10.02
10
                                                                      3.00
                      0.40  2.09                             0.31
 0
      对社区发展提出建议的方式              对社区重大事项进行监督的方式
    ■村干部组织的会议  ■村民微信群  □直接和村干部反映  ■写信或留言  ⊠其他
```

图 5　公共事务的参与方式

2. 选举程序满意度

选举程序满意度主要根据村民对村委会选举程序的满意度、村民对村委会选举的态度以及村委会选举实际情况来分析。调查数据显示，59.4%的村在第一轮选举时有 2 名候选人，21.79%的村表示有 3 名候选人。从数据占比来看，绝大多数村庄第一轮选举时的候选人为 2—3 名。与 2019 年数据相比，第一轮选举有 2 名候选人的村庄占比在上升，而有 3 名候选人的村庄占比在下降。

当被问及村党支部书记和村主任是两个人担任好还是一个人担任好时，39.27%的村民认为两个人担任好，36.96%的村民认为一个人担任好，还有 23.77%的村民则表示不清楚。与 2019 年数据相比，认为村党组织书记和村主任由两个人担任好的村民有所较少，认为"一肩挑好"的村民有所增加。从村民对选举程序的满意程度来看，85.18%的村民对于村级选举程序是满意的，延续了 2019 年数据的良好态势。

3. 村规民约

村规民约是村民群众在村民自治的过程中，依据党的方针政策和国家法律法规，结合本村实际，为维护本村的社会秩序、社会公共道德、村风民俗、精神文明建设等方面制定的约束规范村民行为的一种规章制度。村规民约是乡村的非正式制度，对规范村民的行为、调节乡村社会矛盾、稳定乡村社会秩序具有重要作用（周家明和刘祖，2014）。

调查数据显示，在对本社区（村）制定村规民约的主观认知层面上，有73.43%的村民明确表示知晓本社区（村）制定了村规民约，21.79%的村民不了解该问题，还有极少数村民表示本社区（村）没有制定村规民约。在对村民知晓自治章程或村规民约程度的调查中（见图6），40.39%的村民认为熟悉村民自治章程或村规民约，同时有16.51%和25.39%的村民表示了解得很少甚至不知道。另外，有37.81%的村民表示熟悉村规民约中有关于人居环境整治的奖惩办法，而46.74%的村民表示知道得很少或不知道。此外，在调查村规民约的内容及作用的主观认知时，有81.7%的村民表示完全同意自治章程或村规民约的内容，极少数村民表示不同意。在调查中，有67.41%的村民认为村规民约在乡村治理中有很重要的作用，涉及村民生产生活的多方面，有18.67%的村民认为村规民约在某一些方面有作用，有10.68%的村民表示不清楚，其余极少数村民则认为村规民约基本没有作用或其他。从对村规民约的调查来看，绝大部分乡村都有村规民约，但村民的知晓程度较低，且村民对村规民约中有关人居环境相关奖惩办法的了解较少。在发挥的作用上，大部分村民认可村规民约发挥的作用，但也有村民持不同意见，说明村规民约作为乡村社会的共同规范得到了村民的认同，但在实际作用发挥上还需要加强。

（三）治理参与的区域差异

1. 治理参与度

2021年，东部地区有家人参加村委会选举投票的比例是86.78%，比2019年的比例增长了55.53%，且97.33%是由家人自己填写的；中部地区有家人参加村委会选举投票的比例为84.67%，比2019年增加了48.62%，其中97.39%是由家人自己填写的；西部地区村民参与投票的比例和由家人自己填写的比例为84.93%和96.77%，投票参与率比2019年增加了36.72%；东北地区的数值则为76.24%和97.83%，投票参与率比2019年增加了51.85%。从数据横向对比来看，东北地区村民投票参与选举的比例最低，但由家人自己填写选票的比例最高。投票参

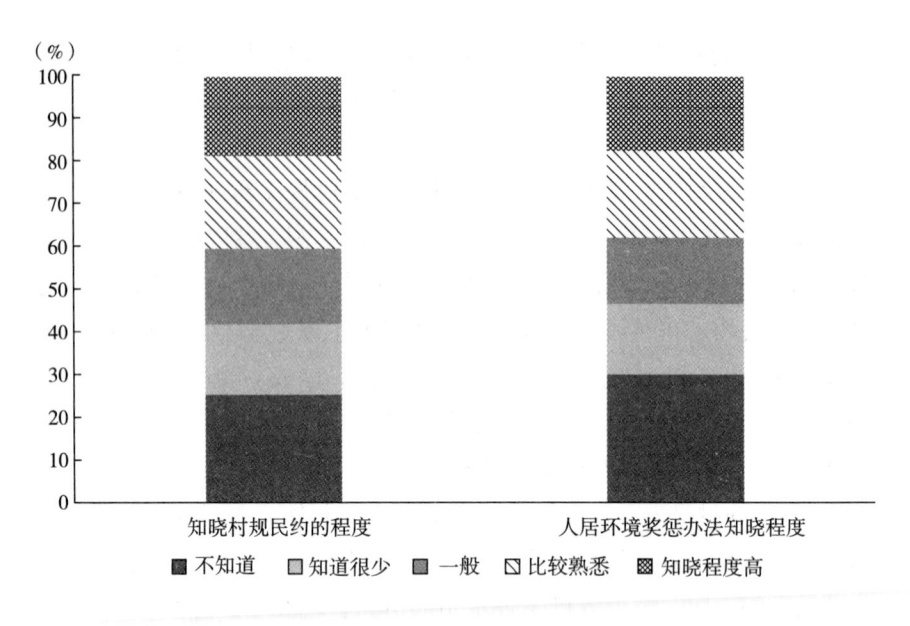

图 6　村规民约及人居环境奖惩类村规民约知晓程度

与率最高的地区是东部地区。四大地区村民由家人自己填写选票的情况差异较小,其中最低的为西部地区。从数据纵向对比来看,四大地区的投票参与率均有较大幅度的提高,其中东部地区的增长率最高,而家人自己填写选票的比例则维持在较高水平。

2021年召开村民大会的调查数据显示(见表3),各地区均召开村民大会,其中东北地区村庄召开村民大会的比例稍低,为63.33%。但是与2019年数据相比,四大区域召开村民大会的比例均有提升,其中东北地区的大会召开情况变化最为明显,提高了18.83%。在召开村民大会的村里,中部地区和西部地区以1—3次为主,东北地区和中部地区则以1—4次为主,超过半数的村民都能参加。从区域数据的对比来看,村民参与村民大会的次数普遍低于召开大会的次数,村民参与村民大会的积极性有待提高。

表3　2021年村民大会召开与村民参与次数　　单位:%

	东部地区	中部地区	西部地区	东北地区
召开过村民大会	85.71	81.36	91.74	63.33
村民大会召开1次	23.75	25.49	34.51	22.22

续表

	东部地区	中部地区	西部地区	东北地区
村民大会召开2次	41.25	39.22	38.05	22.22
村民大会召开3次	10.00	21.57	19.47	5.56
村民参加1次	21.96	23.32	24.67	20.40
村民参加2次	26.24	24.16	29.39	20.90
村民参加3次	9.94	14.29	14.82	8.96

目前，四大区域中80%以上的社区（村）都建立了微信群，使用微信交流村内事务。其中东北地区的社区（村）建立微信群的比例为90.08%，领先于其他三大区域。2021年，东北地区有61.98%的村民愿意参加社区（村）内的公共事务，东部地区有意愿参加社区公共事务的村民有73.03%，在中部地区和西部地区则为73.38%和74.53%。在愿意参加公共事务的村民中，四大地区的村民都对社区选举活动、重大事项决议和公益事业活动有较高的参与意愿，其中参与意愿最高的公共事务为选举活动。相应地，四大区域的村民在最近一年参与度最高的公共事务为社区选举活动。

根据调查数据显示，四大区域的村民大多数不关注或偶尔关注社区发布或公示的信息，并且没有或者偶尔对社区发展提出建议，没有或偶尔对社区重大事项进行监督。这表明村民和社区（村）的日常互动有待提高。在提出建议或进行监督的方式上（见表4），四大区域的村民均以村干部组织的会议或直接和村干部反映居多。数据显示，在监督社区重大事项方面，村民微信群也发挥了较大的作用。

表4　　　　2021年村民参与社区（村）内公共事务的方式　　　单位：%

	方式	东部地区	中部地区	西部地区	东北地区
对社区发展提出建议的方式	村干部组织的会议	53.42	47.37	46.00	54.69
	村民微信群	13.42	8.27	8.94	6.25
	直接和村干部反映	44.21	54.14	50.65	45.31
	写信或留言	0.53	0.75	0.19	0.00
	其他	2.11	1.88	2.05	3.13

续表

	方式	东部地区	中部地区	西部地区	东北地区
对社区重大事项进行监督的方式	村干部组织的会议	52.20	45.78	46.00	46.75
	村民微信群	16.94	11.65	8.94	15.58
	直接和村干部反映	42.23	49.80	50.65	38.96
	写信或留言	0.23	0.40	0.19	0.00
	其他	3.25	4.02	2.05	6.49

2. 选举程序满意度

从区域数据的对比来看（见表5），四大区域的村庄在第一轮选举中都以2—3个候选人为主，并且村民对选举程序的满意程度都比较高，且在2019年调查数据的基础上均有小幅度的提升。其中，西部地区的村民对于选举程序不满意或不清楚的比例最高，超过了10%，其次是东北地区、东部地区和中部地区，这一现象应引起重视。虽然此处数据显示村民对选举程序满意度较高，但前文提及的投票参与率和参与村庄事务积极性较低，与2019年调研情况一致，说明村民政治参与程度和积极性仍不足，但只要通过村级选举程序产生的村干部能够满足村民基本需求，村民都会对选举程序表示满意。

当被问及村党支部书记和村主任是两个人担任好还是一个人好时，东部地区和中部地区的村民以认为"两个人担任好"居多，而东北地区和西部地区以认为"一肩挑好"居多。此外，四大区域均有20%左右的村民说不清楚党支部书记和村主任是一个人担任好还是两个人担任好，可能与村民对于书记和主任人数缺乏认识或并不关心这个问题有关。

表5　村主任候选人数、选举满意度及书记和主任人数　　单位:%

	东部地区	中部地区	西部地区	东北地区
候选1人	7.14	1.75	2.53	3.57
候选2人	42.86	71.93	56.96	82.14
候选3人	21.43	15.79	31.65	7.14

续表

	东部地区	中部地区	西部地区	东北地区
非常满意	55.96	48.58	48.77	46.01
比较满意	34.51	42.88	41.20	44.41
其他满意度	9.59	9.54	8.55	10.03
1人担任好	32.56	29.83	48.03	41.41
2人担任好	41.56	45.17	30.34	34.93
说不清	25.88	25.00	21.63	23.66

3. 村规民约

从调查数据来看（见表6），四大区域的多数村民都知晓所在社区（村）是否制定了自治章程或村规民约。但是在知晓程度层面，东部地区熟悉村规民约的村民占比最高，为43.36%，西部地区为41.57%，中部地区和东北地区则为37.5%和32.05%。在人居环境整治的奖惩办法方面，四大区域熟悉相关村规民约的比例更少，其中三大区域不知道或知道很少的村民的比例超过了45%。这个现象说明村民对村规民约的了解有待提高，村规民约的宣传辅导工作有待加强，村规民约在约束村民行为和维护村庄秩序方面的具体运用需要落到实处。

表6　　　　社区是否制定村规民约、知晓程度、同意程度　　　　单位:%

		东部地区	中部地区	西部地区	东北地区
村规民约制定	是	76.18	74.83	73.43	62.40
	否	5.28	3.73	3.81	9.47
	不清楚	18.54	21.44	22.77	28.13
知晓程度	知晓程度高	20.59	15.45	18.94	16.62
	比较熟悉	22.77	22.05	22.63	15.43
	一般	17.27	22.19	16.79	13.65
	知道很少	15.18	16.43	17.13	18.10
	不知道	24.19	23.88	24.51	36.20

续表

		东部地区	中部地区	西部地区	东北地区
同意程度	完全同意	83.48	86.45	80.08	73.00
	部分同意	14.48	12.93	18.08	24.33
	不同意	2.04	0.62	1.85	2.67

根据调查数据，在村民对村规民约的主观态度方面，四大区域的村民均比较同意村规民约的内容，但东北地区的村民对村规民约完全同意的比例为73%，明显低于其他三大区域，值得引起注意。此外，四大区域的村民都比较愿意遵守自治章程或村规民约，中部地区愿意遵守村规民约的比例最高，达到96.21%，西部地区为94.95%，东部地区和东北地区分别为94.9%和93.27%。当被问及村规民约在乡村治理中具有什么样的作用时，与2019年调查数据相似，四大区域的多数村民认为村规民约非常重要，涉及村民生产生活的多方面，一部分村民认为在某一些方面有作用或不清楚，极少村民认为村规民约没有作用或其他。这说明村民对村规民约在乡村治理中的作用具有较高的期待，但在村规民约内容上，村民的认同程度可能因其理解和需求不同而体现差异，村民对村规民约的实际认同程度有待提高。

（四）小结

本部分主要对调查样本的乡村治理参与状况进行了描述性分析，通过对调查数据的对比分析可以看到：一是村民参与村委会选举投票的积极性较高，且与2019年相比积极性有较大幅度的提升，说明村民自治水平有所提高。但是村民对村内发展提出建议或重大事项监督的参与积极性还不高，这可能与村干部动员能力不足和村民在乡村治理中缺乏主体性有关，导致村民参与的乡村多元共治格局尚未形成。二是根据调查数据显示，与2019年调查结果一致，大部分村民认为村书记与村主任由两个人担任较好，但这一比例有所下降，认为一个人担当的比例有所上升，说明农村两委"一肩挑"的制度优势有所体现，但仍需继续探索推行两委"一肩挑"的有效路径。三是在村规民约方面，绝大部分乡村都有村规民约，但村民对村规民约的具体内容知晓程度较低，且也有部分村民认为村规民约发挥的作用有限，这可能主要与当前村规民约面临的宣传力度不强、内容和规范性不够、落地情况监督力度不足等问题有关。

三　治理组织建设与治理参与存在的问题与对策

（一）存在的问题

根据调查数据分析可知，当前中国乡村组织建设与治理参与虽取得一定成效，但仍存在一定问题，具体体现在以下几个方面。

1. 多元协同治理动力不足，基层治理效率有待提升

政治信任是推动基层治理有序发展的重要支持资源，可以降低基层治理的成本、提高基层治理效率。调查发现，村民对基层治理组织有较好的信任度，但信任度"差序格局"的特征依然显著。在村民对基层组织信任度的大小排序中，存在村民对村干部的信任度最高、乡（镇）干部次之、对县（区、市）干部的信任度最低的现象，且该现象无地域性差异。随着信任度"差序格局"特征的进一步显性，乡村多元主体治理格局面临困境，"集体行动"将面临低效或失败压力，从而提高治理成本、降低治理效率。另外，部分村民参与治理的积极性和主动性不高，乡村治理合力不足，加大了乡村治理难度，导致多元治理互动格局尚未有效形成。

2. 网格化管理宣传力度薄弱，服务职能不到位

网格化管理的实施有效地促进了基层治理体系和治理能力的现代化，但是在实践运行过程中，还存在如下问题：一是宣传认识不到位，社会参与积极性不高。从调查数据来看，仍有46.92%的村民则表示不知道网格化管理政策，说明网格化管理政策的普及和宣传力度较弱，这可能一方面与单一的宣传方式有关；另一方面可能是因为政府在政策宣传方面所做的工作还不足，导致村民对网格化管理工作的了解度、关注度、参与度较低。二是服务职能不到位，治理效能有待拓展。整体上看，管理和服务的内容仍然存在不协调、不平衡的现象，目前偏重于管理，如网格化管理制度在新冠疫情防控、自然灾害防控和巩固脱贫攻坚成果等管理性事件中发挥的作用明显，但在带动治理增效和生活富裕等

方面的作用仍需加强。

3. 村民自治意识有待增强，民主治理水平较低

虽然村民在村委会选举中参与度上较高，但却很少对村内发展提出建议或对村内重大事项进行监督，说明虽然在一定程度上村民自治意识有所提升，但仍存在政治参与意识淡薄、理性欠缺、动力不足等问题，这可能主要与两个方面的原因有关：一是在农村人口大量外流，尤其农村精英人口大量外流的背景下，老年人和妇女的民主法治意识还比较淡薄，村内民主活动的参与能力不足，再加上村民普遍文化水平较低，导致农村治理主体严重弱化。二是缺乏有效的激励机制，无法有效调动村民参与乡村自治的积极性。一旦村民在自治过程中无法获得明显的利益，就会导致很多村民参与自治活动的热情下降。三是村民缺乏民主监督意识。受到村民自身政治素质和监督渠道有限的限制，村民的监督意识还较为淡薄，甚至会选择主动放弃行使该权利。

4. 村规民约普及和宣传力度不足，发挥作用有限

村规民约是具有丰富文化内涵的群体规范，其有效实施能有力推进"三治融合"治理体系制度化实践，提高民主治理水平。通过调查发现，许多农村地区虽然已经制定了村规民约，但存在村民知晓度较低、参与度不够和认同度不高的问题，导致村规民约实际发挥的作用有限。另外，虽然村民普遍承认村规民约对乡村治理的作用，但乡村自治章程和村规民约的具体运用仍有较大进步空间，尤其在社会秩序、社会公共道德、村风民俗、精神文明建设等方面的作用潜力有待发掘。随着乡村振兴的持续推进，村规民约原有的内容已不能满足村民的新需求，也就要求丰富村规民约的内容，将社会主义核心价值观更好地融入村民生产生活，构建文明、和谐、健康、向上的农村社会风尚，解决村规民约缺位问题。

（二）对策建议

针对乡村治理组织建设与治理参与存在的上述问题，我们提出以下几个方面的对策建议。

1. 完善多元主体合作共治机制，激发乡村基层治理效能

一是要建立健全基层协商民主体系，吸取部分地区的先进协商民主经验，以柔性治理的协商讨论化解村内矛盾。二是要做好乡村公共事务

信息公开工作，坚持公开为常态、不公开为例外的原则，既畅通信息公开渠道，又积极主动地将公开信息传递给村民以便于监督，从而激发村民参与热情。三是要善于使用新媒体平台和网络信息通信工具搭建参与和监督的公共平台，提高村微信群等平台的使用率。

2. 加强网格化管理宣传，优化网格化管理制度

一是要加强网格化管理的宣传普及，增加网格员和村民的实际接触，使村民对网格化管理制度有基本了解和切身体会。二是转变网格化管理的一般思维，以治理代替管理，根据全过程人民民主与治理体系和治理能力现代化的要求改造现有制度和工作人员态度作风，从而提升村民对网格化管理的认可度和满意度。三是网格化管理不应简单视为行政事务管理的一种方式，而应确立经济发展、社会和谐、民生保障等多维目标导向。

3. 提高居民自治能力，拓宽参与广度和深度

一是要加大宣传和引导，激发村民自治意识，提高村民参与乡村治理的主人翁意识，培育村民参与乡村治理的积极性和主动性。二是要建构村民参与平台，拓宽参与渠道。充分发挥村民理事会、参事会、监督委员会、综治委、纠纷调解委等组织作用，构建村民参与村内事务管理和监督的平台，拓宽村民参与自治的渠道。三是要进一步完善激励制度，构建村民和村集体的利益共同体（陈荣卓和车一顿，2022），对于村民良好的监督行为和参与行为予以肯定和奖励，激发村民参与民主自治活动的热情。

4. 完善村规民约，重视村规民约宣传

一是在乡村治理中，应培育和巩固法治思维和规则意识，并在实践中落到实处。既在制定过程充分尊重民意、吸收民智、汇聚民心，又严格遵守落实村规民约对村内公共事务和村民个人的约束规定，使尊规、学规、守规、用规意识深入人心。二是发挥乡村精英的带头作用，通过定期对基层干部进行法律培训，提高基层干部的治理水平，带动村民积极参与（李鑫涛等，2023）。三是利用微信、微博、抖音等现代传媒手段宣传村规民约，加强村规民约对村民的影响力和约束力。

参考文献

陈荣卓、车一頔：《利益聚合与行动协同：新时代乡村治理共同体何以建构？——来自武汉市星光村的经验观察》，《中国行政管理》2022年第10期。

高强：《健全现代乡村治理体系的实践探索与路径选择》，《改革》2019年第12期。

李鑫涛等：《"一核三治"乡村治理体系下的控制权配置与转移路径——一项纵深性个案研究》，《中国行政管理》2023年第4期。

袁金辉、乔彦斌：《自治到共治：中国乡村治理改革40年回顾与展望》，《行政论坛》2018年第6期。

周家明、刘祖云：《村规民约的内在作用机制研究——基于要素—作用机制的分析框架》，《农业经济问题》2014年第4期。

农村公共服务发展现状、问题及对策建议

罗万纯 杨园争[*]

摘 要：农村医疗、教育、养老、公共文化等公共服务设施的完善程度及服务供给状况直接关系到农村居民生活的幸福感、安全感和满足感。从调查情况看，农村居民的大部分基本医疗卫生服务需求可以从基层诊疗机构得到满足，居民对基层医疗卫生服务机构服务水平的提升持肯定态度；农村学前教育条件不断改善，义务教育学校布局不断优化，农村适龄儿童入学向集镇和县城集中的特征较为明显；居家养老服务水平不断提高，政府和集体经济组织保障了居家养老服务中心建设和运营必需的大部分经费；绝大多数农村公共文化设施得到了较好利用，农村居民对大部分公共文化下乡活动持欢迎态度；就业服务设施不断完善，就业服务供给不断增加。同时，农村公共服务还面临区域发展差距大、公共服务供需匹配度不高、公共服务发展资金保障不足等问题，需要通过优化财政资金支出结构、有效降低公共服务供给成本等加以解决。

关键词：农村公共服务；供给；成本

---

[*] 罗万纯，管理学博士，中国社会科学院农村发展研究所副研究员，研究方向为乡村治理、农产品市场；杨园争，管理学博士，中国社会科学院农村发展研究所助理研究员，研究方向为农村公共服务、乡村治理。

The Development Status, Problems and Countermeasures of Rural Public Services

LUO Wanchun YANG Yuanzheng

Abstract: The facility completeness and supply status of public service such as healthcare, education and elderly care in rural areas are directly related to the happiness, security, and satisfaction of rural residents. From the survey, it can be seen that most of the basic medical and health service needs of rural residents can be met from grassroots medical and health service institutions, and residents hold a positive attitude towards the improvement of the service level of grassroots medical and health service institutions. The conditions for rural preschool education are constantly improving, the layout of compulsory education schools is constantly optimizing, and the concentration of rural school-age children in towns and counties is more obvious. The level of home-based elderly care services is constantly improving, and the government and collective economic organizations have guaranteed most of the necessary funds for the construction and operation of home-based elderly care service centers. The vast majority of rural public cultural facilities have been well utilized, and rural residents hold a welcoming attitude towards most public cultural activities in the countryside. The employment service facilities are constantly improving, and the supply of employment services is constantly increasing. At the same time, rural public services also face problems such as large regional development gaps, low matching between supply and demand of public services, and insufficient funding for public service development. It is necessary to solve these problems by optimizing the structure of financial expenditure and effectively reducing the cost of public service supply.

Keywords: Public Services in Rural Areas; Supply; Cost

提升农村公共服务水平是缩小城乡差距的重要内容和实现途径。国家出台了一系列支持和引导农村公共服务发展的政策，这些政策取得了什么效果？还存在哪些问题？需要采取哪些政策措施？本报告利用调查资料，重点对农村医疗、教育、养老、公共文化、就业等公共服务发展现状、存在问题等进行了总结分析，并提出进一步完善建议。

一 农村公共服务发展现状

在相关政策的引导和支持下，农村医疗、教育、养老、公共文化、就业等与农村居民生活密切相关的公共服务取得了积极进展。

（一）农村医疗卫生服务发展现状

1. 基层医疗机构服务能力提升[1]

从调查情况，农村医疗卫生服务能力稳步提升，主要体现在村级医疗卫生服务覆盖率达九成以上，农村居民主要就诊场所中七成以上为基层医疗卫生机构，七成以上受访者认为农村基层医疗卫生机构服务水平得到提升，农村居民日常医疗卫生需求有接近七成可以在乡镇内得到满足这四大方面。

第一，村级医疗卫生服务的覆盖率已达九成以上。在 304 个村中，有 93.09% 的村可以在村内获取医疗卫生服务。具体来讲，有 85.86% 的村设有独立村卫生室，4.93% 的村采取联合设置卫生室的形式，还有 2.30% 的村是乡镇卫生院所在地。需要关注的是，仍有 6.91% 的村既没有独立或联合设置的村卫生室，也并非乡镇卫生院所在地（见表1）。

第二，农村居民主要就诊场所是基层医疗卫生机构。村卫生室承担

---

[1] 医疗卫生事业由公共卫生服务体系、医疗服务体系、医疗保障体系、药品供应保障体系等共同构成，其中基层医疗卫生机构作为医疗服务体系的供给终端包括社区卫生服务中心、社区卫生服务站、街道卫生院、乡镇卫生院、村卫生室、门诊部、诊所（医务室）等。为有重点地描绘农村基层医疗卫生供给状况，本次问卷针对农村的医疗服务体系和医疗保障体系进行了调查。本报告运用农户数据和村级数据，对村卫生室和乡镇卫生院等农村基层医疗卫生机构，以及村民参与城乡居民基本医疗保险的情况进行分析。

表1　　　　　村卫生室类型、服务内容及工作人员数量　　　单位：%；人

	样本量	占比或人数	
类型	304	独立设置村卫生室	85.86
		与其他村联合设置村卫生室	4.93
		乡镇卫生院所在地	2.30
		无村卫生室	6.91
服务内容	276	公共卫生服务	90.22
		开药、售药	87.32
		打针输液	63.77
		应急处理	59.42
工作人员数量	272	2.14	

着提供基本公共卫生服务、开药售药等职责，是满足农村居民基本健康需求的重要载体，同时乡镇卫生院的作用日益凸显。由表1可知，在设有独立或联合村卫生室的276个村中，有90.22%的村卫生室提供公共卫生服务，87.32%的村卫生室可以开药、售药，63.77%的村卫生室具备打针输液的资格，还有59.42%的村卫生室可以提供应急处理服务。在表2所反映的2021年农村居民主要就诊场所占比中，49.14%的个体表示其在日常生活中主要的就诊场所为村卫生室，村卫生室在六种医疗卫生服务机构中居于首位，乡镇卫生院位居第二，占比接近三成。同时，有超过15%的人选择县级医院，选择市级或省级医院的个体占1.89%。分区域来看，2021年中部地区和东部地区的村、镇两级诊疗机构占比均超过八成，分别为84.58%和82.26%，分别高于西部9.86个和7.54个百分点。但需要注意的是，东北地区县级医院被选择的情况高达37.47%，仅次于村卫生室的43.53%，超过乡镇卫生院（7.16%）30.31个百分点。

表2　　　　　　　　农村居民主要就诊场所占比　　　　　　　　单位：%

	全样本		东部地区	中部地区	西部地区	东北地区
	2019年	2021年				
村卫生室	59.93	49.14	50.46	64.88	42.08	43.53
乡镇卫生院	22.25	27.37	31.80	19.70	32.64	7.16
县级医院	12.08	16.76	11.67	12.12	17.65	37.47

续表

	全样本		东部地区	中部地区	西部地区	东北地区
	2019年	2021年				
市/省级医院	1.18	1.89	2.11	0.83	1.89	3.31
药店	3.64	4.58	3.49	1.93	5.34	9.92
其他场所	0.92	1.24	1.29	1.10	1.17	1.65
样本数	3816	3712	1088	726	1535	363

与2019年相比，2021年村民选择村卫生室作为主要就诊场所的占比下降了约10个百分点，但乡镇卫生院的占比上升了约5个百分点，二者总占比在2019年和2021年均超过了75%。也就是说，基层诊疗机构依旧发挥着满足农村居民日常就诊需求的重要作用，同时乡镇卫生院的诊疗水平、辐射范围和可及性均有所提高，作用也日益凸显。与2019年相比，2021年县级医院占比上升了约5个百分点，市/省级医院占比上升了0.71个百分点。这可能是由于新冠疫情的影响，基层医疗卫生工作人员和病患对疾病的判断都更趋谨慎，更倾向于就诊的"向上流动"。

第三，大部分农村居民对基层医疗卫生机构服务水平提升持肯定态度。根据表3，总体上分别有38.92%和40.45%的受访者认为近五年村卫生室、乡镇卫生院的服务水平有所提升，并且分别有32.31%和32.52%的受访者认为二者提升幅度很大，正向评价占比合计分别达到71.23%和72.97%。

表3 农村基层医疗卫生机构近五年服务水平变化的主观评价占比　单位：%

		全样本	东部地区	中部地区	西部地区	东北地区
村卫生室	服务水平大幅提升	32.31	35.31	30.97	32.62	24.86
	服务水平略有提升	38.92	33.66	42.36	41.56	36.00
	服务水平基本无变化	24.67	24.73	23.89	22.75	34.29
	服务水平略有下降	1.31	1.07	1.39	1.33	1.71
	服务水平大幅下降	1.25	1.07	0.97	1.40	1.71
	不知道	1.56	4.17	0.42	0.33	1.43
	正向评价占比	71.23	68.97	73.33	74.18	60.86

续表

		全样本	东部地区	中部地区	西部地区	东北地区
乡镇卫生院	服务水平大幅提升	32.52	36.72	27.97	34.20	21.32
	服务水平略有提升	40.45	36.43	43.92	43.09	33.23
	服务水平基本无变化	24.44	24.80	25.87	20.77	37.30
	服务水平略有下降	0.96	0.98	0.56	1.14	0.94
	服务水平大幅下降	1.01	0.88	1.40	0.80	1.57
	不知道	0.62	0.20	0.28	0.00	5.64
	正向评价占比	72.97	73.15	71.89	77.29	54.55

注：由于四舍五入的原因，合计有可能不完全等于100%；下同。

农村基层医疗卫生机构的服务水平提升程度存在区域间差异，西部地区总体提升程度最高。从服务水平大幅提升这一指标来看，东部地区最高，认为村卫生室和乡镇卫生院服务水平有大幅提升的个体分别占到35.31%和36.72%；西部地区次之，比例分别为32.62%和34.20%；中部地区位列第三，东北地区则只有24.86%和21.32%。按照服务水平正向变化的占比来看，西部地区的村、镇级医疗卫生机构在四区域中居于首位，分别达到74.18%和77.29%。这在一定程度上说明近年来大力推进的村卫生室标准化建设以及乡镇卫生院与上级医院的医联（共）体建设在西部地区取得了成效，其基层医疗水平提升明显，区域间不平衡的医疗服务供给状况有望改善。这一发现在表4对上级医院医生下沉至乡镇坐诊的知晓程度中也得到了验证。

表4　　　　　农村医联（共）体建设实际知晓度　　　　单位：%

	全样本	东部地区	中部地区	西部地区	东北地区
清楚地知晓医生会"下沉"坐诊	43.78	39.85	45.24	46.57	40.73
好像听说过医生会"下沉"坐诊	12.96	10.10	12.83	15.04	12.92
不太清楚医生是否"下沉"坐诊	32.37	38.28	30.48	28.25	35.96
好像没有医生"下沉"坐诊	8.19	9.45	8.00	7.52	7.58
肯定没有医生"下沉"坐诊	2.71	2.32	3.45	2.62	2.81

具体来看，西部地区"清楚地知晓上级医院医生会'下沉'到乡

镇卫生院坐诊"的受访者比例为46.57%，高于中部地区1.33个百分点，高于东部地区6.72个百分点，高于东北地区5.84个百分点，高出全国平均水平约6.37%。另外，西部地区"好像听说过但不确定"的比例也为四个区域之首，达到15.04%；"不太清楚"等其余三类负向反馈的占比均为四个区域最低。不难看出，西部地区医联（共）体建设是乡镇卫生院的服务水平得到较大提升的重要原因之一。

第四，农村居民大部分日常医疗卫生需求可以在乡镇内得到满足。在全样本中，认为乡镇内可以完全满足其日常医疗卫生需求的个体达到28.35%，认为可以较好地满足需求的比例为37.57%，二者共计65.92%。也就是说，有接近七成的农村居民日常医疗卫生需求基本可以在乡镇内得到满足。分区域来看，认为东部地区的乡镇可以很好地满足当地医疗卫生服务需求的人数占比远远高于其他三个地区，为33.52%，高于排名第二的西部地区5.83个百分点，更是以13.85个百分点的优势领先东北地区（见表5）。

表5　　　　农村居民日常就诊需求在乡镇内的满足程度　　　　单位：%

	全样本	东部地区	中部地区	西部地区	东北地区
满足程度很好	28.35	33.52	26.34	27.69	19.67
满足程度较好	37.57	37.22	40.97	38.54	27.70
满足程度一般	16.53	15.83	17.38	16.00	19.11
满足程度较差	6.38	4.63	8.55	6.34	7.48
满足程度很差	11.17	8.80	6.76	11.43	26.04

2. 城乡居民医疗保险有序运行

根据中国乡村振兴综合社会调查（CRRS）第一期调查结果，2019年城乡居民基本医疗保险[①]在被调研地区具有极高的覆盖率，全样本中医保的家户覆盖率达到了99.29%。第二期调查结果显示，2022年农村居民尤其是脱贫人口的医保参保率继续维持在97%以上的高水平，其中低保户医保缴费额低于一般户约75%，且在东部地区的村、城郊村

---

① 由于本报告不涉及其他类型的医疗保险，故简洁起见后文将城乡居民基本医疗保险统称为医保，特此说明。

和非山区村的低保户医保缴费额更低。

第一,农村居民尤其是脱贫人口的医保参保率继续维持在较高水平。根据村问卷结果,2022年全体样本的平均医保[①]参保率为97.41%,村内脱贫人口平均医保参保率为98.87%。分区域来看,农村居民平均医保参保率均在九成以上,其中东部地区最高,参保率达到98.17%,西部地区次之,中部地区位居第三,东北地区最低,为94.17%。村内脱贫人口医保参保率在东北地区最高,达到100%,中部地区为99.99%,西部地区99.12%,东部地区虽排名最低,但也高达97.03%(见表6)。

表6　　　　　城乡居民基本医疗保险参保率

		村庄数（个）	均值（%）	标准差	最小值	最大值
全样本	全村居民医保参保率	298	97.41	5.16	50.0	100
	村内脱贫人口医保参保率	279	98.87	10.35	0.0	100
东部地区	全村居民医保参保率	89	98.17	4.76	70.0	100
	村内脱贫人口医保参保率	71	97.03	16.68	0.0	100
中部地区	全村居民医保参保率	59	97.02	3.98	80.0	100
	村内脱贫人口医保参保率	59	99.99	0.05	99.6	100
西部地区	全村居民医保参保率	120	97.84	3.88	80.0	100
	村内脱贫人口医保参保率	119	99.12	9.17	0.0	100
东北地区	全村居民医保参保率	30	94.17	9.83	50.0	100
	村内脱贫人口医保参保率	30	100.00	0.00	100.0	100

第二,低保户医保缴费负担较轻。如表7所示,2020—2022年,农村一般户医保缴费额平均值从310.21元上升至368.71元,增长了18.86%;农村低保户缴费额平均值从77.41元上升至93.91元,增长了21.32%。2020年,农村低保户医保缴费额平均为一般户的24.95%,2022年该值为25.47%。这一对低保户的医保费用进行财政补贴的政策对于保障农村低保户群体的健康水平、降低其因病致贫可能性有着积极作用。

---

① 此处的医保为城乡居民基本医疗保险,不包括商业医疗保险。

表7　　　　　一般户与低保户医保缴费值对比情况　　　单位：个；元

	年份	样本个数	均值	标准差	最小值	最大值
一般户	2020	294	310.21	138.38	180	1972
	2022	301	368.71	141.10	32	1997
低保户	2020	293	77.41	121.13	0	842
	2022	290	93.91	119.96	0	840

第三，对低保户的补贴程度在不同类型的村之间存在差异，位于东部地区的村、城郊村和非山区村缴费额更低。具体情况如表8所示。分区域来看，2020年东北地区的低保户在四区域中缴费最少，为44.55元，东部地区略高，为72.73元，西部地区最高，已达到88.83元。2022年，东部地区成为低保户缴费最少的区域，为51.51元，东北地区略高，为77.24元，西部地区仍然为最高，达到124.86元。

表8　　　　　不同类型村庄的低保户医保缴费额　　　单位：个；元

村庄类型	年份	样本个数	均值	标准差	最小值	最大值
东部地区	2020	88	72.73	155.60	0	610
	2022	86	51.51	124.88	0	520
中部地区	2020	58	77.71	106.84	0	280
	2022	57	102.30	118.22	0	320
西部地区	2020	118	88.83	105.24	0	842
	2022	118	124.86	112.59	0	840
东北地区	2020	29	44.55	80.88	0	270
	2022	29	77.24	101.34	0	350
非城市郊区	2020	240	84.82	127.60	0	842
	2022	239	101.45	123.92	0	840
城市郊区	2020	52	44.17	79.25	0	280
	2022	50	59.10	93.27	0	320
非山区	2020	199	69.40	124.19	0	842
	2022	197	84.11	121.05	0	840
山区	2020	94	94.36	113.16	0	500
	2022	93	114.67	115.53	0	500

类似的情况也出现在城郊村与非城郊村之间，前者的低保户缴费额在2020年和2022年分别低于后者47.92%和41.75%。另外，2020年和2022年地形为非山区的村的低保户缴费金额分别低于山区村26.45%和26.65%。

（二）其他农村公共服务发展现状

1. 农村基础教育发展现状①

第一，农村学前教育条件不断改善。近年来，国家加大了对学前教育的投入水平，不断增加学前教育学位供给。从调查情况看，有超过35%的村有幼儿园，其中，东部地区、西部地区有幼儿园的村占比在35%和38%之间，中部地区有幼儿园的村超过40%，东北地区有幼儿园的村占比将近14%（见表9）。农村幼儿园以公立园为主，68.57%的村有公立园，31.43%的村有私立园，9.52%的村有普惠性民办幼儿园②。村里没有幼儿园的，村委会距离村外最近幼儿园平均4.77千米，最近的0.20千米，最远的45千米。

表9　　　　　　　　农村小学和幼儿园设置情况　　　　　　单位：个；%

	样本	有	无	样本	有	无
	本村是否有小学			本村是否有幼儿园		
东北	29	24.14	75.86	29	13.79	86.21
东部	91	39.56	60.44	90	35.56	64.44
西部	123	34.96	65.04	121	37.19	62.81
中部	60	46.67	53.33	60	41.67	58.33
总计	303	37.62	62.38	300	35.33	64.67
	是否有孩子在上幼儿园			是否有孩子在接受义务教育		
东北	353	5.10	94.9	345	31.59	68.41
东部	1056	15.34	84.66	1029	37.71	62.29
西部	1501	13.72	86.28	1463	33.56	66.44
中部	726	15.15	84.85	720	43.19	56.81
总计	3636	13.64	86.36	3557	36.52	63.48

① 本报告主要分析学前教育和义务教育情况。
② 部分村既有公立园，又有私立园。

续表

	样本	有	无	样本	有	无
	孩子是否住校			—		
东北	108	25.00	75.00	—	—	—
东部	394	21.57	78.43	—	—	—
西部	468	34.19	65.81	—	—	—
中部	311	36.01	63.99	—	—	—
总计	1281	29.98	70.02	—	—	—

第二，农村义务教育学校布局不断优化。为适应人口变化，不少地区不断优化义务教育学校布局。和过去村村有小学的情形不同，有小学的村大幅度下降。从调查样本总体情况看，只有不到40%的村有小学，其中，东北地区有小学的村占比不到25%，东部地区占比40%左右，西部地区占比35%左右，而最高的中部地区，占比也不到50%（见表9）。从小学类型看，74.56%的村小为完全小学。村里没有小学的，村委会距离村外最近小学平均距离为4.05千米，最近的0.20千米，最远的45千米。

第三，有孩子在上幼儿园的农户占比较小。从调查情况看，表示家里有孩子在上幼儿园的农户占比不到14%，其中，东北地区有5%左右，东部地区和中部地区有15%左右，西部地区将近14%；相较之下，表示家里有孩子在接受义务教育的农户占比相对较高，超过36%，其中中部地区表示有孩子在接受义务教育的农户占比最大，超过40%（见表9）。表示有孩子在上幼儿园和在接受义务教育的农户占比差异在一定程度上显示，未来几年学龄儿童减少的可能性较大。

第四，农村孩子入学向乡镇和县城集中的特征比较明显。家里有孩子在上幼儿园的，在县城上的28%左右，在本乡镇集镇上的将近30%，在本村上的20%左右。分区域看，东北地区在本村上的占比最小，不到6%，在本乡镇集镇和本县城上的超过70%；东北地区和东部地区在本乡镇集镇上的比重最大，将近40%；西部地区在本县城就读比例最大，将近35%，在本村和本乡镇镇上就读的比重也都超过20%；中部地区在本乡镇外村就读的比例也较高，将近17%，在本村、本乡镇镇上、本县城就读的比例都在20%和30%之间（见表10）。

表10　　　　　　　　　农村孩子上学地点　　　　　　　　单位：%

	本村	本乡镇外村	本乡镇镇上	本县城	其他	样本数
	幼儿园					
东北	5.56	0.00	38.89	33.33	22.22	18
东部	17.90	12.35	38.89	19.75	11.11	162
西部	22.33	8.25	26.21	34.47	8.74	206
中部	22.22	16.67	22.22	27.78	11.11	108
总计	20.24	11.13	29.96	28.14	10.53	494
	义务教育					
东北	3.77	5.66	37.74	47.17	5.66	106
东部	17.62	9.59	38.08	27.72	6.99	386
西部	11.69	6.49	31.39	41.34	9.09	462
中部	21.43	10.06	25.00	36.04	7.47	308
总计	15.21	8.24	32.41	36.37	7.77	1262

家里有孩子在上小学（初中）的，孩子在县城上学的农户占比最大，超过36%，在本乡镇集镇上的占30%左右，在本村上的15%左右；分区域看，东部地区农村孩子在本乡镇镇上接受义务教育的农户占比将近40%，东北地区农村孩子在县城接受义务教育的农户占比将近50%，西部地区农村孩子在县城接受义务教育的农户占比超过了40%，中部地区还有超过20%的农户有孩子在本村接受义务教育（见表10）。

因大部分农村孩子在村外就读，有孩子住校的农户占比也较高。总体上，表示义务教育阶段孩子住校的农户占比30%左右，其中，中部地区、西部地区孩子住校的农户占比35%左右，东北地区为25%，东部地区将近22%（见表9）。

2. 农村居家养老服务发展现状

第一，农村居家养老服务设施不断完善。在国家相关政策的支持和引导下，各地逐步建立居家养老服务中心。从调查情况看，超过26%的村建有居家养老服务中心。其中，东部地区超过40%的村有居家养老服务中心，西部地区有居家养老服务中心的村占将近24%，中部地区有居家养老服务中心的村占18%左右，东北地区有居家养老服务中心的村占比相对较小，将近4%（见表11）。已经建成的居家养老服务中心的，2021年正常运营的占84.42%。从运营主体看，由村委会运营的居家养老服务中心占比最大。具体来看，56.92%的村由村委会运营，26.15%的村由社会养老机构运营，9.23%的村由个体户运营，7.69%的村由其他主体运营。

表11　　　　　农村居家养老服务中心设置情况　　　　单位：个；%

	样本数	有	无
东北	28	3.57	96.43
东部	87	42.53	57.47
西部	121	23.97	76.03
中部	60	18.33	81.67
合计	296	26.35	73.65

第二，居家养老服务中心建设和运营资金主要来自政府和集体经济组织。有居家养老服务中心的，超过80%的居家养老服务中心是2015年之后建成的。建设投入平均为77.96万元，最少的为1万元，最多的为500万元。建设资金主要来自财政资金和集体经济组织投入，占总投入的比重在90%以上。从2021年情况看，居家养老服务中心的运营费用平均为9.27万元，最少的为0.1万元，最多的为60万元，将近90%的运营经费来自政府补助和集体经济投入，其中政府补助经费占比将近57%，老人及其亲属缴纳费用占比相对较低，只有10%左右（见表12）。

表12　　　　居家养老服务中心建设和运营投入情况

单位：个；万元；%

	样本	最小值	最大值	平均值	占比
居家养老服务中心建设投入					
共投入	65	1.0	500	77.96	—
财政资金	65	0.0	500	48.86	62.67
集体经济组织投入	65	0.0	450	23.26	29.84

续表

	样本	最小值	最大值	平均值	占比
村民集资	65	0.0	50	1.23	1.58
社会捐助	65	0.0	10	0.21	0.27
其他	65	0.0	260	4.40	5.64
居家养老服务中心运营费用					
运营费用	47	0.1	60	9.27	—
政府补助	47	0.0	60	5.26	56.80
集体经济投入	47	0.0	40	3.03	32.68
接受老人及其亲属缴纳	47	0.0	11	0.93	10.07

3. 农村公共文化服务发展现状

第一，大部分农村公共文化设施利用率较高。从总体情况看，表示文化广场利用率比较高的村占比将近85%，表示文化活动中心利用率比较高的村占比略超60%，表示农家书屋利用率比较高的村占比相对较低，不到45%；分地区看，东部地区、西部地区、中部地区表示文化广场利用率比较高的村占比都超过了80%，东北地区、东部地区表示文化活动中心利用率比较高的村占比在70%左右，东北地区、东部地区、西部地区表示农家书屋利用率比较高的村占比均未到50%（见表13）。

表13　　　　　农村公共文化服务设施利用率情况　　　　单位：个；%

地区	样本数	文化广场	文化活动中心	农家书屋	其他
东北	28	75.00	67.86	39.29	0.00
东部	90	84.44	72.22	38.89	1.11
西部	120	86.67	55.00	45.00	1.67
中部	59	83.05	50.85	52.54	1.69
合计	297	84.18	60.61	44.10	1.35

注：该问题为多选题。

第二，大部分文化下乡活动受到农村居民欢迎。从总体情况看，表示喜欢送戏下乡、送电影下乡等文化下乡活动的村占比都超过了50%，表示喜欢送图书下乡的占比相对较小，不到30%。不同地区对不同文化下乡活动的欢迎程度有一些差异。东北地区、西部地区表示喜欢送电影下乡的村占比最大，分别超过了80%和70%，而东部地区和中部地区表示喜欢送戏下乡的村占比最大，分别超过了70%和80%。

表14　　　　　　　　文化下乡活动受村民欢迎情况　　　　　　单位：个；%

地区	样本数	送戏下乡	送电影下乡	送图书下乡	没有文化下乡活动	其他
东北	29	37.93	82.76	41.38	13.79	0.00
东部	91	74.73	0.00	30.77	0.00	0.00
西部	120	59.17	76.67	30.00	4.17	2.50
中部	60	81.67	66.67	21.67	1.67	0.00
合计	300	66.33	52.00	29.67	3.33	1.00

注：该问题为多选题。

4. 农村就业服务发展现状

实现就业是农民增收的关键，就业服务供给对促进农民就业有重要作用。从总体情况看，将近38%的村有就业创业服务站；分区域看，东部31.11%的村有就业创业服务站，西部地区有就业创业服务站的村占43.44%，中部地区有就业创业服务站的村超过半数，东北地区有就业创业服务站的村占比较小，不到4%（见表15）。

表15　　　　　　　　本村是否有就业创业服务站　　　　　　单位：个；%

地区	有	没有	总样本	有	没有	合计
东北	1	27	28	3.57	96.43	100
东部	28	62	90	31.11	68.89	100
西部	53	69	122	43.44	56.56	100
中部	30	29	59	50.85	49.15	100
合计	112	187	299	37.46	62.54	100

从就业服务站提供的服务内容看，提供推荐就业、职业技能培训、

政策咨询服务的村占比较高，分别达到83.90%、73.73%、76.27%，此外，提供创业培训、融资服务的村占比分别为47.46%、11.86%。

二 农村公共服务发展面临的主要问题

从调查情况看，农村公共服务发展主要存在区域发展差距大、公共服务供需匹配度不高、公共服务发展资金保障水平不高等问题。

（一）农村公共服务区域发展差距大

较为突出的，东部地区公共服务发展水平较高，而东北地区公共服务发展明显滞后。例如，东部地区财政补贴力度大，在中部地区、西部地区、东北地区低保户医保缴费金额明显上升的同时，东部地区的缴费额出现了29.17%的下降；有居家养老服务中心的村占比也是东部地区最高。相较之下，东北地区主要公共服务设施相对不完善，有居家养老服务中心、就业创业服务站的村占比都不到4%，有幼儿园的村占比在四个地区中也最低，不到15%。

（二）农村公共服务供求匹配度不高

一方面，大部分村提供的公共服务内容不够丰富。例如，调研数据显示，在运营中的居家养老服务中心中，可以提供文化娱乐服务的占81.82%，提供日间照料服务的占60.61%，能提供就餐配餐服务的占59.09%，能提供紧急救助服务的占24.24%，能提供康复护理服务的占22.73%，有保洁服务的占30.30%。随着农村空心化和老龄化程度的加深，农村老人对助餐、紧急救助、看护护理等服务的需求还将不断增加，居家养老服务内容有待进一步丰富。此外，农村就业服务站提供融资服务的村占比还比较小。

另一方面，农村公共服务质量不高，不能很好地满足农村居民需求。例如，在农村教育方面，认为义务教育学校教学水平需要提高的农户占比较高，为45.08%，然后是教学设施，占比23.90%（见表16），再依次为伙食条件和住宿条件，这说明随着学校硬件条件的不断改善，提高教育质量成为农村教育发展的关键和重点。现实中，由于农村基础设施不完善，生活条件较差，优秀教师招不到、留不住的现象非常普遍，缺乏优秀教师成为农村义务教育发展最大的短板。

表16 农户对学校的评价情况 单位：%；个

地区	教学设施	教学水平	住宿条件	伙食条件	不需要改善及其他	样本数
东北	38.71	63.44	20.43	10.75	26.88	93
东部	23.08	39.89	11.68	14.53	41.03	351
西部	24.89	45.89	10.50	19.18	36.53	438
中部	18.79	44.30	14.77	18.46	30.20	298
总计	23.90	45.08	12.71	16.95	35.51	1180

（三）农村公共服务发展资金保障水平不高

一方面，资金来源渠道较为单一，容易导致公共服务设施建设和运营陷入困境。例如，居家养老服务中心建设和运营资金来源渠道狭窄，主要来自政府和集体经济组织，一旦政府财政困难，集体经济收入下降，会影响居家养老服务中心建设和运营。

另一方面，政府投入不足，会加大农村居民负担。例如，孩子就读幼儿园，每个月需要缴纳较为昂贵的费用。上幼儿园每月缴纳费用的平均水平是983.00元，最少的30元，最多的6600元；分幼儿园所在地看，在本村、本乡镇外村、乡镇镇上、本县城上幼儿园的平均费用依次增加，在本村上每月将近700元，在县城上每月将近1200元，如果在本县城外的其他地方上幼儿园，费用更高，每月将近1600元。分区域看，东部地区上幼儿园每月缴费水平最高，将近1300元，其后依次是西部地区、东北地区和中部地区，东部地区缴费水平是中部地区的2倍左右（见表17）。[①] 平均每个月将近1000元的学前教育费用，在农村居民每月收入中占了相当比重，尤其是对主要从事农业生产和就业人数较少的农村家庭来说，学前教育费用是一项沉重负担。再如，随着医疗保险费用逐年上涨，城乡居民缴费负担也不断加重。根据调查，2020—2022年，农村一般户医保缴费额平均值从310.29元上升至368.71元，增长18.83%。

---

① 义务教育是免费教育，不需要缴纳学费等，因此该报告主要分析学前教育费用。

表17　　　　　　　每月缴纳学前教育费用　　　　　单位：个；元

	样本	最小值	最大值	平均值
本村	85	50	6300.00	681.39
本乡镇外村	48	80	3388.50	753.69
本乡镇镇上	133	30	6000.00	943.27
本县城	112	76	6600.00	1179.07
其他	34	500	5000.00	1570.26
东北	15	216	3000.00	915.78
东部	133	70	6300.00	1240.21
西部	173	30	6600.00	972.31
中部	91	50	4800.00	638.46
总计	412	30	6600.00	983.00

三　提升农村公共服务发展水平的相关建议

为针对性解决农村公共服务发展面临的主要问题，本报告建议从优化政府支出结构、有效降低公共服务供给成本等方面着手进一步完善相关支持政策。

（一）优化政府资金支出结构

第一，加大对发展滞后地区的支持力度。为进一步缩小公共服务的区域发展差距，要加大对东北等发展滞后地区的转移支付力度，支持其开展必要的公共服务设施建设，为其向农村居民提供基本公共服务创造有利条件。

第二，继续加大对农村学前教育和义务教育的投入。学前教育对孩子形成良好的学习、生活习惯和正确的人生观、价值观尤为重要，要继续加大投入支持各地根据实际情况或是增加公立幼儿园学位供给，或是加大对私立幼儿园的补贴力度，降低农村家庭的学前教育费用负担。要加大对义务教育学校教师培训的支持力度，为乡村教师不断提升教学水平和教学质量创造更多机会。

（二）有效降低公共服务供给成本

第一，优化公共服务设施建设和运营模式。例如，整合利用农村闲置的学校、村部农家书屋等设施建设居家养老服务中心、就业服务站等，避免不必要的大拆大建，减少公共服务设施建设成本。

第二，优化公共服务供给模式。例如，在居家养老服务供给方面，对于地处偏远山区，老人居住比较分散的地区，通过购买亲属、邻居助餐、助洁、护理等服务满足高龄、独居、经济困难老人居家养老服务需求；在农村医疗卫生服务供给方面，提高县域医共体建设质量，以显著提升基层医疗机构服务能力，引导农村居民就近就医，降低医疗费用和医保资金支出，减轻城乡居民医疗保险缴费负担。

文明乡风建设现状、问题及对策

罗万纯[*]

摘　要：文明乡风建设是乡村振兴工作重要组成部分。在国家相关政策的引导和支持下，各地区文明乡风建设取得了积极进展，主要体现在农村邻里互助氛围较浓，农村纠纷解决机制实现多元化，农村居民宗教信仰自由得到充分尊重，农村居民主观幸福度普遍较高等方面。同时，文明乡风建设面临婚娶和人情往来支出负担仍然较大、农村居民办事难、农村部分纠纷未得到有效解决、少部分农村居民幸福度较低、友邻互助内容不够丰富等问题。究其原因，主要是农村居民生活压力较大，思想观念较为陈旧，部分地区基层工作效率较低，相关合作机制不完善等，应有针对性地采取措施，不断改善农村社会风气。同时，在充分尊重农村居民信教自由的同时，要进一步引导宗教和社会主义社会相适应，发挥其在促进社会和谐稳定方面的积极作用。

关键词：文明乡风；天价彩礼；农村纠纷

---

[*] 罗万纯，管理学博士，中国社会科学院农村发展研究所副研究员，研究方向为乡村治理、农产品市场。

The Current Situation, Problems and Countermeasures of Civilized Rural Style Construction

LUO Wanchun

Abstract: The construction of civilized rural culture is the important component of rural revitalization work. Under the guidance and support of relevant national policies, positive progress has been made in the construction of civilized rural customs in various regions, mainly reflected in the strong atmosphere of mutual assistance among rural neighbors, the diversification of rural dispute resolution mechanisms, the full respect for religious freedom of rural residents, and the generally high subjective happiness of rural residents. At the same time, the construction of a civilized rural style is still facing significant expenses for marriage and human relations, difficulties for rural residents in handling affairs, ineffective resolution of some rural disputes, low happiness levels for a small number of rural residents, and insufficient content of friendship and mutual assistance. The main reasons for this are that rural residents face high living pressure, outdated ideological concepts, low efficiency of grassroots work in some areas, and imperfect cooperation mechanisms. Targeted measures should be taken to continuously improve the social atmosphere in rural areas. At the same time, while fully respecting the freedom of rural residents to practice religion, we should further guide religion to adapt to socialist society and play its positive role in promoting social harmony and stability.

Keywords: Civilized Rural Wind; High Dowry; Rural Disputes

"乡风文明"是乡村振兴五大总要求之一，是关系农村社会和谐稳定的关键性因素。近年来，农村地区出现了婚丧陋习、天价彩礼等不良社会风气，红白喜事在一些地方成了农村居民的沉重负担，严重影响农村居民的幸福感、安全感和满足感。国家针对农村地区出现的不良社会风气，及时出台了相关治理措施，例如，2019年，中央农村工作领导小组办公室、农业农村部等11个部门联合印发了《关于进一步推进移风易俗建设文明乡风的指导意见》，提出要推进移风易俗，不断改善农民精神风貌，提高乡村社会文明程度。经过几年的努力，文明乡风建设取得了什么成绩？还存在哪些突出问题？还需要出台哪些政策措施？本报告将利用调查数据，对前述问题进行分析讨论。

一 文明乡风建设现状

加强文明乡风建设是促进农村精神文明建设的重要途径，在国家相关政策的引导和支持下，文明乡风建设取得了积极进展，主要体现在农村邻里互助氛围浓厚，农村纠纷解决机制多元化，农村居民宗教信仰自由得到充分尊重，农村居民主观幸福度不断提升等方面。在文明乡风建设中，村规民约发挥了积极作用。根据调查，2022年，有57.20%的村所有村民遵守村规民约，有42.10%的村大部分村民遵守村规民约，只有0.60%的村是少部分村民遵守或所有村民都不遵守村规民约。

（一）农村邻里互助氛围较浓

远亲不如近邻，中国有友邻互助的传统和文化。从调查情况，2021年，农村居民在红白喜事方面的互帮互助最多，表示在该方面和邻居互帮互助的农户占比将近80%，然后是农业生产方面，占比将近60%。另外，建房作为农村的一项重大工程，时间周期长且需要较多劳动力，表示在该方面互帮互助的农户占比也比较大，占比将近45%。农村居民在借款方面的互帮互助相对较少，占比在30%左右，在其他方面互帮互助的农户占比不到10%。2021年互助项目占比及其排序情况和2019年大体一致。分区域看，2021年东部地区、西部地区、中部地区在红白喜事方面和邻居的互帮互助最多，而东北地区和邻居在农业生产方面的互帮互助最多，占比超过70%。这可能是因为东北地区地广人稀，户均耕作面积较大，家庭劳动力不能满足农业生产的劳动力需求，需要向邻居寻求帮助，以便及时完成农业耕种收工作（见表1）。

表1　　　　　　　　　和邻居互帮互助情况　　　　　　　　单位:%

地区	农业生产	建房	红白喜事	借款	其他	合计
东北	70.89	45.25	58.54	28.16	15.82	316
东部	40.33	35.13	72.18	27.43	12.90	1039
西部	67.42	51.17	80.93	30.04	6.52	1458
中部	60.03	42.50	84.71	32.12	4.77	713
合计	58.25	44.16	77.11	29.52	8.88	3526

（二）农村纠纷解决机制多元化

中国农村地域广阔，人口众多，不可避免地会发生各种纠纷，纠纷的解决情况关系到农村社会的和谐稳定。从调查情况，2018—2022年内发生纠纷的农户总体上占比为3.40%。分区域看，东部地区和西部地区发生纠纷的农户占比相对较高，为4%左右，而东北地区和中部地区占比不到3%。2018—2022年发生过纠纷的农户，认为发生的最严重的纠纷是邻里纠纷的农户占比相对较高，超过35%，认为发生的最严重的纠纷是土地纠纷、家庭纠纷、其他纠纷的农户占比均为20%左右；分区域看，东部地区有半数的农户表示发生的最严重的纠纷是邻里纠纷，中部地区有近一半的农户表示发生最严重的纠纷是车祸等其他纠纷。总的来说，传统的家庭纠纷、邻里纠纷被很多农户认为是最严重的纠纷。同时，随着经济社会的不断发展，土地纠纷、包括车祸在内的其他纠纷也不断增多，农村纠纷类型多样化（见表2）。

表2　　　　　　　　　农村发生纠纷情况　　　　　　　　单位:%

地区	近五年发生纠纷情况				
	发生	未发生	样本量	发生比例	未发生比例
东北	10	341	351	2.85	97.15
东部	41	1031	1072	3.82	96.18

续表

地区	近五年发生纠纷情况				
	发生	未发生	样本量	发生比例	未发生比例
西部	57	1448	1505	3.79	96.21
中部	16	706	722	2.22	97.78
合计	124	3526	3650	3.40	96.60

地区	发生的最严重的纠纷				
	土地纠纷	邻里纠纷	家庭纠纷	其他纠纷	样本量
东北	37.50	37.50	12.50	12.50	8
东部	15.63	50.00	21.88	12.50	32
西部	27.66	31.91	23.40	17.02	47
中部	20.00	13.33	20.00	46.67	15
总计	23.53	35.29	21.57	19.61	102

对于2018—2022年内发生的最严重的纠纷，农户主要通过法律途径解决或找熟人调解，这和2020年的调查情况有一些差异，2016—2020年发生的最严重纠纷农村最优先选择的是找上级领导解决，这可能和纠纷类型发生变化有密切关系。从2022年调查情况看，不同类型的纠纷，解决途径有一些差异。例如，对于土地纠纷，选择法律途径和找上级领导解决的农户占比较大；对邻里纠纷、家庭纠纷，选择不采取任何行动、找熟人调解的农户占比较大；对车祸等其他纠纷，主要通过法律途径解决，该类农户占比超过了50%。总的来说，农村居民根据纠纷发生的内容、范围，针对性选择解决途径。2022年和2020年的调查结果显示，在最严重纠纷解决上也有较为相似的地方，例如，都有相当比例的农户在发生纠纷后没有采取任何行动，也很少有农户通过媒体曝光、上访等途径来解决纠纷（见表3）。

表3 最严重纠纷的解决途径 单位：%

	法律途径	找上级领导解决	找熟人调解	找媒体曝光	个体抗争（上访等）	没采取任何行动	其他	样本量
土地纠纷	24.00	24.00	16.00	0.00	4.00	20.00	16.00	25
邻里纠纷	16.67	19.44	25.00	0.00	0.00	30.56	11.11	36

续表

	法律途径	找上级领导解决	找熟人调解	找媒体曝光	个体抗争（上访等）	没采取任何行动	其他	样本量
家庭纠纷	9.52	0.00	23.81	0.00	0.00	38.10	28.57	21
其他纠纷	52.63	10.53	15.79	5.26	0.00	15.79	10.53	19
合计	23.76	14.85	20.79	0.99	0.99	26.73	15.84	101

（三）农村居民的宗教信仰自由得到了充分尊重

中国实行宗教信仰自由政策，积极发挥宗教在促进经济发展、社会和谐、文化繁荣、民族团结、祖国统一等方面的作用。从调查情况看，2022年，12.47%的被调查对象有宗教信仰，从信仰的宗教类型看，主要信仰佛教和伊斯兰教，占比分别为5.48%和4.45%，这和2020年的调查情况非常相似，2020年将近有15%的被调查对象有宗教信仰，信仰佛教和伊斯兰教的占比最大，分别为5.34%和4.36%。不同地区的宗教信仰情况存在较大差异，2022年，东北地区将近95%的被调查对象没有宗教信仰，信仰宗教的，主要信仰佛教和基督教，分别占2.23%和2.79%；东部地区将近90%的被调查对象没有宗教信仰，主要信仰佛教和道教，占比分别为8.95%和2.05%；西部地区有宗教信仰的被调查对象占比相比较其他地区高，占比将近20%，主要信仰伊斯兰教和佛教，占比分别为10.79%和5.76%；中部地区被调查对象相比较其他地区信仰宗教的占比最小，将近96%无宗教信仰，有宗教信仰的，主要信仰基督教和佛教，占比分别为2.35%和1.38%（见表4）。

表4　　　　　　　　农村居民宗教信仰情况　　　　　　　　单位：%

地区	无宗教信仰	佛教	道教	基督教	伊斯兰教	天主教	其他	样本量
东北	94.71	2.23	0.00	2.79	0.00	0.00	0.28	359
东部	87.79	8.95	2.05	0.93	0.00	0.00	0.28	1073
西部	81.59	5.76	0.40	0.26	10.79	0.33	0.86	1510
中部	95.99	1.38	0.00	2.35	0.00	0.00	0.28	724
总计	87.53	5.48	0.76	1.12	4.45	0.14	0.52	3666

(四) 农村居民幸福度总体较高

农村居民的幸福状况直接关系到农村社会的和谐稳定，提升农村居民的幸福感是各项三农工作要实现的重要目标之一。从调查情况看，农村居民对自己昨天幸福感的主观评价普遍较高，以10分为满分，评价值的平均水平达到8.26分，这在一定程度上说明农村居民总体上对自己的生活较为满意。2020年，表示非常幸福和比较幸福的农户占比超过了80%，表明绝大部分农村居民认为自己生活幸福。分区域看，2022年农村居民幸福度评价的区域间差距比较小，都达到了8分以上。其中，评价值的最高的是中部地区，为8.48分，西部地区评价值最低，为8.07分，东部地区和东北地区居中。2020年表示非常幸福和比较幸福的农户占比最高的也是中部地区，占比将近87%（见表5）。

表5　农村居民对自己昨天的幸福感的打分情况

地区	平均值	样本数	最小值	最大值	中位数
东北	8.21	363	0	10	8
东部	8.39	1083	0	10	9
西部	8.07	1533	0	10	8
中部	8.48	726	0	10	9
总计	8.26	3705	0	10	8

二　文明乡风建设面临的问题及其成因

文明乡风建设还面临一些问题，例如，婚娶和人情往来支出负担仍然较大，农村居民办事难现象仍然存在，部分农村纠纷未得到彻底解决，少部分农村居民幸福度较低，友邻互助内容不够丰富等，主要是因为农村居民生活压力较大，思想观念较为陈旧，部分地区基层工作效率较低，相关合作机制不完善等。

（一）婚娶和人情往来支出负担仍然较大

首先，婚娶成本高。婚前给女方彩礼是我国传统的民间习俗，表达的是男方家庭对女方家庭的尊重，对提高新组建家庭的稳定性有积极作用。随着经济社会的发展和变迁，作为当今社会较为体面生活的必需品，车子、房子也逐渐纳入农村彩礼范围，彩礼标准不断提升。彩礼逐渐演变成农村低收入家庭的沉重负担，有些借钱凑彩礼，有些因为拿不出高额彩礼婚娶失败。2021年，村里娶媳妇，包括彩礼、房子、车子等总共花费平均为47.64万元，其中中部地区最高，为66.18万元，西部地区最低，为38.93万元，东北地区和东部地区居中，分别为48.41万元和47.45万元。相比较2019年，婚娶总体平均成本和分区域平均成本都有不同程度提高，但各区域排序未发生变化，即都是中部地区平均婚娶成本最高，其后按成本从大到小依次是东北地区、东部地区、西部地区（见表6）。婚娶成本受经济发展水平、地方习俗文化等因素的共同影响。例如，东部地区虽然经济发展水平和生活成本相对较高，但思想也较为开放，所以婚娶成本在四个地区并不是最高的，而中部地区虽然经济发展相对滞后，生活成本也相对较低，但婚娶成本却远高于其他地区，这在一定程度上反映了加强文明乡风建设和改变农村居民思想观念的重要性。

表6 农村婚娶成本　　　　　　　　　　　单位：万元

地区	2021年				
	平均值	样本数	最小值	最大值	中位数
东北	48.41	336	0	110	50
东部	47.45	894	0	800	20
西部	38.93	1473	0	500	25
中部	66.18	687	0	800	50
总计	47.64	3390	0	800	35
	2019年				
东北	43.50		0	100	50
东部	42.39		0	350	20
西部	31.01		0	160	20
中部	49.52		0	300	40
总计	38.96		0	350	30

一般情况下，彩礼、车子、房子等归新婚家庭所有和使用，因此更多是对未来生活提供一种保障。也有少部分是婚前明确彩礼、车子、房子只归女方所有，在这种情况下，当新组建家庭解体后，男方可能会遭受重大经济损失。平均几十万元的婚娶成本是农村单身汉越来越多的重要原因。这一方面反映了农村婚恋市场上男女性别比例失衡问题比较突出，另一方面也反映了农村居民对未来生活不确定性的焦虑，希望婚前通过彩礼、房子、车子等为未来生活提供一定保障，使自己的生活基本能达到当地的平均水平，同时尽量使下一代不输在起跑线上。

其次，家庭支出项目多、金额大。2021 年，14% 左右的农户发生了男性娶妻、女性出嫁、家人考上大学或大专、小孩出生、家人去世、老人过寿等重要事件。其中，表示有小孩出生的农户占比最大，为 3.83%，然后是有家人去世的农户占比，为 3.53%。表示有小孩出生农户占比相对较大与我国近年来逐步放开生育限制有密切关系，在相关政策的引导和支持下，陆续有农村家庭开始生育二胎、三胎。受访家庭 2021 年经历的重要事项的排序，除了女性出嫁和老人过寿两个事项排序相互调换外，其他事项排序和 2019 年一致。不同地区农户发生重要事件的情况存在一定差异，2021 年东北地区表示有家人考上大学或大专的农户占比最大，为 3.38%；东部地区表示有小孩出生的农户占比最大，为 4.73%；西部地区表示男性娶妻、小孩出生、家人去世的农户占比较大，都为 4% 左右；中部地区是表示家人考上大学或大专、小孩出生的农户占比比较大，分别为 4% 和 4.28%（见表 7）。农村居民家庭发生的不同重要事件，在宴请、办仪式等方面的花费有较大差异。其中，男性娶妻的花费最大，平均将近 12 万元；其后依次为女性出嫁、家人去世、老人过寿、小孩出生、家人考上大学或大专，花费分别为 43048 元、28215 元、7657 元、6921 元和 3225 元（见表 8）。总的来看，红白喜事的花费较大。值得注意的是，男性娶妻在宴请、办仪式等方面的花费远高于女性出嫁，这也在一定程度上反映了受传统观念影响，在婚娶方面男方家庭的经济负担远高于女方家庭。

表7　　　　　　　　　农户发生重要事件情况　　　　　　　单位：%

	男性娶妻	女性出嫁	家人考上大学或大专	小孩出生	家人去世	老人过寿	以上都没有	样本量
东北	0.85	1.41	3.38	0.28	2.25	1.13	92.39	355
东部	2.18	1.70	3.13	4.73	3.50	2.56	85.42	1056
西部	3.88	1.81	2.27	3.81	4.15	1.00	85.42	1495
中部	1.66	1.52	4.00	4.28	2.90	1.79	84.69	725
合计	2.64	1.68	2.97	3.83	3.53	1.62	85.95	3631

表8　　　　　　　　　农户重要事件花费　　　　　　　　单位：元

	平均值	样本数	最小值	最大值
男性娶妻	115557	67	0	1000000
女性出嫁	43048	42	0	200000
家人考上大学或大专	3225	83	0	30000
小孩出生	6921	106	0	50000
家人去世	28215	101	4	300000
老人过寿	7657	44	0	50000

最后，人情往来项目庞杂。适度的人情往来是促进社会交往和加深亲友感情的重要途径。出生、结婚、离世是人生大事，农村居民总体上较为重视，这符合人之常情。从全村情况看，2022年表示村里人情支出主要是结婚的农户占比最大，为97.77%，其后依次为丧事、孩子出生、孩子升学、迁居新居和过生日，这个排序结果和2020年调查情况完全一致。分区域看，除结婚、丧事、孩子出生占比普遍比较高外，东北地区孩子升学、过生日占比也比较大，分别为78.21%和48.04%，而东部地区乔迁新居占比在四个区域中最大，超过了50%。这在一定程度上反映了不同地区农村居民对孩子升学、乔迁新居等事项的重视程度存在一定差异。除了出生、结婚、出殡等人生大事外，生日、升学、乔迁新居等也是农村重要的人情往来项目，农村居民往往碍于面子，被迫参加名目繁多的人情往来活动，每年在该方面的支出负担非常沉重，在一些地方甚至出现了借钱"赶礼"的现象（见表9）。

表9　　　　　　　　　　农村人情支出项目　　　　　　　　　　单位:%

地区	结婚	丧事	孩子出生	过生日	乔迁新居	孩子升学	其他	合计
东北	99.72	96.09	64.53	48.04	46.93	78.21	1.96	358
东部	95.51	81.85	70.25	31.24	53.41	38.07	3.37	1069
西部	98.04	87.44	50.95	26.68	32.90	37.80	1.64	1529
中部	99.59	97.11	80.72	23.14	38.57	49.72	1.24	726
合计	97.77	88.57	63.74	29.39	41.34	44.16	2.09	3682

（二）农村求人办事现象仍然存在

农户表示主要是在看病就医和孩子入学/升学时托人说情或请客送礼，农户占比分别为1.88%、1.74%。分区域看，东部地区表示办事情托人说情或请客送礼的农户占比最大，超过一成。分办理的事项看，东北地区表示看病就医、孩子入学/升学时托人说情或请客送礼的农户占比都最高，而西部地区占比最低。托人说情或请客送礼的，86.18%的农户表示办成了，4.61%的农户表示正在办，9.21%的农户表示没有办成（见表10）。这在一定程度上说明了一些地区基层工作作风不正，行政服务效率较低，导致存在农村居民办事难的问题，不得不主动或被动接受所谓的潜规则，办事情托人说情或请客送礼。

表10　　　　农村办事情托人说情或请客送礼情况　　　　单位:%

地区	看病就医	孩子入学/升学	求职就业	提薪升职	打官司	经商办厂	没有托人说情或请客送礼	其他	合计
东北	2.62	2.33	0.29	0.00	0.00	0.00	92.15	4.07	344
东部	2.51	1.64	0.58	0.48	0.00	0.29	89.10	6.27	1037
西部	1.44	1.64	0.55	0.21	0.00	0.27	93.49	3.50	1459
中部	1.52	1.80	0.69	0.00	0.14	0.55	94.74	1.80	722
总计	1.88	1.74	0.56	0.22	0.03	0.31	92.34	4.01	3562

（三）农村部分纠纷未能得到有效解决

有较大比例的农户在纠纷发生后没有采取任何行动，占比达到26.73%。其中，发生土地纠纷时没采取任何行动的农户占比为20.00%，发生邻里纠纷时没采取任何行动的占30.56%，发生家庭纠纷时没采取任何行动的占 38.10%,发生其他纠纷时没采取任何行动的占 10.53%。

相当比例的农户在发生纠纷尤其是发生家庭纠纷和邻里纠纷时没有采取任何措施,除了一部分纠纷通过内部协商得到解决外,不少纠纷因受"家丑不可外扬"等传统观念的影响,相当比例的农村居民不愿意向外部公开,没有采取有效措施加以解决,导致同一纠纷再次发生的可能性较大,甚至矛盾会进一步激化并可能引发悲剧。近年来,社会上发生了不少因邻里纠纷、家庭纠纷等导致的极端刑事案件,及时有效解决纠纷尤为重要。

(四)少部分农村居民幸福度较低

少部分农村居民对自己昨天幸福感的评价低于 5 分。究其原因主要是家人生病、工作不如意、找不到对象、收入不如意、自己想买的东西买不到等(见表 11)。健康的体魄是学习、工作和生活的基础,家人生病不仅可能导致亲人分离,还会增加家庭的经济负担和照护负担,使家庭成员面临较大的生活压力;工作和收入直接关系到农村居民的社会地位和生活水平,不尽如人意的工作和收入不仅影响农村居民的自我评价,还会使农村居民在社会评价中处于不利地位;农村公共服务设施的完善程度和服务水平直接关系到农村居民的购物、入学、就医等日常生活的便捷度,直接影响农村居民的幸福感;农村婚恋市场性别结构矛盾突出,和大城市学历高、收入高的优秀女性找不到合适婚恋对象相对应,相当数量学历低、收入低的农村男性缺乏竞争力,也找不到合适的婚恋对象,农村单身汉问题突出,越来越成为影响农村社会和谐稳定的不利因素。

表 11　农村居民对自己昨天幸福度打分低于 5 分的原因　　单位:%

	选择频次	样本量	占比
孩子没出息	7	115	6.09
家人生病	33	115	28.70
工作不尽如人意	19	115	16.52
找不到对象	15	115	13.04
家庭不和	5	115	4.35

续表

	选择频次	样本量	占比
收入不如意	80	115	69.57
自己想买的东西买不到	14	115	12.17
受到别人欺负	1	115	0.87
其他	16	115	13.91

（五）农村居民互助内容需要进一步丰富

为了寻找更好的发展机会，越来越多的农村青年离开家乡，农村社会呈现空心化、老龄化、儿童化，出现了一些老年人、儿童无人照护的情况，严重影响农村老年人晚年生活的幸福度和农村儿童的健康成长。因此，除了在前面提高的在红白喜事、农业生产、农村建房、借款等方面互帮互助外，还应该在老人、儿童照护等方面互相帮助。当前友邻互助在照护留守儿童、老人方面的作用不突出，主要是因为缺乏相关合作机制和合作平台，不能有效联结照护服务供给和需求。

三 文明乡风建设推进建议

生活压力大、思想观念陈旧、行政服务效率低下、相关合作机制不健全等是很多农村不良社会风气产生的根本原因，因此，应采取针对性措施有效减轻农村居民生活压力，改变农村居民思想观念，提高行政服务效率，完善友邻互助合作机制。此外，应更好地发挥宗教在促进社会和谐稳定方面的积极作用。

（一）有效减轻农村居民生活压力

第一，解决农村居民借款难问题。农村居民之所以利用各种名目大摆酒席，除了期望契机和亲朋好友相聚外，可能还有两个方面的原因。一方面，可能想通过办事摆席，回收以往的人情支出；另一方面，可能想通过办事收礼解决家庭临时的经济困难。人情往来在某种程度上是一种互助行为，当亲朋好友办事请客或生病时，一般都会把之前收到的礼金还回去，还会适当考虑物价变化的因素，增加部分礼金。在这种情况下，如果农村居民有简单可靠的贷款渠道，暂时性小额贷款需求能够快速得到满足,可以在一定程度上减少农村居民利用各种名目办事请客的不良现象。

第二,想方设法增加农民收入,提高农村居民生活幸福度。就业和收入状况是影响农村居民主观幸福度的重要因素。一方面,要把创造就业岗位和促进农民就业作为重要工作,不断增加农民的非农收入;另一方面,要进一步完善农业保险和农产品市场价格形成机制,降低农民从事农业生产的自然风险和市场风险,保障农民的农业经营收入。

第三,提高农村公共服务发展水平。有效降低教育、医疗费用负担,减少农村居民生活消费支出;完善基础设施,方便农村居民购物等日常生活;提高农村医疗、教育等公共服务质量,提高农村居民文化素质和身体素质;改善行政事业单位工作作风,提高办事效率,培育服务精神,有效降低农村居民办事成本。

(二) 培育农村居民新思想、新风尚

第一,引导农村居民摒弃"家丑不可外扬"的旧观念,对于自身无法解决的矛盾纠纷,要积极向社会求助,通过合适的途径根本上解决矛盾纠纷,防止矛盾纠纷扩大化,减少悲剧发生,促进社会和谐稳定。

第二,引导农村居民树立新风尚,避免在金钱和物质上形成过度攀比。倡导农村居民通过自己的聪明才智和辛勤劳动获取合法收入和创造财富,通自己的双手开创自己和家人的幸福生活。尤其是,要进一步发挥村规民约在规范居民言行方面的作用,根据调查,分别有70.90%和24.10%的农户表示非常愿意和比较愿意遵守自治章程或村规民约。另外,根据调查,分别有44.30%、20.50%、48.40%、39.00%、55.40%、18.50%的农户表示村里有红白喜事理事会、乡贤理事会、志愿服务组织、老年协会、妇女联合会和其他社会组织,要充分发挥社会组织在塑造文明乡风方面的积极作用。

(三) 完善友邻互助合作机制

建立和完善友邻互助合作机制,尤其是,应通过政府购买公共服务方式,为符合条件的农村留守老人、留守儿童从亲友邻居购买相关照护服务,既可以大幅节约居家养老、留守儿童关爱服务设施建设和运营成本,还可以妥善解决农村弱势群体无人照护的问题,显著提升农村老人、儿童的生活幸福感。

（四）引导宗教和社会主义社会相适应

我国有超过一成的农村居民有宗教信仰，因此，应在充分尊重农村居民宗教信仰自由的基础上，进一步规范相关宗教活动，使其符合相关法律法规的规定。此外，要充分挖掘符合社会主义核心价值观的宗教教义，发挥其在规范信教群众言行，促进社会稳定和谐方面的积极作用。

农村基层党组织建设的现状分析

胡祎[*]

摘　要：本报告从党组织规模和结构、党组织干部特征、党组织活动和经费、"一肩挑"对党组织建设的影响等方面分析了农村基层党组织建设的现状及近年来的变化趋势。研究发现，当前无论是村党组织书记还是农村基层普通党员，都呈现出年轻化、知识化的趋势，女性党员在乡村公共治理中发挥了越来越大作用；不同区域农村选举村党组织书记的偏好存在差异，外出务工人员、个体工商户和退伍军人是村党组织书记的重要候选群体；经过近年来的调整，当前村党组织书记收入比较可观但农村基层党组织活动经费依然缺乏；在中央政策的引导下，近年来村党组织书记、村主任"一肩挑"推进较快，实行"一肩挑"使农村基层党组织发展得更好，同时也促进了农村集体经济的发展。未来应从三方面进一步加强农村基层党组织建设：一是要在尊重农村传统的基础上，让优秀青年人才和女性人才在农村公共治理中发挥更加重要的作用。二是要进一步加强农村产业发展和人居环境建设，吸引农村优秀外出人才返乡，形成"收入提高—人才返乡—乡村发展"的良性循环。三是要在充分尊重人民群众意愿的基础上，进一步引导返乡能人实现村党组织书记和村主任"一肩挑"，提高乡村治理效能。

关键词：基层党建；党建引领；人才振兴；公共治理

---

[*] 胡祎，管理学博士，中国社会科学院农村发展研究所编辑，研究方向为农业转移人口、农民返乡创业、农村人才问题。

Analysis of the Present Situation of Rural Grassroots Party Organization Construction

HU Yi

Abstract: This report analyzes the status of rural grassroots party organization construction and its changing trend in recent years from the aspects of the scale and structure of party organizations, the characteristics of party cadres, party organization activities and funds, and the influence of Yijiantiao on party organization construction. It is found that both the village party secretary and the rural grassroots ordinary party members are younger and more knowledgeable, and female party members are playing an increasingly important role in rural public governance. The preference of the election of village secretary in different regions is different. Migrant workers, individual businesses and veterans are the important candidate groups of village secretary. After the adjustment in recent years, the current income of village branch secretaries is relatively objective, but the activities of rural grassroots party organizations are still short of funds. Under the guidance of the central policy, in recent years, the village secretary village director Yijiantiao has been promoted rapidly, and the implementation of Yijiantiao has made the rural grassroots party organizations develop better, and also promoted the development of the rural collective economy. In the future, we should further strengthen the construction of rural grassroots party organizations from three aspects. First, on the basis of respecting rural tradition, we should let outstanding young talents and female talents play a more important role in rural public governance. Second, we should further strengthen the development of rural industries and the construction of living environment, attract outstanding rural talents to return to their hometowns, and form a virtuous circle of "income increase – talent return – rural development". Third, on the basis of fully respecting the will of the people, it is necessary to further guide the returnees to achieve the Yijiantiao of the village party secretary and the village director, and improve the efficiency of rural governance.

Keyword：Grass‐roots Party Building； Guidance in Party Building； Talent Promotion； Public Governance

农村基层党组织是党在农村的突出组织力量，是党执政的重要基础。它们承担着党的政策传达、农村社会管理、基层治理、精准扶贫等众多重要职责，直接关系到中国农村的稳定和发展。因此，加强农村基层党组织建设是中国实现乡村振兴和农业农村高质量发展的必然要求。近年来，中国农村基层党组织建设取得了一定成效，面临的环境发生了一系列变化，本报告将从党组织规模和结构、党组织干部特征、党组织活动和经费、"一肩挑"对党组织建设的影响等方面对农村基层党组织建设的现状和演化趋势进行分析和梳理。

一 农村基层党组织规模与结构

（一）农村基层党组织规模

2021年全国各地农村基层党组织规模存在较大差异。从基层党组织的建制来看，67.00%的农村基层党组织属于党支部，27.77%属于党总支，10.23%属于党委。从党员人数上看，最小的农村基层党组织只有7名党员，最大的有235名党员。

农村基层党组织党员人数与村庄户籍人口数量高度相关，因此，党员占村庄户籍人口的比重更能反映农村基层党组织建设情况（见表1）。从党员占比指标上看，2021年，在党员人数占比最低的村庄中，党员比例只有0.78%，相当于约128位村民中有一位党员；而在党员人数占比最高的村庄中，党员比例达到16.41%，相当于约6位村民中就有一位党员；党员占村庄户籍人口的比重在全国范围内的均值为3.44%，即相当于约29位村民中有一位党员。相较之下，2019年这三个指标的取值分别为0.66%、16.10%和3.38%，都略低于2021年的水平。从这个角度看，2019—2021年，中国农村基层党组织建设取得了一定成效。

表1　　　　　　　　　不同地区村庄党员比例　　　　　　　单位：%

区域	2019年 最低党员比例	2019年 最高党员比例	2019年 平均党员比例	2021年 最低党员比例	2021年 最高党员比例	2021年 平均党员比例
东部地区	1.47	11.94	3.81	1.39	13.33	3.98
中部地区	1.80	7.61	3.22	0.95	7.67	3.28
西部地区	0.66	16.10	3.32	0.78	16.41	3.29
东北地区	1.10	6.44	2.68	1.00	5.93	2.77
全国平均	0.66	16.10	3.38	0.78	16.41	3.44

不同地区的农村基层党组织建设水平存在较大差距。横向对比来看，2021年中国东部地区农村基层党组织建设相对完善，村庄党员比例达到3.98%；东北地区农村基层党组织建设水平还有待提高，村庄党员比例只有2.77%，远低于全国平均水平。纵向对比来看，2019—2021年，除西部地区略有下降外，其他地区农村党员比例都有所提高，其中东部地区增长最快，提升了0.17个百分点，说明2019—2021年中国农村基层党组织建设取得了广泛的成效。

农村基层党组织发展水平与村庄收入水平高度相关。2019年和2021年数据显示，村庄党员比例与该村的人均收入水平高度正相关，收入水平越高的村庄，农村基层党组织越强大（见表2）。从理论上分析，农村基层党组织建设与经济发展具有相互促进的作用。一方面，基层党组织建设完善的村庄能更好地发挥党建引领乡村振兴的重要作用，利用党组织带动村民谋发展；另一方面，经济发展水平提高又能反过来增强基层党组织的战斗力、凝聚力和向心力，使基层党组织更加强大（杜志雄等，2022）。可见，以党建促乡村振兴是加快中国农村区域发展的重要途径和手段，具有重大的现实意义和深远的历史意义。

表 2　　　　　　　　　不同收入水平村庄党员比例　　　　　　单位：%

村庄收入水平	2019 年			2021 年		
	最低党员比例	最高党员比例	平均党员比例	最低党员比例	最高党员比例	平均党员比例
低收入村	0.89	12.56	2.87	1.07	7.67	3.01
中低收入村	1.10	11.28	2.88	0.99	11.86	3.14
中等收入村	1.15	8.11	3.37	0.78	16.41	3.32
中高收入村	1.10	16.10	3.71	1.00	6.88	3.42
高收入村	1.47	11.94	4.19	0.95	13.33	4.32

（二）农村基层党员性别结构

2021 年数据显示，农村基层党员性别结构依然以男性为主，但与 2019 年相比，女性党员的比重已经有了大幅度上升（见表 3）。2021 年全国农村基层党组织中男性党员比重的均值为 72.73%，与 2019 年相比下降了 8.09 个百分点。并且这并非局部现象，而是在全国各区域层面均展现出的普遍趋势。2019—2021 年，东部地区农村基层党组织中男性党员比例从 78.80% 下降到 73.37%，中部地区从 84.02% 下降到 68.76%，西部地区从 79.19% 下降到 72.37%，东北地区从 87.18% 下降到 80.28%；东部、西部、东北地区基本都下降了 6 个百分点左右，中部地区下降幅度最大，达到 15.26 个百分点。这说明，女性党员在农村基层党组织中的声音越来越大，女性在乡村治理中发挥了越来越重要的作用。

表 3　　　　　　　　　不同地区村庄男性党员比例　　　　　　单位：%

区域	2019 年			2021 年		
	最低男性党员比例	最高男性党员比例	平均男性党员比例	最低男性党员比例	最高男性党员比例	平均男性党员比例
东部地区	45.95	100.00	78.80	1.41	97.22	73.37
中部地区	65.85	95.24	84.02	6.15	96.43	68.76
西部地区	53.77	96.72	79.19	1.92	97.22	72.37

续表

区域	2019年 最低男性党员比例	2019年 最高男性党员比例	2019年 平均男性党员比例	2021年 最低男性党员比例	2021年 最高男性党员比例	2021年 平均男性党员比例
东北地区	72.41	96.34	87.18	9.52	97.83	80.28
全国平均	45.95	100.00	80.82	1.41	97.83	72.73

横向对比来看，虽然各区域的农村基层党组织都是以男性党员为主，但不同区域之间，女性党员的比重依然存在较大差别。当前农村基层党组织中女性党员比重最高的是中部地区，男女党员比例达到2.20∶1，女性党员比重最低的是东北地区，男女党员比例为4.07∶1。2019年时，中部地区农村基层党组织中女性党员比例与其他区域并未展现出明显差别，但经过两年的发展，中部地区农村基层党组织中女性党员比重大幅提高，目前已明显超过其他地区。

农村基层党组织中男性党员的比重与村庄收入水平高度相关。2021年和2019年数据都显示，人均收入水平越高的村庄，基层党组织中女性党员的比重越高，并且这一趋势非常稳定（见表4）。2021年，收入水平为低、中低、中等、中高、高水平的村庄，其基层党组织中男性党员的比重分别为75.43%、74.72%、72.45%、71.91%和69.21%。这说明，随着农村经济发展水平提高，女性参与村庄治理的意识和热情逐渐增强，女性在农村社会中的地位不断提升。与2019年相比，各收入水平村庄中女性党员的比重都有所上升，且收入偏低的村庄中女性党员比重上升幅度更大[①]。这说明，农村基层党组织中女性党员比重升高，女性在农村基层治理中话语权越来越大，这不是一个区域性的或者局部性的现象，而是近年来中国农村基层党组织建设中一个全国性的普遍趋势。

---

① 这与收入偏低村庄中女性党员比重过低、提升潜力较大有关。2019年，低收入村、中低收入村、中等收入村中，女性党员的比重都不到20%。

表 4　　　　　　　不同收入水平村庄男性党员比例　　　　　单位：%

村庄收入水平	2019 年 最低男性党员比例	2019 年 最高男性党员比例	2019 年 平均男性党员比例	2021 年 最低男性党员比例	2021 年 最高男性党员比例	2021 年 平均男性党员比例
低收入村	57.32	96.34	83.95	6.25	97.22	75.43
中低收入村	53.76	100	83.75	4.88	97.22	74.72
中等收入村	54.22	95.00	80.93	9.38	96.43	72.45
中高收入村	58.89	94.87	78.72	1.92	97.83	71.91
高收入村	45.95	97.22	76.47	1.40	96.00	69.21

（三）农村基层党员年龄结构

农村基层党员年龄结构以中老年党员为主。2021 年数据显示，从全国平均来看，农村基层党组织中 30 岁及以下的青年党员的比重为 9.20%，31—59 岁的中年党员的比重为 52.13%，60 岁及以上的老年党员的比重为 38.64%（见表 5）。由于 CRRS 对 2019 年中年和青年党员的年龄划分界限为 40 岁，因此无法比较两年间中青年党员结构变化情况，但从老年党员所占比重来看[①]，2019—2021 年，中国农村基层党员的年龄结构并未发生显著变化。

表 5　　　　　　　　农村基层党员年龄结构　　　　　　　　单位：%

区域	青年党员比重（30 岁及以下）	中年党员比重（31—59 岁）	老年党员比重（60 岁及以上）
东部地区	11.14	48.43	40.38
中部地区	10.17	50.20	39.63
西部地区	8.86	52.35	38.75
东北地区	2.89	66.11	30.99
全国平均	9.20	52.13	38.64

分地区来看，越是经济发达的地区，农村基层党组织中青年党员的

---

① 2019 年为 38.54%，2021 年为 38.64%。

比重越高。2021 年中国东部、中部、西部、东北地区的农村基层党组织中，青年党员比重分别为 11.14%、10.17%、8.86% 和 2.89%，与地区经济发展水平高度正相关。一方面是因为随着村庄经济发展水平提高，农村优秀青年对党组织的认可程度不断提高，进而积极向党组织靠拢；另一方面是因为东部和中部等发达地区的农村发展水平较高，近年来吸引了大量优秀青年返乡就业创业，使得在家乡干事创业的农村青年人口基数变大，从而造成经济发达地区青年党员比重更高的现象，而优秀青年返乡又反过来促使农村得到更好更快的发展（胡祎，2023）。相较之下，相对欠发达的西部和东北地区，农村基层党组织中党员年龄则相对偏大，这与这些地区优秀青年人口大量从农村流向城市、从欠发达区域流向发达区域有关。

如果从近年新发展党员的情况来看，则会发现农村基层党员年龄结构有年轻化的趋势。2021 年数据显示，从全国层面来看，2017 年以来新发展的农村基层党员的平均年龄为 35.42 岁（见表 6），这与当前农村基层党员以中老年人为主的状况并不一致。可以预期，经过一段时间的积累后，农村基层党员的平均年龄将大幅下降。

表 6　　　　近年新发展农村基层党员年龄结构　　　　单位：岁

区域	新党员平均年龄	村庄收入水平	新党员平均年龄
东部地区	36.76	低收入村	34.77
中部地区	34.57	中低收入村	35.47
西部地区	33.69	中等收入村	35.57
东北地区	40.11	中高收入村	36.80
全国平均	35.42	高收入村	34.45

全国各地区农村都展现出党员年轻化的趋势，但不同地区农村党员年轻化的程度存在差别。东部、中部、西部地区近年新发展的农村基层党员平均年龄相差不大，基本都在 35 岁左右，但东北地区农村新党员年龄明显大于东部、中部、西部地区，平均达到 40.11 岁，说明东北地区农村基层党组织年轻化进程相对比较慢，这与近年来东北青壮年劳动

力大量流出密切相关。此外,从经济发展的角度看,村庄收入水平与农村基层党组织年轻化进程没有明显的相关性。

二 农村基层党组织干部情况

(一) 村党组织书记个人基本特征

当前中国农村基层党组织书记依然以男性为主,但女性村党组织书记所占的比重正在逐渐增大。2021年数据显示,在全国平均层面,男性村党组织书记的比重为92.03%,这一数据与2019年的94.77%相比下降了2.74个百分点。分地区来看,东部、中部、西部地区,2019—2021年女性村党组织书记的比重都有不同程度的提高,分别提高了1.16个、5.97个和2.24个百分点,东北部地区则略微下降了1.98个百分点(见表7)。这说明,女性村党组织书记占比提升是一个全国普遍性的现象,女性在农村基层治理中发挥了越来越重要的作用。

表7　村党组织书记性别与年龄结构　　单位:%;岁

区域	男性村党组织书记比重		村党组织书记平均年龄		60岁及以上村党组织书记比重	
	2019年	2021年	2019年	2021年	2019年	2021年
东部地区	96.67	95.51	50.66	49.57	11.96	5.58
中部地区	95.97	90.00	51.68	49.53	6.67	8.33
西部地区	91.67	89.43	48.50	45.71	4.03	3.25
东北地区	94.57	96.55	51.03	49.07	10.00	6.67
全国平均	94.77	92.03	50.02	47.93	9.48	5.32

2019—2021年,农村基层党组织书记呈现出年轻化的趋势。从平均年龄上看,2021年全国层面村党组织书记的平均年龄为47.93岁,与2019年的50.02岁相比,下降了2.09岁。分地区来看,2021年中国东部、中部、西部、东北地区的村党组织书记平均年龄分别为49.57岁、49.53岁、45.71岁和49.07岁,与2019年相比,分别下降了1.09岁、2.15岁、2.79岁和1.96岁。村党组织书记的年龄结构也展现出相同的趋势,2021年中国东部、中部、西部、东北地区村党组织书记年

龄在60岁及以上的比重分别为5.58%、8.33%、3.25%和6.67%，与2019年相比，东部、西部、东北地区分别下降了6.38个、0.78个和3.33个百分点，中部地区则是略微上升了1.66个百分点。在全国层面上，则是下降了4.16个百分点（见表7）。上述现象均表明，中国基层党组织书记的年龄结构呈现出年轻化的趋势，60岁以上的老年村党组织书记逐渐减少，取而代之的是更加年富力强的中青年农村优秀人才。

2019—2021年，农村基层党组织书记的学历水平有了大幅提高。2021年，在全国层面，村党组织书记学历为小学的占1.33%，初中学历的占10.96，初中及以下学历的累计仅占12.29%；村党组织书记学历为高中的占27.55%，中专学历的占9.96%，高中或中专学历的累计占37.51%；村党组织书记学历为大专的占42.86%，本科学历的占6.98%，除此之外还有0.33%的村党组织书记有研究生以上学历，大专及以上学历的累计占比为50.17%。与2019年相比，村党组织书记学历为初中及以下的占比下降了11.57个百分点，高中或中专学历的占比提升了1.26个百分点，大专及以上学历的占比提升了10.30个百分点（见表8）。可见，当前中国村党组织书记的学历结构得到了大幅改善，学历水平有了极大提高，高学历的人才更多地参与到了乡村治理。

表8　　　　　　　　　村党组织书记学历结构　　　　　　　　单位：%

区域	2019年			2021年		
	初中及以下	高中或中专	大专及以上	初中及以下	高中或中专	大专及以上
东部地区	20.65	33.69	45.65	15.91	32.95	51.14
中部地区	15.00	30.00	55.00	6.67	36.67	56.67
西部地区	31.46	37.10	31.45	12.20	39.02	48.78
东北地区	20.00	53.33	26.67	13.33	46.67	40.00
全国平均	23.86	36.28	39.87	12.29	37.54	50.17

分地区来看，经济相对发达的东部和中部地区村党组织书记的学历水平相对更高。其中，中部地区村党组织书记学历水平最高，初中及以下学历的占比仅为6.67%，大专及以上学历的占比达到56.67%。近年来经济发展相对缓慢的东北地区村党组织书记学历水平最低，初中及以下学历的占比达到13.33%，大专及以上学历的占比仅为40.00%。但是，

纵向来看，近年来全国各地村党组织书记的学历都有了大幅提升，尤其是原本基础较为薄弱的西部和东北地区。数据显示，2019—2021年，东部、中部、西部、东北地区村党组织书记初中及以下学历的占比分别下降了4.74个、8.33个、19.26个和6.67个百分点，大专及以上学历的占比分别提升了5.49个、1.67个、17.33个和13.33个百分点。之所以村党组织书记的学历结构能得到大幅优化，主要基于两个方面的因素：一是换届选举使得大量年富力强的农村优秀人才担任村党组织书记，年轻化带来了学历水平的普遍提高。二是在国家的引导下，越来越多青年优秀人才选择返乡入乡就业创业，投身到乡村振兴的事业中。

（二）村党组织书记身份特征

农村基层党组织书记任职前的身份多种多样，比较重要的三种身份是外出务工人员、个体工商户和退伍军人，他们在进城务工、外出经商或从军过程中，开阔了眼界、锻炼了才干、积累了资源，同时有较好的经济基础，在村民中威望较高，是村党组织书记的重要候选人（韩鹏云，2023）。并且，超过一半的村党组织书记在任职之前，都有在村"两委"担任干部锻炼的经历。2021年数据显示，在全国层面，9.86%的村党组织书记曾经是外出务工人员，4.42%的村党组织书记曾经是生产经营大户，13.61%的村党组织书记曾经是个体工商户，3.74%的村党组织书记曾经是企业主，7.14%的村党组织书记曾经是退伍军人，55.44%的村党组织书记曾经是村"两委"干部，0.68%的村党组织书记曾经是村医或农技等专业人员，3.40%的村党组织书记曾经是政府干部，还有9.18%的村党组织书记曾经从事过其他工作（见图1）[1]。

分地区来看，东部地区的村党组织书记在任职之前，有更大的概率曾在村"两委"担任村干部锻炼过，这一比例达到62.07%，而在东北地区这一比例仅为33.33%。这说明，在近年发展相对缓慢的东北地区，在对村党组织书记的选举上更加看重候选者个人在干事创业方面的能力，而不那么重视在村"两委"工作的经验和履历，而在相对发达的东部和中部地区，村党组织书记的任职经历更加"平稳"。由于不同地区发展水平高、文化环境不同，村民对村党组织书记选择的偏好也存

---

[1] 累计不等于100%是因为有的村党组织书记任职之前曾经有过多种经历。

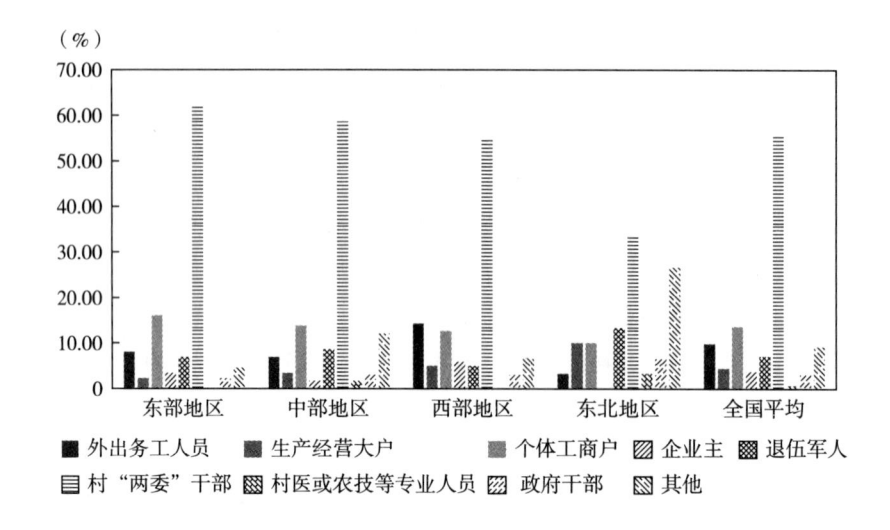

图 1　村党组织书记任职前身份

在一定差异。在东部和中部地区，更偏向让曾经的个体工商户担任村党组织书记；在西部地区，更偏向于让曾经的外出务工人员担任村党组织书记；在东北地区，则偏向于让退伍军人担任村党组织书记。这在一定程度上反映了各地农民的就业情况和村民对不同身份人群的认可程度。

村党组织书记创办和经营企业的经历进一步说明了上述问题。2021年，在经济相对发达的东部和中部地区，村党组织书记曾经有过创办或经营企业经历的比例分别达到54.02%和51.67%，而这一比例在相对欠发达的西部地区和东北地区分别只有43.44%和26.67%。此外，在东部和中部地区，任职期间同时经营企业的村党组织书记比例都在30%左右，而在西部地区和东北地区，这一比例分别只有19.51%和13.33%（见表9）。可见，越是经济发达的地区，村民越重视村党组织书记的企业经营能力，更偏向于选择成功的个体工商户和企业主担任村党组织书记。

表9　村党组织书记经营企业经历　　　　　　　单位：%

区域	有创办或经营企业经历的比重	还在经营企业的比重
东部地区	54.02	29.89
中部地区	51.67	30.00

续表

区域	有创办或经营企业经历的比重	还在经营企业的比重
西部地区	43.44	19.51
东北地区	26.67	13.33
全国平均	46.49	24.00

（三）村党组织书记任职情况

2019—2021年，村党组织书记的平均任职年限有所下降，连任多届村党组织书记的情况有所减少，越来越多新鲜血液融入乡村治理中。2021年全国层面村党组织书记的平均任职年限为5.88年，与2019年的7.51年相比，下降了1.63年。全国各地区都展现出类似的情况，2021年东部、中部、西部、东北地区村党组织书记任职年限的均值分别为6.89年、6.81年、4.81年和5.52年，相比2019年分别下降了1.05年、2.46年、1.82年和0.81年（见表10）。

表10　　　　　村党组织书记的任职年限　　　　单位：年；%

区域	2019年 任职年限均值	2019年 5年以内比重	2019年 6—10年比重	2019年 10年以上比重	2021年 任职年限均值	2021年 5年以内比重	2021年 6—10年比重	2021年 10年以上比重
东部地区	7.94	43.48	29.35	27.17	6.89	55.68	26.14	18.18
中部地区	9.27	41.67	23.33	35.00	6.81	62.71	13.56	23.73
西部地区	6.63	58.87	23.39	17.74	4.81	72.95	15.57	11.48
东北地区	6.33	63.33	13.34	23.33	5.52	73.33	13.34	13.33
全国平均	7.51	51.31	24.18	24.51	5.88	65.89	18.06	16.05

从村党组织书记任职年限的结构上，也能看出新鲜血液参与到乡村治理的特征。在全国层面，2021年任职年限在5年以内的村党组织书记占比为65.89%，相比2019年的51.31%，上升了14.58个百分点。不同地区也都展示出类似的特征，中部地区尤其明显。数据显示，2021年东部、中部、西部、东北地区任职年限在5年以内的村党组织书记占比为55.68%、62.71%、72.95%和73.33%，与2019年相比分别提高

了 12.20 个、21.04 个、14.08 个和 10.00 个百分点。这说明，当前接近 2/3 的村党组织书记任职时间在一届之内，过去大量村庄村党组织书记连任多届的情况有所改观，更年轻的、学历更高的、经历更丰富的农村优秀人才更多地走向了领导村民干事创业的岗位。

三 农村基层党组织活动与经费情况

（一）基层党组织活动开展情况

2019—2021 年，农村基层党组织活动开展变得更加频繁。数据显示，2021 年全国层面上农村基层党组织每年召开村级党组织支委会次数的均值为 15.68 次，与 2019 年的 14.44 次相比，提升了 1.24 次，这说明农村基层党组织正变得更有活力、工作更加有效。分地区来看，东部、中部、西部地区农村基层党组织召开支委会的次数都有所增加，2021 年分别达到了 15.42 次、15.98 次和 17.06 次，与 2019 年相比分别提高了 0.52 次、0.96 次和 2.91 次，西部地区的提升尤其明显；而东北地区则有所下降，两年间支委会召开次数从 13.17 次下降到 10.17 次。进一步观察各地区村庄近 5 年来村级重大事项决策实行"四议两公开"次数可以发现，东北地区的"四议两公开"次数平均达到 30.19 次，远高于东部、中部、西部地区的水平（分别为 18.35 次、21.46 次和 21.43 次）（见表 11）。

表 11　　　　农村基层党组织活动开展情况　　　　单位：次

区域	2019 年 每年召开村级党组织支委会次数	2021 年 每年召开村级党组织支委会次数	2021 年 近 5 年来村级重大事项决策实行"四议两公开"次数
东部地区	14.90	15.42	18.35
中部地区	15.02	15.98	21.46
西部地区	14.15	17.06	21.43
东北地区	13.17	10.17	30.19
全国平均	14.44	15.68	21.40

村支委会和"四议两公开"在功能定位上有所差别,支委会主要决策日常"小事",而"四议两公开"主要针对重大事项决策,因此二者是一个互补的关系。结合农村基层党组织支委会召开次数和"四议两公开"次数的数据也可发现,前者次数多了,后者次数就少了,反之亦同。然而,一件事情是大事还是小事,则完全取决于村委会的判断,这也是造成不同地区两类会议召开次数存在差异的重要原因。从2021年数据上看,东北地区"四议两公开"次数更多,村委会召开次数更少,说明东北地区偏向于让更广泛的群众参与到村庄大小事务的决策之中。

(二)基层党组织运转经费来源

总体来看,农村基层党组织经费情况不容乐观。数据显示,2021年村"两委"没有任何经费支持的村庄比重占到25.42%,超过了村庄总数的1/4,而在2019年这一指标仅为21.55%。可见,2019—2021年,农村基层党组织的经费情况不仅没有得到改善,经费不足的情况反而更加严重,这可能跟新冠疫情暴发带来的地方财政吃紧有关。虽然整体上农村基层党组织经费变得更加紧张,但不同地区的表现却呈现出较大差异,西部地区和东北地区农村基层党组织经费情况有所改善,2021年西部和东北地区村"两委"完全没有经费支持的村庄比重分别为18.03%和13.33%,相较2019年分别下降了3.11个和13.34个百分点;东部地区和中部地区情况则有所恶化,2021年东部和中部地区村"两委"完全没有经费支持的村庄比重分别为35.23%和32.20%,相较2019年分别下降了6.66%和22.20%(见表12)。

表12　　　　　农村基层党组织活动经费来源情况　　　　单位:%

区域	2019年 完全没有经费支持村庄的比重	2021年 完全没有经费支持村庄的比重	2021年 村"两委"得到财政补助的比重	2021年 村"两委"得到其他专项经费的比重	2021年 同时得到两类支持村庄的比重
东部地区	28.57	35.23	62.50	26.14	23.86
中部地区	10.00	32.20	66.10	23.73	22.03
西部地区	21.14	18.03	80.33	42.62	40.98
东北地区	26.67	13.33	83.33	26.67	23.33
全国平均	21.55	25.42	72.58	32.44	30.43

在经费来源方面，得到财政补助的村庄相对多，而得到其他专项经费支持的村庄相对少。在全国层面，2021年村"两委"得到财政补助的村庄比重为72.58%，得到其他专项经费的村庄比重为32.44%，而同时得到两类经费支持的村庄比重仅为30.43%。分区域来看，西部和东北地区在对村"两委"进行经费支持上做得更好，西部和东北地区村"两委"得到财政补助的村庄比重都达到了80%以上，大幅高于东部和中部地区约65%的水平。其中，西部地区表现尤其突出。西部地区村"两委"得到其他专项经费支持的比重达到42.62%，大幅高于其他地区约25%的水平；村"两委"得到两类经费支持的村庄比重更是达到40.98%，远高于其他地区略高于20%的水平。

总体来看，当前农村基层党组织的经费情况依然堪忧，超过1/4的村"两委"没有得到任何经费支持，而同时得到财政补助和其他专项经费支持的村庄占比不到1/3。经费是支持基层党组织开展活动的基本保障，没有经费支持开展活动，必然导致农村基层党组织战斗力、凝聚力和向心力下降。数据显示，经济发展水平较高的东部和中部地区的农村基层党组织并未更好地得到经费支持，反而是相对欠发达的西部和东北地区做得更好，说明当前中国农村基层党组织经费不足问题关键在于地方政府的重视程度不够，而非财政问题。

（三）村党组织书记收入及来源情况

2019—2021年，农村基层党支部书记的收入水平整体有了较大幅度的提升。在全国平均层面，村党组织书记年收入从2019年的4.21万元提升到2021年的4.89万元，提升幅度达到16.15%。这种提升并非某个区域的特殊情况，而是全国各个地区的普遍现象。分地区来看，2021年中国东部、中部、西部、东北地区村党组织书记的年收入分别为5.99万元、4.67万元、4.68万元和2.95万元，与2019年水平相比分别提升了19.32%、9.37%、17.59%和17.53%（见表13）。经过这样的提升之后，当前农村基层党组织书记的收入已经达到了一个比较可观的水平。统计数据显示，2021年中国农村居民人均可支配收入为

2.01万元，城镇居民为4.93万元①。从全国层面平均水平来看，当前村党组织书记收入已经远远超过农民居民平均水平，已经非常接近城镇居民平均水平，这说明当前村党组织书记岗位的收入水平是有一定吸引力的，这有助于农村吸引和留住人才，为实现乡村振兴做好人才储备。值得注意的是，区域间的不平衡现象还在一定程度上存在，主要体现为东北地区村党组织书记收入偏低，2021年东北地区村党组织书记的平均年收入只有2.95万元，仅为中部和西部地区村党组织书记收入的63.17%，以及东部地区村党组织书记收入的49.25%。这说明下一步的重点在于提升欠发达地区的村党组织书记收入水平，尽量缩小区域之间的差距，避免使欠发达区域陷入"收入偏低—人才流失—发展受阻"的困境。

表13　　　　　　　　村党组织书记收入及来源　　　　　单位：万元；%

区域	2019年 村党组织书记年收入	2019年 有村集体收入补充的比重	2021年 村党组织书记年收入	2021年 有村集体收入补充的比重
东部地区	5.02	23.86	5.99	15.29
中部地区	4.27	18.97	4.67	13.73
西部地区	3.98	12.50	4.68	6.14
东北地区	2.51	10.34	2.95	21.43
全国平均	4.21	16.95	4.89	11.87

从村党组织书记收入来源看，2019—2021年，有村集体收入补充的比重整体上反而降低了。从全国层面看，2019年，有16.95%的村党组织书记收入中有来自集体经济补充的部分，但这一比例在2021年下降到了11.87%。分区域来看，东部、中部、西部地区都有不同程度的下降，下降幅度分别为8.57个、5.24个和6.36个百分点；只有东北地区这一比例大幅上升，提升幅度达到11.09个百分点。这展现出中国不同区域村党组织书记收入结构变化的两种趋势：一种是以财政支持为

---

① 《2022年居民收入和消费支出情况》，https://www.gov.cn/xinwen/2023-01/17/content_5737487.htm。

主，财政支付收入在村党组织书记总收入中的比重越来越高，当前中国东部、中部、西部地区都展现出这种态势；另一种是依靠村集体收入补充，当前中国东北地区存在这种趋势。在村集体经济发展较好的情况下，依靠集体经济收入补充村党组织书记收入是合理的，一方面可以降低地方财政压力，另一方面可以激励村党组织书记积极发展村庄集体经济。然而，在村集体经济较弱的情况下降低财政对村党组织书记收入的支持，则会导致村党组织书记收入下降，当前中国东北地区就存在这样的问题。可见，以村集体经济支持村党组织书记收入的做法要以村集体经济发展水平较高为前提，更适合在相对发达地区采用，而非在村庄集体经济发展相对弱的欠发达地区。

四 "一肩挑"对基层党组织建设的影响

（一）村党组织书记和村主任"一肩挑"的推进情况

2019年以来，中央发布多个重要文件，全面推行村党组织书记和村委会主任"一肩挑"。经过3年多的发展，当前中国各地农村都已经实现了很高比例的"一肩挑"。2021年数据显示，在全国层面上，91.03%的村庄已经实现了一肩挑。而在2019年这一比例仅为58.82%，两年间提升了32.21个百分点（见表14）。

表14　　　　村党组织书记和村主任"一肩挑"比重　　　　单位：%

区域	2019年	2021年
东部地区	47.83	90.91
中部地区	58.33	95.00
西部地区	58.06	90.24
东北地区	96.67	86.67
全国平均	58.82	91.03

分区域来看，除了东北地区原本"一肩挑"比例较高，有一定幅度的调整之外，东部、中部、西部地区的"一肩挑"比例都大幅上升，分别从2019年的47.83%、58.33%和58.06%提升到2021年的90.91%、95.00%和90.24%，增幅分别达到43.08个、36.67个和

32.18个百分点。东北地区虽然下降了10个百分点，但也仍然保持在86.67%的高位。总体来看，在中央政策的引导和地方政府的积极配合下，中国绝大部分村庄当前已经实现了村党组织书记和村委会主任"一肩挑"，有力地加强了党对农村工作的全面领导。

（二）"一肩挑"对基层党员发展的影响

从2021年的数据来看，"一肩挑"显著增强了农村基层党组织的凝聚力，促进了农村基层党组织的发展壮大。无论从发展党员人数上看，还是从递交入党申请书的人数上看，实现了"一肩挑"的村庄，其农村基层党组织都发展得更好。

从发展党员人数上看，实行了"一肩挑"的村庄2017年以来发展党员数量在全国层面平均为5.22人，而未实行"一肩挑"的村庄平均为4.81人。分区域来看，除了中部地区实行"一肩挑"的村庄2017年以来发展党员数量略低于未实行"一肩挑"的村庄外，东部、西部、东北地区都是实行"一肩挑"的村庄发展的新党员数量更多。从递交入党申请书人数来看，也展现出实行"一肩挑"的村庄党组织更有吸引力的特征。2017年以来，全国层面实行了"一肩挑"的村庄中递交了入党申请书人数的均值为11.81人，高于未实行"一肩挑"的村庄的均值9.73人。在全国不同区域中，这一特征也非常明显，东部、中部、西部、东北地区实行"一肩挑"的村庄中2017年以来递交入党申请书的人数分别为11.65人、14.11人、11.52人和8.54人，而上述地区中未实行"一肩挑"的村庄中递交入党申请书的人数分别仅为10.13人、11.00人、10.00人和7.25人（见表15）。

表15　　　　"一肩挑"对农村基层党员发展的影响　　　　单位：人

区域	2017年以来发展党员数量		2017年以来递交入党申请书人数	
	"一肩挑"	非"一肩挑"	"一肩挑"	非"一肩挑"
东部地区	4.74	4.00	11.65	10.13
中部地区	5.55	6.00	14.11	11.00
西部地区	6.37	5.33	11.52	10.00
东北地区	4.19	4.00	8.54	7.25
全国平均	5.52	4.81	11.81	9.73

(三)"一肩挑"对基层党组织活动开展的影响

对比实行了"一肩挑"和未实行"一肩挑"村庄的村级党组织支委会召开情况以及村级重大事项决策实行"四议两公开"的情况,可以发现,实行"一肩挑"虽然有助于农村基层党组织发展壮大,但对基层党组织的日常活动开展并没有特别明显的影响。无论是否实行了"一肩挑",各地基层党组织基本都能按照有关要求正常开展各种类型的活动。

从每年召开村级党组织支委会的次数上看,在全国层面,实行了"一肩挑"的村庄每年召开支委会次数的均值为15.65次,而未实行"一肩挑"的村庄均值为15.33次,二者并不存在很大差别。分地区来看,也没有发现出明显的规律:东部地区实行"一肩挑"的村庄召开支委会的次数更多,而中部、西部、东北地区实行"一肩挑"的村庄召开支委会次数更少。从村级重大事项决策实行"四议两公开"的次数上看,过去5年中,在全国层面上,实行了"一肩挑"的村庄"四议两公开"的次数均值为21.32次,而未实行"一肩挑"的村庄"四议两公开"的次数为20.69次,二者同样未展现出明显差别。分地区来看,东部、中部、东北地区实行"一肩挑"的村庄"四议两公开"次数更多,而西部地区实行"一肩挑"的村庄"四议两公开"次数更少(见表16)。

表16　"一肩挑"对农村基层党组织活动开展的影响　　　单位:次

区域	每年召开村级党组织支委会次数		5年来村级重大事项决策实行"四议两公开"次数	
	"一肩挑"	非"一肩挑"	"一肩挑"	非"一肩挑"
东部地区	15.58	11.75	18.18	14.14
中部地区	15.96	16.33	21.77	15.67
西部地区	16.92	18.33	21.01	25.17
东北地区	9.77	12.75	31.52	22.50
全国平均	15.65	15.33	21.32	20.69

(四)"一肩挑"对村集体经济发展的影响

村庄实行"一肩挑"能在一定程度上提升村集体经济发展水平,

但这种"一肩挑"促进村集体经济发展的作用在不同区域有不同的表现。总体来看,实行"一肩挑"的村庄集体经济发展水平更高,2021年数据显示,在全国层面,实行"一肩挑"村庄集体经济资产均值为995.52万元,高于未实行"一肩挑"村庄的均值895.09万元;实行"一肩挑"村庄集体经济年收入均值为175.45万元,高于未实行"一肩挑"村庄的均值146.84万元(见表17)。无论从集体经济资产还是年收入的角度看,实行"一肩挑"村庄的集体经济发展水平都要更高,这充分展现出党建引领村庄集体经济发展的重要作用(赵普兵和吴晓燕,2023)。

表17　　　　"一肩挑"对村集体经济发展的影响　　　　单位:万元

区域	集体经济资产		集体经济收入	
	"一肩挑"	非"一肩挑"	"一肩挑"	非"一肩挑"
东部地区	1492.52	2017.15	461.86	450.96
中部地区	668.31	91.58	52.49	28.00
西部地区	811.74	490.01	54.76	49.12
东北地区	1092.32	1029.85	68.54	73.00
全国平均	995.52	895.09	175.45	146.84

"一肩挑"促进集体经济发展的功能在不同区域有不同的表现。2021年数据显示,在普遍村集体经济发展水平较高的东部地区和普遍村集体经济发展水平较低的西部和东北地区,"一肩挑"在促进集体经济发展方面的作用不太明显:在东部地区,实行"一肩挑"村庄集体经济资产的均值为1492.52万元,未实行"一肩挑"村庄的均值为2017.15万元,实行"一肩挑"村庄的集体经济资产反而更低;但从集体经济收入的角度看,实行"一肩挑"村庄的集体经济年收入均值为461.86万元,未实行"一肩挑"村庄的均值为450.96万元,实行"一肩挑"村庄的集体经济收入更高。在集体经济普遍发展水平不高的西部和东北地区,也展现出类似特征。然而,在中部地区,"一肩挑"促进集体经济发展的作用则表现得非常明显。在中部地区,实行"一肩挑"村庄集体经济资产的均值为668.31万元,未实行"一肩挑"村庄

的均值为 91.58 万元；从集体经济收入的角度看，实行"一肩挑"村庄的集体经济年收入均值为 52.49 万元，未实行"一肩挑"村庄的均值为 28.00 万元。从两个指标上看，都是实行"一肩挑"的村庄表现得更好。究其原因，中部地区不同于东部地区集体经济普遍达到了较高的发展水平，也不同于西部和东北地区集体经济缺少必要的发展条件，中部地区各地村庄集体经济发展水平差异较大，村党组织有较大的发挥空间，因此强有力的基层党组织能充分发挥引领集体经济发展的作用，大幅提升集体经济发展水平。

五 小结

本报告基于 2019 年和 2021 年调查数据的对比，对中国农村基层党组织的总体情况和发展趋势进行了分析和研判，重点分析了农村基层党组织的规模与结构、干部情况、活动开展与经费情况，以及村党组织书记村主任"一肩挑"对基层党组织建设的影响等方面内容，得出以下基本结论：

第一，农村基层党员存在年轻化的趋势，且女性党员比重在持续提高。在全国层面，近年来新发展的农村基层党员平均年龄为 35.42 岁，且越是发达地区，新发展党员的平均年龄越小，说明近年来农村产业发展和人居环境优化对青年优秀人才产生了较强的吸引力。各地农村基层党组织中女性党员的比重也在持续提高，2021 年女性党员比重的均值为 27.27%，与 2019 年相比提升了 8.09 个百分点，说明女性在农村基层治理中发挥了越来越重要的作用。

第二，农村基层党组织书记也呈现出年轻化趋势，长期连任的村党组织书记越来越少。2021 年全国层面村党组织书记的平均年龄为 47.93 岁，与 2019 年相比下降了 2.09 岁；2021 年 60 岁及以上村党组织书记比重为 5.32%，与 2019 年相比下降了 4.16 个百分点。村党组织书记长期连任情况也有所改观，2021 年全国层面村党组织书记的平均任职年限为 5.88 年，与 2019 年相比下降了 1.63 年。这说明越来越多优秀青年人才走上了村党组织书记的岗位，利用自己的新知识、新理念带领村民谋发展。

第三，不同地区对村党组织书记人选的偏好展现出差异。外出务工人员、个体工商户和退伍军人是农村基层党组织书记的重要候选群体。相对来说，东部和中部地区更偏向让曾经的个体工商户担任村党组织书记；西部地区更偏向于让曾经的外出务工人员担任村党组织书记；东北地区更偏向于让退伍军人担任村党组织书记。这在一定程度上反映了各地农民的就业情况和村民对不同身份人群的认可程度。

第四，村党组织书记收入水平比较可观，但基层党组织活动经费依然缺乏。2021年全国层面村党组织书记的平均年收入为4.89万元，较2019年提升了16.15%。这一收入水平远超中国农村居民人均可支配收入2.01万元，接近城镇居民人均可支配收入4.93万元。村党组织书记的收入主要来自财政支付，村集体经济补充村党组织书记收入的能力依然较弱。虽然村党组织书记个人收入得到了保障，但基层党组织活动经费依然缺乏，疫情导致的财政能力下降，使得2019—2021年农村基层党组织活动经费欠缺的情况依然没有得到改善。

第五，村党组织书记和村主任"一肩挑"推进较快，实行"一肩挑"使农村基层党组织发展得更好，同时也促进了农村集体经济的发展。"一肩挑"在中国农村推进得很快，覆盖率已从2019年的58.82%提升到2021年的91.03%。从全国层面看，实行"一肩挑"的村庄近年新发展新党员数量更多，递交入党申请书人数也更多，说明"一肩挑"增强了农村基层党组织的凝聚力和吸引力。实行"一肩挑"也促进了农村集体经济发展，实行"一肩挑"的村庄集体经济资产水平更高，集体经济年收入也更高，充分展现出党建引领村庄集体经济发展的重要作用。

基于本报告分析，可得出以下政策启示：

第一，应在尊重农村传统的基础上，进一步优化农村基层党组织中青年党员和女性党员的比例，让优秀青年人才和女性人才在农村公共治理中发挥更加重要的作用，尤其是要加强对农村青年优秀人才的培养和信任，让他们利用自己的新知识、新理念带领村民谋发展。近年来，农村基础设施的完善和农村人居环境的优化，对青年优秀人才产生了较强的吸引力，大量外出务工的高素质人才返乡就业创业，农村基层党组织建设要充分利用这部分宝贵的优质人力资源，强化农村基层党组织力量，改善农村基层治理效能。

第二，应进一步加强农村产业发展和人居环境建设，吸引农村优秀外出人才返乡，为乡村振兴做好人才储备，形成"收入提高—人才返乡—乡村发展"的良性循环。在乡村振兴战略的引领下，各地乡村发展条件均得到了大幅改善，这不仅体现在乡村基础设施持续完善，返乡人才有了更好的发展环境和空间，还体现在农村人居环境的改善上，使乡村得以提供城市无法提供的人与自然环境亲近的机会，使传统乡村再次焕发出勃勃生机。在传统乡村逐渐变得越发宜居宜业的情况下，将人才吸引回归并让其投身乡村建设，将为乡村发展注入强大动能。

第三，应在充分尊重人民群众意愿的基础上，进一步引导返乡能人实现村党组织书记和村主任"一肩挑"，避免选举中的论资排辈，让这类返乡人才有机会、有平台发挥自己的能力，更好地引领村庄发展，尤其是以强有力的党组织领导农村集体经济发展。在党中央政策的指引下，当前"一肩挑"取得了很大进展，绝大多数农村地区实现了村党组织书记和村主任"一肩挑"，且村干部呈现出年轻化、知识化的趋势。但是，由于返乡人才长期远离乡村，在当地缺少群众基础，在一定程度上缺少发挥才能的平台。基层政府需要主动引导返乡人才参加乡村公共事务，使这类人才尽快融入乡村治理。

参考文献

杜志雄等：《跨村联建、村企共建：农村基层党组织创新与发展的实践探索》，《中共中央党校（国家行政学院）学报》2022年第1期。

韩鹏云：《农村基层党组织带头人队伍建设的实践逻辑与优化策略》，《广西社会科学》2023年第7期。

胡祎：《中国特色返乡创业问题研究：框架、进展与展望》，《北京工商大学学报》（社会科学版）2023年第3期。

赵普兵、吴晓燕：《基层党组织引领农村集体经济发展：基于增能理论的分析》，《河南师范大学学报》（哲学社会科学版）2023年第5期。

第三篇

农民篇

住户成员特征、劳动与就业情况

王 瑜 李 玏[*]

摘 要：本报告主要对住户成员特征、劳动与就业情况进行统计分析，包括调查样本的家庭人口规模、家庭住户人口年龄、性别、婚姻状况、民族、受教育程度、政治面貌、社会职务、农民工外出就业情况和落户意愿等方面。以上分析辅以地区维度查看一些重要特征是否存在地区差异。此外，对数据结果进行二期数据与一期数据的比较，查看两次调查期间发生的变化。调查分析表明：（1）乡村家庭的人力资本水平有一定提升，15岁及以上人口中文盲率较一期数据下降了3.54个百分点，但整体水平仍然不高，超过八成的户主受教育程度在初中及以下。（2）乡村人口老龄化持续深化，劳动力外出对乡村人口老龄化的影响明显，常住人口平均年龄高于非常住人口17岁。（3）农业劳动力年龄偏大，全职务农的劳动力平均年龄比非农就业劳动力的平均年龄高出将近16岁。（4）县级行政单元成为承载外出农民工的最主要空间载体，就业地类型为县级市及县城的外出农民工占总外出就业人数超过1/3。（5）农村外出就业劳动力在城镇落户的意愿不高，并呈现逐年下降的趋势。

关键词：农户；人口特征；劳动力从业结构；外出就业；落户意愿

---

[*] 王瑜，管理学博士，中国社会科学院农村发展研究所副研究员，研究方向为劳动力流动与城乡关系、农业农村数字化转型发展。李玏，理学博士，中国社会科学院农村发展研究所助理研究员，研究方向为城镇化与城乡发展。

Demographic characteristics of household members and labor and employment status

WANG Yu　LI Le

Abstract: This report mainly analyzes the characteristics of household members, labor and employment, including the family size of the survey sample, the age of the family household population, gender, marital status, ethnicity, education level, political status, social position, migrant workers' employment and settlement willingness. The above analysis is supplemented by the regional dimension to check whether there are regional differences in some important characteristics. In addition, the data results are compared between the second phase and the first phase of the data to present the changes that occurred during the two surveys. The survey shows the following implications. First, the human capital level of rural families has been improved to a certain extent, the illiteracy rate of the population aged 15 and above has decreased by 3.54 percentage points compared with the first phase of the data, but the overall level is still not high, more than 80% of the household heads have a junior high school education level or below. Second, the "aging society" in rural areas continues to deepen as well as the average age of the permanent population is 17 years higher than that of the non-resident population. Third, the average age of the full-time agricultural labor force is nearly 16 years higher than that of the non-agricultural employment labor force. Forth, the county-level administrative unit has become the main spatial carrier of migrant workers, and the migrant workers in county-level cities and counties account for more than one third of the total number of migrant workers. Lastly, the rural migrant workers have a low willingness to settle down in the cities and towns and the trend is decreasing year by year.

Keywords: Rural Household; Demographic Characteristics; Employment Structure of Labor Force; Migrants' Employment; Willingness to Get Hukou in City

一 受访家庭的人口特征

(一) 家庭人口规模

二期调查的 3712 户家庭，平均家庭户规模①为 4.19 人，比一期调查的 4.06 人略有上升（见表 1）。二期调查的东部、中部、西部、东北的平均家庭户规模分别为 4.27 人、4.66 人、4.13 人和 3.28 人。除东北以外，东部、中部、西部的平均家庭户规模相较一期调查均略有上升，中部仍然是平均家庭户规模较多的地区。

表 1　　　　　平均家庭户规模：两期调查比较　　　　　单位：人

地区	一期样本	二期样本
全国	4.06	4.19
东部	4.08	4.27
中部	4.40	4.66
西部	4.05	4.13
东北	3.37	3.28

注：二期样本包括追访户和新增补户；下同。

从二期数据家庭户规模的结构来看，全样本的家庭户规模适中，以四人户 (19.11%)、五人户 (20.18%)、六人户 (21.98%) 居多，合计占比超过六成。分地区来看，东部和西部家庭户规模结构与全样本的结构相似；中部地区家庭户规模整体更高，六人户占比为 28.18%；东北地区家庭规模整体偏小，二人户、三人户占比分别为 20.13%、

---

① 与一期调查一致，二期调查定义的家庭住户人口包括户籍人口与经常在一起吃住的人口。

24.92%，分别是中部地区二人户、三人户占比的四倍和三倍左右，也远高于东部地区和西部地区。此外，虽然一人户占比的值整体上都较小，但东北地区一人户的占比明显高于其他地区，是中部地区的两倍（见表2）。

表2　　　　　　　　　　家庭户规模的结构　　　　　　　　单位:%

地区	一人户	二人户	三人户	四人户	五人户	六人户	七人户	八人户	九人户	十人以上户
全国	0.76	8.60	12.49	19.11	20.18	21.98	9.22	3.08	1.68	2.90
东部	0.84	8.65	11.23	18.67	19.46	21.29	8.58	2.92	2.71	5.65
中部	0.59	5.14	8.42	16.19	19.79	28.18	11.79	4.25	1.61	4.04
西部	0.73	8.24	13.26	21.34	21.07	20.93	9.28	3.03	1.28	0.84
东北	1.17	20.13	24.92	17.11	19.31	12.58	4.11	0.67	0.00	0.00

在调查样本中，平均家庭常住人口规模为3.10人。从平均数来看，2021年全国乡村平均家庭户规模（常住人口）为2.87人/户[1]，此次调查的平均家庭常住人口规模和全国乡村平均家庭户规模比较接近，但略高于全国数据。除了样本区域覆盖差异外，本项调查未能调查举家外出户，这些可能是导致本项调查的平均家庭常住人口规模小于全国乡村平均家庭户规模的原因。分地区来看，平均家庭常住人口规模东部最高为3.32人，其次是中部为3.34人，再次是西部为2.98人，东北部最低为2.47人。相较于一期调查数据，全国和东部、中部、西部的平均家庭常住人口规模均有所减少，其中，西部和东北部减小的幅度较大。

（二）家庭成员年龄、性别及婚姻状况

1. 年龄和性别

家庭住户人口年龄分布在0—121岁[2]，平均年龄为39.52岁，较一期样本的39.8岁略有降低，中位数年龄为40岁，较一期样本的39岁略有提高；男性共7762人，占比为51.13%，较一期样本的51.73%降

---

[1] 资料来源：《中国人口和就业统计年鉴（2022）》，表2-14为各地区乡村户数、人口数、性别比和平均家庭户规模。这里的乡村人口是以常住人口为统计口径。

[2] 此次调查是在2020年8—9月开展的，所以年龄统一为截至2020年7月31日的周岁年龄。

低了0.6个百分点，女性为7420人，占比为48.87%，较一期样本的48.27%提高了0.6个百分点，性别比为104.61，较一期样本的107.1有所降低。

分年龄段来看（见表3），55—59岁的占比最多为9.79%，其次是50—54岁（8.86%）、30—34岁（8.09%）；超过80岁的高龄老年人占比合计为1.65%，较一期样本的1.87%有所降低。从各年龄段的性别比来看，4岁及以下、5—9岁、15—19岁、35—39岁、70—74岁、75—79岁年龄段的性别比都高于110；而80岁以上的性别比都小于100。

表3　　　　　　　　　　年龄性别分布

年龄	人口数（人）			占总人口比重（%）			性别比
	男性	女性	合计	男性	女性	合计	（女性=100）
全年龄组	7762	7420	15182	51.13	48.87	100.00	104.61
4岁及以下	419	373	792	2.76	2.46	5.22	112.33
5—9岁	482	402	884	3.17	2.65	5.82	119.90
10—14岁	452	455	907	2.98	3.00	5.97	99.34
15—19岁	422	356	778	2.78	2.34	5.12	118.54
20—24岁	440	420	860	2.90	2.77	5.66	104.76
25—29岁	530	524	1054	3.49	3.45	6.94	101.15
30—34岁	586	642	1228	3.86	4.23	8.09	91.28
35—39岁	502	449	951	3.31	2.96	6.26	111.80
40—44岁	397	402	799	2.61	2.65	5.26	98.76
45—49岁	551	542	1093	3.63	3.57	7.20	101.66
50—54岁	686	659	1345	4.52	4.34	8.86	104.10
55—59岁	747	739	1486	4.92	4.87	9.79	101.08
60—64岁	460	437	897	3.03	2.88	5.91	105.26
65—69岁	504	462	966	3.32	3.04	6.36	109.09
70—74岁	327	274	601	2.15	1.80	3.96	119.34
75—79岁	156	135	291	1.03	0.89	1.92	115.56
80—84岁	63	84	147	0.41	0.55	0.97	75.00
85—89岁	26	48	74	0.17	0.32	0.49	54.17
90—94岁	8	12	20	0.05	0.08	0.13	66.67
95岁及以上	4	5	9	0.03	0.03	0.06	80.00

从全部样本的人口老龄化程度来看（见表4），60岁及以上人口的比重为19.79%，较一期调查的20.04%略有降低，65岁及以上人口的比重为13.87%，较一期调查的13.82%略有提高，"老龄化社会"继续深化，进一步接近"老龄社会"①标准。从性别结构看，常住人口的性别结构与非常住人口差异不大，但常住人口的平均年龄为43.96岁，比非常住人口的平均年龄高出17岁，较一期调查的常住人口平均年龄（42.03岁）也略有上升。在常住人口样本中，60岁及以上人口占比达到25.86%（较一期调查的23.99%有明显提高），65岁及以上人口占比达到18.24%（较一期调查的16.57%有明显提高），已经接近于超老龄社会②。常住人口样本的65岁及以上占比与2021年全国乡村地区65岁及以上人口占比的18.57%③非常相近。

表4　　　　按常住人口划分的年龄和性别情况：两期比较

人口结构	一期样本			二期样本		
	全体	非常住人口	常住人口	全体	非常住人口	常住人口
男性占比（%）	51.38	53.08	50.97	50.78	51.92	50.38
平均年龄（岁）	39.87	30.95	42.03	39.53	26.78	43.96
60岁及以上占比（%）	20.04	3.67	23.99	19.79	2.43	25.86
65岁及以上占比（%）	13.82	2.46	16.57	13.87	1.30	18.24

2. 抚养比

从调查样本来看（见表5），样本中0—14岁的人口占比为17.03%，较一期样本的15.62%有所上升，15—64岁的人口占比为69.10%，较一期样本的70.55%有所下降，65岁及以上的占比为13.87%，与一期样本的13.82%差异不大。总抚养比为44.72，较一期样本的41.74有明显升高，其中少儿抚养比为24.64，老年人抚养比为

---

① 65岁及以上人口占总人口比重达到14%时，标志该地区进入"老龄社会"。
② 65岁及以上人口占总人口比重达到20%时，标志该地区进入"超老龄社会"（Hyper-aged Society）。
③ 资料来源：《中国人口和就业统计年鉴（2022）》，表2-10为各地区乡村人口年龄构成和抚养比。

20.08。从地区差异来看，东部地区的总抚养比最高为52.32，中部地区次之为46.63，西部地区和东北地区的总抚养比低于全部样本，分别为40.92和33.52（见表5）。

表5　　　　　　　　　　　抚养比分布

地区	总人口	各年龄组人口（人）			各年龄组人口（%）			总抚养比	少儿抚养比	老年人抚养比
		0—14岁	15—64岁	65岁及以上	0—14岁	15—64岁	65岁及以上			
全国	15193	2587	10498	2108	17.03	69.10	13.87	44.72	24.64	20.08
东部	4469	818	2934	717	5.38	19.31	4.72	52.32	27.88	24.44
中部	3327	652	2269	406	4.29	14.93	2.67	46.63	28.74	17.89
西部	6230	1003	4421	806	6.60	29.10	5.31	40.92	22.69	18.23
东北部	1167	114	874	179	0.75	5.75	1.18	33.52	13.04	20.48

3. 婚姻状况

在调查样本中家庭住户15岁及以上的成员中，有配偶的占77.79%，未婚的占16.29%，离异的占1.45%，丧偶的占4.47%。与一期调查的样本相比，各婚姻状态占比变化不大。

分性别来看，男性和女性的婚姻状况存在明显差异（见表6）。男性有配偶的占比低于女性4.76个百分比（较一期样本5.29个百分比的差距有所缩小），未婚的占比高于女性5.92个百分比（较一期样本6.91个百分比的差距有所缩小）。

表6　　　　　　　　　15岁及以上人口婚姻状况

年龄分组	男性				女性			
	有配偶	未婚	离异	丧偶	有配偶	未婚	离异	丧偶
总体	75.45	19.19	2.03	3.33	80.21	13.27	0.86	5.66
15—19岁	1.43	98.34	0.24	0.00	3.94	95.49	0.56	0.00
20—24岁	15.45	84.32	0.23	0.00	26.97	72.32	0.72	0.00
25—29岁	54.72	43.02	1.70	0.57	75.33	22.56	1.72	0.38
30—34岁	80.55	15.19	4.27	0.00	90.81	6.54	2.18	0.47
35—39岁	86.63	7.78	5.39	0.20	94.21	2.23	2.45	1.11

续表

年龄分组	男性				女性			
	有配偶	未婚	离异	丧偶	有配偶	未婚	离异	丧偶
40—44 岁	90.18	6.30	3.02	0.50	96.52	1.49	1.24	0.75
45—49 岁	96.37	1.09	2.54	0.00	97.60	0.18	0.55	1.66
50—54 岁	94.90	1.31	2.77	1.02	98.03	0.00	0.00	1.97
55—59 岁	93.57	3.35	1.21	1.88	97.29	0.00	0.14	2.57
60—64 岁	91.09	2.17	0.65	6.09	92.68	0.23	0.00	7.09
65—69 岁	90.66	1.19	0.80	7.36	90.48	0.00	0.22	9.31
70—74 岁	85.02	1.53	0.31	13.15	80.88	0.37	0.37	18.38
75—79 岁	73.08	0.64	1.28	25.00	55.56	0.00	0.74	43.70
80—84 岁	64.52	0.00	0.00	35.48	25.00	0.00	1.19	73.81
85—89 岁	50.00	0.00	7.69	42.31	18.75	0.00	2.08	79.17
90—94 岁	25.00	12.50	0.00	62.50	8.33	0.00	0.00	91.67
95 岁及以上	50.00	0.00	25.00	25.00	60.00	0.00	0.00	40.00

在较受关注的 30—39 岁"大龄青年"中,30—34 岁、35—39 岁男性样本中的未婚占比分别为 15.19% 和 7.78%,较一期样本的 16.07% 和 8.88% 有所下降;30—34 岁、35—39 岁女性样本中的未婚占比分别为 6.54% 和 2.23%,较一期样本的 6.39% 和 1.66% 有所上升。这表明"大龄青年"中男性的未婚占比较女性的未婚占比较高,但其差距较一期数据有所下降。此外,该年龄段的离异人口占比较高。30—34 岁男性样本中离异占比为 4.27%,较一期样本的 4.26% 变化不大,35—39 岁男性样本中离异占比为 5.39%,较一期样本的 2.75% 有大幅度升高;而 30—34 岁、35—39 岁女性样本中离异占比分别为 2.18% 和 2.45%,较一期样本的 2.24% 和 2.61% 有所下降。

(三) 民族

在调查样本中,汉族人口占 86.04%(较一期样本的 86.73% 略有降低),回族、藏族、侗族、毛南族等 19 个少数民族人口占 13.96%,其中,回族 4.85%、侗族 1.83%、藏族 1.66%、毛南族 1.48%、布依族 1.03%,其他民族人口占比均不足 1%。

从户主为汉族和户主为少数民族的家庭人口基本特征来看(见表 7),户主为汉族的家庭户平均规模为 4.15 人,低于少数民族家庭户平均规模 0.31 人；户主为汉族的家庭人口平均年龄为 40.16 周岁，比户主为少数民族的家庭人口平均年龄高 4.5 周岁，中位数年龄 41 周岁，高于少数民族家庭人口中位数年龄 6 周岁；汉族家庭男性占比为 50.88%，性别比为 103.58，而少数民族家庭男性占比为 50.14%，性别比为 100.56。

表7　户主为汉族和户主为少数民族的家庭人口特征对比

民族	家庭户平均规模（人/户）	平均年龄（周岁）	中位数年龄（周岁）	男性占比（%）	女性占比（%）	性别比（女性=100）
汉族	4.15	40.16	41	50.88	49.12	103.58
少数民族	4.46	35.67	35	50.14	49.86	100.56

（四）受教育程度

1. 文盲率

调查样本中，共有 15 岁及以上的住户人口 12599 人，其中，文盲人口 827 人，文盲率为 6.56%（较一期样本的 10.1% 有明显降低），该文盲率相较于 2021 年全国乡村 15 岁及以上人口文盲率 5.79%[①]略高。调查样本中，女性文盲率是男性文盲率的将近 3 倍。其中，15 岁及以上男性的文盲率为 3.37%，相较于 2021 年全国乡村 15 岁及以上男性人口文盲率（2.83%）高出 0.54 个百分点；15 岁及以上女性的文盲率为 9.87%，相较于 2021 年全国乡村 15 岁及以上女性人口文盲率（8.96%）高出 0.91 个百分点。

分地区来看，不同地区 15 岁及以上人口文盲率差异较大（见表 8）。西部的文盲率最高为 8.96%，其次是东北部为 6.08%，东部和中部较低分别为 4.98% 和 4.23%。15 岁及以上乡村人口文盲率性别差异最大的是西部，女性文盲率比男性高 8.15 个百分点，其次是东北部，女性文盲率比男性高 6.54 个百分点，东部和中部女性文盲率比男性高约 5 个百分点。

---

① 《中国人口和就业统计年鉴（2022）》，表 2-31 为各地区乡村分性别的 15 岁及以上文盲人口。

表8 各地区乡村分性别的15岁及以上文盲人口

地区	15岁及以上人口（人）	性别 男性	性别 女性	文盲人口（人）	性别 男性	性别 女性	文盲人口占15岁及以上人口的比重（%）	性别 男性	性别 女性
全国	12599	6409	6190	827	216	611	6.56	3.37	9.87
东部	3651	1860	1791	182	44	138	4.98	2.37	7.71
中部	2674	1351	1323	113	23	90	4.23	1.70	6.80
西部	5221	2659	2562	468	132	336	8.96	4.96	13.11
东北	1053	539	514	64	14	47	6.08	2.60	9.14

2. 户主受教育程度

调查样本中户主的受教育程度不高，超过八成的户主受教育程度在初中及以下（见表9）。其中，受教育程度为初中的占45.05%，受教育程度为小学的占32.71%，受教育程度为高中的占14.55%，未上过学的占4.65%，大学专科、大学本科及以上分别仅为2.52%、0.53%。相较于一期调查，户主受教育程度略有提升，未上过学的占比下降了3.95个百分点，受教育程度为高中、大学专科和大学本科及以上的占比均略有所提升。

表9 户主受教育程度 单位：%

		未上过学	小学程度	初中程度	高中程度	大学专科	大学本科及以上	总体占比
全部		4.65	32.71	45.05	14.55	2.52	0.53	100.00
性别	男性	3.87	32.63	45.91	14.81	2.31	0.47	93.63
	女性	16.09	33.91	32.61	10.87	5.65	0.87	6.37
年龄分组	20—24岁	0.00	16.67	16.67	33.33	33.33	0	0.16
	25—29岁	0.00	13.79	37.93	13.79	17.24	17.24	0.78
	30—34岁	0.00	7.69	35.90	23.08	30.77	2.56	2.11
	35—39岁	1.25	20.00	46.88	15.62	11.88	4.38	4.38
	40—44岁	1.61	24.90	51.81	16.47	4.82	0.40	6.78
	45—49岁	2.85	26.75	53.29	13.82	3.29	0	12.40
	50—54岁	2.83	32.08	53.77	10.06	1.26	0	17.48

续表

	全部	未上过学	小学程度	初中程度	高中程度	大学专科	大学本科及以上	总体占比
		4.65	32.71	45.05	14.55	2.52	0.53	100.00
年龄分组	55—59 岁	2.68	26.94	52.61	17.21	0.42	0.14	19.75
	60—64 岁	4.88	26.74	42.09	25.58	0.23	0.47	12.02
	65—69 岁	10.07	43.71	32.27	13.50	0.46	0	12.35
	70—74 岁	9.06	60.51	26.45	3.99	0	0	7.67
	75—79 岁	11.54	61.54	23.08	2.88	0	0.96	2.92
	80—84 岁	19.35	58.06	12.90	9.68	0	0	0.95
	85—89 岁	33.33	33.33	33.33	0	0	0	0.14
	90—94 岁	100.00	0	0	0	0	0	0.03
	95 岁及以上	0.00	50	0	50	0	0	0.08

分性别来看，6.37%的户主为女性，较一期调查提高了0.12个百分点。从户主分性别的特征差异来看，男性户主中初中、高中程度的占比高于女性户主，小学程度的占比低于女性户主。女性户主中未上过学的占比较男性户主高出12个百分点以上，但女性户主中大学专科、大学本科及以上的占比较男性户主高。分年龄段来看，45—49岁、50—54岁、55—59岁、60—64岁、65—69岁户主的占比都超过了10%，其中55—59岁的户主占比最高的为19.75%，其次是50—54岁的户主占比为17.48%。随着户主年龄的增加，户主受教育程度更低，而20—24岁、25—29岁、30—34岁的户主中大学专科及以上的受教育程度占比达到1/3。

（五）政治面貌及社会职务

1. 政治面貌

调查样本中，18周岁及以上的人口共12453人，其中普通群众占到了82.75%，中共党员占13.52%，共青团员占3.71%，仅有2人是民主党派占0.02%。其中，中共党员的占比较一期样本提高了0.91个百分点。分性别来看，男性中的中共党员占比为20.16%，女性中的中共党员占比为6.80%。

2. 社会职务

调查样本中18周岁及以上人口中，普通村民占到了91.43%，有2.66%的担任村小组长，2.92%的担任村委委员/支部委员，1.21%的担任村党组织书记/村主任，0.49%的担任合作社或集体经济的监事会/理事会成员。此外，还有1.29%的担任一些其他社会职务，比如护林员、村医、民兵连长、党政联络员、乡政科员、人大代表等。

二 人员户籍与居住情况

（一）家庭成员户籍分布情况

调查样本中，户籍在本村的人口占96.96%，与一期调查的96.89%相比变化不大（见表10）。户籍在村外乡内占0.90%，乡外县内占0.98%，县外省内占0.78%，外省占0.35%，国外占0.02%。从东部、中部、西部、东北部四个地区看，户籍在本村的家庭成员，比重相近，分别为96.34%、97.02%、97.32%和97.32%。调查中除了户籍成员，还包括户籍不在本村但是常住在本户的家庭成员。这些成员可能是户籍迁出但仍然留在本户生活的成员，也可能是嫁入本户但户籍还未迁入的成员，等等。与一期调查一致，此次调研并未涵盖农村的外来户，也就是未涵盖原籍不在本村但长期居住在村中的外来户。

表10　　　　　　　　家庭成员户籍分布状况　　　　　　　　单位：%

户籍所在地	全样本	东部	中部	西部	东北部
本村	96.96	96.34	97.02	97.32	97.32
村外乡内	0.90	1.16	0.83	0.79	0.67
乡外县内	0.98	1.46	0.97	0.65	0.92
县外省内	0.78	0.58	0.97	0.81	0.84
外省	0.35	0.39	0.18	0.44	0.17
国外	0.02	0.04	0.03	0.00	0.00
其他	0.01	0.02	0.00	0.00	0.08
合计	100	100	100	100	100

（二）家庭成员在本户的居住时长

从居住时长来看，2021年，调查样本家庭成员平均在本户的居住时长为9.07个月，较一期样本的9.2个月略有降低（见表11）。其中，家庭成员中，在本户居住时长半个月以内的占3.81%，不足一个月的占9.20%，不足三个月的占19.07%，居住时长半年及以上的占73.96%，居住时长9个月及以上的占70.71%，全年在本户居住的占68.44%。按半年及以上的居住时长为标准，家庭成员常住在本户的接近于3/4，较一期调查有所降低。当然，由于举家外出的农户未能在抽样中调查到，因此，家庭成员居住时长可能是高估的。

表11　　　　　　　　居住时长与占比结构　　　　　单位：月；%

平均居住月数	不同居住时长（月数）的人口占比							
	[0, 0.5)	[0.5, 1)	[1, 3)	[3, 6)	[6, 9)	[9, 11)	[11, 12)	12	合计
9.07	3.81	5.4	9.87	6.96	3.25	1.61	0.66	68.44	100

三　劳动力从业及农业劳动投入情况

（一）劳动从业情况

在调查样本中的15—64岁的劳动力（不包括在校学生以及因病因残无法就业人口）中，非农就业占42.62%，较一期样本的40.26%略有上升。全职务农占比32.02%，较一期样本的34.76%略有下降。兼业占比15.61%，较一期样本的17.43%略有下降。另有无业或待业的占比9.06%，较一期样本的6.98%有所上升。

在15—64岁的在业劳动力中，以全职务农、非农就业、兼业三种类型的就业形式的劳动力群体以初中教育程度为主体，分别占三类劳动力类型的45.98%、39.62%和52.92%。在全职务农劳动力中，小学及以下受教育水平占43.23%（较一期样本的44.32%略有下降）。在非农就业劳动力和兼业劳动力中，这一比例分别为11.20%（较一期样本的14.40%有所下降）和25.28%（较一期样本的27.72%有所下降）。在全职务农劳动力中，高中及以上受教育水平的占10.80%，在非农就业劳动力中，高中以上受教育水平占 49.18%（其中大专及以上占 27.78%），在兼业劳动力中，高中以上受教育水平占 21.80%（其中大专及以上占 5.64%）。全职务农、非农就业、兼业三种类型就业形式劳动力群体的受教育水平较一期样本略有提升，但基本结构与一期样本的情形相近。值得注意的是，在无业/待业劳动力中，大专及以上占 10.80%。

不同就业形式劳动力的教育结构差异，与劳动力的年龄结构也密切相关。全职务农的劳动力平均年龄为 51.18（较一期样本的 50.42 略有增高），比非农就业劳动力的平均年龄为 35.33 岁高出将近 16 岁。兼业劳动力的平均年龄为 45.49 岁，与一期样本差异不大。无业或待业劳动力的平均年龄为 44.07 岁。

表 12　　不同从业状态劳动年龄人口的受教育情况　　单位：岁；%

从业状态	平均年龄	未上过学	小学程度	初中程度	高中程度	大学专科程度	大学本科及以上	合计
全职务农	51.18	7.64	35.59	45.98	9.58	0.95	0.27	100
非农就业	35.33	0.87	10.33	39.62	21.40	15.33	12.45	100
兼业	45.49	1.74	23.54	52.92	16.16	3.69	1.95	100
无业/待业	44.07	6.48	26.65	42.38	13.69	5.76	5.04	100
其他	34.98	0.00	14.06	35.94	20.31	15.63	14.06	100

（二）农业劳动投入情况

从业状态来看（见表 13），2021 年，全职务农劳动力的平均农业劳动投入为 169.41 天（较一期样本的 183.60 天减少了 14.19 天），其中，在本户投入 161.20 天（较一期样本的 175.40 天减少了 14.2 天），在本户以外投入 8.20 天（与一期样本基本持平）。兼业劳动力的平均农业劳动投入为 95.01 天（较一期样本的 111 天减少了约 16 天），在本户投入 84.76 天（较一期样本的 99.09 天减少了 14.33 天），在本户以外投入 10.25 天（较一期样本的 11.91 天略有减少）。

表 13　全职务农劳动力与兼业劳动力 2021 年的农业劳动投入　单位：天

农业劳动投入	一期样本		二期样本	
	全职务农	兼业	全职务农	兼业
在本户投入	175.40	99.09	161.20	84.76
在本户以外投入	8.20	11.91	8.21	10.25
农业劳动投入总计	183.60	111.00	169.41	95.01

四　农民工外出就业与落户意愿

（一）农民工外出就业情况

1. 农民工外出就业规模

本次调查中，2021 年外出就业的农民工达到 3080 人，约占调查总人口的 19.80%，与《2021 年农民工监测调查报告》中全国外出农民工占比基本持平（见表 14）。与 2019 年相比，调查的 10 个省份农村劳动力外出就业人口比重提高了 3.93 个百分点。总体来看，随着新冠疫情的影响得到控制，国家积极实施就业优先政策，农民工就业总体稳定，农村劳动力外出就业规模有所增加、比重有所提升。在外出就业人员中，以外出务工为主，占外出就业总人数的 91.20%，达到 2809 人；外出自营人数占比仅为 7.37%，还有 1.43% 的农业转移人口外出就业类型为其他，可见外出务工仍然是农村劳动力外出就业的主要途径。

表 14　2021 年农村劳动力外出就业类型及构成　单位：人；%

按输出地分	外出农民工总量			比重		
	外出务工	外出自营	其他	外出务工	外出自营	其他
合计	2809	227	44	91.20	7.37	1.43
东部地区	782	70	5	91.25	8.17	0.58
中部地区	629	67	7	89.47	9.53	1.00
西部地区	1234	78	29	92.02	5.82	2.16
东北地区	164	12	3	91.62	6.70	1.68

2. 农民工外出就业分布

从农民工流出地区来看，西部和中部地区是农村劳动力劳务输出的主要地区。调查数据显示，西部地区外出就业人口占该地区总调查人口的 21.52%，高于全国水平的 1.72 个百分点；中部地区次之，外出就业人口占该地区总调查人口的 21.13%。与 2019 年相比，西部地区农村外出就业人口占该地区总调查人口占比大幅度提升，增加了 5.87 个百分点，已超过中部地区，成为农村劳动力劳务输出占比最高的地区。而东部和东北地区农村劳动力外出就业比重均低于全国平均水平，分别为 19.18% 和 15.34%。

从农村劳动力流入地区来看，东部地区仍然是吸纳农村转移劳动力就业的主要地区（见表 15）。农民工跨省流动的数据表明，农民工流入规模前十位的省（直辖市）主要包括浙江、江苏、广东、上海、北京、山东、新疆、福建、陕西和重庆。其中，东部沿海地区吸纳农民工数量占跨省流动农民工总量达到 57.52%，东部地区凭借经济实力继续成为吸纳农民工的主要区域。值得注意的是，与 2019 年相比，流入陕西、重庆等西部地区就业的农民工人数增加较为显著。

表 15 　　　　2021 年农村劳动力跨省流动主要流入地区　　　单位：人；%

排序	地区	流入农民工规模	占跨省流动比重	排序	地区	流入农民工规模	占跨省流动比重
1	浙江	176	17.43	6	山东	39	3.86
2	江苏	116	11.49	7	新疆	28	2.77
3	广东	103	10.20	8	福建	23	2.28
4	上海	59	5.84	9	陕西	17	1.68
5	北京	40	3.96	10	重庆	12	1.19

3. 农民工外出就业流向

外出农民工跨省流动占比有所提升，但仍然以省内流动为主（见表 16）。在本次调查的 3080 名外出农民工中，省内就业人数达到 2070 人，占外出农民工总人数的 67.21%。与 2019 年相比，2021 年跨省流动农民工占外出农民工总人数比重有所提高，从 27.35% 增长至

32.79%。在省内流动的外出农民工中，就业地分别为本乡（镇）外县内、县外市内和市外省内的人数占比为39.18%、29.13%和31.69%。与2019年相比，2021年在本县县域内就业的外出农民工比重显著增加，增长幅度达到3.62个百分点，农民工外出就业流向呈现出显著的就地就近特征。其中，东部地区农民工在省内就业的比重仍然为最高，达到89.80%。而与2019年相比，2021年中部地区吸纳农民工在省内就业的比例出现显著提升，从56.45%增长至67.23%，可见中部地区产业对就业的支撑能力有所增强，集聚效应进一步提升。

表16　　　　　2021年农村劳动力外出就业流向及构成　　　单位：人；%

输出地	外出农民工总量			构成		
	农民工	跨省流动	省内流动	农民工	跨省流动	省内流动
合计	3080	1010	2070	100	32.79	67.21
东部地区	857	103	754	100	10.20	89.80
中部地区	703	331	372	100	32.77	67.23
西部地区	1341	479	862	100	47.43	52.57
东北地区	179	97	82	100	9.60	90.40

县市成为吸纳农民工的重要载体。从外出农民工就业地的类型来看，县级市和县城成为外出农民工首选的就业地（见表17）。就业地类型为县市的外出农民工占总外出就业人数超过1/3，达到33.67%，与2019年相比，进一步提高了1.11个百分点。其次依次为地级市、省会城市、直辖市、建制镇和行政村，吸纳外出农民工数量分别为总数的29.19%、21.04%、5.78%、5.36%和2.01%。与2019年相比，本次调查中地级市吸纳农民工数量的比重基本未变，直辖市与省会城市等规模较大的城市吸纳农民工数量的比重都出现小幅下降，分别降低了2.45个和1.25个百分点，而建制镇吸纳农民工数量的比重上升了0.92个百分点。近年来，国家先后出台了一系列以县域为基本载体的政策，县域成为新型城镇化的重要单元，县级市、县城以及小城镇将在吸纳外出农民工方面发挥着越来越重要的作用。

表17   2021年农村劳动力外出就业地区类型及占比   单位：人；%

地区类型	流入农民工规模	占外出农民工比重
直辖市	178	5.78
省会城市	648	21.04
地级市	899	29.19
县市	1037	33.67
建制镇	165	5.36
行政村	62	2.01
不清楚	91	2.95

4. 农民工外出就业行业

农村劳动力外出就业行业仍然以第三产业为主，但从事第三产业的农民工比重出现小幅下降（见表18）。其中，农民工从事比重最高的为居民服务、修理和其他服务业，达到10.75%；接下来，依次为从事交通运输、仓储和邮政业的农民工比重达到7.69%，比2019年下降了1.06个百分点；从事批发零售业的农民工比重为6.65%，与2019年相比，增长了0.72个百分点；从事住宿餐饮业的农民工比重为6.21%，与2019年，基本持平；从事卫生和社会工作的农民工比重为3.86%，与2019年相比，提高了0.39个百分点，根据访谈反映，部分农民工参与了疫情防控等工作。与一期数据相比，本次调查中新增有38名和18名农民工分别从事水利、环境和公共设施管理业以及科学研究和技术服务业。农村劳动力外出从事第二产业的比重为36.88%，从事行业主要包括制造业、建筑业、服装纺织业和采矿业，从事人数比例分别为16.80%、14.61%、3.93%和1.55%。与2019年相比，从事建筑业的农民工比重出现显著下降，下降幅度达到3.33个百分点；从事制造业的农民工比重则增加了0.95个百分点。

表18   2019年农村劳动力外出就业行业分布   单位：人；%

就业行业	人数	比重
第一产业	86	2.89
第二产业	1098	36.88

续表

就业行业	人数	比重
其中：建筑业	435	14.61
制造业	500	16.80
服装纺织业	117	3.93
采矿业	46	1.55
第三产业	1659	55.73
其中：居民服务、修理和其他服务业	320	10.75
交通运输、仓储和邮政业	229	7.69
住宿餐饮业	185	6.21
批发零售业	198	6.65
信息传输、软件和信息技术服务业	84	2.82
卫生和社会工作	115	3.86
电力、燃气、水生产及供应业	97	3.26
教育业	91	3.06
金融业	70	2.35
公共管理、社会保障和社会组织	79	2.65
文化、体育和娱乐业	54	1.81
房地产业	33	1.11
租赁和商业服务业	48	1.61
科学研究和技术服务业	18	0.60
水利、环境和公共设施管理业	38	1.28
其他	134	4.50

5. 农民工就业技能分析

外出就业农村劳动力职业技能水平有一定水平的提升，但仍以初级水平为主。数据表明，2021年接受过技术培训的农民工约占外出农民工总数的47.60%，与2019年相比，提升了6.55个百分点。其中，接受过非农技术培训的人员比例较高，约占外出农民工总数的33.47%；接受过农业技术培训的人员约占外出农民工总数的14.13%。通过访谈，外出农民工接受过的非农职业技能培训主要包括汽车和器械修理、美容美发、钢筋焊接、砌筑技能、家政服务、数控车工和就业单位组织的技能培训等。在接受过职业技能培训的农村劳动力中，取得与就业职业相关的技能证书的人员达到694人，占比约为35.72%。而取得初级、中级和高级技能证书的比例分别为54.61%、31.55%、13.83%，这表明外出就业农村劳动力职业技能水平仍以初级水平为主。

表19　　　　　　2021年农村劳动力外出就业落户意愿情况

输出地	外出农民工数量（人）			比重（%）		
	愿意落户	不愿落户	不清楚	愿意落户	不愿落户	不清楚
全部样本	831	2234	15	26.98	72.53	0.49
东部地区	239	641	4	27.04	72.51	0.45
中部地区	170	506	2	25.07	74.63	0.29
西部地区	373	950	9	28.00	71.32	0.68
东北地区	49	137	0	26.34	73.66	0.00

（二）外出农民工落户意愿情况

1. 外出农民工落户意愿总体情况

本次接受落户意愿调查的农村外出就业劳动力样本量为3080人，其中有831人表示愿意在城镇落户，占比为26.98%；2234人表示并不愿意在城镇落户，占比达到72.53%；还有15人为不清楚是否愿意在城镇落户，占比为0.49%。根据国家卫生健康委中国流动人口动态监测调查数据，近年来中国流动人口总体落户意愿明显降低，从2012年的49.98%下降到2017年的39.01%。总体来看，农村外出就业劳动力在城镇落户的意愿不高，并呈现逐年下降的趋势，大部分农民不愿意离开农村到城镇安家落户。需要说明的是，一期调查中主要反映外出农民工在其打工城镇的落户意愿，并不包括在家乡城镇落户的意愿，因此与本期数据并不具备直接可比性。

2. 四大区域外出农民工落户意愿情况

从四大区域的外出就业农村劳动力落户意愿来看，西部和东部地区外出农民工在城镇落户意愿较高。西部地区愿意在城镇落户的农民工有373人，占西部地区调查人数的28.00%，高于全国地区1.02个百分点。其次为东部地区，受访者中愿意在城镇落户的农民工有239人，占东部地区调查人数的27.04%，仍然高于全国平均水平。东北地区和中部地区受访的外出农民工在城镇落户意愿较低，愿意落户的人数比重均低于全国平均水平，分别为 26.34% 和 25.07%。

五　结论与建议

本报告基于全国大型随机调查数据，分析了乡村家庭成员人口特征、就业基本信息、农民工外出就业和落户意愿等情况，得出了一些重要结论并形成对应建议。

第一，乡村家庭的人力资本水平有一定提升，但整体水平仍然不高。以受教育程度为例，15 岁及以上人口中文盲率为 6.56%，较一期样本的 10.1% 有明显降低。但调查样本中户主的受教育程度不高，超过八成的户主受教育程度在初中及以下，表明乡村人才总体发展水平与乡村振兴的要求之间还存在较大差距，应加快实施乡村振兴人才支持计划，强化乡村人才队伍建设，实行更加积极、更加开放、更加有效的人才政策，推动乡村人才振兴。

第二，乡村"老龄化社会"继续深化，进一步接近"老龄社会"标准。调查显示 65 岁及以上人口的比重达到 13.87%，较一期调查的 13.82% 略有提高。与此同时，常住人口的平均年龄达到 43.96 岁，比非常住人口的平均年龄高出 17 岁，较一期调查的常住人口平均年龄（42.03 岁）也略有上升。积极应对农村人口老龄化成为必须深入思考的议题。随着社会发展，家庭养老功能弱化成为必然结果，必须进行社会化的制度安排以适应这种发展趋势，进一步建立农村老年人多层次收入保障机制，完善乡村养老设施，增加养老服务供给。

第三，当前农业劳动力年龄偏大，且大多体力较差、知识和技能偏低。全职务农的劳动力平均年龄达到 51.18 岁，比非农就业劳动力的平均年龄高出将近 16 岁。培养和吸引高质量的职业务农劳动力，强化农业后备劳动力的职业教育和现有劳动力的继续教育，提升务农劳动力的人力资本水平和社会地位，成为农业强国建设中人力资本策略的重要组成部分。

第四，县级市及县城已经成为外出农民工首选的就业地。就业地类型为县级市及县城的外出农民工占总外出就业人数超过 1/3，达到

33.67%。县级市及县城吸纳外出就业农民工在各个规模等级城市中占比最高。中国县域行政单元数量多、承载力大，是未来吸纳农业转移人口的主要载体之一。今后必须大力解决县域普遍存在的综合承载力不足、发展能级不高等问题，注重提升县域发展质量，提高县域产业支撑能力和公共服务品质。

第五，农村外出就业劳动力在城镇落户的意愿不高，并呈现逐年下降的趋势。多地普遍存在"放开落户的城镇，农业转移人口不愿意落户""农业转移人口有落户意愿的城市，没有放开落户限制"的现象。落户意愿和落户政策的不匹配，以及农业转移人口自身的后顾之忧，致使市民化推进难以加速。访谈过程中，受访者表示进城农民的自主退出制度安排尚未建立，不愿意在几乎没有任何市场收益的情况下放弃承包地、宅基地及其他相关权益。未来应明确户籍制度改革的方向，逐步剥离户籍内含的各种权利和福利，不断提高城镇保障性住房供给水平和覆盖面，严格遵循自愿有偿原则，建立健全进城农民"三权"多元化退出机制。

农村居民收入与相对贫困状况

杨　穗　刘梦婷　顾冬冬[*]

摘　要：本报告基于中国乡村振兴综合调查两期数据，分析了2019年和2021年农村居民的收入与相对贫困变动状况。研究发现：一是中国农村居民收入实现稳步增长，工资性收入和经营性收入是农村居民的两大主要收入来源，但是建档立卡脱贫人口和相对贫困人口对转移性收入的依赖仍然较高。二是农村居民收入差距总体在缩小，但地区差距和人群差距仍不容忽视。三是相对贫困状况有所加剧，同时，相对贫困群体存在地区分布差异以及人口和家庭特征差异。

关键词：农村居民；收入增长；收入差距；相对贫困

---

[*] 杨穗，经济学博士，中国社会科学院农村发展研究所副研究员，研究方向为收入分配、贫困、劳动力流动和社会保障；刘梦婷，中国社会科学院应用经济学院博士生，研究方向为贫困与发展；顾冬冬，中国社会科学院应用经济学院博士生，研究方向为贫困与发展。

Rural Residents' Income and Relative Poverty

YANG Sui　LIU Mengting　GU Dongdong

Abstract: This report analyzes the income and relative poverty changes of rural residents from 2019 to 2021 based on the China Rural Revitalizaiton Survey data. The study finds that, first, the income of Chinese rural residents has achieved steady growth, with wage income and business income being the two main sources of income for rural residents, while the reliance on transfer income remains high among the registered poverty alleviation population and the relatively poor population. Second, the income gap of rural residents is narrowing overall, but the regional disparities and population gaps should not be ignored. Third, rural relative poverty has intensified and there are regional differences in the distribution of relatively poor groups, as well as differences in demographic and household characteristics.

Keywords: Rural Residents; Income Growth; Income Disparity; Relative Poverty

中国已经完成脱贫攻坚、全面建成小康社会的历史任务，迈上了全面建设社会主义现代化国家新征程。在高质量发展中推动共同富裕取得更为明显的实质性进展，最艰巨最繁重的任务仍然在农村。党的二十大报告指出，全面推进乡村振兴，要拓宽农民增收致富渠道，巩固拓展脱贫攻坚成果，增强脱贫地区和脱贫群众内生发展动力。结合中国发展现实来看，持续增加农村居民收入、有效缩小收入差距并缓解相对贫困，是推进乡村振兴和实现共同富裕的必然要求。

在此背景下，本报告主要利用 2020 年和 2022 年中国乡村振兴综合调查两期样本数据，分析了 2019 年和 2021 年农村居民的收入与相对贫困状况，具体包括农村居民收入增长的总体情况、地区差异和人群差异，以及农村相对贫困的变化趋势、相对贫困群体的地区分布差异、人口特征和家庭特征差异等。

一 农村居民收入状况及变动

（一）收入水平与结构

1. 2021 年农村居民人均可支配收入水平及构成

本部分采用人均可支配收入口径，分析了 2021 年全国农村居民的收入水平及收入构成，如表 1 所示。2021 年农村居民人均可支配收入为 20105.2 元[①]。在可支配收入的各项构成中，工资性收入数额最高，为 8915.8 元，占比 44.3%；其次是经营性净收入，为 6876.9 元，占比 34.2%；财产性净收入为 700.5 元，占比 3.5%；转移性净收入为 3611.9 元，占比 18.0%。工资性收入与经营性收入已成为当前农村居民收入的两大主要来源。在家庭经营收入中，农业经营性净收入占有较大份额，人均 4689.9 元，非农业经营净收入为人均 2187.0 元，二者分别占可支配收入的 23.3% 和 10.9%。

表 1　2021 年全国农村居民家庭人均可支配收入水平及构成

单位：元；%

指标	数额	占比
人均可支配收入	20105.2	100.0
工资性收入	8915.8	44.3
经营性净收入	6876.9	34.2

---

① 本报告在单独分析 2021 年收入状况时，采取可支配收入口径，舍弃分项收入数据缺失的农户样本以及收入数据异常的农户样本，2021 年的样本量包括 3662 个农户、12693 个农村居民。同时，按相应年份全国分地区（东部、中部、西部、东北四大地区）农村人口数比例，对 2021 年样本按地区做加权调整，以使样本具有全国代表性。2021 年国家统计局公布的农村居民人均可支配收入为 18931 元，样本所得的收入数据与国家统计局公布的数值略有差异，但差值保持在合理区间。

续表

指标	数额	占比
农业经营性净收入	4689.9	23.3
非农业经营性净收入	2187.0	10.9
财产性净收入	700.5	3.5
财产性收入	889.2	4.4
土地出租租金	560.2	2.8
村集体资产收益	203.7	1.0
其他财产性收入	125.3	0.6
财产性支出	−188.6	−0.9
转移性净收入	3611.9	18.0
转移性收入	5132.8	25.5
公共转移性收入	3037.5	15.1
农林牧渔业补贴	426.6	2.1
生态保护补贴	32.2	0.2
土地流转补贴	41.6	0.2
政策性生活补贴	23.1	0.1
学生教育资助补贴	44.6	0.2
养老金/退休金	1479.2	7.4
医疗报销	772.9	3.8
最低生活保障金	151.8	0.8
其他社会救助	65.5	0.3
私人转移性收入	1989.5	9.9
其他转移性收入	105.8	0.5
转移性支出	−1520.9	−7.5

当前农村居民财产性收入仍然存在绝对值低、占比少的问题，2021年中国农村居民财产性收入仅为889.2元。在财产性收入构成中，人均土地出租租金达到560.2元，在财产性收入中占据了较大份额，表明土地流转收入已成为农村居民一项重要的财产性收入来源。除土地出租租金外，人均村集体资产收益分红为203.7元，人均其他财产性收入为125.3元。与此同时，农村还存在大量未被盘活和有效利用的资源，农

村居民财产性收入增长存在巨大空间。

2021年农村居民人均转移性收入达到5132.8元,其中公共转移性收入达到3037.5元,占比达到15.1%;私人转移性收入数额为1989.5元,占比为9.9%。在公共转移性收入中,养老金/退休金达到了人均1479.2元,占比为7.4%;医疗报销达到了人均772.9元,占比为3.8%;涵盖农林牧渔业补贴、生态保护补贴和土地流转补贴在内的补贴收入为500.4元,占比为2.5%。

2. 农村居民收入变动状况分析

结合两期调查数据来看,农村居民人均纯收入水平从2019年的19292.9元提高到2021年的21814.7元,提高了2521.8元,增长率为13.1%[①],如表2所示。国家统计局数据显示,2021年农村居民收入增长率高于城镇居民,随着脱贫攻坚各项政策和乡村振兴战略的纵深推进,城乡居民收入相对差距持续缩小。

表2　　2019年、2021年全国农村居民家庭人均纯收入变动

单位:元;%

指标	2019年 数额	2019年 占比	2021年 数额	2021年 占比	增长量	增长率	增收贡献率
人均纯收入	19292.9	100.0	21814.7	100.0	2521.8	13.1	
工资性收入	7855.6	40.7	8915.8	40.9	1060.2	13.5	42.0
经营性收入	8591.5	44.5	6876.9	31.5	-1714.6	-20.0	-68.0
农业经营	5470.8	28.4	4689.9	21.5	-780.9	-14.3	-31.0
非农经营	3120.7	16.2	2187.0	10.0	-933.8	-29.9	-37.0
财产性收入	666.6	3.5	889.2	4.1	222.6	33.4	8.8
转移性收入	2179.2	11.3	5132.8	23.5	2953.7	135.5	117.1

① 由于2019年和2021年两年调查数据口径不一致,本报告在进行两年对比分析时为了确保可比性,采取纯收入数据口径分析,这一调整并不影响整体的趋势分析结果。另外,对数据做如下两点处理:一是为保证两期样本年份数据可比,本报告根据历年《中国价格统计年鉴》公布的农村居民消费价格指数,对2019年收入做价格调整,以保证所有样本年份的收入均以2021年价格水平衡量。二是本报告按相应年份全国分地区(东部、中部、西部、东北四大地区)农村人口数比例,对样本按地区做加权调整,以使样本具有全国代表性。在本报告的分析中,舍弃分项收入数据缺失的农户样本以及收入数据异常的农户样本,2019年使用的样本包括3738个农户、15200个农村居民。

农村居民收入来源也趋于多元化，收入结构持续改善。一是工资性收入稳步上升，由 2019 年的 7855.6 元增长到 8915.8 元，增长率为 13.5%，增收贡献率达到 42%，成为农村居民增收的主要来源。二是受疫情和国内外经济形势的影响，经营性收入有所下降，2021 年的经营性收入相较于 2019 年下降 1714.6 元，占比也由 44.5% 下降为 31.5%，其中农业经营性收入和非农业经营性收入都有所下降。三是财产性收入占比基本稳定，由 2019 年的 3.5% 调整到 2021 年的 4.1%，增收贡献率也处于较低水平，为 8.8%。四是转移性收入的比重上升，由 2019 年的 2179.2 元提高到 2021 年的 5132.8 元，增收贡献率为 117.1%。由此可以看出，在农村居民人均纯收入结构中，转移性收入增速最快，财产性收入和工资性收入次之，经营性收入负向增长。受疫情影响，农村居民经营性收入有所下降，农村的餐饮、住宿、旅游业等传统服务业由于劳动密集性、人员聚集性、员工流动性更强，持续受到冲击，长期经营能力和收入创造能力严重削弱（谢玲红和魏国学，2022）。

（二）分区域农村居民收入状况

农村居民的收入水平及增长率表现出明显的地区差距，地区经济发展不平衡，是中国经济发展中长期存在的问题（罗楚亮，2020）。如表 3 所示，第一，从收入水平来看，东部地区较为稳定，农村居民家庭人均纯收入水平在 2019 年和 2021 年都处于最高水平，分别为 23631.8 元和 26965.6 元，2019—2021 年收入的实际增长率为 14.1%。但中部、西部和东北地区的收入位次有所差异，2019 年西部地区的收入水平高于中部地区，东北地区最低，2021 年有所变动，东北地区的收入水平高于中部地区，西部地区最低。与之相对应，2019—2021 年东北地区农村居民收入的增速高达 61.8%，中部地区增速为 15.9%，而西部地区增速仅为 0.9%，明显低于全国农村平均水平。由此可以看出，农民增收的重点和难点主要在中西部地区。

第二，从收入结构来看，地区之间收入构成的变动也呈现出明显的区域差异。东部、中部和西部地区农村居民以工资性收入和经营性收入为主要来源，但人均经营性收入均呈现下降趋势；而东北地区农村居民以经营性收入和转移性收入为主要收入来源，并且东北地区的

表3　2019年、2021年四大地区农村居民家庭人均纯收入水平、构成和增长

	东部地区		中部地区		西部地区		东北地区	
	2019年	2021年	2019年	2021年	2019年	2021年	2019年	2021年
纯收入水平（元）	23631.8	26965.6	17085.9	19810.7	18010.0	18162.3	14738.1	23841.9
增长率（%）	14.1		15.9		0.9		61.8	
收入构成（%）								
工资性收入	44.8	49.2	39.2	35.8	40.1	39.9	20.9	16.5
经营性收入	39.6	24.7	50.7	37.7	45.2	31.1	46.0	48.2
财产性收入	4.1	5.0	2.3	2.8	2.5	3.2	10.6	7.1
转移性收入	11.5	21.1	7.8	23.6	12.2	25.8	22.5	28.2
分项增长率（%）								
工资性收入	25.4		5.9		0.2		28.1	
经营性收入	-28.8		-13.7		-30.5		69.6	
财产性收入	39.3		40.3		32.2		7.4	
转移性收入	109.0		252.0		112.3		102.7	
增收贡献率（%）								
工资性收入	80.5		14.6		11.1		9.5	
经营性收入	-81.0		-43.6		-1630.1		51.8	
财产性收入	11.4		5.9		93.7		1.3	
转移性收入	89.1		123.1		1625.4		37.4	

经营性收入呈现增长趋势。具体来看，东部地区工资性收入的增长率较高，为25.4%，其占比从2019年的44.8%增长到2021年的49.2%，增收贡献率高达80.5%，而经营性收入占比则从39.6%下降到24.7%，可以看出，工资性收入已经成为东部地区稳定且主要的收入来源；中部地区和西部地区的变动趋势较为一致，工资性收入占比均小幅度下降，且增长率较低，分别为5.9%和0.2%，增收贡献率也较低，分别为14.6%和11.1%。中西部地区的人均经营性收入降幅明显，增长率分别为-13.7%和-30.5%。但两个地区的转移性收入均稳步增长，中部地区

的转移性收入占比由2019年的7.8%提高到2021年的23.6%，增长率为252%，增收贡献率为123.1%，西部地区的转移性收入占比由2019年的12.2%提高到2021年的25.8%，增长率为112.3%，增收贡献率高达1625.4%，这表明国家对中西部地区农村居民的转移支付政策取得了一定效果。东北地区的工资性收入占比较低且呈下降趋势，由2019年的20.9%下降到2021年的16.5%。经营性收入占比由46%增长到48.2%，并且增长率和增收贡献率分别高达69.6%和51.8%。此外，东北地区转移性收入的占比也高于其他地区，从22.5%增长到28.2%，经营性收入和转移性收入成为东北地区的主要收入来源。

（三）不同类型农户收入状况

表4列示了建档立卡人口、相对贫困人口和收入最低40%人口的家庭人均纯收入水平和结构的变化。

1. 建档立卡人口

从收入水平来看，建档立卡人口的收入稳步增长，建档立卡户人均纯收入由12295.8元增长到13386.3元，增长率为8.9%。非建档立卡户人均纯收入由20251.7元增长到22792.7元，增长率为12.5%。可以看出，建档立卡脱贫人口的收入增长速度低于非建档立卡人口。从收入结构变动的角度来看，建档立卡人口的收入结构有待进一步优化，在工资性收入和经营性收入方面的表现相对较弱，占比有所下降，工资性收入占比由2019年的38.1%下降到2021年的29.7%；经营性收入占比由2019年的40.0%下降到2021年的19.1%。而转移性收入在纯收入中的比重由19.7%增长到48.5%，增长率为168.3%，增收率高达373.5%，说明政府的帮扶政策取得了显著的成效。同时也可以看出，目前农村建档立卡人口的收入来源中，工资性收入和经营性收入普遍较低，对转移性收入的依赖度较高，说明当前部分农村脱贫人口的经营就业增收能力不强，内生动力不足（程国强等，2022）。为此，2023年中央一号文件中也强调"要增强脱贫地区和脱贫群众内生发展动力"。

2. 相对贫困人口

本部分采用样本数据中农村家庭人均纯收入中位数的50%作为相对贫困的测量标准。2019年相对贫困人口的人均纯收入为3417.3元，2021年相对贫困人口的人均纯收入为3632.2元，增长率为6.3%，而非相对贫困人口人均纯收入的增长率为 18.4%。从收入结构来看，相对贫困人口的工资性收入占比由 35.5%下降为 29.2%，经营性收入占比由 36.0%下降到 5.1%，两项收入的增长率和增收贡献率均为负值，收入来源受到较大影响。同时，相对贫困人口的转移性收入占比显著增加，由 24.6%增加到 58.5%，增收贡献率达到 597.3%。

对农村相对贫困人口的分析发现，相对贫困人口与建档立卡脱贫人口既有差异，又存在相似之处。结合前文对建档立卡人口收入数据的分析可以发现，相对贫困人口的人均纯收入远低于脱贫人口的人均纯收入，增长率也低于建档立卡脱贫人口。从收入构成来看，从 2019 年到 2021 年，建档立卡脱贫人口和相对贫困人口的工资性收入和经营性收入占比均呈现不同程度的下降，2021 年脱贫人口和相对贫困人口的收入主要来源均为工资性收入和转移性收入。

3. 收入最低 40%人口

世界银行在 2016 年发表了以不平等为主题的《贫困与共享繁荣 2016》报告，提出了"共享繁荣"（shared prosperity）的概念，共享繁荣指的是每个国家底层 40%人口年均收入或消费的增长，表 4 列示了中国农村居民收入最低 40%人口的收入变动状况。2019 年农村收入最低 40%人口的人均纯收入为 5099.4 元，2021 年为 5814.3 元，增长率为 14.0%，高于总体农村居民的收入增长率，体现了发展的共享性和益贫性。

表 4　2019 年、2021 年不同类型农户家庭人均纯收入水平、构成和增长

单位：元;%

	建档立卡		非建档立卡		相对贫困		非相对贫困		收入最低 40%	
	2019 年	2021 年	2019 年	2021 年	2019 年	2021 年	2019 年	2021 年	2019 年	2021 年
纯收入水平	12295.8	13386.3	20251.7	22792.7	3417.3	3632.2	24834.3	29402.1	5099.4	5814.3
增长率	8.9		12.5		6.3		18.4		14.0	
收入构成											
工资性收入	38.1	29.7	40.9	41.6	35.5	29.2	42.8	39.9	41.5	33.0
经营性收入	40.0	19.1	44.9	32.4	36.0	5.1	45.0	32.5	33.9	16.8

续表

	建档立卡		非建档立卡		相对贫困		非相对贫困		收入最低40%	
	2019年	2021年	2019年	2021年	2019年	2021年	2019年	2021年	2019年	2021年
财产性收入	2.2	2.7	3.6	4.2	3.9	7.2	3.3	3.8	2.7	5.9
转移性收入	19.7	48.5	10.6	21.8	24.6	58.5	8.8	23.8	21.8	44.2
分项增长率										
工资性收入	-15.0		14.5		-12.8		10.3		-9.2	
经营性收入	-48.1		-18.9		-84.8		-14.5		-43.4	
财产性收入	31.2		32.0		95.7		34.1		145.2	
转移性收入	168.3		131.8		152.8		219.4		130.9	
增收贡献率										
工资性收入	-64.6		47.2		-72.1		24.0		-27.1	
经营性收入	-216.8		-67.5		-485.8		-35.5		-105.1	
财产性收入	7.8		9.1		59.5		6.2		28.4	
转移性收入	373.5		131.8		597.3		105.3		203.8	

从收入结构来看，2019年收入最低40%人口以工资性收入和经营性收入为主，占比分别为41.5%和33.9%；2021年收入最低40%人口以工资性收入和转移性收入为主，占比分别为33.0%和44.2%，工资性收入和经营性收入的增长率和增收贡献率均为负值，转移性收入增收贡献率高达203.8%。需要注意的是，最低收入40%人口的平均收入水平还很低，如果不实现较快增长，很难达到现代化或共同富裕要求（檀学文，2021）。

（四）收入不平等状况

本报告利用两期样本收入数据，采用多种度量指标测度了中国农村居民的收入差距及变动，包括基尼系数、收入最高20%与最低20%之比、收入最高10%与最低10%之比、收入分位点之比（P90/P50、P10/P50）、泰尔指数及其分解，具体如表5所示。

表 5　　　　　　　　　　收入不平等

指标	2019 年	2021 年
基尼系数	0.486	0.473
收入最高 20%/最低 20%	19.2	22.0
收入最高 10%/最低 10%	54.9	254.7
P10/P50（%）	24.7	25.8
P90/P50（%）	320.1	293.9
P90/P50—P10/P50	295.4	268.1
泰尔指数	0.437	0.400
泰尔指数（组内差异）	0.383	0.354
泰尔指数（组间差异）	0.054	0.046

总体来看，中国农村居民人均纯收入的基尼系数从 2019 年的 0.486 下降为 2021 年的 0.473，农村居民收入差距总体有所缩小，但仍处于较高水平。

农村人均纯收入最高 20%与最低 20%组的比值从 2019 年的 19.2 提高到 2021 年的 22.0，最高 10%与最低 10%组的比值从 2019 年的 54.9 提高到 2021 年的 254.7，表明高收入人群收入的绝对增长远远超过了低收入人群，这可能会导致财富和收入分配的不平等程度增加，因此，农村居民收入分布的人群差异及两极化趋势亟须引起高度重视。但需要指出的是，最高 10%与最低 10%组的比值在 2021 年高达 254.7 的一部分原因是最低 10%组的人均纯收入水平下降明显，2021 年最低 10%组的人均经营性收入为 -1987.7 元，人均纯收入仅为 300.1 元，其中有 26.9%的样本经营性收入为负值，由此拉低了人均纯收入。受疫情影响，最低 10%组的经营性收入明显下降，说明最低 10%收入组的人群抗风险能力较弱，他们的收入在短期内容易出现较大的波动。

本报告还分析了收入分布三个分位点（P10、P50 和 P90）的变化以及收入分布两端经济距离（P90/P50—P10/P50）的变化。这三个分位点分别代表低收入、中等收入和高收入群体，两个百分比之差（P90/P50—P10/P50）代表收入分布两端的经济距离（杨穗等，2021）。通过比较低收入群体相对收入（P10/P50）和高收入群体相对收入（P90/P50）的变化，以及两个百分比之差来探讨不同时期收入分布的变动为累进还是累退。2019—2021年，低收入群体相对于中等收入群体的收入百分比从24.7%提高到25.8%，高收入群体相对于中等收入群体的收入百分比从320.1%下降到293.9%，这意味着低收入群体相对收入增长的同时，高收入群体相对收入有所减少，这有利于收入差距的缩小。从2019年和2021年收入分布变化来看，P90/P50—P10/P50由295.4%降至268.1%，说明收入分布的变化是累进的，有利于低收入群体。

利用泰尔指数对人均纯收入以省分组分解来看，2019年的泰尔指数为0.437，其中组内差异值为0.383，组间差异值为0.054；2021年的泰尔指数为0.400，组内差异值为0.354，组间差异值为0.046。这说明中国农村居民人均纯收入的地区差距减少，并且人均纯收入的差距主要来自地区内部差距，随着时间推移，地区内部差异由0.383缩小至0.354，地区间差异由0.054缩小至0.046。这意味着不同地区之间和各个地区内部的收入差距都在减小。

2019—2021年，在疫情等多种不利因素影响下，农村居民收入依然保持稳步增长，增强了农村居民的获得感。但是也需要注意到，建档立卡脱贫人口和相对贫困人口对转移性收入的依赖仍然较高，农村居民内部的收入差距依然较高。中国虽然消除了绝对贫困，但低收入群体的收入状况仍未得到充分改善，要达到中等收入水平还有较大差距（黄祖辉等，2021），以发展差距为特征的相对贫困问题凸显出来（方迎风和周少驰，2023）。在此背景下，中国反贫困重心转向缩小差距，追求公平和共同富裕的相对贫困治理阶段。

二 农村居民相对贫困状况分析

本部分利用国际通行的相对贫困标准，基于调查数据对农村相对贫困状况进行描述性统计分析，并比较2019年和2021年相对贫困的变动趋势[①]。

---

① 本部分同样对样本数据进行了价格调整和地区加权处理，使结果具有可比性和全国代表性。

(一) 农村相对贫困状况及其变化

鉴于欧盟和OECD国家普遍采用收入或消费中位数的50%或60%作为相对贫困标准，本部分采用样本数据中农村家庭人均收入和消费中位数的40%、50%、60%作为相对贫困的测量标准，分别测度了农村家庭的相对收入贫困和相对消费贫困。

1. 相对贫困发生率

表6列示的是不同衡量标准下采用FGT指数测算的相对贫困。从收入的相对贫困发生率来看，2021年，以样本户40%家庭人均收入中位数衡量的相对贫困发生率为22.0%；若提高到中位数收入的50%，相对贫困发生率提高到27.1%；若进一步以收入中位数的60%来衡量，相对贫困发生率高达32.3%。分区域来看，西部地区相对贫困发生率最高，中部和东北地区次之，东部地区最低。以50%收入中位数衡量为例，西部地区的相对贫困发生率为33.8%，中部、东北和东部地区分别为25.0%、24.5%和20.4%。

表6　　　　　　　　　　相对贫困指数　　　　　　　　　　单位:%

衡量标准	收入相对贫困									消费相对贫困		
	2019年			2021年			2019—2021年			2021年		
	家庭人均收入中位数			家庭人均收入中位数			变动情况			家庭人均消费中位数		
	40%	50%	60%	40%	50%	60%	40%	50%	60%	40%	50%	60%
贫困发生率												
总体	19.5	25.7	31.7	22.0	27.1	32.3	2.5	1.4	0.6	6.9	12.5	19.8
东部	17.3	21.6	27.1	16.9	20.4	24.8	-0.4	-1.2	-2.3	7.4	12.4	18.5
中部	23.3	29.7	34.8	19.2	25.0	29.8	-4.1	-4.7	-5.0	3.7	8.8	15.4
西部	18.1	25.5	32.0	28.1	33.8	40.1	10.0	8.3	8.1	8.6	14.5	23.4
东北	24.4	31.1	38.1	18.4	24.5	28.4	-6.0	-6.7	-9.7	10.2	20.2	28.5
贫困深度												
总体	9.5	12.1	14.8	15.0	16.9	19.0	5.5	4.8	4.2	1.5	3.1	5.3
东部	9.5	11.5	13.6	10.7	12.3	14.0	1.2	0.8	0.4	1.7	3.3	5.3
中部	11.0	14.2	17.2	14.5	15.9	17.9	3.5	1.7	0.7	0.6	1.7	3.5
西部	8.0	10.7	13.6	18.7	21.1	23.8	10.7	10.4	10.2	2.0	3.8	6.3
东北	12.7	15.8	18.9	13.7	15.3	17.1	1.0	-0.5	-1.8	2.6	5.2	8.4

续表

	收入相对贫困			消费相对贫困
	2019 年	2021 年	2019—2021 年	2021 年
	贫困强度			
总体	9.4 9.9 11.0	24.1 21.2 20.2	14.7 11.3 9.2	0.5 1.2 2.1
东部	13.5 12.4 12.5	16.4 14.6 14.2	2.9 2.2 1.7	0.6 1.3 2.2
中部	9.9 10.9 12.4	25.6 21.9 20.4	15.7 11.0 8.0	0.2 0.5 1.2
西部	5.6 7.0 8.6	27.0 24.4 23.8	21.4 17.4 15.2	0.7 1.5 2.6
东北	12.1 12.9 14.2	34.4 27.2 23.9	22.3 14.3 9.7	0.9 1.9 3.4

注：小数点后因为四舍五入，可能存在误差；下同。

从变动趋势来看，2019—2021 年，收入相对贫困发生率有所增加，以 50%收入中位数衡量来看，提高了 1.4 个百分点。分区域来看，东部、中部、东北地区的相对贫困发生率均有所下降，东部地区相对贫困发生率下降了 1.2 个百分点，中部和东北地区分别下降了 4.7 个和 6.7 个百分点，而西部地区的相对贫困发生率上升较快，提高了 8.3 个百分点。

若采用消费标准来衡量，相对贫困发生率则低于收入标准，以 40%、50%和 60%家庭人均消费中位数衡量的相对贫困发生率分别是 6.9%、12.5%和 19.8%。以 50%消费中位数衡量来看，东北地区的相对贫困发生率最高，为 20.2%，西部、东部和中部地区依次分别为 14.5%、12.4%和 8.8%。

虽然中国取得了脱贫攻坚的全面胜利，消除了绝对贫困，但相对贫困状况仍不容忽视（汪三贵和刘明月，2020），特别是在 2019—2021 年，受疫情影响，农村居民收入增幅放缓，导致相对贫困状况有所加剧。

2. 相对贫困深度

从相对贫困深度来看，无论采用收入还是消费标准，2021 年相对贫困深度均随着相对贫困标准的提高而增加。从整体来看，以 40%中位数收入衡量的相对贫困深度为 15.0%；若提高到中位数收入的 50%，相对贫困深度提高到 16.9%；若进一步以收入中位数的 60%来衡量，相对贫困深度高达 19.0%。若采用消费标准来衡量，相对贫困深度同样低于收入标准，以40%、50%、60%消费中位数衡量的相对贫困深度分别为1.5%、3.1%和5.3%。

分区域来看，西部地区的相对贫困深度最高，其次是中部和东北地区，而东部地区的贫困深度最低。以50%收入中位数衡量来看，西部地区的相对贫困深度为21.1%，中部、东北和东部地区分别为15.9%、15.3%和12.3%；以50%消费中位数衡量来看，东北地区的相对贫困深度为5.2%，西部、东部和中部地区分别为3.8%、3.3%和1.7%。

从变动趋势来看，相对贫困深度均有所增加，以50%收入中位数衡量来看，相对贫困深度提高了4.8个百分点。分区域来看，采用40%收入中位数衡量时，四大地区的相对贫困深度都有所增加；若采用50%或60%收入中位数标准衡量时，东北地区相对贫困深度有所下降，东部、中部和西部地区相对贫困深度均有所提高。以50%收入中位数衡量来看，东北地区相对贫困深度下降0.5%，西部、中部和东部地区分别增加了10.4%、1.7%和0.8%。这反映了相对贫困具有复杂性和艰巨性，治理难度更大（罗必良，2020）。

3. 相对贫困强度

总体而言，相对贫困强度有所提高，收入标准衡量下的相对贫困强度高于消费标准衡量下的相对贫困强度。2021年相对贫困强度均随着相对贫困标准的提高而下降，整体来看，以40%、50%、60%收入中位数衡量的相对贫困强度分别为24.1%、21.2%、20.2%。若采用消费标准来衡量，相对贫困强度则低于收入标准，但贫困指数随着标准的提高而提高，以40%、50%、60%消费中位数衡量的相对贫困强度分别为0.5%、1.2%、2.1%。

分区域来看，东北地区的相对贫困强度最高，其次是西部和中部地区，而东部地区的贫困强度最低。以50%收入中位数衡量来看，东北地区的相对贫困强度为27.2%，西部、中部和东部地区分别为24.4%、21.9%和14.6%；以50%消费中位数衡量来看，东北地区的相对贫困强度为1.9%，西部、东部和中部地区分别为1.5%、1.3%和0.5%。

从变动趋势来看，2019—2021年，相对贫困强度均有所增加。以50%收入中位数衡量来看，相对贫困强度提高了11.3个百分点。分区域来看，西部地区的相对贫困强度增加了17.4%，东北、中部和东部地区分别增加了14.3%、11%和2.2%。

（二）农村相对贫困人口的地区分布

相对贫困人口地区分布不均衡，西部地区占比较高，东北地区占比较低，中部地区高于东部地区。表7列示的是不同收入或消费衡量标准下相对贫困人口的地区分布情况。2021年无论是采用收入标准，还是采用消费标准，西部地区的相对贫困人口占比均最高，其次是中部和东部地区，东北地区占比最低。以收入中位数的50%为例，西部地区相对贫困占比为41.5%，中部、东部、东北地区占比分别为28.0%、24.8%、5.8%；若以消费中位数的50%为例，西部地区相对贫困占比为42.6%、中部、东部、东北地区占比分别为27.1%、25.1%、5.3%。从收入最低40%的群体分布来看，西部地区相对贫困占比最高，为40.5%；其次是中部和东部地区，占比分别为28.0%和25.9%；东北地区占比最低为5.6%。

从变动趋势来看，2019—2021年，西部地区相对贫困人口占比有所提升，而中部、东部和东北地区均有所下降。以50%收入中位数标准来看，西部地区相对贫困人口占比提高9.7%，而中部、东北和东部地区相对贫困占比分别下降6.2%、2.0%和1.4%。以收入最低40%人口来看，西部地区相对低收入人口占比提高8.0%，而中部、东北和东部地区分别下降4.1%、2.0%和2.0%。中西部地区生态环境恶劣、资源禀赋匮乏、自然灾害频发，更易陷入相对贫困（易刚，2021）。

（三）相对贫困群体的人口特征与家庭特征

本部分以50%样本收入中位数标准为例，从年龄、性别、民族、政治面貌、受教育程度、就业状况、健康状况等人口特征，以及低保获取状况、家庭抚养比、宅基地面积、经营耕地面积、收入、消费、资产等家庭特征，来反映相对贫困群体与非相对贫困群体的特征差异，同时也列示了收入最低40%群体的基本特征，如表8、表9所示。

1. 主要人口特征

（1）相对贫困人口的平均年龄有所增加。2021年样本调查人口的平均年龄为41.4岁。其中，相对贫困群体的平均年龄为41.6岁，略高于非相对贫困农户的41.4岁，而收入最低40%群体的平均年龄相对较

农村居民收入与相对贫困状况

表7 农村相对贫困人口地区分布

单位:%

衡量标准	家庭人均收入中位数							家庭人均消费中位数			收入最低 40%		
年份	2019年			2021年			变化 2019–2021年			2021年			2019年	2021年	变化 2019–2021年
	40%	50%	60%	40%	50%	60%	40%	50%	60%	40%	50%	60%			
东部	27.4	26.2	26.9	25.4	24.8	25.2	-2.0	-1.4	-1.7	24.6	25.1	25.2	27.9	25.9	-2.0
中部	35.1	34.2	32.8	26.5	28.0	27.9	-8.6	-6.2	-4.9	26.4	27.1	27.2	32.1	28.0	-4.1
西部	29.6	31.8	32.6	42.7	41.5	41.3	13.1	9.7	8.7	44.1	42.6	41.7	32.5	40.5	8.0
东北	7.9	7.8	7.7	5.4	5.8	5.6	-2.5	-2.0	-2.1	5.0	5.3	5.9	7.6	5.6	-2.0

表8　　　　　　　　　　相对贫困人口特征

	总计			相对贫困			非相对贫困			收入最低40%		
	2019年	2021年	2019-2021年	2019年	2021年	2019-2021年	2019年	2021年	2019-2021年	2019年	2021年	2019-2021年
平均年龄（岁）	39.7	41.4	1.7	41.3	41.6	0.3	39.1	41.4	2.3	40.8	42.0	1.2
年龄分组占比（%）												
0—15周岁	17.1	21.3	4.2	16.8	23.2	6.4	17.2	20.5	3.3	17.0	22.8	5.8
16—30周岁	19.2	12.6	-6.6	18.0	12.3	-5.7	19.7	12.8	-6.9	18.6	11.8	-6.8
31—40周岁	13.6	10.1	-3.5	13.4	8.4	-5.0	13.7	10.7	-3.0	13.0	8.9	-4.1
41—50周岁	14.5	12.1	-2.4	13.3	10.7	-2.6	14.9	12.6	-2.3	13.4	10.8	-2.6
51—60周岁	16.5	20.7	4.2	14.3	18.9	4.6	17.3	21.5	4.2	15.1	18.6	3.5
61—70周岁	12.2	14.2	2.0	14.2	15.6	1.4	11.5	13.7	2.2	13.6	16.1	2.5
70+周岁	6.9	8.9	2.0	10.0	10.9	0.9	5.8	8.2	2.4	9.3	11.2	1.9
男性（%）	51.5	50.8	-0.7	51.2	50.9	-0.3	51.7	50.8	-0.9	50.9	51.0	0.1
少数民族（%）	10.9	11.5	0.6	10.5	15.3	4.8	11.0	10.2	-0.8	10.8	15.3	4.5
党员（%）	10.5	11.5	1.0	7.4	8.4	1.0	11.5	12.7	1.2	7.5	8.5	1.0
健康状况（%）												
很好	19.3	36.7	17.4	16.4	29.6	13.2	20.6	39.2	18.6	17.3	31.8	14.5
好	38.4	35.4	-3.0	34.9	37.0	2.1	39.6	34.7	-4.9	34.3	34.4	0.1
一般	29.1	16.6	-12.5	27.5	18.5	-9.0	29.4	16.0	-13.4	28.9	18.7	-10.2
差	11.0	9.5	-1.5	17.3	12.8	-4.5	8.8	8.4	-0.4	15.9	12.8	-3.1
很差	2.2	1.9	-0.3	3.9	2.1	-1.8	1.7	1.8	0.1	3.6	2.4	-1.2
受教育程度（%）												
小学及以下	42.0	40.9	-1.1	46.9	46.3	-0.6	40.3	39.0	-1.3	46.6	46.2	-0.4
初中	34.5	33.4	-1.1	34.4	32.5	-1.9	34.6	33.8	-0.8	34.2	31.9	-2.3
高中	14.0	14.2	0.2	11.9	11.5	-0.4	14.7	15.1	0.4	12.2	12.1	-0.1
大专及以上	9.5	11.5	2.0	6.8	9.7	2.9	10.4	12.1	1.7	7.1	9.7	2.6
就业状况（%）												
全职务农	29.9	38.3	8.4	35.4	51.5	16.1	28.4	34.0	5.6	34.7	48.2	13.5
非农就业	62.5	51.8	-10.7	56.9	37.2	-19.7	64.1	56.5	-7.6	56.7	40.4	-16.3
无业	7.6	10.0	2.4	7.8	11.3	3.5	7.5	9.6	2.1	8.6	11.5	2.9

表9 相对贫困家庭特征

	总计 2019年	总计 2021年	变化	相对贫困 2019年	相对贫困 2021年	变化	非相对贫困 2019年	非相对贫困 2021年	变化	收入最低40% 2019年	收入最低40% 2021年	变化
家庭人口数（人）	4.1	3.5	-0.6	4.2	3.6	-0.6	4.1	3.5	-0.6	3.8	4.4	0.6
家庭抚养比（%）	42.7	60.8	18.1	52.6	72.7	20.1	39.5	56.8	17.3	50.3	73.6	23.3
家庭低保户占比（%）	9.3	9.2	-0.1	13.9	12.3	-1.6	7.8	8.3	0.5	12.2	12.4	0.2
家庭人均纯收入（元）	19292.9	21814.7	2521.8	3417.3	3632.2	214.9	24834.3	29402.1	4567.8	5099.4	5814.3	714.9
家庭人均宅基地面积（平方米）	72.4	80.4	8.0	65.9	74.9	9.0	75.1	83.0	7.9	57.1	61.4	4.3
家庭人均耕地面积（亩）	5.3	5.8	0.5	3.2	3.3	0.1	6.0	6.8	0.8	3.1	2.9	-0.2
家庭人均消费（元）	—	13519.4	—	—	9295.5	—	—	15034.1	—	—	9788.4	—
家庭汽车（辆）	—	0.7	—	—	0.4	—	—	0.8	—	—	0.6	—

高，为 42.0 岁。2019—2021 年的变动趋势来看，平均年龄均有所提高，相对贫困人口的平均年龄增长了 0.3 岁，非相对贫困人口的平均年龄增长了 2.3 岁，收入最低 40% 人口的平均年龄增长了 1.2 岁。

从年龄分组来看，2021 年相对贫困人口中 0—15 岁的占比为 23.2%，比 2019 年提高了 6.4 个百分点；60 岁以上人口的占比为 26.5%，比 2019 年提高了 2.3 个百分点。从收入最低 40% 人口的年龄分组变化来看，0—15 岁和 60 岁以上人口的占比分别提高了 5.8 个和 4.4 个百分点，反映了农村人口老龄化的趋势。

（2）相对贫困人口中男性比例有所下降。2021 年男性占比为 50.8%。其中，相对贫困人口男性占比为 50.9%，略高于非相对贫困男性占比 50.8%，而收入最低 40% 人口男性占比相对较高，为 51.0%。相比于 2019 年，男性占比有所下降，相对贫困人口中男性占比降低了 0.3 个百分点，非相对贫困人口中男性占比降低了 0.9 个百分点，而收入最低 40% 人口中男性占比上升 0.1 个百分点。

（3）相对贫困人口中少数民族比例提高较快。2021 年少数民族占比为 11.5%。其中，相对贫困人口中少数民族占比为 15.3%，高于非相对贫困的 10.2%，而收入最低 40% 人口中少数民族占比与相对贫困人口中少数民族占比相同。相比于 2019 年，少数民族占比总体有所提升，相对贫困人口中少数民族占比提高 4.8 个百分点，而非相对贫困人口中少数民族占比降低了 0.8 个百分点，收入最低 40% 人口中少数民族占比上升 4.5 个百分点。

（4）相对贫困人口党员占比有所提高。2021 年总体党员占比为 11.5%。其中，相对贫困人口中党员占比为 8.4%，低于非相对贫困的 12.7%，而收入最低 40% 人口中党员占比为 8.5%，略高于相对贫困人口。相比于 2019 年，党员占比有所提高，相对贫困人口中党员占比提高 1 个百分点，低于非相对贫困人口中党员占比提高 1.2 个百分点，而收入最低 40% 人口中党员占比提高比例与相对贫困人口党员占比提高比例相同。

（5）相对贫困人口健康状况有所改善。2021 年健康状况总体自评为很好或好的比例分别为 36.7% 和 35.4%，而认为健康状况差或很差的比例仅为 9.5% 和 1.9%；其中，相对贫困人口中健康状况好的比例占比最高,为37.0%,其次健康状况很好的比例为29.6%,健康状况一般的比例为18.5%;而认为健康状况差或很差的比例分别为12.8%和2.1%。非相对贫困人口中健康状况很好的比例为39.2%,高于相对贫困;其余均低于相对贫困。而收入最低40%人口中健康状况很好或好的比例分别为31.8%和34.4%,健康状况一般、差或很差的比例分别为18.7%、12.8%和2.4%。

从2019—2021年的变动趋势来看,健康状况均有所改善。相对贫困人口中健康状况很好或好的比例提高了13.2个和2.1个百分点,健康状况差或很差的比例分别降低了4.5个和1.8个百分点。收入最低40%人口中健康状况很好的比例提高了14.5个百分点,健康状况差或很差的比例分别降低了3.1个和1.2个百分点。健康状况的改善,能够提高相对贫困人口的工作机会和收入,减少医疗费用等开支,有利于缓解相对贫困(栾江和马瑞,2021)。

(6) 相对贫困人口受教育程度有所提升。2021年受教育程度小学及以下、初中的比例有所下降,而高中、大专及以上的比例有所上升。其中,相对贫困人口中受教育程度为小学及以下的比例高于非相对贫困,为46.3%;而受教育程度为初中、高中、大专及以上的比例低于非相对贫困,分别为32.5%、11.5%、9.7%。收入最低40%人口中受教育程度为小学及以下比例为46.2%,受教育程度为初中、高中、大专及以上的比例为31.9%、12.1%、9.7%。

从变动趋势来看,2019—2021年农村居民受教育程度均有所提升。相对贫困人口中受教育程度为小学及以下、初中、高中的比例分别降低0.6个、1.9个和0.4个百分点,而受教育程度为大专及以上的比例提高了2.9个百分点。同样,收入最低40%人口中受教育程度为小学及以下、初中、高中的比例分别降低0.4个、2.3个和0.1个百分点,而受教育程度为大专及以上的比例提高了2.6个百分点。受教育水平低导致的人力资本缺乏,是相对贫困产生的重要原因(许小玲,2022)。提高相对贫困群体的教育水平,实现就业机会和收入的均等,是缓解相对贫困问题的基本方略(袁利平,2021)。

(7) 相对贫困人口非农就业比例有所下降,全职务农比例有所上升。从就业状况来看,2021年非农就业比例最高,全职务农次之,无业比例最低。其中，相对贫困人口中全职务农的比例高于非相对贫困，为51.5%；非农就业的比例则低于非相对贫困，为37.2%；无业的比例高于非相对贫困，为11.3%。而收入最低40%人口中全职务农的比例为48.2%，非农就业的比例为40.4%，无业的比例为11.5%。

从2019—2021年的变动趋势来看，相对贫困人口中非农就业的比例下降19.7个百分点，全职务农和无业的比例分别上升16.1个和3.5个百分点。而收入最低40%人口中非农就业的比例下降16.3个百分点，全职务农和无业的比例分别上升13.5个和2.9个百分点。由于农业的弱质性，容易遭受自然灾害冲击，且全职务农带来的收入有限，更易陷入相对贫困；而非农就业能够增加居民工作机会，带来收入的增长，不易陷入相对贫困。

2. 家庭特征

（1）相对贫困人口的家庭规模有所下降。表9列示的是相对贫困人口的家庭特征。2021年农村总体家庭平均人口为3.5人。其中，相对贫困家庭人口为3.6人，略高于非相对贫困家庭人口3.5人，而收入最低40%人口家庭人数较多，为4.4人。相比于2019年，相对贫困家庭和非相对贫困家庭人口同样减少了0.6人，而收入最低40%家庭平均人口增加了0.6人。

（2）相对贫困人口家庭抚养比提高较快。2021年农村总体家庭抚养比为60.8%，其中，相对贫困家庭抚养比为72.7%，高于非相对贫困家庭的56.8%，而收入最低40%的家庭抚养较高，为73.6%。从2019—2021年的变动趋势来看，家庭抚养比均有所上升。相对贫困家庭抚养比上升为20.1个百分点，高于非相对贫困家庭；而收入最低40%家庭抚养比较上升了23.3个百分点。随着中国老龄化进程的加速，家庭抚养比越来越高，不断增长的家庭养老压力，逐渐成为农村家庭的重要负担。

（3）相对贫困人口中低保户占比有所下降。2021年总体低保户占比为9.2%，其中，相对贫困户中占比为12.3%，高于非相对贫困户的8.3%，而收入最低40%家庭低保占比为12.4%。相较于2019年，2021年相对贫困户中低保户占比有所下降，而非相对贫困和收入最低40%家庭低保户占比有所提升。相对贫困户中低保户占比下降1.6个百分点，而收入最低40%家庭低保户占比提高了0.2个百分点。这在一定程度上反映出农村低保仍然存在瞄准不精的问题（陶纪坤和孙培栋，2022）。

（4）相对贫困人口家庭人均纯收入有所提高。从家庭人均纯收入来看，2021年农村家庭人均纯收入为21814.7元。其中，相对贫困户家庭人均纯收入为3632.2元，远远低于非相对贫困家庭的29402.1元，而收入最低40%家庭人均纯收入为5814.3元。从2019—2021年的变动趋势来看，家庭人均纯收入均有所提高。相对贫困户家庭人均纯收入提高214.9元，远低于非相对贫困户；收入最低40%家庭人均纯收入提高了714.9元。近年来，随着国家各种惠农利农政策的实施，转移支付和再分配力度不断加大，对提高农村居民的收入水平发挥了积极作用（杨穗和赵小漫，2022）。

（5）相对贫困人口家庭人均宅基地面积有所增加。从家庭人均宅基地面积来看，2021年农村家庭人均宅基地总体面积为80.4平方米。其中，相对贫困家庭人均宅基地面积为74.9平方米，低于非相对贫困家庭的83平方米，而收入最低40%家庭人均宅基地面积为61.4平方米。从变动趋势来看，家庭人均宅基地面积均有所增加。相对贫困家庭人均宅基地增加为9平方米，高于非相对贫困家庭，而收入最低40%家庭人均宅基地增加4.3平方米。家庭人均宅基地面积的增加可能很大程度是由于家庭规模减小导致的。

（6）相对贫困人口家庭人均经营耕地面积有所提高。从家庭人均耕地面积来看，2021年农村家庭人均经营耕地面积为5.8亩。其中，相对贫困家庭人均经营耕地面积为3.3亩，低于非相对贫困家庭的6.8亩，而收入最低40%家庭人均耕地面积仅为2.9亩。相较于2019年，相对贫困家庭人均经营耕地增加面积低于非相对贫困家庭；而收入最低40%家庭人均耕地面积则减少了0.2亩。

（7）相对贫困人口家庭人均消费水平低于非相对贫困家庭。2021年农村家庭人均消费水平总体为13519.4元。其中，相对贫困家庭人均消费为4904.0元，而非相对贫困家庭的人均消费支出为15034.1元，而收入最低40%家庭人均消费9788.4元，低于非相对贫困家庭。消费是由收入决定，2019—2021年，由于受疫情影响，居民收入增长缓慢，消费不足，相对贫困家庭的消费低于非相对贫困家庭。

（8）相对贫困人口家庭汽车拥有量低于非相对贫困家庭。从家庭资产来看，以汽车拥有量为例，2021年农村家庭汽车户均拥有量为0.7辆。其中，相对贫困家庭汽车拥有量为0.4辆，低于非相对贫困家庭的0.8辆，而收入最低40%家庭汽车拥有量为0.6辆。

三　结论和建议

本报告利用中国乡村振兴综合调查两期样本数据，针对农村居民的收入与相对贫困现状展开研究。研究发现，2019—2021年农村居民收入水平稳步提高，其中转移性收入增速最快，财产性收入和工资性收入次之，受新冠疫情影响，经营性收入负向增长。从收入构成来看，工资性收入与经营性收入占比最高，转移性收入次之，财产性收入占比较低。分地区来看，东部地区收入增长较为稳定，中部、西部和东北地区的收入位次有所差异。建档立卡人口的收入稳步增长，相对贫困人口收入增长率小于非相对贫困人口，建档立卡脱贫人口和相对贫困人口对转移性收入的依赖仍然较高。收入最低40%人口的收入增速高于总体农村居民，体现了增长的益贫性和共享性。农村基尼系数有所下降，收入差距总体在缩小，但仍处于较高水平。高收入人群收入的绝对增长快于低收入人群，中低收入者之间的收入差距较大，主要来自区域内部差距，不同地区之间的不平等程度无明显变化。西部地区相对贫困发生率最高，中部和东北地区次之，东部地区最低。相对贫困深度与相对贫困强度随着相对贫困标准的提高而增加。相对贫困人口平均年龄、少数民族比例、党员占比、全职务农比例增加；男性比例、非农就业比例下降；受教育程度提高，健康状况改善。相对贫困人口的家庭规模、低保户占比下降，而家庭抚养比、家庭人均纯收入、家庭人均宅基地面积、家庭人均耕地面积提高较快；相对贫困人口的家庭人均消费水平与汽车拥有量低于非相对贫困家庭。

基于此，本报告主要从以下两个方面提出政策建议：一是千方百计增加农村居民收入，拓宽就业增收渠道。加大政策向农村的倾斜力度，赋予农民更多的土地财产权利；创新农民入股形式，拓宽多元化增收渠道，实现包容性经济发展；建立产业利益联合体，提高农业附加值和回报率；加强对低收入农户劳动技能培训，拓宽就业渠道；积极发展职业教育与继续教育，提高人力资本水平。二是增强相对贫困治理体系和能力建设。健全防返贫监测预警和帮扶系统，巩固拓展脱贫攻坚成果与乡村振兴有效衔接，推动乡村产业振兴与农民增收；建立多元协同的相对贫困风险治理体系，缓解农村相对贫困；加大对初次分配和再分配的调节力度，完善第三次分配，缩小农村内部差距；保持现有财政转移支付政策对相对贫困人口与农村低收入群体的连续性与稳定性，提高财政转移支付水平，健全农村社会保障与基本公共服务。

参考文献

程国强等：《推进巩固拓展脱贫攻坚成果同乡村振兴有效衔接的战略思考与政策选择》，《华中农业大学学报》（社会科学版）2022年第6期。

方迎风、周少驰：《中国相对贫困测度与城乡差异》，《中国人口·资源与环境》2023年第3期。

黄祖辉等：《推进共同富裕：重点、难题与破解》，《中国人口科学》2021年第6期。

栾江、马瑞：《农村居民相对贫困影响因素分析》，《统计与决策》2021年第10期。

罗必良：《相对贫困治理：性质、策略与长效机制》，《求索》2020年第6期。

罗楚亮：《收入结构与居民收入差距变动——新中国成立以来收入差距的基本特征》，《北京工商大学学报》（社会科学版）2020年第4期。

檀学文：《巩固拓展脱贫攻坚成果的任务与过渡期安排》，《中国经济报告》2021年第3期。

陶纪坤、孙培栋：《农村低保的收入再分配效应与减贫效应测度》，《经济纵横》2022年第12期。

汪三贵、刘明月：《从绝对贫困到相对贫困：理论关系、战略转变与政策重点》，《华南师范大学学报》（社会科学版）2020年第6期。

谢玲红、魏国学：《共同富裕视野下缩小农村内部收入差距的现实挑战与路径选择》，《经济学家》2022年第9期。

许小玲：《共同富裕目标下中国相对贫困的治理机制与政策指向》，《学习与实践》2022年第8期。

杨穗、赵小漫：《走向共同富裕：中国社会保障再分配的实践、成效与启示》，《管理世界》2022年第11期。

杨穗等：《新时代中国社会政策变化对收入分配和贫困的影响》，《改革》2021年第10期。

易刚：《论相对贫困的意蕴、困境及其应对》，《农村经济》2021年第2期。

袁利平：《教育缓解相对贫困的价值意蕴、行动逻辑及制度安排》，《教育科学》2021年第2期。

农民福祉状况及变动分析

谭清香　陶艳萍　左　茜[*]

摘　要：本报告利用中国乡村振兴调查2020年和2022年两期数据，围绕农民福祉现状及变化情况进行描述性统计分析，具体包含主观福祉和客观福祉的度量、农民福祉的地区差异和人群差异分析、疫情对福祉影响以及未来生活预期的描述。结果表明，农村居民生活状况和居住条件不断改善，各项主观满意度持续提升；农村居民的人力资本改善，劳动力受教育程度提高，农民整体健康状况良好；村民对村委会选举及工作的满意度较高。但与此同时，相对贫困户收入增长乏力，且消费水平偏低；农村人口老龄化速度在加快；地区和人群间的社会保障服务覆盖率有所差别；部分农村家庭的收入、就业和产业发展因疫情受到不利影响，但农村居民对疫情防控的总体满意度评价较高，未来生活预期较好。为持续增进农民福祉，本报告提出继续大力促进农村居民就业、增强人力资本投资、加强农村人居环境整治、完善农村基础设施和公共服务等政策建议。

关键词：农民福祉；满意度；幸福感

---

[*] 谭清香，管理学硕士，中国社会科学院农村发展研究所助理研究员，研究方向为贫困与发展；陶艳萍，中国社会科学院大学博士研究生；左茜，中国社会科学院大学博士研究生。

Analysis of the Situation and Changes in Farmers' Well-being

TAN Qingxiang   TAO Yanping   ZUO Qian

Abstract: Using data from the China Rural Revitalization Survey 2020 and 2022, this report provides descriptive statistical analyses of the current situation and changes in farmers' well-being, specifically including measures of subjective and objective well-being, analyses of regional and population differences in farmers' well-being, the impact of epidemics on well-being, and descriptions of future life expectations. The results show that rural residents' living conditions have been improving, and all subjective satisfaction levels have continued to rise. Rural residents' human capital has improved, with the labor force becoming more educated and farmers' overall health being good. Villagers have a high level of satisfaction with the election and work of village committees. At the same time, however, the income growth of relatively poor households is weak and their consumption level is low. The aging of the rural population is accelerating, and there are differences in the coverage of social security services between regions and groups of people. Some rural households' income, employment, and industrial development have been adversely affected by the epidemic, but rural residents have a higher overall satisfaction with epidemic prevention and control, and their future life expectations are better. In order to continue to enhance farmers' well-being, this report proposes policy recommendations to continue to vigorously promote employment for rural residents, strengthen investment in human capital, enhance the improvement of rural human settlements, and improve rural infrastructure and public services.

Keywords：Farmers' Well-being；Satisfaction；Happiness

增进民生福祉是发展的根本目的，农民福祉的高低关系到全面推进乡村振兴战略的实施效果和经济社会的发展稳定。党的二十大报告指出，"增进民生福祉，提高人民生活品质……必须坚持在发展中保障和改善民生，鼓励共同奋斗创造美好生活，不断实现人民对美好生活的向往"（习近平，2020）。本报告围绕农民福祉现状及其变化情况进行统计分析，主要内容安排如下：第一，运用中国乡村振兴调查 2020 年和 2022 年数据，对农村居民若干维度的主观福祉和客观福祉状况进行测度和描述性统计，对比分析农村居民各维度福祉水平的变化情况，归纳可能呈现的特点。在特征描述过程中，不仅从总体方面进行分析，还从农户所在地区、农户类型等角度分样本特征进行分析。第二，考虑到两轮数据调查期间，新冠疫情给农民生产生活和福祉状况可能造成的影响，进一步分析疫情对农民福祉的影响，主要包括家庭收入、劳动力就业、产业发展等方面。面对不确定性带来的考验，本报告还初步分析了农村居民对未来生活的预期，从而更好地对农民福祉现状做出判断和评价。

一 福祉的概念和度量

福祉是指一个人的生活对其本人来说好的程度，或者个人生命存在的质量或良好程度（Crisp，2013），是一个涉及多维度、多学科且不断发展的概念。国外对福祉的研究兴起于 20 世纪 50 年代，当时国外学者聚焦福祉的概念界定与内涵多以经济生产或国民收入水平为核心（Easterlin，1974）。随着经济社会的发展和研究的深入，福祉的概念也在不断演进，研究视角逐渐拓宽至心理健康、环境生态、社会关系、宗教信仰等领域（Kiefer，2008）。虽然福祉研究领域存在着福祉概念的差异，但大体上可以区分为主观福祉和客观福祉两大类。

福祉测量以福祉概念为基础，测度指标从最初仅以 GDP 等经济表现指标用作福祉的替代指标，到联合国开发计划署（UNDP，1990）在

《人类发展报告》中提出人类发展指数（HDI），再发展到经济合作与发展组织（OECD，2020）发布福祉测量框架，目前后两者的应用较为广泛。其中，OECD福祉现状包括11个维度，总体上划分为物质条件和生活质量两大类。其中物质条件包括收入和财富、工作和就业质量、住房条件等结果型指标，生活质量包括健康状态、知识和技能、环境质量、主观福祉、安全、工作生活平衡状态、社会联系、公民参与等。近年来，国内学者深入关注福祉研究，如2012年中国社会科学院"中国农民福祉研究"创新团队将主观福祉和客观福祉同时纳入研究，涵盖健康、教育、个人活动（时间利用）、生活水平、住房及设施、就业、政治参与、社会联系、环境和安全10个福祉维度（吴国宝，2014）。

二 农民福祉现状及变化

本报告基于已有关于农民福祉指标体系研究成果，利用2020年和最新的2022年中国乡村振兴调查数据，全面描述农民福祉现状并对比农民福祉变动情况，同时分析新冠疫情对农民福祉的影响、农民对未来生活的展望。考虑到两次调查数据的可比性和质量情况，本报告剔除了全部预调研样本，分析对象为2020年3738户和2022年3662户，同时构建了地区权重，使分地区样本构成与总体保持一致，从而具有全国代表性。

下面从主观福祉和客观福祉来分析农民福祉现状及变化情况，其中主观福祉指标包括生活满意度、幸福感、收入满意度、住房满意度和社会治安满意度，客观福祉指标包括生活水平、受教育程度、健康状况、居住条件、就业、社会保障与防返贫、政治参与。

（一）主观福祉

表1为被调查农户主要的主观福祉评价结果[①]，包括生活满意度、幸福感、收入满意度、住房满意度和社会治安满意度。

---

① 关于满意度指标测量方式，在2022年问卷中为0—10分制打分，而在2020年问卷中为五级定性评价（非常满意、比较满意、一般、不太满意和很不满意）。为保持两期数据可比，笔者对2020年的五级定性评价做了赋分处理，分别赋予9分、7分、5分、3分、1分。

表1　　　　　　　　　　　主观福祉评价　　　　　　　　　单位：分

	生活满意度		幸福感		收入满意度		住房满意度		社会治安满意度	
	2020年	2022年	2020年	2022年	2020年	2022年	2020年	2022年	2020年	2022年
全国										
均值	7.2	7.9	7.4	8.3	5.9	6.8	7.0	7.7	7.8	8.9
标准差	1.7	1.8	1.6	1.8	2.1	2.1	1.8	2.0	1.3	1.3
分地区										
东部	7.2	8.0	7.4	8.4	6.0	6.8	6.9	7.7	7.9	9.0
中部	7.4	8.3	7.7	8.5	6.1	7.2	7.2	8.0	7.9	9.2
西部	7.1	7.7	7.2	8.1	5.8	6.6	6.9	7.5	7.8	8.7
东北	6.6	7.2	7.1	7.9	5.2	6.6	6.7	7.4	7.5	8.7
分人群										
建档立卡户	7.2	7.6	7.3	8.0	5.9	6.4	7.0	7.4	7.8	8.8
非建档立卡户	7.2	8.0	7.4	8.3	5.9	6.8	7.0	7.7	7.8	8.9
相对贫困户	6.9	7.6	7.1	8.0	5.4	6.3	6.7	7.3	7.8	8.8
非相对贫困户	7.3	8.0	7.5	8.4	6.1	7.0	7.1	7.8	7.9	9.0
收入底层40%农户	7.0	7.7	7.1	8.1	5.6	6.4	6.8	7.4	7.7	8.8

1. 生活满意度

2022年，受访农户关于生活满意度评价的平均得分为7.9分，与2020年相比提高了0.7分。分地区来看，2022年中部地区的得分最高，为8.3分；东北地区的得分最低，为7.2分。两年间，四大地区受访农户的生活满意度均有所提升，东部和中部地区分别提升了0.8分和0.9分。分人群来看，建档立卡户、相对贫困户[①]的生活满意度（7.6分、7.6分）分别略低于非建档立卡户、非相对贫困户的生活满意度（8.0分、8.0分）。2022年位于收入底层40%农户的生活满意度为7.0分，略低于平均水平，但比2020年提高0.7分。

2. 幸福感

整体来看，2022年受访农户的幸福感评价平均为8.3分，中部和

---

① 沿用"农村居民收入与相对贫困现状分析"对相对贫困的界定方法，贫困标准为全国样本家庭人均收入中位数的50%。

东部地区略高，西部和东北地区略低。非建档立卡户、非相对贫困户的幸福感评价（8.3分、8.4分）要略高于建档立卡户、相对贫困户（8.0分、8.0分），位于收入底层40%农户的幸福感评价为8.1分，略低于平均水平。相比于2020年，不同地区、不同人群的幸福感评分都有明显的提高。

3. 收入满意度

2022年受访农户对家庭收入的满意度评价平均为6.8分，与2020年相比提升了0.9分。分地区来看，收入满意度地区差异较为明显。中部地区的收入满意度最高，为7.2分，东北地区的收入满意度较低，仅为6.2分。此外，中部和东北地区满意度分别增加了1.1分和1.0分。分人群来看，2022年建档立卡户的收入满意度与非建档立卡户无明显区别，相对贫困户的收入满意度（6.3分）低于非相对贫困户（7.0分）。收入底层40%农户的收入满意度为6.4分，比整体平均水平低0.4分，但与2020年相比提升了0.8分。

4. 住房满意度

2022年受访农户的住房满意度为7.7分，比2020年提升了0.7分。分地区来看，西部地区和东北地区满意度略低，但仍达到7分以上。分人群来看，建档立卡户和相对贫困户的住房满意度（7.4分、7.3分）略低于非建档立卡户和非相对贫困户（7.7分、7.8分）。相比于2020年，东部和中部地区受访农户的住房满意度提升较为明显，均提升了0.8分；建档立卡户的住房满意度相比其他人群仅提升0.4分。2022年收入底层40%农户的住房满意度为7.4分，比2020年提升了0.6分。

5. 社会治安满意度

受访农户对本地社会治安满意度较高，2022年均值为8.9分，高于2020年的7.8分。其中，中部地区的社会治安满意度高达9.2分，建档立卡户和非建档立卡户，相对贫困户和非相对贫困户以及收入底层40%户之间的社会治安满意度评价较为接近，均在8.8分及以上，且社会治安满意度相比2020年均有所提升。

综合来看，2022年受访农户对社会治安满意度最高，幸福感次之，对收入满意度最低。这说明幸福程度的高低并不完全取决于收入满意度的高低，有研究表明，农村居民对农村社会保障、基本住房、基础设施、居民劳动就业等情况满意度越高,农村居民的幸福感就会越高(倪永良和唐娟莉,2023)。从变化趋势上看,不同维度的满意度评价均有所提高,意味着农村居民整体生活水平在持续改善,获得感、幸福感和安全感不断加强。

(二) 客观福祉

1. 生活水平

表2和表3列出了样本农户的家庭收入、消费和资产情况,需要说明的是,2020年和2022年调查数据中的家庭收入和消费状况分别是2019年和2021年的情况。

表2　　　　　　　　家庭收入、消费和资产

	全国		东部		中部		西部		东北	
	2019年	2021年	2019年	2021年	2019年	2021年	2019年	2021年	2019年	2021年
人均纯收入(元)	19293	21815	23632	26966	17086	19811	18010	18162	14738	23482
人均消费支出(元)	—	13519	—	14348	—	13930	—	12568	—	12285
和您同村的居民相比,您家的收入所处水平(%)										
非常低	4.6	7.0	4.2	7.9	2.2	4.6	7.0	7.1	5.3	11.6
比较低	19.4	23.6	19.3	22.2	16.4	20.6	20.5	26.5	26.3	27.4
中等水平	64.9	60.6	65.4	61.6	69.1	65.8	61.9	57.4	60.1	51.5
比较高	10.2	7.9	10.5	7.4	11.3	8.0	9.8	8.4	7.2	7.8
非常高	0.9	0.9	0.7	0.8	1.1	1.1	0.8	0.5	1.1	1.7
家用汽车										
户均(辆)	—	0.6	—	0.8	—	0.7	—	0.5	—	0.3
0辆(%)	—	50.9	—	44.5	—	46.1	—	55.8	—	71.9
1辆(%)	—	39.1	—	40.4	—	44.5	—	37.0	—	25.9
2辆及以上(%)	—	10.0	—	15.1	—	9.4	—	7.2	—	2.2

注:为保持可比,将2019年人均纯收入折算为2021年价格水平;基期未调查家庭生活消费支出和资产情况。

表3　　　　　　　分群体的家庭收入、消费和资产

	建档立卡户		非建档立卡户		相对贫困户		非相对贫困户	
	2019年	2021年	2019年	2021年	2019年	2021年	2019年	2021年
人均纯收入(元)	12296	13386	20252	22793	3417	3632	24834	29402
人均消费支出(元)	—	12400	—	13649	—	9296	—	15034

续表

	建档立卡户		非建档立卡户		相对贫困户		非相对贫困户	
	2019年	2021年	2019年	2021年	2019年	2021年	2019年	2021年
和您同村的居民相比，您家的收入所处水平（%）								
非常低	11.6	15.0	3.6	6.0	9.3	12.2	3.0	5.2
比较低	27.5	32.5	18.2	22.5	29.3	33.4	16.2	20.1
中等水平	54.2	49.7	66.5	61.9	57.0	50.5	67.2	64.1
比较高	5.9	2.4	10.9	8.6	3.9	3.3	12.5	9.6
非常高	0.8	0.4	0.9	0.9	0.5	0.5	1.0	1.0
家用汽车								
户均（辆）	—	0.2	—	0.7	—	0.4	—	0.7
0辆（%）	—	79.5	—	47.4	—	66.0	—	45.4
1辆（%）	—	18.3	—	41.7	—	29.2	—	42.9
2辆及以上（%）	—	2.2	—	10.9	—	4.8	—	11.7

注：基期未调查家庭生活消费支出和资产情况。

（1）家庭收入。总体来看，2021年样本户的家庭人均可支配收入为20105元，若按与2019年可比的人均纯收入口径则为21815元。分地区看，东部地区最高，东北和中部次之，西部最低，地区差异分布与国家统计局官方结果大体相似。建档立卡户、相对贫困户的家庭人均纯收入明显低于非建档立卡户和非相对贫困户。与2019年相比，样本户人均纯收入实际增长13.1%，除西部地区以外，其他地区和不同群体的家庭收入均有显著增长。

和同村居民相比，受访农户自评收入水平居中较多，2021年超60%的农户认为自己的家庭收入位于村内中等水平，而处于村内上游和下游水平的分别占8.8%和30.6%。相比于2019年，总体来看，农户对自己家庭收入水平的评价并没有提高，反而有所下降，这在不同地区表现类似。分人群来看，2021年建档立卡户和相对贫困户中有近一半认为自己的家庭收入位于村内中等水平，还有超过45%认为自己的家庭收入水平偏低。

（2）消费和资产。总体来看，2021年样本户的家庭人均消费支出为13519元。四大区域中，东部地区最高，东北地区最低。相对贫困户的家庭人均消费水平（9296元）要远低于非相对贫困户，也低于建档立卡户。

在家庭资产方面，以家用汽车拥有情况为例，2021年平均每户拥有0.6辆，其中无家用汽车的家庭占50.9%，拥有1辆、2辆及以上的家庭占比分别为39.1%和10.0%。分地区来看，东部户均拥有数量较高（0.8辆），东北较低（0.3辆），东北和西部地区拥有家用汽车的农村家庭占比不到45%。建档立卡户和相对贫困户的平均家用汽车拥有量分别为0.2辆、0.4辆，低于非建档立卡户和非相对贫困户（均为0.7辆）。

2. 受教育程度

表4和表5显示样本家庭劳动力的受教育程度及其变化。总体来看，2021年家庭劳动力平均受教育年限为9.5年，其中，接受初中教育的比例最高，占45.1%。相比于2019年，2021年家庭劳动力的平均受教育年限有所增加，主要表现在中专职高、大专及以上教育程度的家庭劳动力占比有所上升。

表4　　　　　　　　　　家庭劳动力受教育程度

	全国		东部		中部		西部		东北	
	2019年	2021年	2019年	2021年	2019年	2021年	2019年	2021年	2019年	2021年
受教育年限（年）	9.3	9.5	9.9	10.2	9.5	9.8	8.7	9.0	8.3	8.5
受教育程度分布（%）										
未上学	4.1	3.6	2.2	1.9	2.5	1.7	6.8	6.4	6.8	5.0
小学	20.5	19.0	16.5	14.9	16.6	15.0	26.0	24.4	28.6	28.5
初中	46.4	45.1	44.7	43.8	51.8	50.1	42.9	41.5	47.5	47.3
高中	11.4	11.0	13.0	11.9	13.9	13.0	8.5	9.0	7.1	7.8
中专职高	4.8	5.4	6.9	7.7	3.9	5.4	4.3	3.9	2.7	3.0
大专及以上	12.7	16.0	16.6	19.9	11.4	14.8	11.4	14.8	7.3	8.5

表5　　　　　　　分群体的家庭劳动力受教育程度

	建档立卡户		非建档立卡户		相对贫困户		非相对贫困户	
	2019年	2021年	2019年	2021年	2019年	2021年	2019年	2021年
受教育年限（年）	8.0	8.1	9.4	9.7	8.8	9.0	9.4	9.7

续表

	建档立卡户		非建档立卡户		相对贫困户		非相对贫困户	
	2019年	2021年	2019年	2021年	2019年	2021年	2019年	2021年
受教育程度分布（%）								
未上学	9.9	9.0	3.4	3.0	5.2	4.7	3.7	3.2
小学	30.2	31.6	19.2	17.6	23.3	23.4	19.8	17.6
初中	41.6	39.9	47.1	45.7	49.6	45.8	45.6	44.9
高中	6.7	5.6	12.0	11.6	9.3	8.0	11.9	11.9
中专职高	2.8	2.6	5.1	5.7	3.5	5.0	5.1	5.5
大专及以上	8.8	11.3	13.3	16.5	9.1	13.0	13.7	16.9

分地区看，2021年东部地区的家庭劳动力平均受教育年限最高，为10.2年，东北地区最低，为8.5年。分人群看，建档立卡户的家庭劳动力平均受教育年限为8.1年，低于非建档立卡户，且建档立卡户中未上学和上小学的家庭劳动力比例明显高于非建档立卡户，而其接受初中、高中、中专高职、大专及以上的家庭劳动力比例则明显低于非建档立卡户。相对贫困户和非相对贫困户之间，劳动力受教育程度也呈现类似的差异。与2019年相比，不同地区、不同群体农户的家庭劳动力受教育程度均有所提升。

3. 健康状况

2021年，在样本户全员年龄结构中，60岁及以上人口所占比例为21.3%（见表6）。根据2020年全国第七次人口普查数据，农村60岁及以上老人的比重为23.81%[1]，略高于此次调查结果。与2019年情况相比，总体来看，0—15岁和60岁及以上人口占比在增加。分地区看，东部和东北地区60岁及以上人口所占比例（24.1%、24.6%）超过全国平均水平，老龄化程度较为严重，且东北地区0—15岁人口所占比例仅为10.2%，远低于全国平均水平（17.5%），呈现少子化倾向。从变动趋势看，东北地区60岁及以上人口所占比例增长明显，高达3.6个百分点，而最低的中部地区60岁及以上人口占比也增长了0.9个百分点。这说明农村人口老龄化速度在加快，且农村人口老龄化的区域差异

---

① https：//sannong.cctv.com/2022/03/28/ARTINPFX2DbevFqIAVIaQgbp220328.shtml.

明显（高鸣，2022）。分群体看，相对贫困户的0—15岁、60岁及以上占比高于非相对贫困户，面临更重的抚养负担（见表7）。

表6　　　　　　　　　　人口健康状况　　　　　　　　　单位:%

	全国		东部		中部		西部		东北	
	2019年	2021年	2019年	2021年	2019年	2021年	2019年	2021年	2019年	2021年
全员年龄分组										
0—15岁	16.8	17.5	17.9	18.9	18.7	20.0	16.0	16.5	11.2	10.2
16—39岁	31.5	30.7	30.3	29.1	33.3	32.7	32.0	31.6	28.4	26.2
40—59岁	31.7	30.5	28.9	27.9	30.2	28.6	33.0	31.9	39.4	39.0
60岁及以上	20.0	21.3	22.9	24.1	17.8	18.7	19.0	20.0	21.0	24.6
全员自评健康状况										
很好	—	37.9	—	44.7	—	33.6	—	36.0	—	33.6
好	—	36.5	—	34.4	—	40.8	—	38.4	—	22.8
一般	—	15.4	—	14.2	—	16.1	—	14.4	—	23.1
差	—	8.5	—	5.4	—	8.5	—	9.3	—	15.7
很差	—	1.7	—	1.3	—	1.0	—	1.9	—	4.8
残障占比	—	5.3	—	4.7	—	4.1	—	6.0	—	7.9
受访者健康状况										
很好	18.7	29.1	21.0	37.5	23.6	25.2	16.1	26.7	11.8	22.1
好	38.2	33.8	40.3	33.8	36.5	37.3	38.8	35.3	32.7	20.4
一般	29.2	22.6	28.0	20.0	28.4	23.1	28.9	21.8	35.7	32.0
差	11.4	12.8	8.6	7.5	9.8	13.1	13.1	14.2	15.9	21.8
很差	2.5	1.7	2.1	1.2	1.7	1.3	3.1	2.0	3.9	3.7
残障占比	7.3	7.5	6.2	6.3	4.9	6.9	9.7	8.6	5.2	7.7

注：基期仅调查了受访者健康状况，未调查全部家庭成员健康情况。

表7　　　　　　　　分群体人口健康状况　　　　　　　　单位:%

	建档立卡户		非建档立卡户		相对贫困户		非相对贫困户	
	2019年	2021年	2019年	2021年	2019年	2021年	2019年	2021年
全员年龄分组								
0—15岁	14.4	15.4	17.1	17.8	16.9	19.2	16.7	16.9

续表

	建档立卡户		非建档立卡户		相对贫困户		非相对贫困户	
	2019年	2021年	2019年	2021年	2019年	2021年	2019年	2021年
16—39岁	31.0	32.1	31.6	30.5	29.9	29.2	32.1	31.2
40—59岁	33.2	32.3	31.4	30.3	29.1	27.9	32.6	31.6
60岁及以上	21.5	20.2	19.8	21.4	24.2	23.7	18.6	20.4
全员健康状况								
很好	—	29.9	—	38.9	—	31.4	—	40.4
好	—	32.3	—	37.1	—	38.8	—	35.5
一般	—	18.3	—	15.0	—	16.7	—	14.9
差	—	15.0	—	7.6	—	11.1	—	7.5
很差	—	4.5	—	1.4	—	2.0	—	1.7
残障占比	—	11.6	—	4.6	—	6.9	—	4.8
受访者健康状况								
很好	14.4	17.2	19.4	30.7	15.0	20.6	20.1	32.3
好	30.2	25.2	39.6	35.0	34.6	32.9	39.5	34.0
一般	31.8	29.1	28.7	21.7	29.1	27.1	28.9	20.9
差	19.3	22.4	10.0	11.4	16.4	17.3	9.6	11.1
很差	4.3	6.1	2.3	1.2	4.9	2.1	1.9	1.7
残障占比	15.8	17.4	5.8	6.2	9.4	10.1	6.5	6.6

注：基期仅调查了受访者健康状况，未调查全部家庭成员健康情况。

表6和表7列出了受访者对各家庭成员与同龄人相比的健康状况评价结果。2021年，74.4%样本人口的自评健康状况好于同龄人。分地区看，东北地区农村居民的自评健康要差于其他地区，认为自己的健康状况好于同龄人仅占比56.4%。分群体看，建档立卡户相比于其他群体，健康状况较差，自评身体健康状况好于同龄人的比例仅为62.2%。总体而言，5.3%的样本人口存在残障问题；东北地区的残障比例最高，为7.9%，建档立卡户的残障比例（11.6%）明显高于其他群体。

从受访者个人来看，2021年受访农民总体自评健康状况良好，超过62.9%的受访者认为自己的健康状况好于同龄人，与2019年对比提升了6.0个百分点。分地区看，东部地区农村居民自评健康状况

(71.3%)好于其他地区。分群体看,建档立卡户相比于其他群体,健康状况较差,认为自己身体健康状况好于同龄人的比例仅为42.4%,但自评健康逊于同龄人的比例相比2019年上升4.9个百分点。对于受访者残障情况,总体而言,7.5%的受访者存在残障问题,与2019年基本持平。分地区看,东部地区受访者的残障比例(6.3%)低于其他地区;分人群看,建档立卡户的残障比例(17.4%)明显高于其他群体,相对贫困户的残障比例高于非相对贫困户。

4. 居住条件

表8列示了调查样本户的饮水、厕所、网络、垃圾、道路、居住环境等居住条件状况。

表8　　　　　　　　居住条件　　　　　　　　　单位:%

	全国		东部		中部		西部		东北	
	2019年	2021年	2019年	2021年	2019年	2021年	2019年	2021年	2019年	2021年
饮水										
使用自来水	86.9	94.0	91.7	94.3	84.1	95.9	82.5	91.1	95.3	98.3
水质安全	93.5	95.5	93.9	96.4	95.1	96.7	92.0	94.2	92.1	93.6
水量充足	96.4	97.1	96.1	96.1	96.3	98.2	96.6	97.3	97.0	96.4
用水方便	99.1	98.3	99.1	98.6	99.2	99.0	99.0	98.1	98.6	95.3
缺水天数小于等于30天	97.5	98.0	97.6	98.5	97.0	98.0	97.7	97.7	98.3	97.2
饮水安全	88.5	90.6	88.6	91.5	89.3	92.1	87.9	89.1	87.4	88.1
饮水安全总体满意度										
非常不满意	6.4	4.2	4.0	4.6	7.1	2.2	8.8	5.6	4.7	4.1
不太满意	6.1	5.1	6.2	4.1	5.2	5.4	6.8	5.2	5.9	7.7
基本满意	6.6	20.5	6.6	20.1	7.4	21.1	5.3	20.3	9.5	20.9
满意	52.0	38.3	48.9	31.2	49.5	43.7	54.9	40.6	61.8	38.6
非常满意	28.8	31.8	34.3	40.0	30.8	27.6	24.2	28.3	18.1	28.7
厕所										
有无害化厕所	77.1	78.7	93.8	92.5	82.7	88.2	65.5	67.4	33.1	39.3
网络										
家庭有上网设备	90.7	93.1	87.3	90.7	93.1	94.1	92.4	94.7	88.9	93.1

续表

	全国 2019年	全国 2021年	东部 2019年	东部 2021年	中部 2019年	中部 2021年	西部 2019年	西部 2021年	东北 2019年	东北 2021年
家庭网络条件										
没有网络	—	9.6	—	12.0	—	8.8	—	8.1	—	9.2
较差，经常断网	11.7	6.6	12.0	8.4	7.6	3.7	14.5	6.8	13.4	8.1
可以，偶尔断网	37.8	37.8	30.3	30.4	35.1	39.5	43.6	39.4	54.6	54.3
非常好	50.5	46.1	57.7	49.2	57.3	47.9	41.8	45.7	31.9	28.4
垃圾处理										
村生活垃圾统一处理	92.8	94.2	95.8	94.0	96.8	96.1	87.2	93.3	89.2	92.5
村生活垃圾处理满意度										
非常不满意	4.2	3.1	2.0	2.3	4.9	0.7	6.2	6.0	2.8	2.2
不太满意	3.8	3.4	2.0	2.8	1.5	1.4	6.8	5.0	7.8	5.8
基本满意	8.1	24.1	7.7	22.9	6.4	26.6	9.7	23.6	9.2	22.7
满意	54.9	40.2	50.7	33.4	57.5	45.0	55.0	41.7	62.3	44.3
非常满意	29.0	29.2	37.7	38.6	29.7	26.3	22.4	23.7	17.9	24.9
通村组道路、入户道路的路面条件满意度										
非常不满意	5.8	3.1	3.6	2.5	4.9	1.4	8.8	4.3	6.4	5.8
不太满意	7.0	7.2	6.8	5.3	4.4	5.9	8.5	8.9	11.4	11.6
基本满意	7.5	15.4	7.8	14.7	7.2	16.8	6.7	14.8	10.8	15.2
满意	48.3	46.3	43.0	40.1	50.3	49.2	50.4	48.7	55.4	50.7
非常满意	31.2	28.1	38.9	37.3	33.2	26.6	25.6	23.3	16.1	16.8
村生活环境总体满意度										
非常不满意	2.5	1.7	1.2	2.0	2.5	0.4	3.6	2.7	2.4	0.3
不太满意	2.6	2.5	2.6	2.3	0.4	1.4	4.3	2.8	3.3	6.1
基本满意	9.3	18.1	7.8	16.7	8.0	19.8	11.1	17.0	12.5	22.7
满意	56.8	49.7	52.6	41.9	57.0	53.0	58.3	53.0	67.6	55.3
非常满意	28.8	28.0	35.9	37.1	32.0	25.7	22.8	24.5	14.3	15.8

（1）饮水。2021年，全国使用自来水的农户占比为94.0%。分地区看，东北地区农村自来水覆盖率最高，达98.3%。饮水安全方面，在水质、水量、用水方便性和供水保证率上均达标的农户比例为

90.6%，即有9.4%的农户饮水安全性可能存在问题，主要表现在水质不安全、全年缺水天数超过30天和水量不能满足家庭饮水需求。与2019年相比，四大地区使用自来水的农户比例均有所增加，水质、水量和供水保证率都有明显改善和提升，饮水安全整体有所上升。

受访农户对当前饮水安全状况的整体满意度在提升，2021年对饮水安全整体状况表示不满意（非常不满意或不太满意）的样本农户比例较2019年均有所下降。分地区看，西部和东北地区农户对饮水安全状况不满意比例略高，非常不满意和不太满意合计占比分别为10.8%和11.8%。由此可见，农村饮水安全方面还存在短板和不足，下一步要不断提升农村饮水标准，由农村饮水安全转变为农村供水保障[①]。

（2）厕所。家庭有无害化厕所的样本农户占比为78.7%，其中东部和中部地区分别为92.5%和88.2%，明显高于西部和东北地区（67.4%和39.3%）。这表明农村厕所革命扎实推进，完成了《农村人居环境整治三年行动方案》中的要求，即截至2021年底，全国农村卫生厕所普及率超过70%，有条件的地区超过90%[②]。整体而言，与2019年相比，农村家庭无害化厕所覆盖率有所提升，其中东北和中部地区改善较快，提高幅度均超过5个百分点。

（3）网络。调查样本户中，报告家庭有上网设备的农户比例高达93.1%。在这些农户中，认为网络条件可以或非常好的比例接近83.9%，仅有约6.6%的农户反映网络条件较差，经常断网。网络条件的地区差别并不明显，这说明互联网在农村不断迅速普及。与2019年相比，有上网设备的农户比例增加，而认为网络条件较差，经常断网的农户比例大幅度下降，由2019年的11.7%下降到2022年的6.6%，说明农村网络条件得到明显改善。不同地区也有类似的表现。

（4）垃圾处理。村内生活垃圾普遍得到统一处理，农村居民满意度较高。94.2%的样本农户表示其所在村内生活垃圾进行了统一处理，其中东部和中部地区（94.0%、96.1%）略高于西部和东北地区

---

① https：//www.gov.cn/xinwen/2021-09/09/content_5636456.htm.
② https：//news.gmw.cn/2022-10/21/content_36102224.htm.

(93.3%、92.5%)。多数样本农户对村内生活垃圾处理状况表示满意，而反映不满意（不太满意或非常不满意）的农户不到7%。

与2019年相比，村庄生活垃圾统一进行处理的比例有所提高，其中西部和东北地区表现明显，分别提升6.1个和3.3个百分点。农户对当前村内生活垃圾处理的满意度也有所提升，其中，中部和东北地区不满意的农户占比分别下降了4.3个和2.6个百分点。

（5）道路。多数受访农户对通村组道路、入户道路的路面条件表示满意，但仍有10.3%的受访农户反映不满意（不太满意或非常不满意）。分地区来看，东北和西部地区农户中不满意村内道路条件的比例较高，分别为17.4%和13.2%，说明村内道路仍需进一步完善。与2019年相比，农户对村内道路条件的满意度有所提升，反映不满意的农户占比下降了2.5个百分点。不同地区也呈现类似的特点。

（6）居住环境。总体而言，村民对本村的生活环境的满意度较高，绝大多数受访农户表示满意、不满意的比例仅为4.2%，其中东北地区农村居民对村生活环境不满意的比例较高，约为6.4%。与2019年相比，农户对居住环境满意度有一定的提升，反映不满意的农户占比有所下降。

因此，从饮水安全状况、卫生厕所的普及、生活垃圾的集中处理等方面的现状及变化来看，可以发现农村人居环境得到明显改善，整体得到很大改观，但区域间治理不均衡等问题依然存在（李冬青等，2021）。

5. 就业

表9列示了样本户的劳动力就业结构。总体来看，2021年样本户劳动力以非农就业为主，占比47.3%。从变动趋势来看，2019—2021年，全职务农比例略微下降，约降低2.4个百分点，非农就业比例有所上升，约提高2.7个百分点。尽管新冠疫情期间农业部门对农村劳动力就业起较大的缓冲作用（白云丽等，2022），但农村劳动力就业仍选择逐步退出农业产业，以传统服务业和传统第二产业为主（刘振等，2023）。受疫情冲击和经济下行等宏观环境影响，农村劳动力无业或待业的比例略微增加，上升约1.7个百分点。

农民福祉状况及变动分析

表9　　　　　　　　　　劳动力就业结构　　　　　　　　单位:%

	全职务农		非农就业		兼业		其他		无业或待业	
	2019年	2021年	2019年	2021年	2019年	2021年	2019年	2021年	2019年	2021年
全国	29.8	27.4	44.6	47.3	17.8	15.7	0.3	0.5	7.5	9.2
分地区										
东部	22.3	19.4	56.8	59.5	11.6	10.1	0.3	0.6	9.1	10.5
中部	27.2	24.4	43.2	46.6	22.1	19.9	0.3	0.3	7.2	8.8
西部	36.1	33.0	38.6	40.7	18.7	18.0	0.4	0.5	6.2	7.8
东北	44.9	49.7	24.4	26.6	22.0	12.2	0.1	0.1	8.6	11.5
分人群										
建档立卡户	36.4	36.7	34.7	34.7	20.3	20.0	0.2	0.2	8.4	8.4
非建档立卡户	29.1	29.0	45.5	45.7	17.8	17.4	0.3	0.3	7.3	7.5
相对贫困户	35.0	34.9	41.3	40.7	15.4	13.9	0.2	0.2	8.1	10.2
非相对贫困户	28.0	24.9	45.4	49.3	19.0	16.5	0.4	0.5	7.3	8.9

分地区来看，东部地区劳动力非农就业比例最高，为59.5%，全职务农比例最高的为东北地区（49.7%），兼业比例最高的为中部地区（19.9%），2021年分地区劳动力就业结构和2019年相比类似，这为区域经济发展和产业结构调整影响劳动力就业结构变化提供新的经验证据（唐聪聪和陈翔，2023）。

分人群来看，建档立卡脱贫户劳动力以全职务农为主，全职务农比例（36.7%）和兼业比例（20.0%）均高于非建档立卡户，而非农就业比例（34.7%）低于非建档立卡户11个百分点。相对贫困户劳动力以非农就业为主（40.7%），但低于非相对贫困户8.6个百分点，兼业比例（13.9%）低于非相对贫困户约2.6个百分点，全职务农比例（34.9%）高出非相对贫困户10个百分点。从变化趋势看，2021年建档立卡脱贫户和非建档立卡户劳动力就业结构和2019年相比变化不大，但在相对贫困户劳动力中，全职务农、非农就业和兼业的比例相比2019年略微下降，非相对贫困户的劳动力中，非农就业的比例相比

2019年略微上升，但全职务农和兼业的比例相比2019年有所下降。

6. 社会保障与防返贫

持续提升农民群众安全感是坚持以人民为中心执政思想在新时代"三农"领域的具体细化，不仅有利于提高农民福祉水平，也有利于增强社会凝聚力，促进和谐社会建设。农村医疗、养老、低保、防返贫监测帮扶等公共服务的普惠性保障和特惠性帮扶是提升农民安全感的重要抓手。

（1）医疗。表10列示了样本人口的医疗保障情况。结果显示，2021年农村医疗保险覆盖率高达97.0%，这在不同地区间、建档立卡脱贫户和非建档立卡脱贫户，以及相对贫困户和非相对贫困户间无明显差别。从变化趋势看，2019—2021年个体拥有医疗保险的比例也无明显变化。从拥有医疗保险的类型看，2021年绝大多数受访农户参加了城乡居民医疗保险，其中中部地区参与比例最高，为94.5%。与此同时，职工医疗保险覆盖率最高为东部地区（12.4%），而商业保险覆盖率最高的为东北地区（4.6%）。从人群差异看，建档立卡脱贫户拥有城乡居民医疗保险的比例高出非建档立卡脱贫户6.6个百分点，而职工基本医疗保险和商业医疗保险的比例低于非建档立卡脱贫户；相对贫困户的城乡居民基本医疗保险参与率高于非相对贫困户4.3个百分点，职工基本医疗保险和商业医疗保险的参与率低于非相对贫困户。

表10　　　　　　　　　医疗保障情况　　　　　　　　单位:%

	医疗保险覆盖率		其中：城乡居民基本医疗保险		职工基本医疗保险		商业医疗保险	
	2019年	2021年	2019年	2021年	2019年	2021年	2019年	2021年
全国	97.6	97.0	—	89.6	—	5.6	—	2.6
分地区								
东部	96.2	96.1	—	81.3	—	12.4	—	3.6
中部	98.7	97.9	—	94.5	—	2.2	—	2.0
西部	98.3	97.6	—	93.1	—	2.5	—	1.9
东北	95.0	94.6	—	93.4	—	0.7	—	4.6

续表

	医疗保险覆盖率		其中：城乡居民基本医疗保险		职工基本医疗保险		商业医疗保险	
	2019年	2021年	2019年	2021年	2019年	2021年	2019年	2021年
分人群								
建档立卡户	97.7	97.2	—	95.5	—	0.7	—	1.2
非建档立卡户	97.5	97.0	—	88.9	—	6.2	—	2.8
相对贫困户	97.0	96.9	—	92.8	—	2.3	—	1.6
非相对贫困户	97.7	97.1	—	88.5	—	6.9	—	2.9

注：2021年对家庭成员逐一调查了其参加各类医疗保险情况，因某人可能同时参加两类及以上医疗保险，故表内列出的几类保险合计比例可能超过总的参与率；2019年未调查分类医疗保险覆盖情况。

（2）养老。表11列示了样本农户的养老保障情况。2021年受访者拥有养老保险的比例为90.8%，比2019年提高2个百分点。分地区来看，中部地区受访者拥有养老保险的比例较高，为95.6%，东北地区该比例最低，为78.8%，2021年四大地区受访者的养老保险拥有率均高于2019年。分人群看，建档立卡脱贫户受访者的养老保险覆盖率略低于非建档立卡户，差额为2.9个百分点，相对贫困户与非相对贫困户之间则无明显差别。

表11　　　　　　　　　养老保障情况　　　　　　　　　单位：%

	受访者养老保险覆盖率		2021年全员养老保险覆盖率				
	2019年	2021年	合计	居民养老保险	职工养老保险	商业养老保险	其他养老保险
全国	88.8	90.8	83.3	70.5	11.8	0.9	0.8
分地区							
东部	86.4	90.8	83.9	63.3	19.8	0.8	0.9
中部	95.4	95.6	87.3	79.9	6.7	1.1	0.4
西部	88.4	89.8	81.8	70.4	10.0	0.7	1.1

续表

	受访者养老保险覆盖率		2021年全员养老保险覆盖率				
	2019年	2021年	合计	居民养老保险	职工养老保险	商业养老保险	其他养老保险
东北	77.0	78.8	72.0	66.8	3.7	1.8	0.4
分人群
建档立卡户	90.9	88.2	78.8	73.7	4.5	0.1	0.5
非建档立卡户	88.5	91.1	83.9	70.2	12.6	1.0	0.8
相对贫困户	90.2	90.7	83.3	74.9	7.6	0.6	0.7
非相对贫困户	88.4	90.8	83.4	69.1	13.1	1.0	0.8

注：1.2021年对家庭成员逐一调查了其参加各类养老保险情况，因某人可能同时参加两类及以上养老保险，故表内列出的几类保险合计比例可能超过总的参与率；2019年仅调查了受访者个人参加养老保险情况，且未细分保险类型；2. 本表统计人员范围为16岁及以上非在校成年人；3. 已领取养老金人员，因未明确保险类型，视其为参加居民基本养老保险。

从16周岁及以上非在校成年人参与养老保险情况看，2021年该比例为83.3%，其中，参加城乡居民养老保险的比例为70.5%，只有少部分人参加商业养老保险或其他养老保险。分地区来看，中部地区成年人参与城乡居民养老保险的比例最高（79.9%），职工养老保险的覆盖率最高为东部地区（11.8%）。分人群看，建档立卡脱贫户成年人参与城乡居民养老保险的比例高于非建档立卡户，而参与职工养老保险和商业养老保险的比例均低于非建档立卡户；相对贫困户的城乡居民养老保险覆盖率略微高于非相对贫困户，但职工养老保险和商业养老保险的参与率均低于非相对贫困户。

（3）低保和防返贫。由表12可知，2021年全国样本户的低保覆盖率为9.2%，略高于2019年（8.1%），且在地区和人群间呈现明显的异质性差别，如东北和西部地区的低保覆盖率较高，建档立卡户的低保覆盖率（40.5%）明显高于非建档立卡户（5.3%），相对贫困户的低保覆盖率（12.2%）高于非相对贫困户（8.2%），与2019年呈现的地区、人群异质性的低保覆盖率无明显差别。

总体而言，2021 年有 3.1%的样本户被纳入防返贫监测范围，其中东北地区防返贫监测户比例最高，为 5.0%，中部和西部地区均约 4.0%，建档立卡脱贫户中属于防返贫监测户的比例（24.4%）远高于非建档立卡户（0.5%），相对贫困户（4.3%）略高于非相对贫困户（2.7%）。

表 12　　　　　　　　低保和防返贫帮扶情况　　　　　　单位：%

	低保户覆盖率		防返贫监测户覆盖率	
	2019 年	2021 年	2019 年	2021 年
全国	8.1	9.2	—	3.1
分地区				
东部	3.5	4.3	—	0.8
中部	6.4	8.0	—	4.0
西部	13.5	13.2	—	4.1
东北	16.3	11.9	—	5.0
分人群				
建档立卡户	38.7	40.5	—	24.4
非建档立卡户	4.0	5.3	—	0.5
相对贫困户	12.6	12.2	—	4.3
非相对贫困户	6.3	8.2	—	2.7

注：2019 年未调查家庭纳入防返贫监测情况。

7. 政治参与

广泛的政治参与不仅是农民实现政治权利的重要途径，也是发展人民民主和构建现代化国家的重要举措。表 13 和表 14 列示了调查样本户参与村委会选举、对选举程序满意度、村委会工作满意度评价等情况。从村委会选举参与情况看，2022 年，84.8%的受访农户反映家中有人参与了最近一次村委会选举，参与户对选举程序满意的比例达 95.3%。与 2020 年相比，参与村委会选举的满意度提升 4.6 个百分点。这可能是由于中国近年大力推进基层民主政治建设，村委会的选举程序趋于完善，选举的民主化程度也得到提高。从地区差异看，东部地区村民参与村委会选举的比例最高，东北地区对选举程序的满意感提升幅度相对较大。

表13 政治参与评价情况　　　　　　　　　　　　　　　　单位:%

	全国 2020年	全国 2022年	东部 2020年	东部 2022年	中部 2020年	中部 2022年	西部 2020年	西部 2022年	东北 2020年	东北 2022年
家中是否有人参与村委会选举										
是	37.3	84.8	31.3	86.8	36.3	84.7	48.3	85.0	23.7	76.2
否	62.7	15.2	68.8	13.2	63.7	15.3	51.8	15.0	76.3	23.8
参与户对选举程序满意度										
满意	90.7	95.3	90.7	94.6	90.5	95.3	91.1	95.6	89.2	96.7
不满意	2.1	2.9	2.9	2.7	1.9	3.1	1.8	3.2	1.2	2.2
不好说	7.2	1.8	6.4	2.7	7.6	1.6	7.2	1.3	9.6	1.1
最信任县乡村哪一级干部										
县干部	—	18.0	—	16.7	—	16.8	—	21.3	—	13.3
乡干部	—	4.0	—	3.6	—	2.9	—	4.9	—	5.7
村干部	—	78.1	—	79.7	—	80.3	—	73.9	—	81.0
村委会工作满意度										
均值	8.6	8.8	8.5	8.8	8.9	9.0	8.6	8.6	8.2	8.7

注：1.两次调查中关于村委会选举参与的时间范围有所不同，2022年调查为最近一次，即未限定具体年份，而2020年调查限定为调查前一年，即2019年内，选举参与率不可比；2.2020年未调查县乡村干部信任比较问题；下同。

表14 分人群的政治参与评价情况　　　　　　　　　　　　单位:%

	建档立卡户 2020年	建档立卡户 2022年	非建档立卡户 2020年	非建档立卡户 2022年	相对贫困户 2020年	相对贫困户 2022年	非相对贫困户 2020年	非相对贫困户 2022年
家中是否有人参与村委会选举								
是	41.5	81.6	36.7	85.2	42.3	82.0	35.8	85.7
否	58.5	18.4	63.3	14.8	57.7	18.0	64.2	14.3
参与户对选举程序满意度								
满意	94.1	94.1	90.1	95.5	87.4	94.2	92.0	95.9
不满意	0.9	4.0	2.3	2.8	3.0	3.4	1.8	2.8

续表

	建档立卡户		非建档立卡户		相对贫困户		非相对贫困户	
	2020年	2022年	2020年	2022年	2020年	2022年	2020年	2022年
不好说	5.0	2.0	7.6	1.7	9.7	2.4	6.3	1.4
最信任县乡村哪一级干部							
县干部	—	16.5	—	18.2	—	18.2	—	17.9
乡干部	—	5.0	—	3.8	—	3.6	—	4.2
村干部	—	78.6	—	78.0	—	78.2	—	77.9
村委会工作满意度							
均值	8.7	8.7	8.6	8.8	8.5	8.6	8.7	8.9

从信任村干部排序看，2022年，78.1%的受访户表示最信任村干部。2022年总体受访户对村委会工作的满意度达8.8分，略高于2020年的8.6分，中部地区受访者对村委会工作的满意度最高，达9.0分，建档立卡户和非建档立卡户，相对贫困户和非相对贫困户对村委会工作满意度评价较为接近，均高于8.6分。

三 新冠疫情对农民福祉的影响及未来生活预期

2020年突如其来的新冠疫情给中国经济发展和人民福祉带来深刻影响，表15列示了新冠疫情对农户家庭收入、务工就业、参与产业发展等方面的影响，农户对新冠疫情防控措施的满意程度，以及对未来生活的预期。

表15　　　　　疫情对农民福祉的影响　　　　　单位：分；%

	全国	分地区				建档立卡户		相对贫困户	
		东部	中部	西部	东北	是	否	是	否
近两年疫情是否对您家造成不利影响									
几乎无影响	40.6	36.5	39.0	44.3	47.2	50.4	39.4	47.0	38.5
影响比较小	18.7	18.3	19.2	18.8	18.4	16.1	19.0	17.5	19.3
影响一般	12.7	15.4	13.0	10.4	10.6	10.5	13.0	10.5	13.4

续表

	全国	分地区				建档立卡户		相对贫困户	
		东部	中部	西部	东北	是	否	是	否
影响比较大	20.8	20.7	22.5	20.1	19.0	16.8	21.3	18.0	21.8
非常大	7.2	9.2	6.3	6.4	4.8	6.2	7.3	7.0	7.1
疫情的主要影响									
收入减少	49.8	50.4	58.3	45.7	32.9	46.7	50.1	44.6	51.4
就业务工中断	25.8	20.3	29.5	28.8	24.8	28.2	25.5	24.3	26.4
产业发展受限	11.7	9.4	16.0	11.2	9.1	8.4	12.1	10.9	12.0
就医不便	12.5	12.8	11.0	11.1	23.1	12.9	12.5	12.0	12.6
购买生活物资不便	21.2	21.2	21.8	17.5	34.6	18.6	21.4	22.0	20.7
疫情影响对家庭收入的影响									
收入大幅减少	22.8	23.0	23.9	23.3	17.0	22.0	22.9	21.8	23.0
收入略微减少	32.6	31.7	36.8	30.9	29.1	26.5	33.3	28.0	34.2
收入无明显变化	44.1	44.7	39.0	45.4	53.6	51.1	43.3	50.0	42.2
收入有所增加	0.4	0.7	0.1	0.3	0.3	0.5	0.4	0.2	0.5
收入大幅增加	0.1	0.0	0.1	0.1	0.0	0.0	0.1	0.0	0.1
疫情对家庭成员就业或务工的影响									
中断半年以上	6.2	5.9	6.2	6.7	6.1	6.1	6.3	6.9	6.0
中断3—6个月	8.3	6.8	10.0	8.9	6.1	9.2	8.2	8.2	8.4
中断1—3个月	15.0	13.5	17.0	15.3	12.4	12.4	15.3	12.5	15.9
中断1个月以内	9.6	10.3	10.1	9.6	5.5	9.0	9.7	7.3	10.4
无影响	60.9	63.5	56.7	59.6	70.0	63.4	60.6	65.1	59.4
疫情对家庭农业产业的影响									
几乎无影响	81.9	78.5	85.6	83.0	77.7	87.3	81.2	82.5	81.8
耽误春耕	2.2	1.7	1.0	2.1	9.2	1.7	2.3	3.1	1.9
夏收减少	1.6	2.1	1.2	1.2	2.6	0.4	1.7	1.8	1.5
农产品销售受阻	11.4	10.9	9.6	12.9	13.7	7.8	11.9	11.1	11.4
发展产业失败	0.8	1.3	0.6	0.6	1.0	0.8	0.9	0.8	0.9
疫情对家庭非农产业的影响									
几乎无影响	73.8	69.4	71.0	78.0	86.3	80.7	73.0	77.8	72.5

续表

	全国	分地区				建档立卡户		相对贫困户	
		东部	中部	西部	东北	是	否	是	否
订单减少	9.4	10.4	12.1	7.7	2.0	3.8	10.1	7.2	10.1
销售下降	11.0	10.2	14.6	10.1	5.5	7.2	11.5	8.1	11.8
发展产业失败	2.6	2.2	3.1	2.8	1.2	1.9	2.7	2.8	2.6
疫情期间是否获得临时救助或帮扶										
是	13.7	15.9	12.3	12.0	16.8	19.7	13.0	12.8	13.9
否	86.3	84.1	87.7	88.1	83.2	80.3	87.0	87.2	86.1
疫情防控措施满意度										
均值	9.1	9.0	9.4	9	9.1	9.1	9.1	9.0	9.1
预计5年后，您家生活的变化情况										
差很多	0.5	0.8	0.3	0.3	0.9	0.5	0.5	0.4	0.9
差一些	2.1	2.3	1.8	2.0	1.9	1.3	2.1	1.7	3.0
差不多	12.1	13.5	10.4	12.2	11.7	12.4	12.0	11.4	13.7
好一些	46.9	40.6	48.4	50.9	50.2	50.9	46.4	45.0	52.6
好很多	38.5	42.8	39.1	34.6	35.3	35.0	38.9	41.5	29.8

（一）疫情对农民福祉的影响

1. 总体影响

总体来看，2022年，40.6%的受访者表示疫情对家庭几乎无影响，18.7%的受访者认为疫情造成的不利影响较小，12.7%的受访者表示疫情影响一般，约20.8%的受访者表示疫情对家庭产生的不利影响较大，7.2%的受访者表示影响非常大。分地区看，东北地区家庭受疫情影响最小，而东部地区家庭受疫情影响最大，约9.2%的受访者认为疫情对家庭造成的不利影响非常大。分人群看，非建档立卡户表示疫情对家庭几乎无影响的比例低于建档立卡脱贫户，非相对贫困户表示疫情对家庭几乎无影响的比例低于相对贫困户。

从疫情的总体影响看，收入减少和就业或务工中断仍是农户家庭面临的主要问题，分别为49.8%和25.8%。疫情的主要影响存在地区差异，东部、中部和西部地区的受访者表示疫情产生的主要影响体现在收入减少，东北地区受访者表示疫情带来的主要影响体现在购买生活物资不便。建档立卡脱贫户和非建档立卡户，相对贫困户和非相对贫困户均表明疫情的主要影响为收入减少。

2. 疫情对家庭收入、就业和生产的影响

总体来看，2022年，44.1%的受访者表示疫情对家庭收入几乎无影响，32.6%的受访者表示疫情造成了家庭收入略微减少，22.8%的受访者表示疫情造成了家庭收入大幅减少，0.5%的受访者认为疫情给家庭带来收入的增加①。分地区看，东北地区家庭收入受疫情的不利影响最小，中部地区家庭收入受疫情的不利影响最大。分人群看，建档立卡脱贫户和相对贫困户家庭收入减少的比例均低于非建档立卡户和非相对贫困户。

总体调查结果显示，60.9%的受访者认为疫情对家庭成员就业或务工几乎无影响，15.0%的受访者认为疫情导致家庭成员就业或务工中断1—3个月。分地区来看，东北地区70.0%的受访者表明疫情对家庭成员就业或务工几乎无影响。分人群看，建档立卡脱贫户（63.4%）和相对贫困户（65.1%）表示疫情对家庭成员就业或务工几乎无影响的比例均高于非建档立卡脱贫户（60.6%）和非相对贫困户（59.4%）。

从疫情对家庭农业产业的影响看，81.9%的受访者表明疫情对家庭农业产业几乎无影响，近11.4%的受访者表明疫情对家庭农业产业产生的最大影响体现在农产品销售受阻。分地区看，西部地区因疫情遭受农产品销售受阻的比例（13.7%）高于其他地区。分人群看，建档立卡脱贫户和非建档立卡户，相对贫困户和非相对贫困户中疫情对家庭农业产业产生的最大不利影响均体现在农产品销售受阻。

从疫情对家庭非农产业的影响看，73.8%的受访者表明疫情对家庭非农产业几乎无影响，11.0%的受访者表示疫情导致了家庭非农产业销售下降。分地区看，东北地区家庭中疫情对非农产业的影响最小，86.3%的东北地区受访者认为疫情对家庭非农产业几乎无影响，中部地区因疫情导致家庭非农产业销售下降的比例（14.6%）高于其他地区。分人群看，建档立卡脱贫户和非建档立卡户，相对贫困户和非相对贫困

---

① 如少数户因参与防疫物资销售、防疫公益岗位就业而增收。

户中疫情对家庭非农产业产生的最大不利影响,均体现在销售下降。

(二)临时性帮扶与防控措施满意度

调查结果显示,13.7%的样本农户在疫情期间获得了临时性帮扶,帮扶覆盖率在地区间存在较小差别,如东北地区受访者家庭获得临时性帮扶的比例最高,为16.8%,西部地区受访者家庭获得临时性帮扶的比例最低,为12.0%,此外,帮扶覆盖率在人群间也存在较小差别,建档立卡户获得帮扶的比例(19.7%)略高于非建档立卡户(13.0%),而相对贫困户获得帮扶的比例(12.8%)略低于非相对贫困户(13.9%)。

农民对疫情防控措施满意度总体评价非常高,均值为9.1分,其中中部地区受访者农民的满意度最高,为9.4分,建档立卡户和非建档立卡户以及相对贫困户和非相对贫困户对疫情防控措施的满意度无明显差别,满意度均超9分。

(三)未来5年生活预期

中国政府及时出台的疫情防控措施有力保障了全体居民的生命健康,当前中国经济持续恢复,总体回升向好,高质量发展扎实推进,社会大局和谐稳定,居民对未来生活预期长期向好的形势坚定信心。调查结果显示,2022年,超过85%的农村受访者认为5年后的生活会变好,约12.0%的受访者认为和现在差不多,约2.6%的受访者认为会变差。这一结果在地区间、人群间差异不大。

四 结论和建议

本报告基于中国乡村振兴调查两期数据,分析了农村居民的福祉现状及变化特征,包括主观福祉、客观福祉两大维度。从主观福祉角度来看,农村居民生活状况不断改善,总体生活满意度、幸福感、收入满意度、住房满意度、社会治安满意度均不断提升,相比而言,收入满意度提升幅度较小,这在不同地区和人群表现出相似的特点。从客观福祉角度来看,农户收入和消费不断增长,但相对贫困户收入增长乏力,且消费水平偏低。家庭劳动力受教育程度不断提高,不同地区和人群表现为类似的趋势。此外,农村人口老龄化速度在加快,东北地区农户的老龄化和少子化现象严重。在健康状况方面,农村居民整体健康状况良好,但建档立卡户和相对贫困户的残障比例相对较高。在居住条件方面，农村人居环境得到明显改善，但区域间治理不均衡等问题依然存在。在就业方面，农民非农就业的比例有所提高，但无业待业的比例也略微上升。在社会保障和防返贫帮扶方面，地区和人群间的服务覆盖率有所差别。在政治参与方面，村委会的选举程序趋于完善，选举的民主化程度也得到大幅提高。此外，部分受访农户表示家庭的收入和就业因疫情受到不利影响，但农村居民对疫情防控的总体满意度评价较高，对未来生活预期较好，社会大局和谐稳定。

因此，为持续增进农村居民福祉，实现高质量发展，本报告提出以下对策建议。一是要继续大力促进农村居民就业，不断增加农民收入。二是加强人力资本投资，促进农村居民教育和健康水平不断提升。三是继续加强农村人居环境整治，完善农村基础设施和公共服务。四是不断完善农村社会保障体系，切实提升农村养老水平和医疗保障水平。此外，还应关注不同地区和人群的发展需求差异，促进均衡协调发展，以不断提升农民的获得感、幸福感和安全感。

参考文献

习近平：《高举中国特色社会主义伟大旗帜为全面建设社会主义现代化国家而团结奋斗——在中国共产党第二十次全国代表大会上的报告》，人民出版社 2020 年版。

白云丽等：《农业部门就业缓冲作用的再认识——来自新冠肺炎疫情前后农村劳动力就业的证据》，《中国农村经济》2022 年第 6 期。

刘振等：《中国城市流动人口就业行业选择分异及影响因素》，《地理科学进展》2023 年第 6 期。

唐聪聪、陈翔：《中国当前就业结构变化的特征、内生动力与经济效果研究》，《经济问题探索》2023 年第 1 期。

高鸣：《中国农村人口老龄化：关键影响、应对策略和政策构建》，《南京农业大学学报》（社会科学版）2022 年第 4 期。

李冬青等：《农村人居环境整治效果评估——基于全国 7 省农户面板数据的实证研究》《管理世界》2021 年第 10 期。

倪永良、唐娟莉：《公共服务满意度与农村居民幸福感——基于陕西省 513 位农村居民的调查》，《西安建筑科技大学学报》（社会科学版）2023 年第 3 期。

吴国宝：《福祉测量：理论、方法与实践》，东方出版社 2014 年版。

Crisp, Roger, "Well-being", California: The Stanford Encyclopedia of Philosophy, 2013, (Summer 2013 Edition).

Easterlin, Richard A, "Does Economic Growth Improve the Human Lot? Some Empirical Evidence", *Nations and Households in Economic Growth*, 1974, 197 (4), 89-125.

Kiefer, Ruth Ann, "An Integrative Review of the Concept of Well-Being", *Holistic Nursing Practice*, 2008, 22 (5): 244-252.

Organization for Economic Co-operation and Development (OECD), *How's Life? 2020: Measuring Well-being*, OECD Publishing, Paris, 2020.

United Nations Development Programme (UNDP), *Human Development Report 1990: The Concept and Measurement of Human Development*, Oxford: Oxford University Press, 1990.

农村居民营养与健康状况

全世文　朱文博[*]

摘　要：农村居民营养与健康状况是反映乡村振兴发展的重要标志之一。2022年，农村居民人均消费量最高的三类食物分别为谷物、蔬菜和干鲜瓜果，除猪肉外的动物类食物支出份额较低。超过九成的家庭都消费了粮、油、蛋、菜、盐和猪肉，超过四成的家庭未食用牛羊肉、禽肉、乳制品、水产品和食糖中的至少一种。随着收入水平的提高，农村居民食物消费结构表现出向动物型膳食模式、健康膳食模式、在外饮食模式转型的三条趋势线。农村居民膳食结构中谷物、食用油、猪肉、薯类和蔬菜的供能比重合计达到了87.08%。虽然总体膳食质量不断改善，但是存在肉、油、盐摄入过量，水果、乳制品摄入不足，以及脂肪摄入过高，维生素B2和钙摄入过低的膳食不均衡问题。农村居民的超重率、肥胖率和营养不良率分别为37.07%、7.73%和7.99%。农村劳动力和农村老年居民自评健康状况为优的比重为78.39%和47.33%，最近1年内曾参加过体检的比重为50.3%和75.0%，平时进行锻炼的比重为51.6%和54.0%。

关键词：食物消费；营养摄入；膳食质量；体质与健康；农村居民

---

[*] 全世文，管理学博士，中国社会科学院农村发展研究所副研究员，研究方向为食物经济与农业政策；朱文博，管理学博士，中国社会科学院农村发展研究所助理研究员，研究方向为食物经济与食物消费。

Nutrition and Health Status of Rural Residents

QUAN Shiwen　ZHU Wenbo

Abstract: The nutritional and health status of rural residents is an important indicator of rural revitalization. In 2022, rural diets mostly comprised grains, vegetables, and fruits, with less consumption of non-pork animal products. Over 90% of households consumed grains, oils, eggs, vegetables, salt, and pork, while more than 40% did not consume beef, mutton, poultry, dairy products, aquatic products, and sugar. As income rose, diets shifted towards animal-based diets, healthier diets, and eating out. The energy supply proportions of grains, oils, pork, tubers, and vegetables in rural residents' diets totaled 87.08%. Despite overall dietary improvements, issues include excessive meat, oil, salt, and fat intake, insufficient fruit and dairy intake, and low vitamins B2 and calcium intake. Rates of overweight, obesity, and malnutrition among rural residents were 37.07%, 7.73%, and 7.99% respectively. Self-rated health statuses of rural laborers and elderly residents were good for 78.39% and 47.33%, respectively, with 50.3% and 75.0% of them respectively having had a check-up in the past year, and 51.6% and 54.0% regularly exercising.

Keywords: Food Consumption; Nutrients Intake; Dietary Quality; Health; Rural Residents

"民以食为天"。人民群众对美好生活的向往首先体现在吃饭问题上。随着社会经济发展，居民的饮食目标从吃得饱，到吃得好，再到吃得健康不断演变发展，居民营养与健康状况已经成为新时代国家昌盛、民族富强和人民幸福的重要标志。习近平总书记多次强调要树立大食物观，其重要内涵之一就是要满足居民丰富多样、营养健康的食物消费需求。近年来，中国农村居民生活水平不断提高，农村家庭食物消费模式持续转型升级，体质健康状况明显改善。但是仍存在营养摄入失衡、超重肥胖和慢性病发生率高等问题。随着城镇化持续推进和膳食可得性不断提高，农村居民的食物消费观念、方式和模式会进一步转变，深刻影响营养与健康状况变化发展。2023年中央一号文件首次提出"提倡健康饮食"，推动改善中国农村居民营养与健康状况具有必要性和紧迫性。本报告将全面透视农村居民食物消费和营养摄入的基本特征，客观分析评价其膳食质量状况，并深入考察居民多维度的体质与健康状况，最后提出改善农村居民营养和健康状况的政策建议。

本次调查采用30日回溯法计算家庭食物消费与支出，调研对象是长期在一起吃饭的家庭成员。本报告对原始数据从以下四方面进行二次处理：一是为了便于开展与外部数据的比较分析，本报告将月度家庭消费数据转换为年度人均消费数据①，其中的转换变量为在家就餐的真实人口规模，通过外来人员就餐人次对在家吃饭人口数进行调整而得到。二是在开展食物消费分析时，将原始26个细类食物产品合并为15大类，包括谷物、薯类、豆类、食用油、猪肉、牛羊肉、禽肉、蛋类、乳制品、水产品、蔬菜、干鲜瓜果、食糖、食盐和其他食物。其中，其他食物主要为烟、酒、茶、饮料和酱油。三是在开展营养摄入分析时，将食物消费量数据通过营养转换系数转换为14类营养素的摄入量数据，其中，营养转换系数来源于中国疾病预防控制中心营养与食品安全所编制的《中国食物成分表》。四是本报告在开展区分收入组和地区组的分析中，收入组参照国家统计局的五等份分组划分为低收入组、中间偏下收入组、中间收入组、中间偏上收入组和高收入组，其中，部分板块将中间偏下收入组、中间收入组和中间偏上收入组统一为中间收入组进行呈现；地区组参照国家统计局标准将10个调研省份划分为东部地区

---

① 由于本期CRRS调研发生在2022年中旬且运用30天回溯法收集食物消费数据，因此人均食物消费数据为2022年，有区别于其他年度数据。

（浙江、山东、广东）、中部地区（安徽、河南）、西部地区（贵州、四川、陕西、宁夏）和东北地区（黑龙江）。

一 农村居民食物消费状况

（一）食物消费量

图1展示出了农村居民各类食物的年度人均消费量。2022年，人均消费量最高的三类食物分别为谷物、蔬菜和干鲜瓜果。从各食物类别看，人均粮食消费量为151.06千克，其中，谷物、薯类和豆类的消费量分别为118.83公斤、25.01公斤和7.22公斤。人均食用油消费量为19.23公斤。肉禽类消费量为38.81公斤，其中，猪肉、牛羊肉和禽肉的消费量分别为25.57公斤、3.79公斤和9.45公斤。蛋类、乳制品和水产品的消费量分别为13.34公斤、13.59公斤和9.92公斤。蔬菜和干鲜瓜果的消费量分别为107.94公斤和52.65公斤。食糖和食盐的消费量分别为2.17公斤和3.24公斤。

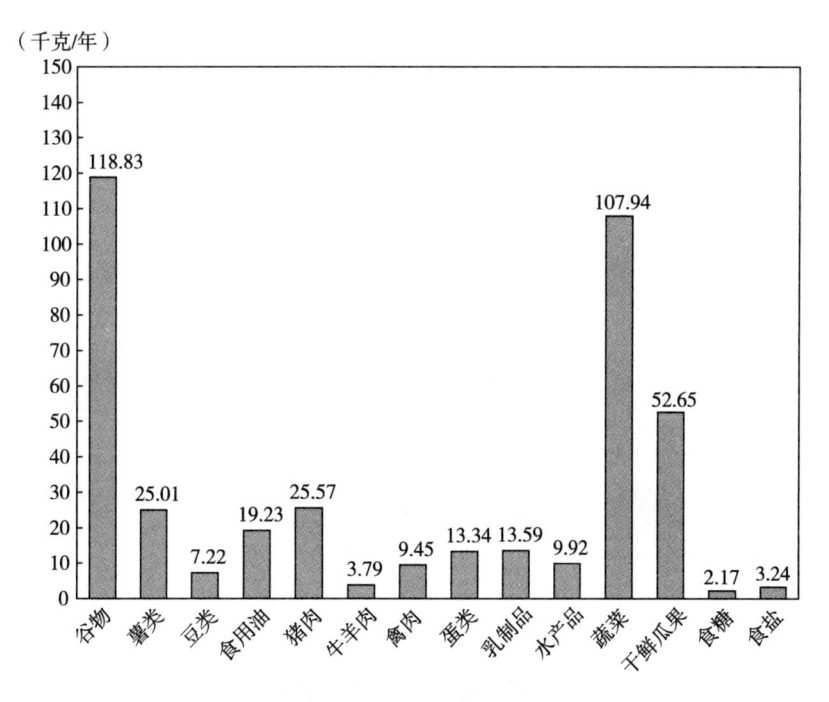

图1 农村居民人均食物消费量

与 2021 年国家统计局的十省人均消费量均值相比，2022 年 CRRS 数据的粮食和禽肉消费量偏低，主要原因是口径差异。CRRS 数据的口径是成品粮和成品禽肉，有别于国家统计局的原粮口径和禽类口径，根据可食比例折算后偏差并不大。食用油和乳制品消费量偏高，可能原因是调查方式差异所致。CRRS 数据的调查方式是回溯式，有别于国家统计局的记账式，食用油和乳制品一般是桶装和盒装，通常一次性购买而长时间食用，这类食物在回溯式调查法下可能会被高估，偏差来自已经购买但未消费部分。其他食物的消费量偏差较小，均在 10% 以内。

图 2 和图 3 分别展示出了农村居民各类食物的零消费样本比重与自产自食消费比重。如图 2 所示，农村居民群体中各家庭的食物消费多样性存在差异。2022 年，超过 90% 的家庭都消费了粮食、食用油、猪肉、蛋类、蔬菜和食盐等生存性食物类别，其中，仅有 0.27%、0.54% 和 0.92% 的家庭不消费谷物、食用油和食盐；超过 40% 的家庭没有消费牛羊肉、禽肉、乳制品、水产品和食糖等升级改善型食物类别中的至少一

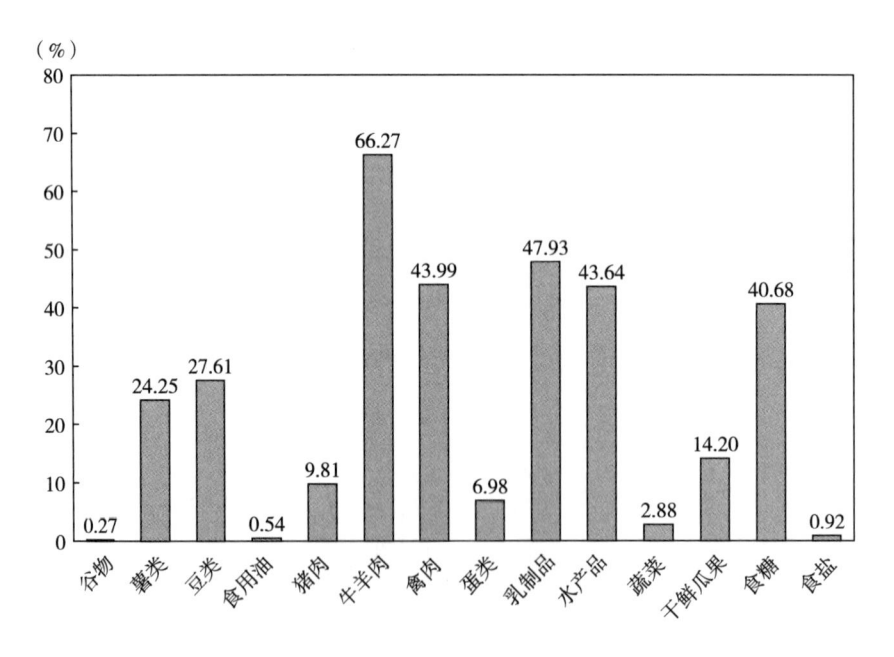

图 2　零消费样本所占比重

种，其中，超过 2/3 的样本家庭未消费牛羊肉。如图 3 所示，农村居民的食物获取来源也存在类别差异，谷物、薯类、蛋类和蔬菜的消费主要来源于自家生产食用，其中，依靠住所周边的家庭菜地来供给家庭蔬菜食用的样本比重为 59.68%，远高于其他食物；同时，通过市场购买满足消费的食物类别主要是需要加工后食用的大豆、牛羊肉、乳制品、水产品、食糖和食盐。

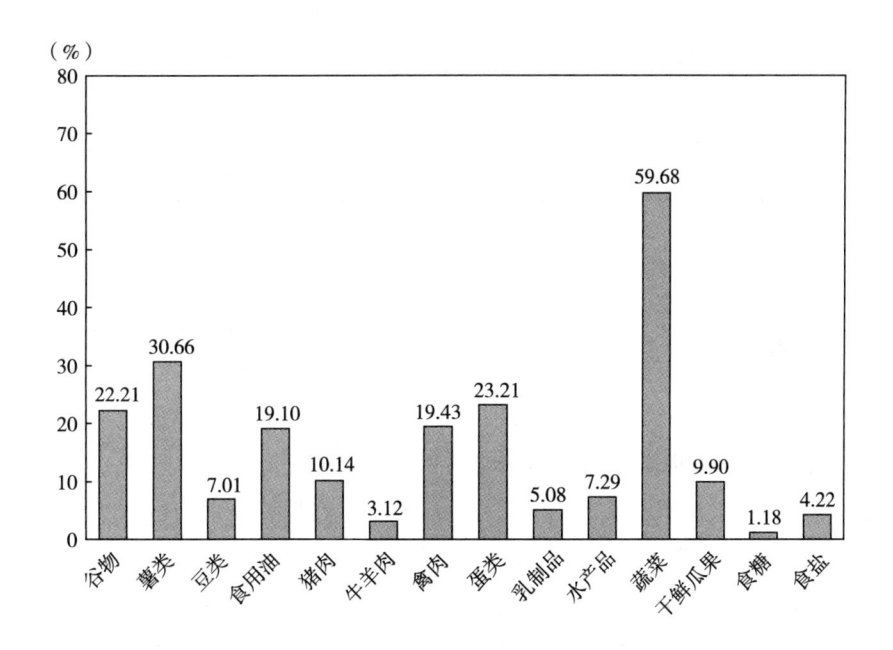

图 3　自产自食部分在各类食物消费量中的占比

与 2020 年的第一期 CRRS 数据相比，2022 年粮食的人均消费量略有下降，肉类、奶制品和蔬菜的人均消费量稳中有升，主要食物的零消费比重呈下降趋势。如表 1 所示，2020—2022 年，粮食的人均消费量从 154.41 公斤下降至 151.06 公斤，降低了 2.17%，样本中未消费粮食的家庭占比下降了 3.94 个百分点；肉类的人均消费量从 32.53 公斤提高到 38.81 公斤，增长了 19.31%，未消费肉类的家庭占比下降了 6.80 个百分点；奶制品的人均消费量从 11.79 公斤提高到 13.59 公斤，增长了 15.31%，未消费奶制品的家庭占比下降了 14.33 个百分点；蔬菜的人均消费量从 105.28 公斤提高到 107.94 公斤，增长了 2.53%，未消费蔬菜的家庭占比下降了 8.30 个百分点。可以看出农村居民食物消费结构升级转型的基本趋势，动物性食物消费增多，膳食多样性不断提高。

表1　　　　　　　　CRRS 两期食物消费数据比较

食物类别	人均消费量（公斤） 2020年	人均消费量（公斤） 2022年	增幅（%）	零消费比重（%） 2020年	零消费比重（%） 2022年	增长（百分点）
粮食	154.41	151.06	-2.17	4.21	0.27	-3.94
肉类	32.53	38.81	19.31	9.76	2.96	-6.80
奶制品	11.79	13.59	15.31	62.26	47.93	-14.33
蔬菜	105.28	107.94	2.53	11.18	2.88	-8.30

分收入组看，随着收入水平的提高，农村居民食物消费量变化存在两条转型升级路径：一是向营养密集型的动物类食物消费转型。如表2所示，从低收入组到高收入组，谷物和薯类消费量持续减少，肉类、蛋类、乳制品、水产品消费量不断提高。二是向健康膳食模式转型。如表2所示，富含植物蛋白的豆类消费量提高，优质动物蛋白含量高的牛羊肉、乳制品和水产品大幅度增长，高收入组消费量分别为低收入组的 2.01 倍、1.73 倍和 2.32 倍。同时，低油低盐、高膳食纤维的健康饮食理念也随收入提高而体现为油盐消费量下降、果蔬消费量上升。需要注意的是，禽肉增长过快，油盐消费降幅小且缓慢，食糖消费量依然不断提高，这可能是中国农村发展转型过程中所面临的健康风险之一。

表2　　　　　分收入组和分地区的农村居民人均食物消费量

单位：公斤/年

食物类别	按照收入分组 低收入组	按照收入分组 中间收入组	按照收入分组 高收入组	按照地区分组 东部地区	按照地区分组 中部地区	按照地区分组 西部地区	按照地区分组 东北地区
谷物	125.75	119.80	108.95	100.63	118.31	129.01	131.35
薯类	30.88	24.74	19.94	14.03	14.78	35.68	33.30
豆类	7.10	7.04	7.87	6.20	7.15	7.70	8.36
食用油	19.61	19.19	18.97	16.33	17.36	21.64	21.50

续表

食物类别	按照收入分组			按照地区分组			
	低收入组	中间收入组	高收入组	东部地区	中部地区	西部地区	东北地区
猪肉	24.00	25.43	27.57	29.03	20.64	26.87	19.58
牛羊肉	2.71	3.59	5.46	2.19	1.43	6.46	2.01
禽肉	7.26	9.34	11.96	11.37	9.78	8.92	5.25
蛋类	12.11	13.46	14.21	14.24	17.29	10.52	14.63
乳制品	10.49	13.12	18.14	16.59	14.94	13.05	4.18
水产品	6.97	8.83	16.16	17.91	7.66	4.99	11.35
蔬菜	105.08	108.11	110.28	107.44	128.01	96.98	115.65
干鲜瓜果	44.60	49.83	69.17	51.39	70.48	51.16	27.03
食糖	1.99	2.16	2.41	1.79	2.14	2.42	2.39
食盐	3.31	3.26	3.12	3.03	2.99	3.41	3.67
样本量	743	2228	741	1088	726	1535	363

分地区组看，不同区域农村居民的食物消费特征既遵循因地区收入而异的一般规律，也呈现出依托于供给能力的区域性消费特色。如表2所示，东部地区农村居民的收入水平较高，呈现出粮食消费量低、动物性食物消费量高的高收入群体食物消费特征，但由于其临海的区位特点，水产品消费量明显高于其他地区；西部地区居民收入水平低，虽然呈现出粮食消费量高的低收入群体消费特征，但是由于是少数民族聚集地，且属于干旱少雨的高原或沙漠地区，薯类、动物性食物尤其是牛羊肉消费量较高，但是蔬菜消费量明显偏低；东北地区的特色饮食模式导致了其油盐消费量较高。

（二）食物消费支出

图4和图5分别描绘出了农村居民各类食物的支出金额与支出份额。如图4所示，2022年，农村居民人均食物消费支出为5809.19元，比国家统计局2022年人均食品烟酒支出的5485元略高5.9%。这可能是调查时间所导致的偏差。CRRS数据的调查时间是2022年6—9月，夏粮收获时的农忙期与暑假消费旺季叠加，由此时间段折算出的全年消费支出偏高是合理的。从支出结构看，现金支出额为4789.75元，在人均食物

总支出中的占比为82.45%,在家和在外饮食支出分别为5247.38元和561.81元,在人均食物总支出中的占比分别为90.3%和9.7%。

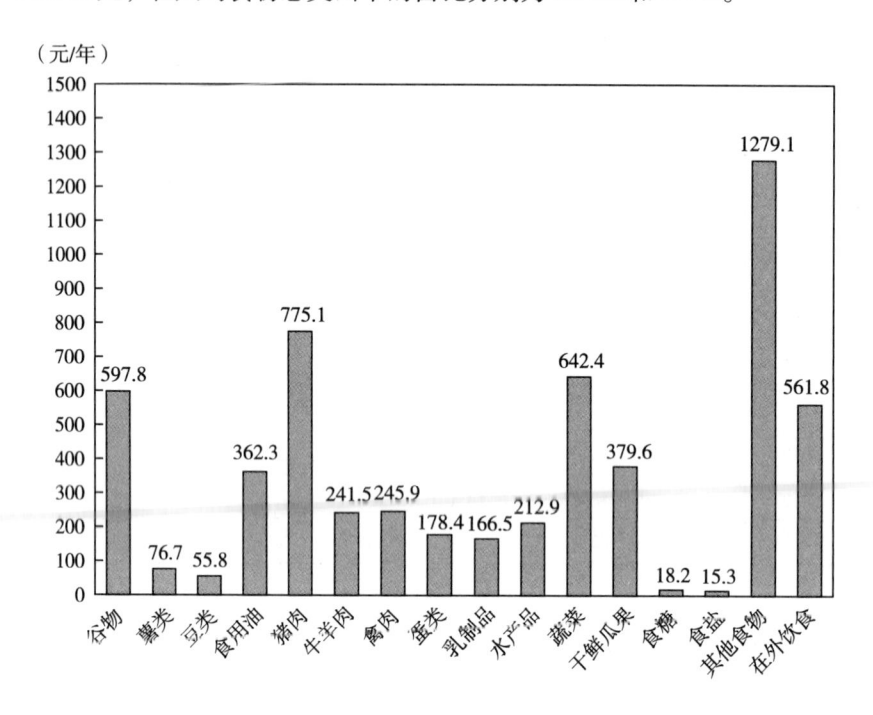

图4 农村居民人均各类食物支出

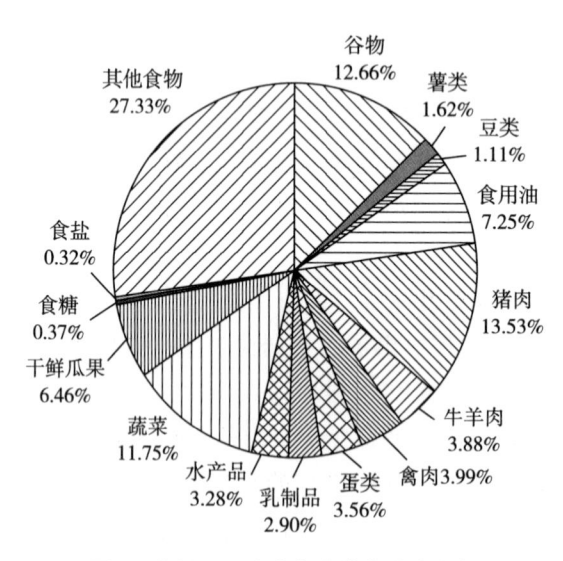

图5 农村居民在家各类食物支出份额

进一步从农村居民在家各类食物支出看，如图5所示，2022年，谷物、猪肉、蔬菜和干鲜瓜果的支出份额较高，分别为12.66%、13.53%、11.75%和6.46%，这四类基础性消费类别合计占在家食物支出的44.4%。虽然动物类食物消费量增长较快，但是除猪肉外的其他动物类食物支出份额还较低，牛羊肉、禽肉、蛋类、乳制品和水产品的合计占比仅为17.61%。而烟、酒、茶、饮料和调味品等其他食物的占比达到了27.33%。可见，农村居民在食物消费上的花费仍主要集中在传统的基础型食物，在肉蛋奶水产品方面的升级改善型消费的发展潜力较大。

图6和图7分别描绘了区分收入组和地区组的农村居民各类食物支出金额及支出份额。分收入组看，如图6所示，随着收入水平的提高，人均食品消费支出额不断增加，在外饮食比重也持续增长。2022年，低收入组、中间收入组和高收入组的人均食物消费支出额分别为4759.11元、5575.33元和7565.32元，高收入组支出是低收入组的1.59倍。低收入组、中间收入组和高收入组的人均在外饮食支出分别

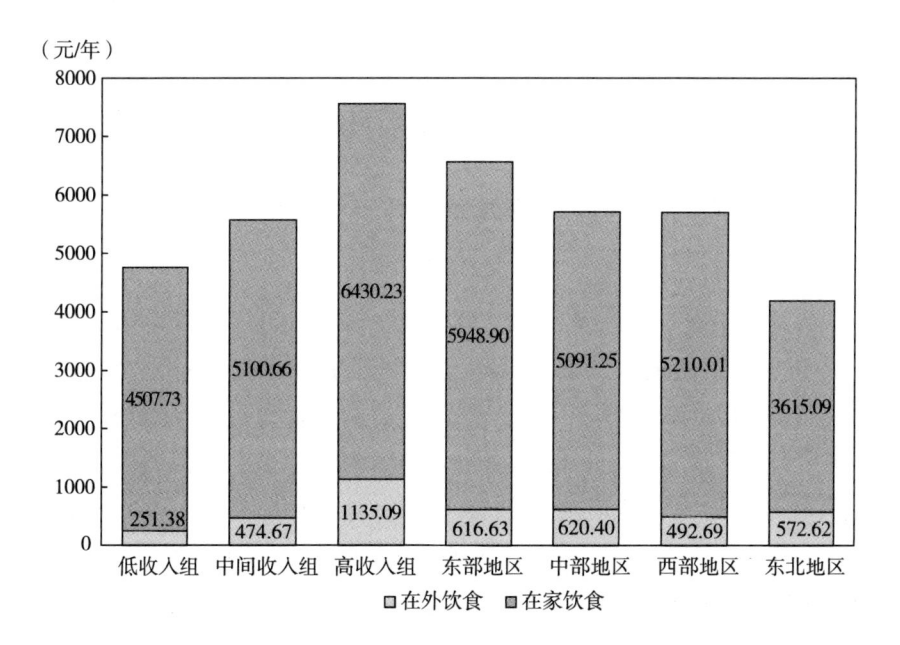

图6　分收入组和分地区的农村居民食物支出

为251.38元、474.67元和1135.09元，在食物支出中的占比分别达到了5.28%、8.51%和15.00%。同时，如图7所示，随着收入水平的提高，谷物、薯类、豆类、食用油、猪肉、蛋类、蔬菜、食糖和食盐的支出份额呈现下降趋势，而牛羊肉、禽肉、乳制品、水产品、干鲜瓜果的支出份额呈现上升趋势。

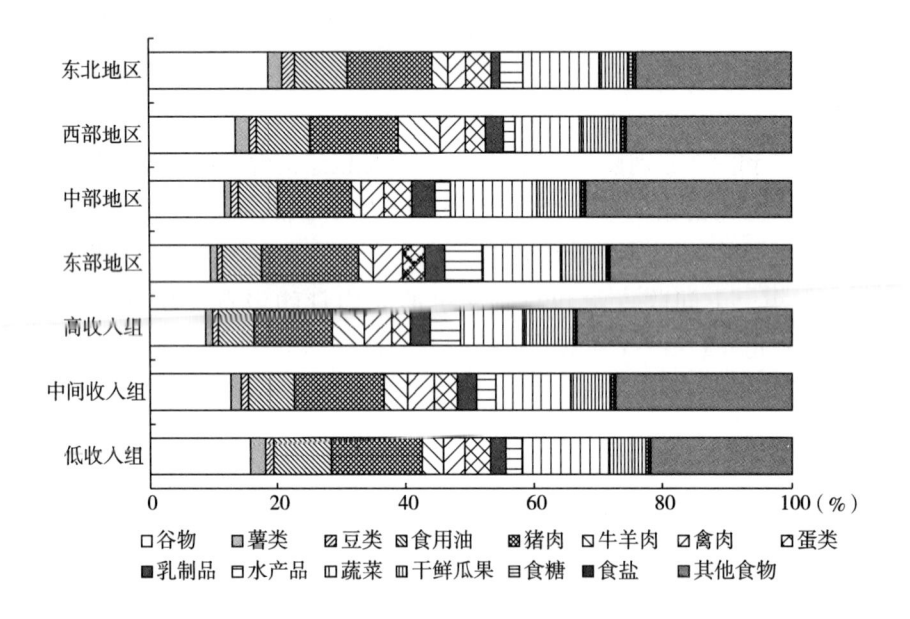

图7 分收入组和分地区的农村居民在家各类食物支出份额

分地区组看，如图6所示，2022年，东部地区、中部地区、西部地区和东北地区的人均食物消费支出额分别为6565.53元、5711.65元、5702.70元和4187.71元，东西部地区间食物支出比为1.15，东部和东北地区间食物支出比更大，为1.57。东部地区、中部地区、西部地区和东北地区的人均在外饮食支出分别为616.63元、620.40元、492.69元和572.62元，在食物支出中的占比分别达到了9.39%、10.86%、8.64%和13.67%，值得注意的是，区域性在外饮食特征与收入变化规律并不一致，而更加符合地区性饮食习惯，中部地区和东北地区的在外饮食支出比重均高于东部地区，一方面的可能原因是中部和东北地区的外出聚餐倾向高；另一方面的可能原因是东部发达地区在收入达到一定水平后回归家庭内聚餐的行为变化。

二 农村居民营养摄入状况

(一) 营养摄入总体特征

图8展示出了农村居民能量摄入的来源流向。2022年，农村居民每天的人均能量摄入量为2530.22千卡，从三大营养素的供能结构看，碳水化合物、脂肪和蛋白质的供能比重为55.58%、33.74%和10.68%。其中，在碳水化合物中的能量来源上，谷物、薯类和蔬菜是主要能量来源，供能比重分别为70.37%、13.54%和7.32%，合计占到碳水化合物供能的91.23%。在脂肪中的能量来源上，食用油和猪肉是主要能量来源，供能比重分别为55.24%和25.76%，合计占到脂肪供能的81.00%。在蛋白质中的能量来源上，谷物、猪肉和豆类是主要能量来源，供能比重分别为43.51%、13.92%和10.24%，合计占到蛋白质供能的67.67%。

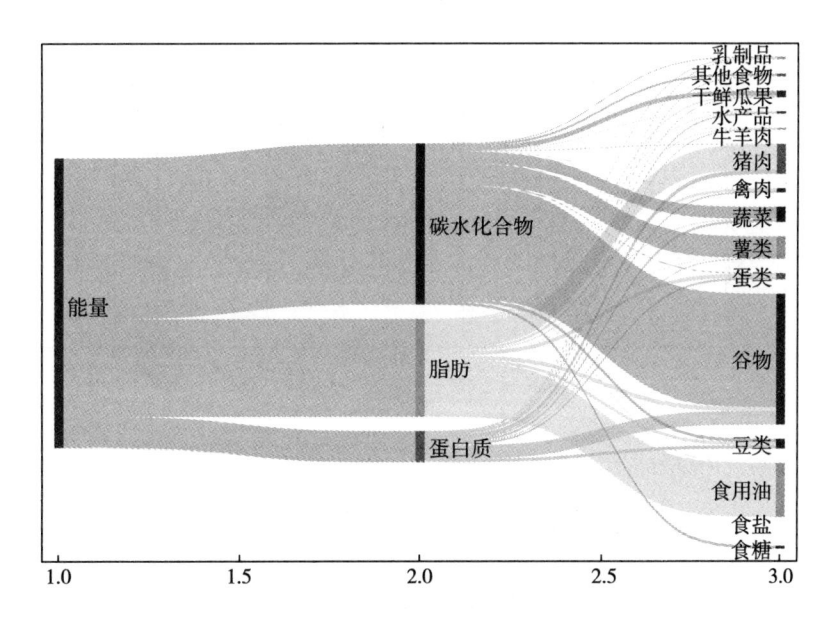

图8 农村居民能量摄入的来源流向

直接从能量供给的食物来源结构看，农村居民植物性食物供能比重82.48%，动物性食物供能比重17.52%。其中，谷物的供能比重最高，为45.15%，其次为食用油、猪肉、薯类和蔬菜，供能比重分别为18.66%、10.28%、7.81%和5.18%（见图8）。这五类食物的供能比重合计占到能量摄入总量的87.08%，基本支撑并满足了农村居民每天的基本能量需求量。因此，如果以保障人体基本能量摄入为目标，那么"谷、薯、猪、油、菜"这五类食物是需要优先保障供给的食物种类。

图9展示出了农村居民在能量和三大宏观营养素之外的其他主要营养素的摄入来源构成情况。如图9和表3所示，从每天的人均摄入看，胆固醇摄入量为305.58毫克，主要来源是蛋类和猪肉，占比分别为62.56%和19.57%；维生素A的摄入量为639.95微克当量，主要来源是蔬菜和蛋类，占比分别为64.87%和12.63%；维生素B1（硫胺素）

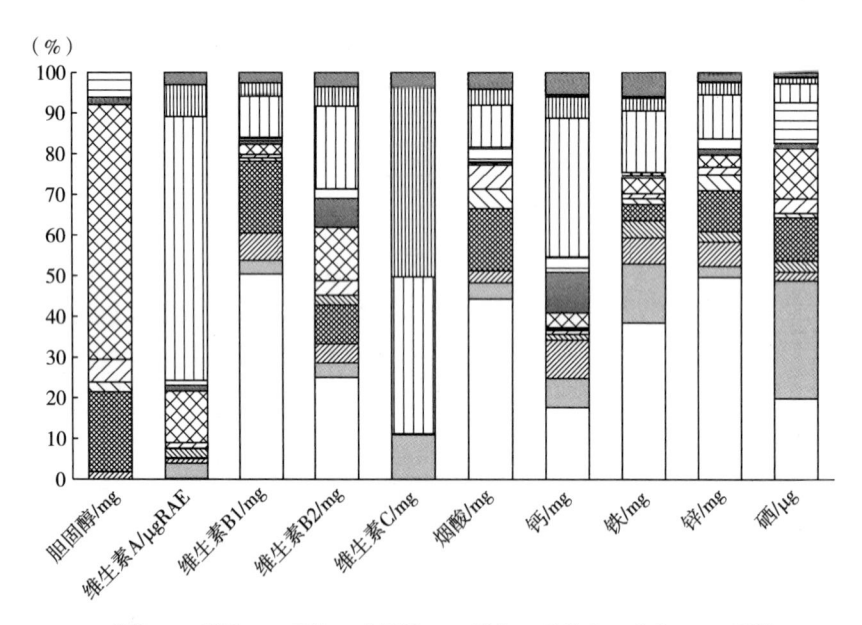

图9　农村居民主要营养素的摄入来源构成

的摄入量为1.19毫克，主要来源是谷物、猪肉和蔬菜，占比分别为50.42%、17.65%和10.08%；维生素B2（核黄素）的摄入量为0.85毫克，主要来源为谷物、蔬菜、蛋类、猪肉和乳制品，占比分别为24.71%、20.00%、12.94%、9.41%和7.06%；维生素C的摄入量为144.69毫克，主要来源为干鲜瓜果和蔬菜，占比分别为46.48%和38.55%；烟酸（尼克酸）的摄入量为14.39毫克，主要来源为谷物、猪肉和蔬菜，占比分别为44.34%、15.29%和10.28%；钙的摄入量为397.54毫克，主要来源为蔬菜、谷物和乳制品，占比分别为34.07%、17.66%和9.92%；铁的摄入量为25.44毫克，主要来源为谷物、蔬菜和薯类，占比分别为38.48%、15.09%和14.47%；锌的摄入量为11.05毫克，主要来源为谷物、蔬菜和猪肉，占比分别为49.68%、10.77%和10.14%；硒的摄入量为57.40微克，主要来源为薯类、谷物、蛋类、猪肉和水产品，占比分别为28.99%、19.88%、12.37%、10.59%和9.98%。

（二）营养摄入的收入和地区差异

表3为分收入组和分地区的农村居民人均营养摄入量。从收入差异看，随着收入水平的提高，农村居民的能量摄入量逐步降低，低收入组、中间收入组和高收入组的能量摄入量分别为2590.16大卡、2527.02大卡和2479.72大卡，这主要与供能比重最高的粮食消费量下降有关。同时，随收入提高，蛋白质、脂肪、胆固醇、维生素A、维生素B2、维生素C、烟酸、钙、锌的摄入量逐步增加，而碳水化合物、维生素B1、铁的摄入量逐步减少，硒的摄入量先下降后上升。从地区差异看，东部地区农村居民的能量摄入量最低，为2238.96大卡，西部地区的能量摄入量最高，为2770.49大卡。东北地区的能量摄入量也相对较高，为2671.52大卡。西部地区的碳水化合物、蛋白质和脂肪摄入量均为最高；中部地区的胆固醇、维生素A、维生素C和钙的摄入量最高；能量摄入之外，东部地区的各类营养素摄入量既无最高值也无最低值，处于合理摄入范围的可能性更大。

表3　　　　分收入组和分地区的农村居民人均营养摄入量

营养/单位	全部样本	低收入组	中间收入组	高收入组	东部地区	中部地区	西部地区	东北地区
能量/kcal	2530.22	2590.16	2527.02	2479.72	2238.96	2388.03	2770.49	2671.52
蛋白质/g	67.57	66.17	67.20	70.06	64.69	65.90	70.36	67.70
脂肪/g	94.86	92.83	94.45	98.12	90.04	85.88	102.68	94.18
胆固醇/mg	305.58	271.92	304.01	344.08	341.29	341.33	266.43	292.66
碳水化合物/g	351.55	372.51	352.04	329.09	292.46	337.88	391.23	388.26
维生素 A/μgRAE	639.95	610.49	635.74	682.12	648.40	740.26	588.65	630.88
维生素 B1/mg	1.19	1.21	1.20	1.16	1.07	1.21	1.27	1.21
维生素 B2/mg	0.85	0.81	0.85	0.91	0.84	0.89	0.85	0.82
维生素 C/mg	144.69	136.38	140.77	164.80	137.91	170.75	143.68	117.12
烟酸/mg	14.39	13.98	14.28	15.11	13.71	13.60	15.39	13.79
钙/mg	397.54	384.54	393.06	424.05	390.08	417.42	396.12	386.14
铁/mg	25.44	26.24	25.39	24.81	22.21	24.50	27.74	27.34
锌/mg	11.05	10.93	10.99	11.37	10.29	10.65	11.78	11.09
硒/μg	57.40	58.39	56.56	58.90	54.08	50.77	61.74	62.21
样本量	3712	743	2228	741	1088	726	1535	363

三　农村居民膳食质量评价

保证居民合理均衡的食物消费结构和营养摄入结构是制定食物安全保障政策和乡村振兴政策时所需考量的重要维度。那么需要对农村居民的膳食质量进行科学评价。换言之，膳食评价的思路是比较现实食物消费模式与健康膳食规范标准之间的差距。本部分将《中国居民膳食指南（2022）》中的平衡膳食模式设定为健康膳食规范标准，依据能量需要量的差异设定评价标准，可划定五个区间：1600—2400大卡（膳食宝塔所依据的能量范围）标准下的摄入量认定为"摄入合理"，1200—1600大卡标准下的摄入量认定为"摄入略低"；2400—2800大卡标准下的摄入量认定为"摄入略高"；低于1200大卡标准下的摄入量认定为"摄入过低";高于2800大卡标准下的摄入量认定为"摄入过高"。在此评价标准下,本部分对全部样本以及分收入组和分地区组的农村居民食物消费和营养摄入状况进行了膳食质量评价。

(一) 食物消费质量评价

表4展示出了农村居民食物消费量层面的膳食质量评价结果。从全部样本看,2022年,农村居民的主要食物摄入量基本满足健康标准,其中,薯类摄入量在合理范围,谷物摄入量略高于合理范围的上限,蔬菜、蛋类、水产品、大豆和坚果摄入量略低于合理范围的下限。但是水果和乳制品的摄入量过低,肉类、食用油和盐的摄入量过高,这是诱发超重肥胖或心脑血管疾病等慢性疾病的风险来源。

表4　　　　　　　　农村居民食物消费质量评价

食物类别	全部样本	按照收入分组			按照地区分组			
		低收入组	中间收入组	高收入组	东部地区	中部地区	西部地区	东北地区
谷物	+	+	+	○	○	+	+	+
薯类	○	○	○	○	○	○	○	○
蔬菜	-	-	-	○	○	-	-	○
水果	--	--	--	--	--	--	--	--
畜禽肉类	++	++	++	++	++	++	++	++
蛋类	-	-	-	-	-	-	-	-
水产品	-	--	-	○	○	-	--	--
乳制品	--	--	--	--	--	--	--	--
大豆和坚果	-	-	-	○	-	-	-	-
食用油	++	++	++	++	++	++	++	++
食用盐	++	++	++	++	++	++	++	++

注:颜色越深表示食物消费量比推荐摄入量越高。与平衡膳食模式下的推荐食物消费量相比,符号"○"表示摄入合理;"-"表示摄入略低;"+"表示摄入略高;"--"表示摄入过低;"++"表示摄入过高。

资料来源:笔者根据2022年CRRS数据和《中国居民膳食指南(2022)》计算。

分收入组看,随着收入水平提高,农村居民总体膳食质量有所改善，然而各收入组均存在不同程度的肉、油、盐摄入过量以及水果、乳制品摄入不足。其中，低收入组存在严重的果蔬和优质蛋白摄入不足问题，尤其是水果、水产品和乳制品严重摄入不足；中间收入组的膳食质量接近于全部样本的特征；高收入组的食物消费更加健康，谷物、薯类、蔬菜、水产品、大豆和坚果的摄入处于合理区间。

分地区组看，东部地区农村居民的食物摄入质量较高，谷物和水产品摄入合理，薯类、蔬菜、蛋类、大豆和坚果摄入略低；中部地区的蔬菜和蛋类摄入处于合理范围；西部地区的薯类、大豆和坚果摄入合理；东北地区农村居民摄入达标的食物类别最多，薯类、蔬菜、畜禽肉类和蛋类消费均处于合理区间。

（二）营养摄入质量评价

表5展示出了农村居民营养摄入量层面的膳食质量评价结果。从全部样本看，2022年，农村居民的主要营养摄入量基本满足健康标准，个别营养素摄入不合理。其中，蛋白质、维生素A、维生素B1、维生素C、烟酸、锌和硒的摄入量均处于合理范围，能量、碳水化合物和铁的摄入量略高于合理范围的上限，但是脂肪摄入严重超标，维生素B2与钙的摄入量严重不足。

表5　　　　　　　　农村居民营养摄入质量评价

营养类别	全部样本	按照收入分组			按照地区分组			
		低收入组	中间收入组	高收入组	东部地区	中部地区	西部地区	东北地区
能量/kcal	■	■	■	■	○	○	■	■
蛋白质/g	○	○	○	○	○	○	○	○
脂肪/g	■	■	■	■	■	■	■	■
胆固醇/mg	-	-	-	-	-	-	-	-
碳水化合物/g	■	■	■	○	○	■	■	■
维生素A/μgRAE	○	○	○	○	○	○	○	○
维生素B1/mg	○	○	○	○	○	○	○	○
维生素B2/mg	--	--	--	--	--	--	--	--
维生素C/mg	○	○	○	○	○	○	○	-

续表

营养类别	全部样本	按照收入分组			按照地区分组			
		低收入组	中间收入组	高收入组	东部地区	中部地区	西部地区	东北地区
烟酸/mg	○	○	○	○	○	○	○	○
钙/mg	--	--	--	--	--	--	--	--
铁/mg					○	○		
锌/mg		○				○		○
硒/μg	○	○	○	○	○	○	○	○

注：颜色越深表示营养摄入量比推荐摄入量越高。其中，与平衡膳食模式下的推荐营养摄入量相比，符号"○"表示摄入合理；"-"表示摄入略低；"+"表示摄入略高；"--"表示摄入过低；"++"表示摄入过高。

资料来源：笔者根据2022年CRRS数据和《中国居民膳食指南（2022）》计算。

分收入组看，随着收入水平提高，农村居民营养摄入质量有所改善，但是各收入组仍没有改变脂肪摄入过高，维生素B2、钙摄入量过低的关键问题，基于居民收入的膳食改善政策干预可能不显著。其中，低收入组和中间收入组的营养摄入质量均接近于全部样本的特征，高收入组的碳水化合物摄入量也趋于合理。

分地区组看，各地区的脂肪摄入仍然过量，维生素B2、钙摄入量依旧过低。相比于全部样本的总体特征，东部地区和中部地区的碳水化合物、铁摄入量落于合理区间；东北地区的维生素C摄入量出现不足的特征。

四 农村居民体质与健康状况

（一）体质状况

农村居民[1]体质状况的统计结果显示（见图10），居民平均身高164.83（±8.09）厘米，平均体重63.58（±14.43）千克，体质指数（BMI）均值为23.36（±4.91）。其中，男性劳动力平均身高170.22

---

[1] 本部分所称"农村居民"是指年龄在18岁及以上的农村成年居民，包括农村劳动力（年龄≥18岁且<60岁）和农村老年居民（年龄≥60岁）。

（±6.99）厘米，平均体重70.14（±15.14）千克，体质指数均值为24.20（±4.95）；女性劳动力平均身高161.00（±5.98）厘米，平均体重58.80（±12.00）千克，体质指数均值为22.70（±4.55）；老年男性居民平均身高166.56（±6.66）厘米，平均体重64.57（±13.17）千克，体质指数均值为23.26（±4.41）；老年女性居民平均身高158.38（±7.02）厘米，平均体重57.24（±11.86）千克，体质指数均值为22.90（±5.85）。

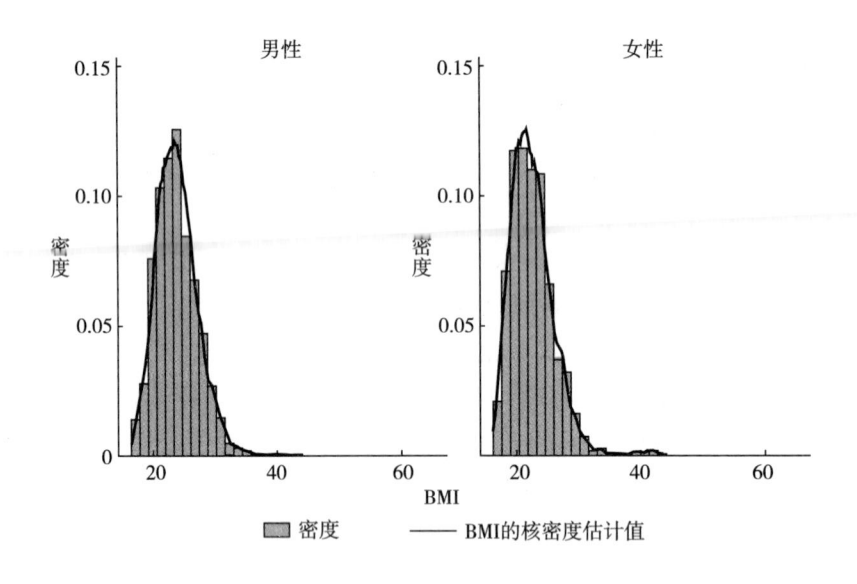

图 10 农村居民体质指数分布

农村居民超重（BMI>24）率为37.07%，肥胖（BMI>29）率为7.73%，营养不良（BMI<18.5）率为7.99%。其中，男性劳动力超重率为46.51%，肥胖率为10.28%，营养不良率为3.98%；女性劳动力超重率为28.47%，肥胖率为6.25%，营养不良率为10.41%；老年男性居民超重率为37.66%，肥胖率为6.38%，营养不良率为8.02%；老年女性居民超重率为33.62%，肥胖率为6.17%，营养不良率为12.53%。与上一轮次调查相比，老年男性居民超重率上升2.35%，肥胖率基本不变，营养不良率下降0.45%；老年女性居民超重率下降0.83%，肥胖率下降1.13%，营养不良率上升0.27%。

表6统计了不同样本组中农村劳动力的体质状况。从收入分组来看，收入与体质指数不存在明显的相关性。其中，高收入户劳动力的超重率最高，达到41.1%，营养不良率最低，仅有5.7%。低收入户农村劳动力的肥胖率最高，达到9.3%，超重率最低，仅有34.9%。中间偏下收入户农村劳动力的营养不良率最高，达到8.5%。中间偏上收入户农村劳动力的肥胖率最低，仅有6.7%。从地区分组来看，东北地区农村劳动力的超重率和肥胖率均为最高，分别达到45.6%和11.1%，营养不良率最低，仅有5.3%。西部地区农村劳动力的营养不良率最高，达到7.8%。东部地区农村劳动力超重率最低，仅有36.6%。中部地区农村劳动力肥胖率最低，仅有7.0%。

表6　　　　农村劳动力的体质状况

	平均身高（厘米）	平均体重（千克）	BMI均值	超重率（%）	肥胖率（%）	营养不良率（%）
按照收入分组							
低收入户	165.2	63.7	23.3	34.9	9.3	7.2
中间偏下收入户	165.7	64.1	23.3	36.0	8.9	8.5
中间收入户	165.6	64.4	23.4	36.9	7.9	7.8
中间偏上收入户	165.5	64.1	23.3	38.9	6.7	6.8
高收入户	166.3	66.3	23.9	41.1	8.8	5.7
按照地区分组							
东部	165.6	64.1	23.3	36.6	8.5	7.6
中部	166.9	65.1	23.3	37.0	7.0	6.1
西部	164.8	63.7	23.4	37.0	8.3	7.8
东北	167.2	69.1	24.6	45.6	11.1	5.3
总计	165.7	64.5	23.5	37.6	8.3	7.2

表7统计了不同样本组中农村老年居民的体质状况。从收入分组来看，收入与体质指数具有正相关关系。其中，高收入户老年居民的超重率和肥胖率均为最高，分别达到40.2%和7.3%。中间偏上收入户老年

居民的肥胖率和营养不良率最低，分别仅有5.7%和8.2%。低收入户老年居民的营养不良率最高，达到13.1%。从地区分组来看，东北地区老年居民的超重率和肥胖率最高，分别达到41.1%和7.6%，西部地区老年居民的营养不良率最高，达到12.6%。与上一轮次调查相比，农村老年居民超重率上升0.8%，肥胖率下降0.4%，营养不良率下降0.2%。

表7　　　　　　　　　农村老年居民的体质状况

	平均身高（厘米）	平均体重（千克）	BMI均值	超重率（%）	肥胖率（%）	营养不良率（%）
按照收入分组							
低收入户	162.1	59.6	22.7	31.7	6.4	13.1
中间偏下收入户	162.6	60.4	23.0	33.7	5.9	11.3
中间收入户	162.9	61.5	23.1	36.2	6.3	8.6
中间偏上收入户	162.4	61.3	23.2	39.2	5.7	8.2
高收入户	163.3	63.3	23.7	40.2	7.3	8.6
按照地区分组							
东部	162.2	60.8	23.2	37.8	5.9	8.8
中部	163.5	62.0	23.1	37.4	6.2	9.0
西部	162.2	59.9	22.8	31.8	6.4	12.6
东北	164.2	65.1	24.1	41.1	7.6	7.3
总计	162.6	61.1	23.1	35.7	6.3	10.2

（二）患病与健康自评

表8统计了不同样本组中农村劳动力的主要功能性障碍与患病状况。农村劳动力存在躯体残障、智力障碍、视觉障碍、听力障碍和语言障碍的比重分别为2.18%、0.73%、0.44%、0.35%和0.18%；其中，6.25%的农村劳动力至少存在一种上述功能性障碍。在表8所列的七种主要疾病类型中，患高血压的样本比重最高，其次主要是血糖异常和肝、肾、胃病。

表8　农村劳动力的主要功能性障碍与患病状况　　　　单位:%

	按照收入分组					按照地区分组				总样本
	低	中间偏下	中间	中间偏上	高	东部	中部	西部	东北	
功能性障碍										
躯体残障	2.91	2.99	2.55	1.64	0.89	2.01	1.49	2.37	3.57	2.18
智力障碍	0.44	1.83	0.91	0.32	0.28	0.94	0.31	0.76	0.96	0.73
视觉障碍	0.16	0.49	0.51	0.48	0.56	0.21	0.31	0.63	0.55	0.44
听力障碍	0.49	0.12	0.51	0.32	0.28	0.12	0.41	0.45	0.41	0.35
语言障碍	0.49	0.24	0.00	0.00	0.17	0.12	0.05	0.32	0.00	0.18
疾病状况										
高血压	14.58	15.03	15.70	13.09	14.27	29.49	10.32	7.72	10.96	14.51
血脂异常	0.82	1.51	1.52	1.21	1.39	1.15	1.54	1.15	1.78	1.29
血糖异常	1.97	2.23	3.11	2.48	2.62	2.25	2.36	2.57	3.15	2.48
心脏疾病	1.97	1.45	2.03	1.06	1.51	0.57	1.34	1.68	5.34	1.60
恶性肿瘤	0.49	0.48	0.28	0.53	0.39	0.37	0.46	0.45	0.55	0.44
肝、肾、胃病	2.58	2.35	1.69	1.58	1.73	1.23	1.18	2.49	3.97	1.98
精神类疾病	1.04	1.03	1.02	0.42	0.22	0.53	0.56	0.94	0.82	0.74
其他慢性疾病	3.45	4.95	3.39	3.01	2.68	1.60	2.67	4.53	6.30	3.47

从收入分组来看，农村高收入家庭劳动力在大多数功能性障碍和疾病上的统计比例低于低收入家庭，但是，高收入家庭劳动力患有血脂异常和血糖异常的比例明显高于低收入家庭。中间偏下收入家庭的劳动力存在躯体残障和智力障碍的比重均为最高，存在听力障碍的比重最低。中间偏上收入家庭的劳动力患有高血压、心脏疾病和肝、肾、胃病的比重最低，患有恶性肿瘤的比重最高。

从地区分组来看，东北地区农村劳动力存在躯体残障和智力障碍的比重最高，患有心脏疾病、血糖异常、血脂异常、恶性肿瘤和肝、肾、胃病的比重均为最高。西部地区农村劳动力存在视觉障碍、听力障碍和语言障碍的比重均为最高。东部地区农村劳动力患有高血压的比重最高，存在视觉障碍和听力障碍的比重最低。

表9统计了不同样本组中农村老年居民的主要功能性障碍与患病状况。农村老年居民存在躯体残障、智力障碍、视觉障碍、听力障碍和语言障碍的比重分别为5.03%、0.68%、1.97%、2.53%和0.44%；其中，

11.78%至少存在一种上述功能性障碍。在表13所列的七种主要疾病类型中，患高血压的样本比重最高，其次主要是心脏疾病和血糖异常。

表9 农村老年居民的主要功能性障碍与患病状况 单位:%

	按照收入分组					按照地区分组				总样本
	低	中间偏下	中间	中间偏上	高	东部	中部	西部	东北	
功能性障碍										
躯体残障	6.31	5.82	6.03	2.94	3.07	3.99	4.97	5.68	6.29	5.03
智力障碍	0.79	0.74	0.57	0.33	0.96	0.44	0.45	0.92	0.99	0.68
视觉障碍	1.97	1.98	1.58	2.94	1.34	1.51	1.81	2.38	2.32	1.97
听力障碍	2.63	2.23	2.87	1.96	3.07	2.57	1.81	2.92	2.32	2.53
语言障碍	0.79	0.50	0.57	0.00	0.19	0.00	0.00	1.00	0.66	0.44
疾病状况										
高血压	38.22	39.33	34.72	40.46	36.40	49.51	30.78	32.34	34.11	37.89
血脂异常	4.71	4.93	5.16	4.24	4.02	4.77	5.11	4.28	4.97	4.67
血糖异常	7.72	10.73	7.32	10.60	12.64	10.61	11.86	7.26	11.26	9.63
心脏疾病	10.08	11.59	8.46	10.77	6.32	6.98	10.66	7.57	26.49	9.66
恶性肿瘤	1.05	0.74	1.00	0.65	1.15	0.53	1.05	0.76	2.65	0.91
肝、肾、胃病	5.10	5.55	5.74	3.26	3.83	3.71	4.20	5.58	6.95	4.81
精神类疾病	3.01	1.73	2.44	1.63	1.15	1.86	3.15	1.76	1.66	2.05
其他慢性疾病	9.95	10.85	10.62	10.11	6.70	4.16	10.51	12.69	17.22	9.83

从收入分组来看，农村高收入家庭的老年居民在大多数功能性障碍和疾病上的比例都低于低收入家庭；但是，高收入家庭的老年居民患有血糖异常的比例明显高于低收入家庭。中间偏上收入家庭患有恶性肿瘤和肝、肾、胃病的比重最低，中间偏下收入家庭患有心脏疾病的比重最高。

从地区分组来看，东北地区农村老年居民存在躯体残障和智力障碍的比重最高，西部地区农村老年居民存在视觉障碍、听力障碍和语言障碍的比重最高，东部地区农村老年居民患有高血压的比重最高。与上一轮次的调查相比，除语言障碍外，农村老年居民存在功能性障碍的比重均有所下降，患高血压、血脂异常、血糖异常和心脏疾病的比重有所上升。

图11汇报了农村劳动力的健康自评状况。总体上看，78.39%的农

村劳动力认为身体健康状况与同龄人相比"很好"或者"好",7.13%的农村劳动力认为身体状况与同龄人相比"差"或者"很差"。其中,低收入家庭和中等偏下收入家庭中劳动力健康自评状况的平均得分为1.93和2.01,中间偏上收入和高收入家庭劳动力健康自评状况的平均得分为1.83和1.77。

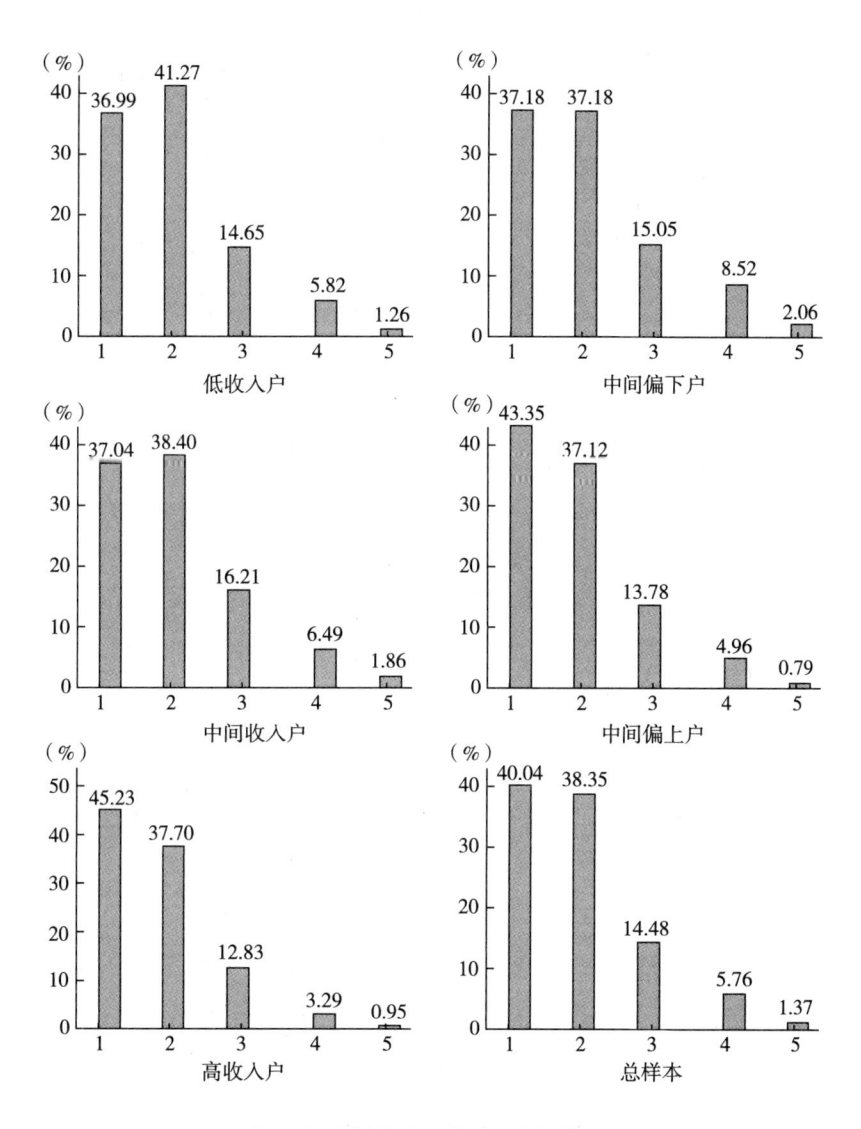

图11 农村劳动力的健康自评状况

注:当农村居民不是被调查对象(一般是户主)时,其健康状况由调查对象进行评价。

图 12 汇报了农村老年居民的健康自评状况。总体上看，有 47.33% 的老年居民认为身体健康状况与同龄人相比"很好"或者"好"，26.67% 的老年居民认为身体状况与同龄人相比"差"或者"很差"。低收入家庭和中等偏下收入家庭中老人健康自评状况的平均得分为 2.76

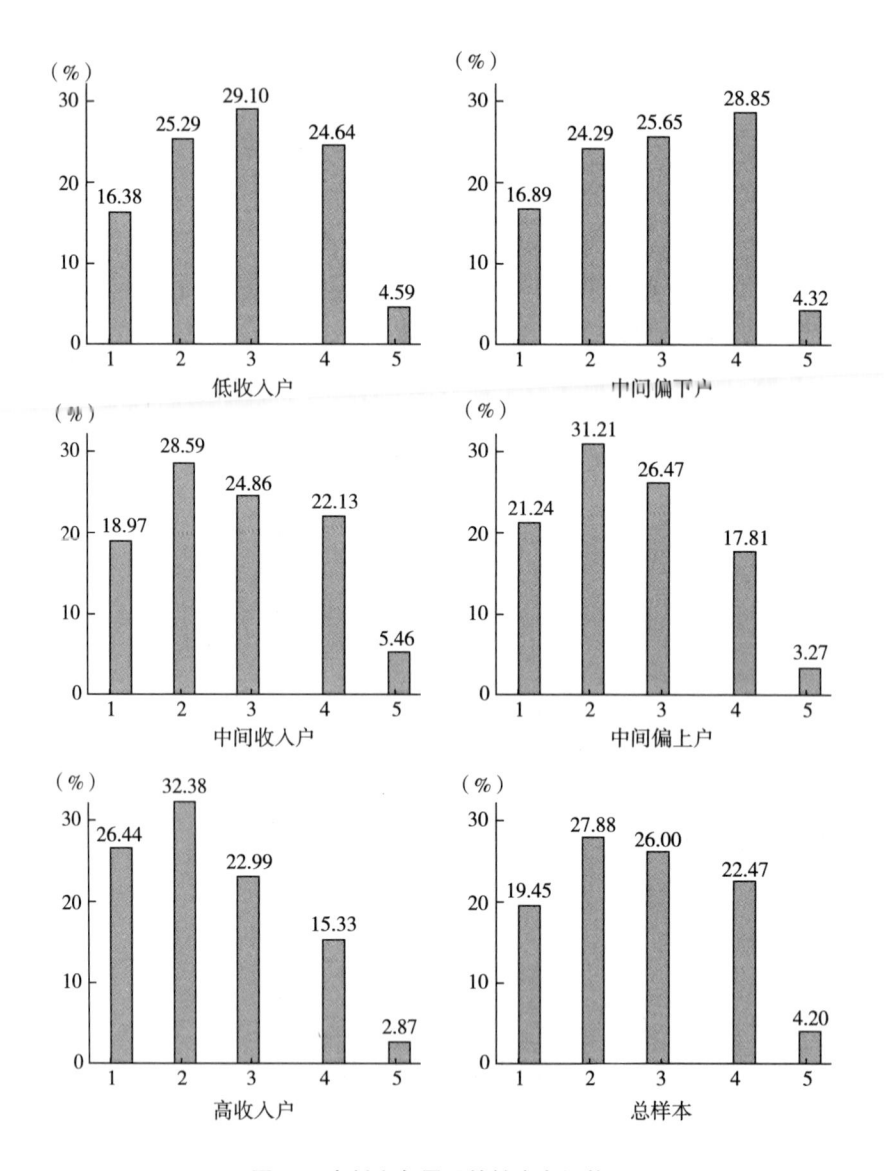

图 12　农村老年居民的健康自评状况

注：当农村居民不是被调查对象（一般是户主）时，其健康状况由调查对象进行评价。

和 2.79，中间偏上收入和高收入家庭老人健康自评状况的平均得分为 2.51 和 2.36。

（三）健康投资行为

表 10 统计了农村劳动力的健康投资行为。1.6%的农村劳动力购买了商业医疗保险，97.1%的农村劳动力参加了医疗保险，50.3%的农村劳动力在最近 1 年内曾参加过体检，69.9%的农村劳动力参加了养老保险。平时进行锻炼的农村劳动力比重为 51.6%，参加锻炼的农村劳动力 1 周平均锻炼 5.3 次。

表 10　　农村劳动力的健康投资行为

	购买商业医疗保险（%）	参加医疗保险（%）	最近1年参加体检（%）	参加养老保险（%）	平时进行锻炼（%）	最近1周锻炼频次均值
按照收入分组							
低收入户	2.0	96.6	43.6	67.0	48.0	5.4
中间偏下收入户	1.5	96.3	52.9	62.9	45.3	5.2
中间收入户	2.0	97.0	49.3	70.7	48.7	5.4
中间偏上收入户	1.1	97.4	50.6	72.3	52.1	5.4
高收入户	1.5	97.9	60.8	76.0	63.2	5.4
按照地区分组							
东部	0.6	95.4	52.0	70.6	57.5	5.3
中部	1.3	98.6	48.2	75.0	47.9	5.3
西部	1.7	98.1	55.5	69.4	50.0	5.3
东北	5.3	93.4	23.4	56.8	50.4	5.7
总计	1.6	97.1	50.3	69.9	51.6	5.3

注：最近 1 周锻炼频次仅统计进行锻炼的样本。

从收入分组来看，高收入户农村劳动力参加医疗保险、最近 1 年参加体检、参加养老保险和平时进行锻炼的比重均为最高，中间偏下收入户农村劳动力最近 1 周锻炼频次的均值最低，低收入户农村劳动力和中间收入户农村劳动力购买商业医疗保险的比重最高。

从地区分组来看，中部地区农村劳动力参加医疗保险、养老保险的比重最高，平时进行锻炼的比重最低。东部地区农村劳动力购买商业医疗保险的比重最低，平时进行锻炼的比重最高。东北地区农村劳动力购买商业医疗保险的比重最高，参加医疗保险、养老保险与最近1年参加体检的比重最低。

表 11 统计了农村老年居民的健康投资行为。9.7%的老年居民购买了商业医疗保险，97.3%的老年居民参加了医疗保险，75.0%的老年居民在最近1年内曾参加过体检，91.4%的老年居民参加了养老保险。平时进行锻炼的老年居民比重为54.0%，参加锻炼的老年居民1周平均锻炼5.9次。

表 11　　　　　　　农村老年居民的健康投资行为

	购买商业医疗保险（%）	参加医疗保险（%）	最近1年参加体检（%）	参加养老保险（%）	平时进行锻炼（%）	最近1周锻炼频次均值
按照收入分组							
低收入户	10.2	96.9	73.1	92.5	46.8	5.6
中间偏下收入户	11.6	96.7	74.9	88.6	53.9	5.9
中间收入户	8.6	98.3	74.3	91.8	53.5	6.1
中间偏上收入户	10.8	97.1	74.6	92.0	58.3	5.8
高收入户	6.3	97.7	79.6	93.1	60.3	6.0
按照地区分组							
东部	7.0	96.4	80.0	89.4	59.6	6.2
中部	10.8	97.9	75.2	93.1	52.4	5.8
西部	7.7	98.3	76.5	94.7	50.7	5.6
东北	26.5	94.7	49.8	81.3	51.3	6.2
总计	9.7	97.3	75.0	91.4	54.0	5.9

注：最近1周锻炼频次仅统计进行锻炼的样本。

从收入分组来看，高收入户老年居民最近1年参加体检、参加养老保险和平时进行锻炼的比重最高，购买商业医疗保险的比重最低。中间收入户老年居民参加医疗保险的比重和最近1周锻炼频次的均值均为最高。低收入户老年居民最近1年参加体检、平时进行锻炼的比重和最近

1周锻炼频次的均值均为最低。

从地区分组来看，东部地区老年居民购买商业医疗保险的比重最低，最近1年参加体检的比重和平时进行锻炼的比重最高。西部地区老年居民平时参加锻炼的比重最低，参加医疗保险和养老保险的比重最高。东北地区老年居民购买商业医疗保险的比重最高，参加医疗保险、养老保险与最近1年参加体检的比重都最低。与上一轮次的调查相比，农村老年居民购买商业医疗保险、最近1年参加体检和平时进行锻炼的比例均有所上升。

五 政策建议

基于守底线的视角，保证农村居民生存性食物与营养需求的底线不能被突破。一是在保障重要农产品供给安全的大框架下，进一步明确各类食物供给保障的优先序，如果以覆盖90%的人体能量需要量为目标，那么"谷、薯、猪、油、菜"这五类食物是需要优先保障供给的食物种类。二是重视自产自食对于提高农户层面食物供给韧性的重要作用，鼓励农村居民充分利用宅基地附近的自留地种植多样化的农产品。三是要关注区域性的饮食习惯偏好所固化的特定食物需求，比如日本核污水排海等不确定事件对东部地区水产品消费集聚区供需的冲击。

基于提质量的视角，促进农村居民食物与营养消费向健康膳食模式转型升级。一是提高农村居民对健康饮食的认知，让农村居民形成多吃蔬菜、低油低盐、高维生素和矿物质的饮食意识和饮食习惯，注重提高膳食多样性。二是加强健康饮食在农村地区的传播力，强化应用短视频等新媒体宣传方式，以中小学、驻村医生、村委会等为主体开展健康饮食模式进校园、入农村等食育活动。三是努力实现精细化的健康饮食政策引导，充分考察不同收入群体和不同区域群体的饮食习惯，中长期食物营养规划以及居民膳食指南应区分不同饮食习惯的群体提出针对性膳食引导。

基于重健康的视角，关怀特定群体并引导农村居民形成多维度的健康生活习惯。一是应对农村老年居民尤其是老年女性等体质状况降低的群体进行营养干预，可研究设立长期性老年食堂或提供周期性营养加餐，并提供定期免费入村体检。二是强化政府对功能性障碍、非传染性慢性疾病以及心理疾病农村患者的心理疏导和财政支持，让"小病不用愁，大病看得起"成为常态。三是进一步强化农村居民对体育锻炼重要性的认知，"迈开腿""管住嘴"同样重要，引导其逐步形成能量消耗和疾病预防的内生动力。

农村居民支出状况与消费评价

乔 慧 杨 鑫[*]

摘 要：2021年农村居民户均支出为60752.86元、人均支出为16845.63元，各类支出份额从大到小排序为非食物消费支出、食物消费支出、财产性支出、转移性支出、购买生产性资产支出。农村居民支出总额随着收入水平的提高相应增加，东部地区农村居民家庭总支出高于其他地区。从消费支出来看，村居民消费类型呈现多元化态势，但仍属于以"吃、穿、住"为导向的生存型消费模式，东部地区农村居民生存型消费和享受型消费高于其他地区。基于耐用品消费支出进行消费现代化评价发现，绝大部分农村居民处于低现代化组，仅少部分位于中等偏高现代化组和高现代化组。随着收入提升，农村居民消费现代化水平提高主要在于中等现代化样本比重增加。农村居民非耐用品消费基尼系数为0.35、耐用品存量消费基尼系数为0.67。农村居民收入越低、户主年龄越大、家庭成员数量越少、在东北地区生活的，消费基尼系数越大。基于Shapley分解法分析农村居民消费结构，在家食物支出、医疗保健、交通通信的总计消费对消费基尼系数相对贡献率接近六成；在耐用品消费方面，汽车消费基尼系数相对贡献率为79.16%，定制化家具、空调、网络电视、低速电动助力车、计算机的消费基尼系数相对贡献率共计为17.16%。

关键词：农村居民；支出；消费现代化；消费不平等

---

[*] 乔慧，管理学博士，中国社会科学院农村发展研究所助理研究员，研究方向为食物与环境经济；杨鑫，管理学博士，中国社会科学院农村发展研究所助理研究员，研究方向为食物与农业经济。

Analysis on Expenditure status and consumption of rural residents in China

QIAO Hui　YANG Xin

Abstract: In 2021, rural residents' average total household expenditure was 60,752.86 yuan, and per capita expenditure was 16,845.63 yuan. The shares of each type of expenditure in descending order, are non food consumption expenditure, food consumption expenditure, property expenditure, transfer expenditure, and expenditure on the purchase of productive assets. The total expenditure of rural residents increases accordingly with the increase of income, and the total expenditure of rural households in the eastern region is higher than that in other regions. In terms of consumption expenditure, the types of consumption of rural residents are diversified, but still belong to the survival – oriented consumption pattern. Especially, rural residents in the eastern region consume more for survival and enjoyment than in other regions. The evaluation of living consumption modernization based on consumption expenditure on durable goods shows that the vast majority of rural residents are in the low – modernization group, with only a small number in the medium – high – modernization and high – modernization groups. As income rises, the modernization level of rural residents' consumption increases, mainly due to an increase in the proportion of the moderately modernized sample. The Gini coefficient of rural residents' non – durable goods consumption is 0.35, and the Gini coefficient of durable goods consumption is 0.67. With the lower the income of rural residents, the older the head of household, the smaller the number of family members, and living in the northeast region of the country, the larger the Gini coefficient of rural residents' consumption. Based on the Shapley decomposition method, the relative contribution of aggregate consumption of food expenditure at home, health care, and transportation and communication to the consumption Gini coefficient is nearly 60% In the case of durable goods consumption, the relative contribution of the Gini coefficient of automobile consumption is 79.16%, and the relative contribution of customized furniture, air conditioners, internet-television, low-speed electric assisted vehicles, and computers totals 17.16%.

Keywords：Rural Residents; Expenditure; Consuming Modernization; Consumption Inequality

农村居民家庭支出是农村居民消费支出、非消费支出和生产经营成本的直观反映，了解农村居民家庭的支出状况有利于掌握农村居民生活和再生产能力的发展趋势及现存问题。尤其，广袤的农村蕴含着巨大的消费潜能，促进农村消费是稳增长、扩内需的重要举措，是刺激国家消费增长的重要动力。在乡村振兴战略以及国家各项惠农政策的推进过程中，农村居民的消费水平逐步提升、消费方式不断转变，但是与城镇居民仍存在一定差距，农村居民消费不足成为扩大内需的重要制约因素。因此，掌握当前农村居民家庭支出状况，及时调整和优化农村消费调控措施，对于优化农村居民支出结构、加快释放农村消费潜力具有重要意义。本报告基于调查样本农村居民食物消费支出、非食物消费支出、财产性支出、转移性支出以及生产性资产支出数据，重点分析了农村居民家庭支出状况[1]，基于支出数据中的消费支出，分析了农村居民家庭消费结构，并对农村居民消费现代化水平进行评价，对农村居民消费不平等进行测度及分解。

一 农村居民支出状况与消费结构

（一）农村居民支出状况

本部分对农村居民户均支出以及人均支出的总体情况进行分析，同

---

[1] 本报告"农村居民营养与健康状况"中已对食物营养摄入与消费支出进行了具体分析，本报告不再细分食物类型赘述食物消费支出。

时分别将全部农村居民样本按所在地分为东部地区、中部地区、西部地区和东北地区，按照农村居民家庭人均收入水平分为低收入户组、中等偏下收入户组、中等收入户组、中等偏上收入户组、高收入户组，进行分地区、分收入比较分析。

1. 农村居民户均支出状况

表1列出了农村居民户均支出以及分地区情况。2021年农村居民户均总支出为60752.86元，具体的支出类型按份额从大到小依次为非食物消费支出（27812.00元）、食物消费支出（16786.40元）、财产性支出（7903.85元）、转移性支出（6777.34元）、购买生产性资产支出（1473.27元），占户均支出的比重依次为45.78%、27.63%、13.00%、11.14%、2.43%。其中，在构成非食物消费支出的各分项支出中，医疗保健支出数额最高，为6107.58元，其次依次为文教娱乐及服务（5830.42元）、交通通信（5453.35元）、居住（3176.79元）、衣着（2392.82元）以及其他商品和服务消费（2419.54元）。农村居民的财产性支出大部分用于支付借款利息和土地承包费用，分别为3391.83元、3161.74元，其他财产性支出较少，共计为1350.28元。转移性支出中，养老保险和医疗保险的数额最大，分别为2401.99元、1922.36元，赡养支出的数额较低，为853.31元。

不同地区对比来看，东部地区农村居民家庭总支出高于其他地区，中部地区次之，西部地区的农村居民家庭总支出最低。东部、中部、西部以及东北地区的农村居民家庭总支出分别为67524.91元、62225.72元、55825.20元、60894.57元。从地区间的支出结构比较来看，四个地区的支出结构存在一定差异。东部地区农村居民家庭各项支出比重从大到小依次为非食物消费支出、食物消费支出、转移性支出、财产性支出、购买生产性资产支出；中部和西部地区农村居民的支出比重排序一致，从大到小为非食物消费支出、食物消费支出、财产性支出、转移性支出、购买生产性资产支出。东北地区农村居民的支出比重从大到小为非食物消费支出、财产性支出、食物消费支出、转移性支出、购买生产性资产支出。从地区间支出额的绝对值和相对比重来看，各地区的农村居民具有各自的消费重点。东部地区的农村居民家庭转移性支出（10557.04元）高于西部（6129.48元）、中部（4300.95元）、东北地区

表1　农村居民户均支出及分地区对比情况

单位：元；%

支出项目	总样本 金额	总样本 比重	东部地区 金额	东部地区 比重	中部地区 金额	中部地区 比重	西部地区 金额	西部地区 比重	东北地区 金额	东北地区 比重
食物消费支出	16786.40	27.63	20008.29	29.63	17607.35	28.30	15630.94	28.00	10373.77	17.04
非食物消费支出	27812.00	45.78	29966.90	44.37	31530.62	50.68	25591.36	45.85	23481.45	38.56
衣着	2392.82	3.94	2917.71	4.32	2486.27	4.00	2181.58	3.91	1548.09	2.54
居住	3176.79	5.23	4027.24	5.96	2872.66	4.62	2893.38	5.18	2448.79	4.02
电器、家具及日用品	2431.50	4.00	2800.01	4.15	3289.71	5.29	2111.59	3.78	898.76	1.48
医疗保健	6107.58	10.05	6431.03	9.52	6998.96	11.25	5340.30	9.57	6617.48	10.87
交通通信	5453.35	8.98	6181.35	9.15	7798.17	12.53	4437.91	7.95	2882.13	4.73
文教娱乐及服务	5830.42	9.60	6389.31	9.46	4960.31	7.97	5903.97	10.58	5735.88	9.42
其他商品和服务消费	2419.54	3.98	1220.25	1.81	3124.54	5.02	2722.63	4.88	3350.32	5.50
财产性支出	7903.85	13.00	5895.69	8.73	6620.31	10.64	7435.63	13.32	19576.79	32.15
借款利息	3391.83	5.58	3477.38	5.15	2190.53	3.52	4345.45	7.78	2077.43	3.41
土地承包	3161.74	5.20	1372.57	2.03	3939.86	6.33	947.37	1.70	16359.36	26.87
其他财产性支出	1350.28	2.22	1045.74	1.55	489.92	0.79	2142.81	3.84	1140.00	1.87
转移性支出	6777.34	11.14	10557.04	15.63	4300.95	6.91	6129.48	10.99	4281.00	7.04
医疗保险	1922.36	3.16	3166.72	4.69	1546.21	2.48	1439.46	2.58	1312.34	2.16
养老保险	2401.99	3.95	4252.62	6.30	1075.10	1.73	2160.01	3.87	1212.21	1.99
赡养支出	853.31	1.40	1238.80	1.83	422.00	0.68	751.09	1.35	1106.67	1.82
其他转移性支出	1599.68	2.63	1898.90	2.81	1257.64	2.02	1778.92	3.19	649.78	1.07
购买生产性资产支出	1473.27	2.43	1096.99	1.62	2166.49	3.48	1037.79	1.86	3181.56	5.22
总支出	60752.86	—	67524.91	—	62225.72	—	55825.20	—	60894.57	—

注：由于四舍五入的原因，总支出比重有可能不完全等于100%，下同。

（4281.00元），其中，医疗保险和养老保险支出数额明显高于其他三个地区。东北地区的农村居民家庭财产性支出（19576.79元）远高于西部（7435.63元）、中部（6620.31元）、东部地区（5895.69元）。造成这一差异的原因是东北地区农村家庭的土地承包支出远高于其他地区，为16359.36元。此外，东北地区农村居民家庭生产性资产支出（3181.56元）也高于中部（2166.49元）、东部（1096.99元）、西部地区（1037.79元）。

表2列出了农村居民家庭支出的分收入组对比情况。由表2可知，随着农村居民收入水平的提高，其家庭支出总额相应增加。各收入组的支出结构排序基本一致，非食物消费支出比重最高，食物消费支出比重次之，购买生产性资产支出比重最低，仅财产性支出和转移性支出比重的排序有差异，但是二者所占比重相差不大。从支出大类来看，随着农村居民家庭收入水平提高，食物消费支出比重依次降低。高收入户组和中等偏上收入户组的财产性消费支出比重要高于其他三个收入水平组的家庭，尤其是高收入户组的借款利息和土地承包支出数额和比重远高于其他收入水平组。转移性支出比重，以及各分项支出中的医疗保险、养老保险、赡养支出均随着农村居民收入水平的提高而增加。中等偏上收入户组和高收入户组的生产性资产支出比重高于低收入户组和中等偏下收入户组，中等收入户组生产性资产支出比重最低。

2. 农村居民人均支出

表3列出了农村居民家庭人均支出及分地区对比情况。农村居民家庭人均支出为16845.63元。与户均支出情况一致，各支出大类的人均支出按数额从大到小的排序与依次为非食物消费支出（6864.84元）、食物消费支出（5809.19元）、财产性支出（2138.95元）、转移性支出（1685.27元）、购买生产性资产支出（347.38元），占人均消费总支出的比重依次为40.76%、34.48%、12.70%、10.00%、2.06%。在构成非食物消费的各分项支出中，医疗保健支出数额最高，为1673.61元，交通通信、文教娱乐及服务的支出数额也较高，分别为1323.48元、1239.07元。财产性支出主要以借款利息和土地承包支出为主，分别为966.93元、843.77元。转移性支出中，养老保险支出为600.21元，医疗保险支出为481.96元。进一步地，本报告中的非消费支出占总支出比

表2　农村居民户均支出的分收入组对比情况

单位：元；%

支出项目	低收入户组 金额	低收入户组 比重	中等偏下收入户组 金额	中等偏下收入户组 比重	中等收入户组 金额	中等收入户组 比重	中等偏上收入户组 金额	中等偏上收入户组 比重	高收入户组 金额	高收入户组 比重
食物消费支出	12990.82	33.62	13951.44	33.41	16180.67	30.97	18793.99	26.68	22028.38	21.98
非食物消费支出	18356.49	47.51	20380.02	48.81	24754.15	47.39	32089.80	45.56	43259.83	43.16
衣着	1344.87	3.48	1490.12	3.57	2005.64	3.84	2645.48	3.76	4450.03	4.44
居住	2380.94	6.16	2384.43	5.71	3034.15	5.81	3452.84	4.90	4615.11	4.60
电器、家具及日用品	1460.82	3.78	1714.47	4.11	1910.27	3.66	3106.06	4.41	3926.77	3.92
医疗保健	4129.36	10.69	5433.40	13.01	4496.94	8.61	7471.54	10.61	9024.90	9.00
交通通信	2919.85	7.56	3486.41	8.35	5264.83	10.08	6180.54	8.77	9331.96	9.31
文教娱乐及服务	4666.99	12.08	4414.97	10.57	5602.67	10.72	6440.01	9.14	7984.47	7.97
其他商品和服务消费	1453.66	3.76	1456.22	3.49	2439.65	4.67	2793.33	3.97	3926.59	3.92
财产性支出	3339.92	8.65	3048.18	7.30	5112.42	9.78	9087.04	12.90	18781.97	18.73
借款利息	1807.68	4.68	946.51	2.27	2095.24	4.01	2290.72	3.25	9664.28	9.64
土地承包	1154.11	2.99	1641.35	3.93	1621.17	3.10	3128.04	4.44	8283.74	8.26
其他财产性支出	378.13	0.98	460.32	1.10	1396.01	2.67	3668.28	5.21	833.95	0.83
转移性支出	3115.80	8.06	3447.46	8.25	5263.15	10.08	8585.55	12.18	13456.27	13.42
养老保险	1260.97	3.26	1267.25	3.03	1713.76	3.28	2031.67	2.88	3374.80	3.37
医疗保险	880.04	2.28	1046.43	2.51	2001.37	3.83	2904.10	4.12	5186.70	5.17
赡养支出	328.05	0.85	501.21	1.20	678.10	1.30	1136.82	1.61	1566.67	1.56
其他转移性支出	646.74	1.67	632.57	1.51	869.92	1.67	2512.96	3.57	3328.10	3.32
购买生产性资产支出	835.56	2.16	934.01	2.24	931.03	1.78	1878.30	2.67	2703.90	2.70
总支出	38638.59	—	41761.11	—	52241.42	—	70434.68	—	100230.40	—

377

表3 农村居民人均支出及分地区买卖情况

单位：元；%

支出项目	总样本 金额	总样本 比重	东部地区 金额	东部地区 比重	中部地区 金额	中部地区 比重	西部地区 金额	西部地区 比重	东北地区 金额	东北地区 比重
食物消费支出	5809.19	34.48	6565.53	36.29	5711.65	36.19	5702.70	35.51	4187.71	21.45
非食物消费支出	6864.84	40.76	7217.55	39.92	7265.66	46.04	6380.38	39.73	7177.82	36.77
衣着	572.02	3.40	699.56	3.87	538.51	3.41	519.59	3.24	486.75	2.49
居住	813.52	4.83	994.48	5.50	700.64	4.44	746.24	4.65	785.29	4.02
电器、家具及日用品	612.74	3.64	695.80	3.85	765.58	4.85	551.48	3.43	305.68	1.57
医疗保健	1673.61	9.93	1592.89	8.81	1749.62	11.09	1586.73	9.88	2131.95	10.92
交通通信	1323.48	7.86	1577.17	8.72	1721.32	10.91	1067.03	6.64	862.99	4.42
文教娱乐及服务	1239.07	7.36	1322.08	7.31	979.12	6.20	1272.03	7.92	1436.11	7.36
其他商品和服务消费	630.40	3.74	335.57	1.86	810.87	5.14	637.28	3.97	1169.05	5.99
财产性支出	2138.95	12.70	1448.03	8.01	1447.84	9.17	2169.11	13.51	5863.33	30.03
借款利息	966.93	5.74	817.16	4.52	442.38	2.80	1462.76	9.11	617.52	3.16
土地承包	843.77	5.01	341.54	1.89	893.77	5.66	233.15	1.45	4839.22	24.79
其他财产性支出	328.25	1.95	289.33	1.60	111.69	0.71	473.20	2.95	406.59	2.08
转移性支出	1685.27	10.00	2599.47	14.37	944.42	5.98	1554.47	9.68	1321.11	6.77
医疗保险	481.96	2.86	836.70	4.63	329.76	2.09	341.17	2.12	412.35	2.11
养老保险	600.21	3.56	1069.76	5.91	235.93	1.49	529.76	3.30	403.42	2.07
赡养支出	214.96	1.28	310.02	1.71	92.99	0.59	192.38	1.20	307.12	1.57
其他转移性支出	388.14	2.30	382.99	2.12	285.74	1.81	491.16	3.06	198.22	1.02
购买生产性资产支出	347.38	2.06	259.14	1.43	412.83	2.62	254.77	1.59	971.79	4.98
总支出	16845.63	—	18089.72	—	15782.40	—	16061.43	—	19521.76	—

重约为1/4，非消费支出的扩大必然挤占日常消费支出，需要警惕这些非常规性支出对农村居民消费升级的制约作用。

从地区间对比来看，东部地区和东北地区的农村居民家庭人均支出高于中部地区和西部地区。东部、中部、西部以及东北地区农村居民家庭人均支出分别为18089.72元、15782.40元、16061.43元、19521.76元。地区间人均支出结构存在一定差异：东部地区农村居民家庭人均支出分项按数额从大到小依次为非食物消费支出、食物消费支出、转移性支出、财产性支出、购买生产性资产支出；中部和西部地区相应的分项支出排序均为非食物消费支出、食物消费支出、财产性支出、转移性支出、购买生产性资产支出；东北地区的相应排序为非食物消费支出、财产性支出、食物消费支出、转移性支出、购买生产性资产支出。从地区间消费额的绝对值和相对比重比较来看，东部地区农村居民家庭人均转移性支出数额高于其他地区，主要体现在医疗保险和养老保险均高于其他地区居民。东北地区农村居民家庭人均财产性支出数额最大，为5863.33元，其中土地承包费用支出高达4839.22元，远高于其他地区，而且人均生产性资产支出也高于其他地区。

表4列出了农村居民家庭人均支出分收入组的对比情况。由表4可知，随着收入水平提升，农村居民人均支出相应增加，低收入户组、中等偏下收入户组、中等收入户组、中等偏上收入户组、高收入户组的人均支出分别为10485.81元、11645.84元、13782.11元、18583.40元、29587.60元。从人均支出分项来看，随着收入水平提升，农村居民人均食物消费支出的数额增加，占人均支出的比重降低。人均非食物消费支出的数额也相应增加，占人均支出的比重差异不大，相应支出主要用于医疗保健、交通通信以及文教娱乐及服务。同样，随着收入水平提升，农村居民人均转移性支出、购买生产性资产支出均相应增加，其中，高收入户组的人均转移性支出提升幅度较大，医疗保险、养老保险以及其他社会保险缴纳额均较高。此外，高收入户组人均财产性支出数额显著高于其他地区，借款利息和土地承包支出数额均较高。

（二）农村居民消费结构

本部分将农村居民消费划分为生存型消费、发展型消费和享受型消

表4　农村居民人均支出的分收入组对比情况

单位：元；%

支出项目	低收入户组 金额	低收入户组 比重	中等偏下收入户组 金额	中等偏下收入户组 比重	中等收入户组 金额	中等收入户组 比重	中等偏上收入户组 金额	中等偏上收入户组 比重	高收入户组 金额	高收入户组 比重
食物消费支出	4759.14	45.39	5143.21	44.16	5398.68	39.17	6183.80	33.28	7565.33	25.57
非食物消费支出	4055.83	38.68	4818.24	41.37	5857.51	42.51	7714.78	41.53	11810.75	39.92
衣着	293.28	2.80	334.11	2.87	455.49	3.30	623.63	3.36	1145.83	3.87
居住	547.13	5.22	609.28	5.23	803.03	5.83	844.68	4.55	1257.89	4.25
电器、家具及日用品	323.39	3.08	434.11	3.73	472.77	3.43	742.74	4.00	1079.65	3.65
医疗保健	1019.62	9.72	1401.39	12.03	1181.24	8.57	1969.95	10.60	2799.56	9.46
交通通信	633.65	6.04	752.79	6.46	1188.89	8.63	1524.78	8.21	2494.50	8.43
文教娱乐及服务	917.04	8.75	885.13	7.60	1143.42	8.30	1368.23	7.36	1868.94	6.32
其他商品和服务消费	321.72	3.07	401.43	3.45	612.67	4.45	640.77	3.45	1164.38	3.94
财产性支出	783.93	7.48	670.79	5.75	1105.63	8.02	2307.97	12.42	5774.22	19.51
借款利息	391.08	3.73	215.46	1.85	414.05	3.00	510.48	2.75	3249.36	10.98
土地承包	295.43	2.82	359.27	3.08	407.62	2.96	883.32	4.75	2278.41	7.70
其他财产性支出	97.42	0.93	96.06	0.82	283.96	2.06	914.17	4.92	246.45	0.83
转移性支出	699.04	6.66	811.96	6.97	1202.94	8.72	1953.49	10.52	3753.27	12.68
医疗保险	283.33	2.70	299.43	2.57	396.13	2.87	471.75	2.54	971.10	3.28
养老保险	199.68	1.90	259.51	2.23	474.07	3.44	677.92	3.65	1394.18	4.71
缴纳其他社会保险	72.56	0.69	96.61	0.83	136.98	0.99	251.99	1.36	498.19	1.68
其他转移性支出	143.47	1.37	156.41	1.34	195.76	1.42	551.83	2.97	889.80	3.01
购买生产性资产支出	187.87	1.79	201.64	1.73	217.35	1.58	423.36	2.28	684.03	2.31
总支出	10485.81	—	11645.84	—	13782.11	—	18583.40	—	29587.60	—

费,对农村居民的家庭消费结构进行分析。借鉴已有研究并结合问卷信息,本报告中生存型消费包括食品支出、衣着支出和居住支出;发展型消费包括电器、家具及日用品支出、医疗保健消费支出;享受型消费包括交通通信消费支出、文教娱乐及服务支出。将三种消费类型中的各类分项支出加总得出各消费类型的总支出情况,用家庭人均消费额来进行分析。

由表5可知,农村居民家庭消费类型呈现多元化态势,但总体类型属于以"吃、穿、住"为导向的生存型消费模式,发展型和享受型消费支出水平明显低于生存型,农村居民的消费结构还有向高层次、享受型提升的空间。农村居民家庭人均生存型消费支出为5907.89元,占到家庭生活性消费的一半以上,发展型和享受型人均消费支出较低,分别为2275.67元、2557.51元。

表5　　　　农村居民三大消费类型人均支出情况　　　　单位:元

	生存型消费	发展型消费	享受型消费
总样本	5907.89	2275.67	2557.51
按照地区分组			
东部地区	7039.54	2265.19	2868.69
中部地区	5519.16	2479.97	2688.45
西部地区	5548.09	2141.47	2355.36
东北地区	4881.44	2464.15	2186.05
按照收入分组			
低收入户组	4117.86	1297.94	1561.44
中等偏下收入户组	4686.70	1844.73	1657.29
中等收入户组	5517.03	1638.71	2329.33
中等偏上收入户组	6306.04	2698.9	2908.88
高收入户组	8845.84	3877.7	4273.79

从不同区域间的比较来看,东部地区的生存型消费和享受型消费高于其他地区,东北地区生存型消费和享受型消费支出最低,各地区之间的发展型消费支出差异不大。从不同收入组间的比较来看,随着收入水平的提升,农村居民家庭人均生存型消费和享受型消费支出也相继增

加，发展型消费支出总体上也呈现增长趋势。其中，高收入户组各类型消费支出的提升幅度最大，表明随着收入水平的增加，农村居民对基本生活需求以及更高层次的物质文化需求程度均较高。

二 农村居民消费现代化评价

家庭生活中耐用品的使用和升级在很大程度上体现了居民生活质量和消费现代化水平的提高。农村居民消费现代化水平的提升直接关系到农村居民生活方式的现代化程度，不仅有利于农村巨大消费潜力的释放，也是缩小城乡生活差距、实现农业农村现代化的重要内容。

本部分选取了涵盖生活交通现代化、生活健康现代化、生活家具家装现代化、生活设备数字化四个层面的代表性指标，采用聚类分析法，对样本农村居民进行类型划分，以尽量准确地刻画其消费现代化的现状。其中，生活交通现代化指标包括家用汽车、摩托车、低速电动助力车购买原价；生活健康现代化指标包括空调、消毒碗柜或洗碗机、热水器、洗衣机、排油烟机购买原价；生活家具家装现代化用定制化家具购买原价衡量；生活设备数字化指标包括计算机、网络电视购买原价。分别用各层面的实物资产价值总和表征各个层面的现代化程度，当农村居民家庭某一种实物资产有多个时，以价值最高的实物资产价格计。聚类分析是依据样本特征指标的相似性或距离，在非监督状态下对样本或者变量进行分类的一种方法，最终效果是组内样本相似度尽可能大，而组间样本的差异性尽可能大，进而客观地依据样本间差异将样本分为不同组别。作为一种分类方法，聚类分析法可以克服由人为主观性分类带来的偏误。考虑到样本量较大，且分类指标为连续型数值变量，本报告选择 K-means 聚类分析法。K-means 聚类分析法的具体步骤如下：首先随机选取 k 个样本作为初始聚类中心，然后计算每个样本与各聚类中心的距离，把每个样本分配到距离最近的聚类中心，最后聚类中心移动到新的平均值处，重复前述步骤直到聚类中心不再变化。

（一）农村居民消费现代化的总体情况

农村居民家庭中常规耐用品，例如洗衣机、电视机、热水器的普及率较高，中高档耐用品的普及率还较低，具有较大开发空间。在生活交通现代化方面，调查样本中有家用汽车、摩托车以及低速电动助力车的家庭比重分别为47.86%、39.48%、64.73%，平均价值分别为125290.70元、6218.75元、4140.03元。在生活健康现代化方面，调查样本中有空调的家庭比重55.90%，平均价值为4256.51元；有消毒碗柜或洗碗机的家庭比重15.33%，平均价值为1265.58元；有热水器的家庭比重72.68%，平均价值为2007.86元；有洗衣机的家庭比重94.85%，平均价值为1700.94元；有排油烟机的家庭比重48.09%，平均价值为1511.82元。在生活家具家装现代化方面，调查样本中有定制化家具的家庭比重19.28%，平均价值为13029.63元。在生活设备数字化方面，调查样本中有计算机和网络电视的家庭比重分别为37.00%、80.41%，平均价值分别为4660.56元、2880.42元。

（二）农村居民消费现代化水平分布

1. 农村居民消费现代化水平分布的总体情况

根据K-means聚类分析结果，样本可划分为低现代化组、中等偏低现代化组、中等现代化组、中等偏高现代化组，以及高现代化组5个组别。绝大部分农村居民处于低现代化组，仅少部分农村居民位于中等偏高现代化组和高现代化组。样本内低现代化组、中等偏低现代化组、中等现代化组、中等偏高现代化组，以及高现代化组比重分别为61.77%、23.84%、11.46%、2.57%、0.36%。如表6所示，随着各组别农村居民消费现代化水平的提升，生活交通现代化、生活健康现代化、生活家具家装现代化以及生活设备数字化四类指标的资产总额均相应地增加。具体而言，5个现代化组别的生活交通现代化的资产总额范围在7825.09元到926136.40元；生活健康现代化的资产总额范围在4003.37元到18145.45；生活家具家装现代化的资产总额范围在931.52元到20818.18元；生活设备数字化的资产总额范围在2521.61元到12400.00元。

表6　　　　农村居民消费现代分组的指标特征　　　　单位：元

	低现代化组	中等偏低现代化组	中等现代化组	中等偏高现代化组	高现代化组
生活交通现代化	7825.09	93641.11	187230.10	379816.50	926136.40
生活健康现代化	4003.37	7180.48	11732.32	18966.46	18145.45

续表

	低现代化组	中等偏低现代化组	中等现代化组	中等偏高现代化组	高现代化组
生活家具家装现代化	931.52	2035.18	5035.80	24048.10	20818.18
生活设备数字化	2521.61	4877.90	7227.70	10763.29	12400.00

如表7所示,低现代化组主要分布在西部地区(46.81%),接着依次为东部(21.88%)、中部(18.45%)和东北地区(12.86%);中等偏低现代化组也主要分布在西部地区(42.62%),其次为中部(26.37%)、东部(24.73%)和东北地区(6.28%)。中等现代化组主要分布在东部(36.08%)和西部地区(34.66%),接着为中部地区(26.99%),东北地区最少(2.27%);中等偏高现代化组大部分分布在东部地区(55.70%),接着依次为西部(26.58%)、中部(15.19%)和东北地区(2.53%);高现代化组主要分布在东部(45.45%)和西部地区(45.45%),其次为中部地区(9.09%)。

表7　　　　　　　各现代化组的地区分布情况　　　　　　单位:%

	东部地区	中部地区	西部地区	东北地区
低现代化组	21.88	18.45	46.81	12.86
中等偏低现代化组	24.73	26.37	42.62	6.28
中等现代化组	36.08	26.99	34.66	2.27
中等偏高现代化组	55.70	15.19	26.58	2.53
高现代化组	45.45	9.09	45.45	0.00

2. 农村居民消费现代化水平的地区差异

表8的地区分组结果显示,总体上,各地区农村居民家庭消费现代化水平较低,绝大部分样本分布在低现代化组和中等偏低现代化组。东北地区和西部地区中处于低现代化组和中等偏低现代化组的样本数量比重最高,其中处于低现代化组的样本数量分别为81.33%、65.88%,处于中等偏低现代化组的样本数量比重分别为15.33%、23.15%。四个地区相比,东部地区处于中等偏高现代化组和高现代化组的样本数量比重最高,但也仅为5.70%和0.65%。

表 8　　　　不同地区和不同收入组的现代化组别分布情况　　　单位:%

	低现代化组	中等偏低现代化组	中等现代化组	中等偏高现代化组	高现代化组
按地区分组					
东部地区	53.76	23.45	16.45	5.70	0.65
中部地区	53.76	29.65	14.59	1.84	0.15
西部地区	65.88	23.15	9.05	1.56	0.37
东北地区	81.33	15.33	2.67	0.67	0.00
按收入分组					
低收入户组	75.68	17.91	5.41	1.01	0.00
中等偏下收入户组	74.49	17.80	5.83	1.73	0.61
中等收入户组	66.56	24.19	7.63	1.30	0.32
中等偏上收入户组	53.57	29.55	14.94	1.62	0.32
高收入户组	38.25	29.80	23.68	7.28	0.99

3. 农村居民消费现代化水平的收入差异

表 8 的收入分组结果显示，随着收入水平的提升，农村居民家庭消费现代化水平相应提升，但提升幅度不大。不同收入组别中，低收入户组和中等偏下收入户组中处于低现代化组的样本数量比重最高，分别为 75.68%、74.49%；中等收入户组和中等偏上收入户组中位于低现代化组的样本数量比重居中，分别为 66.56%、53.57%；高收入户组中处于低现代化组的样本数量比重最低，为 38.25%。同时，从表 8 结果可知，随着收入提升，消费现代化水平虽然有所提升，但是提升点主要在于中等现代化样本的数量比重增加，而较高水平现代化的样本数量比重仍然较低。例如，虽然在各收入组别中，高收入户组中中等偏高现代化和高现代化的样本数量比重最高，也仅为 7.28% 和 0.99%。

三　农村居民消费不平等评价

前文对农村居民消费水平和结构进行描述统计和评价，但消费水平与消费分布情况是两个研究议题，消费不平等本质上表现为消费能力、消费资源以及消费机会的不平等。相较于收入不平等，消费不平等能够对社会不平等问题进行更好地阐释，更有利于科学制定收入分配、社会保障、消费需求和经济增长等政策。首先，从新古典经济学的消费理论出发，消费者效应直接取决于消费水平和生活质量，间接受到收入的影响。其次，由于分配领域中隐性收入的广泛存在，常规的收入统计和调查难以准确地反映情况，而消费数据的真实程度更高。此外，就消费的社会文化层面而言，消费成为身份地位和社会权利的符号化过程，消费不平等更受到社会各界的关注。本部分主要利用基尼系数等相关指标，评价2021年农村居民消费不平等情况。

（一）农村居民消费不平等的总体情况

基尼系数是国际上用来综合考察居民内部收入分配差异状况的一个重要分析指标，同样可以衡量消费不平等。农村居民消费水平之间的差距越大，基尼系数就高，消费不平等程度也越高；反之，基尼系数越低，消费不平等程度也越低。本部分主要采用基尼系数分析农村居民消费不平等，但考虑到基尼系数不能反映各个收入组的动态变化、不满足转移敏感性公理，衡量农村居民消费不平等可能会产生偏误，本报告还采用阿特金森指数、广义熵等进行再次计算，以确保基尼系数测算结果的稳健性。

由表9可知，农村居民非耐用品消费支出①的总体基尼系数为0.35，这一水平并未超过0.4的警戒线，其他衡量消费不平等指标的情况与之类似。颜迪和罗楚亮（2023）利用CHIPS数据，研究发现2013—2018年农村居民消费基尼系数从0.365下降为0.347，同本报告测算结果相似。但是，农村居民耐用品存量消费支出的总体基尼系数为0.67，不仅表示农村家庭拥有的耐用品数量有差别，更体现在耐用品价值差距过大。从衡量消费不平等的其他指标看，统计结果具有一定的稳健性。从地区上，东北地区农村居民耐用品和非耐用品消费不平等程度更高，中部地区的消费不平等程度最低。2013—2022年，东北地区常住人口下降了9.86%，加之经济增长乏力导致的消费环境恶化，使得中等收入农村居民大量流向其他地区，进而扩大了东北地区农村居民消费不平等。也就是说，经济增长放缓可能扩大某一地区的消费不平等程度。

---

① 若下文无特别说明，农村居民消费支出指的就是农村居民非耐用品消费支出。

表9　农村居民消费不平等总体及分地区对比情况

消费类型	地区	基尼系数	阿特金森指数	广义熵指数
非耐用品消费支出	东部	0.36	0.11	0.22
	中部	0.34	0.10	0.22
	西部	0.35	0.10	0.22
	东北部	0.37	0.11	0.24
	总体	0.35	0.11	0.22
耐用品存量消费支出	东部	0.71	0.47	1.02
	中部	0.58	0.31	0.61
	西部	0.70	0.44	1.04
	东北部	0.71	0.49	1.04
	总体	0.67	0.46	1.04

洛伦兹曲线是一种显示经济体内收入、消费或财富分布的方式。45°线表示完全平等的消费支出，即完美平等路线。由图1可知，农村居民的耐用品消费基尼系数＞人均可支配收入基尼系数＞非耐用品消费基

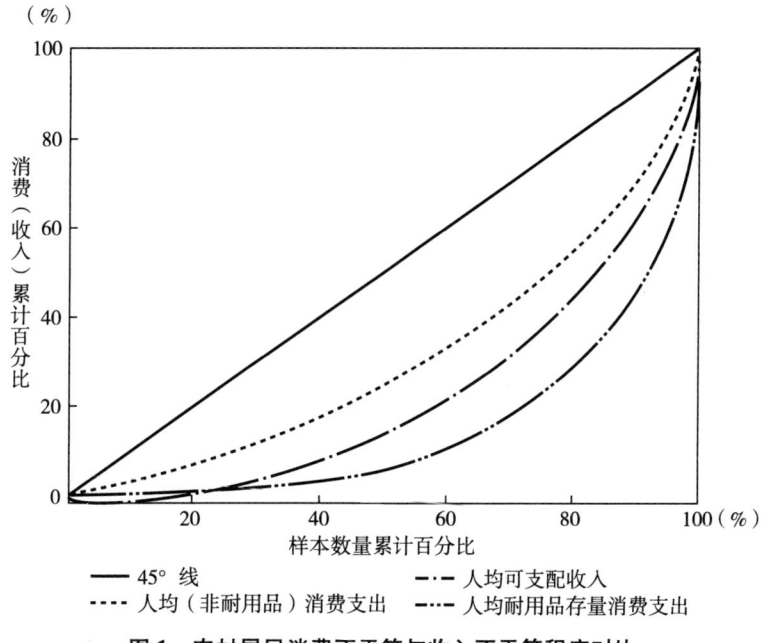

图1　农村居民消费不平等与收入不平等程度对比

尼系数，与理论预期一致。从相对收入假说出发，消费具有棘轮效应，消费并不会因为收入下降而同比例减少。从持久收入假说出发，消费水平取决于永久性收入，暂时的收入变化不会引发消费水平永久下降。无论是上述何种假说，消费不平等都小于收入不平等。由于耐用品的购买费用支出一般比较高，属于家庭生命周期内财富的一部分，而财富不平等程度远高于收入不平等，大多数经济体的财富基尼系数普遍高于0.6。因此，具有财富属性的耐用消费品不平等大于收入不平等。

（二）农村居民消费不平等的分组分解情况

在农村居民消费不平等总体情况测量的基础上，可以通过消费不平等分解，挖掘农村居民消费不平等的构成。具体地，分组方式包括收入分组、户主出生年代分组、家庭规模分组、地区分组。本报告利用Dagum法分解农村居民消费基尼系数，将其分解为组内不平等、组间不平等净值和组间超变密度三部分，基本定义见式（1）。

$$I = \sum_{g=1}^{G} \mu_g \theta_g I_g + \bar{I} + R \qquad (1)$$

式（1）中，I 为总休样本消费基尼系数，μ_g 为每个组别的样本数量份额，θ_g 为每个组别的消费支出份额，$\bar{I}$ 为组间不平等净值（每个样本被赋予组内消费平均值）；R 为组间超变密度，反映部分样本出现的"不合群现象"，相当于组内不平等引发的组间不平等程度。若消费支出水平过高，就会进入高水平组别；相反，就会进入低水平组别。实际上，$\bar{I}+R$ 就是组间不平等总和值。表10展示的是农村居民（非耐用品）消费不平等及其分解情况。

表10　　农村居民消费不平等总体及分地区对比情况

		消费基尼系数	相对贡献率（%）
	组内不平等		18.06
	低收入户组	0.35	3.20
	中等偏下收入户组	0.31	2.86
收入分组	中等收入户组	0.31	3.26
	中等偏上收入户组	0.31	3.95
	高收入户组	0.34	4.79
	组间不平等净值		41.82
	组间超变密度		40.12

续表

		消费基尼系数	相对贡献率（%）
户主出生年代分组	组内不平等		25.05
	20世纪50年代前出生组	0.34	0.71
	50—60年代出生组	0.33	4.24
	60—70年代出生组	0.36	14.16
	70—80年代出生组	0.35	4.85
	80年代后出生组	0.35	1.09
	组间不平等净值		16.53
	组间超变密度		58.42
家庭规模分组	组内不平等		33.97
	家庭成员不足4人	0.38	5.75
	家庭成员为4—5人	0.35	16.51
	家庭成员超过5人	0.32	11.71
	组间不平等净值		18.08
	组间超变密度		47.95
地区分组	组内不平等		30.60
	东部	0.36	9.69
	中部	0.34	4.59
	西部	0.35	15.78
	东北部	0.37	0.54
	组间不平等净值		8.93
	组间超变密度		60.47

在收入分组方面，低收入组农村居民的消费基尼系数大于其他收入组，原因在于低收入组农村居民抵抗暂时性收入冲击能力较差，消费水平容易出现波动。高收入组农村居民的消费基尼系数也较大，与这些农村居民消费升级过程中的偏好分化有关。从分解结果来看，组内差异相对贡献率为18.06%，其中高收入组内差异相对贡献率最大。组间差异净值贡献为41.82%，略大于组间超变密度40.12%的相对贡献率，二者合计为81.94%，说明农村居民不同收入组的消费不平等主要来自组间差异。

在户主出生年代分组方面，随着户主年龄增加，消费基尼系数呈现下降趋势，消费支出水平趋同，与"退休消费之谜"现象一致。也就是说，农村居民并未将储蓄用于个人消费，而是牺牲自身福利支持子代发展，使老年阶段存在存款不足与消费支出扩大并存的压力。在所有出生组中，户主出生于20世纪60—70年代的组内不平等相对贡献率达到14.16%，这部分家庭面临父母养老、子女教育、子女结婚等重大事件冲击，消费变异性较大。整体上，组间超变密度对消费基尼系数相对贡献率超过一半，说明每个年龄组都有消费支出过低或过高的存在，偏离了组内平均水平，需要关注各个年龄组内的低消费农村居民基本生计。

在家庭规模分组方面，家庭成员数量增加与消费基尼系数呈现负相关关系。一方面，随着农村出生率下降，平均家庭规模将持续下降，消费共享能力下降，家庭规模经济效应降低消费不平等的效应将被削弱。另一方面，在家庭规模下降的情况下，农村居民消费更加多元，可能会扩大消费不平等程度。因此，需要警惕农村少子化引发的社会不公平问题。

在地区分组方面，西部地区对总体农村居民消费不平等的相对贡献率最高，这可能跟西部地区样本量较大有关。整体上，在表10的所有分组中，组间不平等均是最主要的因素。只有收入分组的组间不平等净值相对贡献率超过了组间超变密度，意味着收入分组较为合理，这种合理性体现在每个收入组的分布较为集中，极端值较少。而户组出生年代分组与地区分组不太合理，每个组都有明显的离群值，侧面表示出生组和地区并非影响消费不平等的关键因素。

从耐用品消费的分解结果来看，无论是何种分组，组间消费支出收入交叠分布而产生的剩余项所承载的组间超密度变异贡献，均是造成农村居民耐用品存量消费支出总体差异的主导来源，故不再专门汇报结果。上述结果说明，耐用品消费行为更加复杂，涉及炫耀性消费、财富效应等多种动机，没有任何一种分组能简单剥离出组间净差异。

（三）农村居民消费不平等的结构分解情况

Shapley值法是一种用于分配合作博弈收益的方法，它考虑了每个参与者对于总体的边际贡献，并以此计算每一部分对总体的贡献。本报告利用Shapley方法，按照农村居民消费支出不同，分解消费不平等，具体见式（2）。

$$\phi_k = \sum_{\substack{S \subset N \\ s \in \{0, n-1\}}} \frac{s!(n-s-1)!}{n!} [v(S \cup \{k\}) - v(S)] \qquad (2)$$

式（2）中，n 类消费支出组成消费总支出 N，$v(\cdot)$ 表示消费基尼系数，$v(S \cup \{k\}) - v(S)$ 表示 K 项消费支出加入消费支出联合项 S 后，对消费基尼系数的边际贡献；$\frac{s!(n-s-1)!}{n!}$ 表示第 s 项消费支出联合占所有消费支出组合数量的权重。因此，第 k 项消费支出的 Shapley 值就是其对消费基尼系数边际贡献的加权平均，除以消费总支出的基尼系数，就可以得到每项消费支出对消费基尼系数的相对贡献率。

由表 11 可知，食物消费对农村居民消费不平等相对贡献率接近两成，食物消费支出不平等主要来源于在家食物消费，相对贡献率超过八成。需要注意的是，较高的自产自用食物比例会降低在家食物支出，导致农村居民在家食物消费支出不平等不能完全反映食物营养摄入不平等情况。此外，由于农村餐饮行业不发达、农产品价格较低等原因，农村居民在外食物消费支出水平较低，使其对食物消费基尼系数相对贡献率也较低。

表 11　按消费项目的农村居民消费不平等分解情况　　　单位：%

消费大类项目	消费基尼系数相对贡献率	消费子类项目	分项消费基尼系数相对贡献率
食物消费支出	31.18	在家食物支出	81.52
		在外食物支出	18.48
非食物消费支出	68.82	衣着支出	6.31
		居住支出	7.35
		电器、家具及日用品支出	8.89
		医疗保健支出	27.00
		交通通信支出	20.04
		文教娱乐及服务支出	18.33
		其他商品和服务支出	12.07

非食物消费支出对农村居民消费不平等相对贡献率为 68.82%，这意味着缩小非食物消费不平等更具有现实意义。其中，医疗保健、交通

通信、文教娱乐及服务等支出是造成非食物消费支出不平等的重要子类项目，合计相对贡献率为65.37%。由于新农保覆盖面和保障力度尚需进一步提高，且劳动性收入比重越来越高，农村居民在医疗保健消费的脆弱性极高，容易出现较大的差异。医疗保健消费对其他消费具有挤出作用，这也是政府将建立防范化解"因病返贫致贫"预警机制的重要原因。交通通信支出受到是否购买手机的影响，容易出现较大的差异。文教娱乐及服务支出的不平等问题也较为突出，主要是农村居民在子女教育投入差异较大，可能恶化农村地区内部教育机会不平等问题。

综上所述，在农村居民消费支出中，在家食物支出、医疗保健、借贷利息、交通通信，即"食、医、行"对消费不平等的相对贡献率分别为25.41%、18.58%、13.79%，三项总和相对贡献率接近六成，说明只要不断提升中低收入组农村居民这几方面的福利水平，农村居民消费不平等就不会严重恶化。

在耐用品消费基尼系数分解方面（见图2），汽车消费基尼系数相对贡献率为79.16%，原因在于汽车单价较高，对耐用品消费支出不平等的边际影响更大。此外，汽车可以提高消费效率，拉动其他消费，对于公共交通不方便的农村尤为重要。定制化家具、空调、网络电视、低速电动助力车、计算机的消费基尼系数相对贡献率共计为17.16%，其他耐用消费品的相对贡献率合计为3.68%。

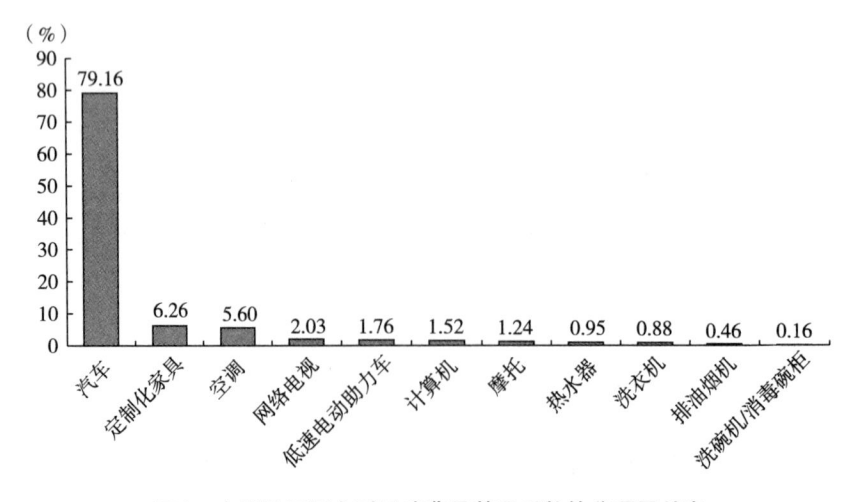

图2 农村居民拥有耐用消费品基尼系数的分项贡献率

根据国家统计局数据，2021年，农村居民的家用汽车、摩托车、电动助力车、空调、计算机每百户拥有量，分别是城镇居民的60.28%、274.17%、117.30%、55.04%、38.92%。以城镇居民耐用品消费品作为标准，为减少农村居民的耐用品消费不平等，有必要促进中低收入组农村居民的汽车、空调、计算机的消费。2020年以来，多部门连续三年开展新能源汽车下乡活动。2021年，《国务院关于印发"十四五"推进农业农村现代化规划的通知》提出："鼓励有条件的地区开展农村家电更新行动、实施家具家装下乡补贴和新一轮汽车下乡，促进农村居民耐用消费品更新换代。"① 从未来看，继续围绕汽车、定制化家具、智能家电更新展开的新一轮"家电下乡"具有现实基础，但有必要重点补贴中低收入组农村居民，避免消费刺激政策出现扩大消费不平等的非预期结果。

四 政策建议

第一，拓宽农村居民收入渠道，健全农村居民持续增收体制机制，扩大农村中高收入群体比重。分析结果显示，收入水平较高的农村居民的支出额相应较高，随着收入水平的提升，农村居民家庭人均生存型消费和享受型消费支出也相继增加，发展型消费支出总体上也呈增加趋势。而且，高收入户组各类型消费支出的提升幅度最大。收入是决定消费能力的直接和关键因素，如果收入处于低水平，农村居民难以将潜在需求转化为即期消费。应当不断优化政策供给推动农村居民通过多元化经营提升经营性收入、通过高质量就业提升工资性收入，创新相应制度改革完善农民财产性收入和转移性收入，多措并举提升农村居民家庭收入，稳定农村居民未来收入预期，进一步提升农村居民的消费水平和消费结构。

第二，在"县域商业建设行动"的推进过程中，政府应考虑将农村耐用品销售网络体系建设作为县域商业体系建设的重要着力点。分析

---

① 参见《国务院关于印发"十四五"推进农业农村现代化规划的通知》，https：//www.gov.cn/zhengce/content/2022-02/11/content_5673082.htm。

结果显示，大部分农村居民家庭消费现代化处于较低水平，虽然随着收入水平的提升，农村居民家庭消费现代化水平有所提高，但提升幅度并不大。因此，应当出台优惠政策刺激耐用品生产销售厂家向农村市场下沉，通过农村市场调查深入了解农村居民的居住环境、生活习惯、消费需求和偏好，面向农村市场调整产品特征，为农村居民家庭开发适销对路的产品，丰富产品类型并提升产品品质。激励耐用品生产销售厂家构建以县城为销售中心、县乡村联动的多层级纵向产品销售体系和实体网点，同时全方位完善农村市场耐用品定制、销售、配送、安装以及后期维护业务，提升农村居民获取产品和服务的便捷性，降低购买、使用和维护成本。推进和完善农村居民耐用品消费政策补贴，充分调动农村居民的消费积极性，刺激农村居民消费需求。

第三，针对不同地区、不同收入水平的农村居民分类施策制定差异化的消费提升路径。需要根据不同地区和农村居民所处的消费周期特征确定扩大消费的重点措施。对于消费市场发育程度低的经济落后地区，首先应当注重通过完善基础设施、产品销售网络等，改善其消费环境，夯实消费市场增长的基础，为产品和服务进入农村市场创造有利条件。对于消费市场发育程度高的经济发达地区和高收入群体，应当培育高层次的消费热点，提供精细化、个性化、精神层面的产品和服务，推动其消费升级，并发挥其消费引领作用。同时，还需要根据不同地区农村居民的支出特征，如东北地区农村居民较高的土地承包费用支出会对其他支出形成"挤压效应"，给予针对性政策支持。

参考文献

颜迪、罗楚亮：《支出弹性、消费升级与消费不平等》，《北京工商大学学报》（社会科学版）2023年第2期。

信息接入、使用及农民在线参与行为

崔 凯[*]

摘 要：本报告聚焦信息接入条件、使用行为及线上参与行为。一是信息接入条件包括信息环境、上网设备和接入质量三方面，从信息环境看，超过两成村庄实现宽带"户户通"，全国互联网入户率的平均值达到70.03%；从上网设备看，九成以上农户家庭拥有至少1部智能手机；从接入质量看，超过半数受访农户认为家庭网络条件非常好，东部地区农户家庭网络条件相对较好。二是个体信息使用行为包括手机使用情况、信息获取情况和信息使用效果认知，其中，东部地区农民智能手机使用时长较长，农民更为关注实时新闻和村庄事务类信息，超过六成受访农户认为信息获取很及时，手机等智能设备的使用能力与教育水平、年龄结构等密切相关，通过网络获取信息基本上能够满足绝大多数农民的日常需求。信息接入条件和使用行为的变化，也带来了农户参与经济社会生活方式的改变。一是从在线社区治理参与来看，网络化、在线化手段已经成为村委会对农户的重要告知方式，其中通过微信等网络手段传递信息得到六成以上农户的认可。二是在电商参与方面，3.41%的受访农户家里有产品通过网络交易，电商参与户2021年家庭网络平均销售额在9万元以上，电商经营困难主要来自运营管理、物流成本和专业技能等。本报告建议加强农村人口的信息接入水平，提升信息传播和网络应用对于老年群体等重点人群的适应性，同时发挥网络在村庄治

---

[*] 崔凯，管理学博士，中国社会科学院农村发展研究所副研究员，研究方向为农业现代化、农村信息化、数字乡村。

理中的积极作用，多方支持电商发展增进就业创业。

关键词：信息接入；信息获取；信息使用；在线社区参与；电商销售

Information Access, Use and Farmers' Online Participation Behavior

CUI Kai

Abstract: This report focuses on information access conditions, usage behavior and online participation behavior. First of all, information access conditions include information environment, internet equipment and access quality. From the perspective of information environment, more than 20% of villages have achieved broadband "household access", and the average of national internet access rate has reached 70.03%. In terms of Internet access devices, more than 90% of rural households have at least one smartphone. From the perspective of access quality, more than half of the surveyed farmers think that the family network conditions are very good, and the family network conditions of farmers in the eastern region are relatively better. Secondly, individual information use behavior includes mobile phone use, information acquisition and information use effect cognition. Among them, farmers in eastern China have longer duration of mobile phone use, and they pay more attention to real-time news and village affairs information. More than 60% of the surveyed farmers think that information acquisition is timely. The ability to use smart devices such as mobile phones is closely related to education level and age structure, etc. Access to information through the network can basically meet the daily needs of the vast majority of farmers. The change of information access conditions and use behavior has also brought the change of farmers' participation in economic and social life. First, from the perspective of participation in online community governance, networking and online means have become an important way for village committees to inform farmers, among which the transmission of information through wechat and other network means has been recognized by more than 60% of farmers. Second, in terms of e-commerce participation, 3.41% of the surveyed farmers have products at home traded through the Internet, and the average sales of the household network of e-commerce participants in 2022 will be more than 90000 yuan. Difficulties in e-commerce operation mainly come from operation management, logistics costs and professional skills. This report proposes to strengthen the information access level of the rural population, improve the adaptability of information dissemination and network application to key groups such as the elderly, also give full play to the positive role of the network in village governance, and multiple support the development of e-commerce to promote employment and entrepreneurship.

Keywords: Information Access; Information Acquisition; Information Use; Online Community Participation; E-commerce Sales

本报告聚焦农民主体层面，对信息接入条件和使用行为进行分析，结合全国和地区层面的比较和评价，从环境上关注信息环境、上网设备和接入质量，在主观层面关注农民手机使用、信息获取和信息使用效果等。在此基础上，从线上村庄行动参与和电商经营两个方面，来分析当前农民在线参与行为的主要特征和存在问题。此外，就如何提升信息技术应用效果，强化信息技术对于在农村地区适应性等方面，提出对策建议。

一　信息接入条件

农村的信息接入是城乡信息要素互通的必要条件，"十四五"时期以来，数字乡村发展取得阶段性成效①，农村互联网普及率逐年显著提升，现代信息设备逐渐实现家庭普及，信息接入条件不断改善，农户的信息运用强度和质量不断提升，不仅成为乡村基础设施逐步健全和信息化环境逐步改善的重要体现，也为乡村未来信息化、数字化转型奠定了基础。

（一）村庄信息环境

从村级层面对信息接入条件进行统计分析，主要考察互联网入户率，村级宽带（互联网）入户情况普遍较好，在区域和地势上各存在差别。从乡村通宽带网络情况来看，全国超过2成村庄实现全部农户通宽带，即"户户通"宽带。整体来看，全国互联网入户率的平均值为70.03%，与第一期（63.25%）②相比有明显增长，乡村信息环境得到改善。分区域看，东部、中部和西部地区样本县的互联网入户率均在70%以上，高于全国平均水平（见图1），其中西部地区相比于第一期（57.46%）增长幅度最大。

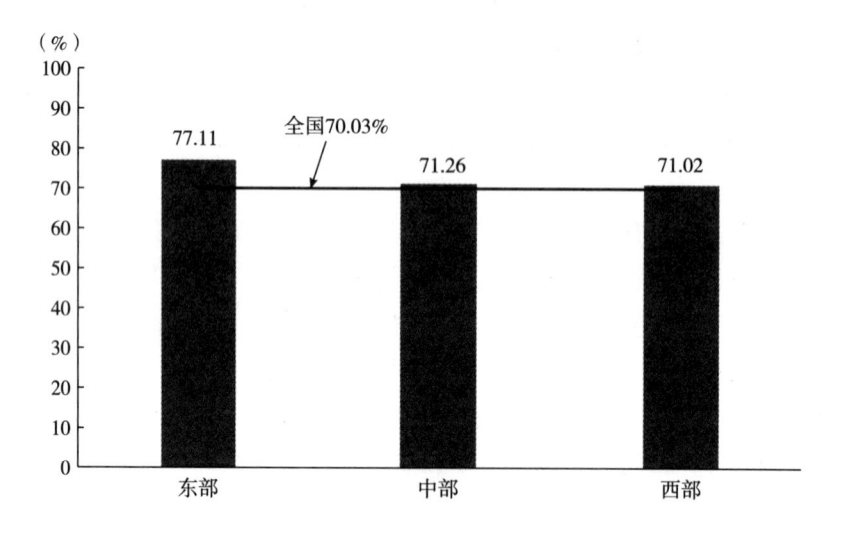

图1 村庄平均互联网入户率

---

① 见《中国数字乡村发展报告（2022年）》，中国政府网，2022年，https：//www.gov.cn/xinwen/2023-03/01/content_5743969.htm。

② 第一期调研于2020年开展，分析报告见《中国乡村振兴综合调查研究报告（2021）》，不再赘述。

村庄的地理条件和区位不同，互联网入户率也体现出明显的差别。第一，分地势来看，平原、丘陵、山区和半山区四类不同地势中，丘陵和山区地势村庄互联网入户率均高于全国平均水平，平原和半山区地势村庄互联网入户率低于全国平均水平（见图2）。

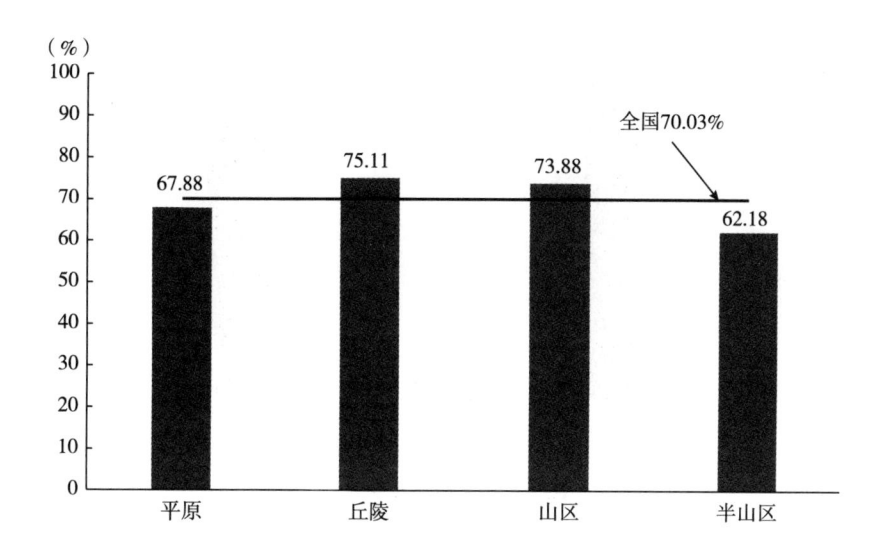

图2 村庄平均互联网入户率

第二，分地理位置看，城郊村互联网入户率为79.85%，高出非城郊村约12个百分点。结合村距离县政府的距离进行分析，得出距离县政府20千米以内的村庄，互联网入户率为73.88%，距离县政府大于20千米小于等于50千米的村庄，互联网入户率为65.42%，距离县政府大于50千米的村庄，互联网入户率为64.42%，且较之第一期（52.38%）增加最为明显。较之第一期，互联网入户率在地理空间上的差异逐步缩小，网络基础设施条件的普及正体现出均衡性。

（二）个人和家庭上网设备

为进一步评估信息接入状况，对农户家庭的上网设备拥有量进行分析。对受访农户中的不适宜样本进行筛选后，有92.24%的农户家庭有智能手机、平板、笔记本电脑/台式电脑等上网设备（见图3）。32.19%的农户家庭拥有两台及两台以上的上网设备，略高于第一期

(29.73%)。相对而言，家中无任何上网设备的受访者占 7.65%，其中基本都是 50 岁以上（1972 年前出生）的受访者，占 98.96%。家庭网络设施已基本普及，对上网设备使用存在困难的群体主要以老年人群为主。

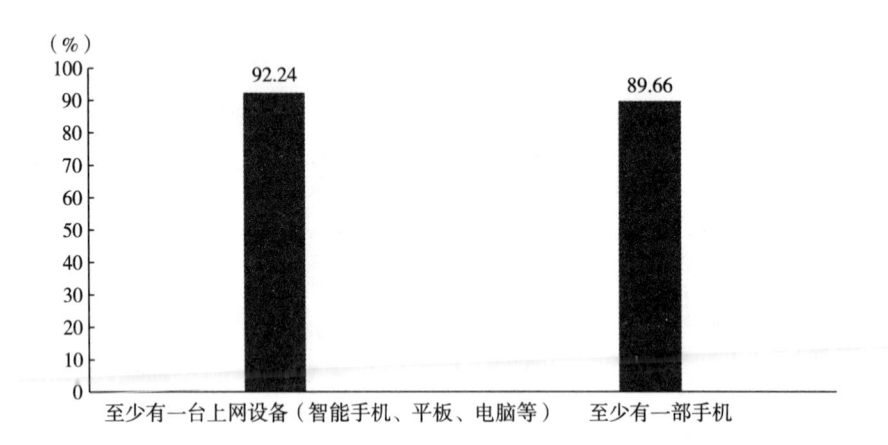

图 3　家庭信息设备情况

智能手机是最主要的上网设备，截至 2022 年 12 月，中国手机网民规模达 10.65 亿人，占全部网民规模的 99.81%[①]。对此，本次调查专门考察农户家庭的 4G/5G 手机拥有情况，结果表明，9 成以上的农户家庭至少拥有 1 部 4G/5G 手机，56.06% 的农户家庭有 3 部或 3 部以上的 4G/5G 手机，无 4G/5G 手机的受访农户占 7.11%。全国层面看，农户智能设备和智能手机基本上能够实现家庭普及，没有上网设备和智能手机的农户以老年人为主，老年群体较少接触到互联网红利。

（三）家庭信息接入质量

在对信息基础环境和接入条件考察的基础上，为识别信息接入的家庭网络条件，对家庭信息接入的质量进行分析。调查结果显示，在互联网基础设施广泛覆盖的同时，农村的网络条件也大有改观，仅有少数农户家庭网络条件较差。从农村居民的网络条件来看，50.45% 受访农户

---

① 参见《第 51 次〈中国互联网络发展状况统计报告〉》，中国互联网络信息中心，2022 年，https://www.cnnic.net.cn/n4/2023/0303/c88-10757.html。

认为家庭网络条件非常好，7.56%的受访农户认为家庭网络条件较差，较低一期（12.13%）明显下降。其中认为家庭网络条件较差的农户，大多数来自西部地区，比例为41.73%。为进一步识别这种地域差异性，对比东部和西部地区农村的家庭网络条件，在东部地区，55.69%的受访农户认为家庭网络条件非常好，高于全国水平，在西部地区，49.36%的受访农户认为家庭网络条件非常好，略低于全国水平，总体上家庭网络条件较差的地区主要集中在西部欠发达地区。

二 个体信息使用行为

本部分对农民个体层面的信息使用行为进行分析，由于信息使用行为涵盖的内容较广，这里选择手机使用情况、信息获取情况以及信息使用效果等进行分析，试图在农户层面透视信息资源的下沉方式，发现农村信息传播渠道与农户需求相匹配的特征，透视农村信息化发展的趋势。

（一）手机使用情况

农户个体对于手机等上网设备的使用情况，能够反映当前农民信息素养，也是信息要素向农村渗透的重要体现。在全国层面受访农户中，对有效样本进行筛选后，得到使用4G/5G手机的受访农户占85.40%，较之第一期（82.20%）有所提高，智能手机在农村已经具备相当的普及程度。不使用智能手机的农民群体，基本为50岁以上老年人，占97.97%，这与家庭上网设备拥有量的分析结果基本一致。

为识别使用智能手机农户群体的基本能力，问卷中提供了使用4G/5G手机是否存在困难的题目。调查结果表明，56.69%的受访农户认为使用手机功能不存在困难，较之第一期提高了4个百分点。有5%的受访农户仅用来接打电话，这类农民群体特点是受教育程度较低，高中以下受教育程度占86.71%，反映出现代信息设备使用与文化素质密切关联。仅有15.36%的受访农民认为完全可以快速适应手机新软件和新功能，这部分受访者中来自东部地区的占36.01%，比例高于其他地区。

手机使用时长是信息设备使用强度的重要体现，结合分层抽样结果，全国层面的受访农民手机每日平均使用时长为3.22小时（见

图4），高于第一期约0.43小时。分地区来看，从东部、中部、东北到西部，农民手机每日平均使用时长逐渐减小，东部地区农民手机每日平均使用时长明显高于全国，为3.71小时，西部地区农民手机每日平均使用时长与全国平均水平还有差距，为2.89小时。以智能手机使用时长为参考，发现东部地区农民的信息设备使用强度较高，这说明虽然宽带入户等网络基础条件全国区域差异并不大，但是在农户家庭的信息接入质量和农民设备使用强度方面，西部地区、东北地区仍需要进一步提高，这与家庭网络条件的分析结果相似。

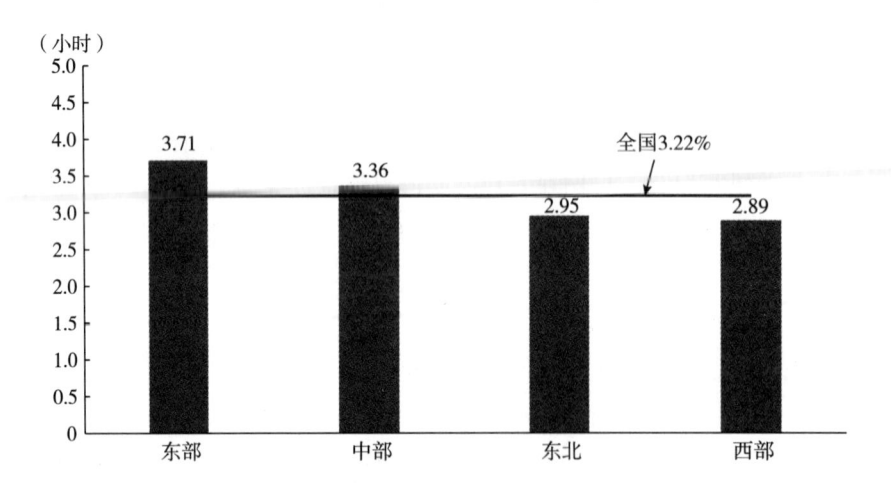

图4 个体平均日手机使用时长

考虑到不同就业类型农民群体的手机使用差异，对分就业类型的农民进行分析发现，非农就业农民群体的手机每日平均使用时长较高，为4.42小时，兼业农民群体的手机每日平均使用时长也高于全国水平，为3.28小时，全职务农民群体的手机每日平均使用时长更低（见图5）。对于这种现象，一个可能原因是相对于留守务农群体而言，非农化、兼业化农户群体的文化素养、技能水平较高，社会关系也更为复杂，在社交、业务等方面的需求更多，对于信息获取和传播工具（手机）的使用更为频繁。

(小时)

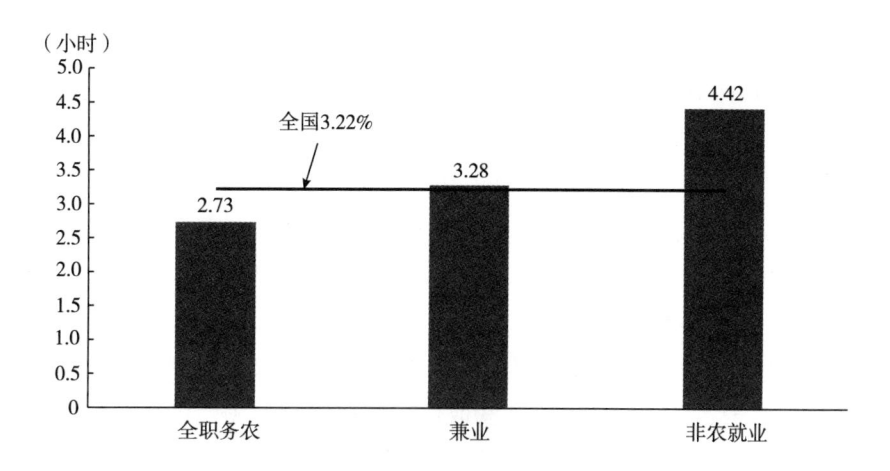

图中数据：
- 全职务农：2.73
- 兼业：3.28
- 非农就业：4.42
- 全国3.22%

图5　个体平均日手机使用时长

(二) 信息获取情况

对于信息获取偏好，主要从信息获取渠道偏好以及信息内容的偏好两方面来考察。第一，从网络信息获取渠道的偏好来看，就农户最倾向村委会通过何种方式传递信息这一问题，受访农户有提到微信等网络手段最多，约占63.74%，其次是电话短信，再次是广播，其他如公告等信息传递方式相对提及较少，说明从普及和接受程度来看，网络已成为村级信息传播和发布的最主要途径。基于不同区域的对比发现，较之其他方式，倾向微信和网络手段传播重要信息的农户群体在中部、东部、西部、东北各自区域所占比重均最多，基本在60%上下，这与全国总体水平相当。说明农民对于村委会通过在线化方式传递重要信息的方式已经形成基本认可，在不同区域上的差异并不明显。

第二，就信息内容的偏好而言，在剔除异常值后的有效样本中，对农民希望通过网络重点关注的信息（限选不超过三项）进行分析，发现农民最希望通过网络关注的信息是实时新闻，希望关注实时新闻的受访农民占60.42%，希望关注村庄事务、娱乐游戏和生活常识的受访农户分别占41.60%、34.70%和29.11%，除此之外，农户也关注生产指导和教育医疗等方面的信息，农户有希望关注这两类信息的受访农民分别占10%左右。这表明当前农民在信息内容方面的偏好也是相对集中的，新闻资讯、村庄各类事务以及生活常识项目，是绝大多数农民关注的重点。

由于农民对于信息获取存在偏好，那么对于通过网络获取的信息是否满足日常需求，调查结果表明，认为完全满足、基本满足和一般满足的受访农户超过9成（96.35%），其中认为通过网络得到的信息能够完全满足日常需求的受访者占全部受访者的26.38%，仅有0.98%的农户认为通过网络得到的信息完全不满足日常需求（见图6）。进一步分析发现，仅有不足半数（46.58%）的受访农户认为，在没有子女或亲朋帮助下可以较容易地通过手机或网络获取所需信息，其中东部地区最多，占35.31%。说明通过网络获取信息基本上能够满足大部分农民的日常需求，也有部分农民可能因为自身条件或能力限制而无法从网络获取有效信息。

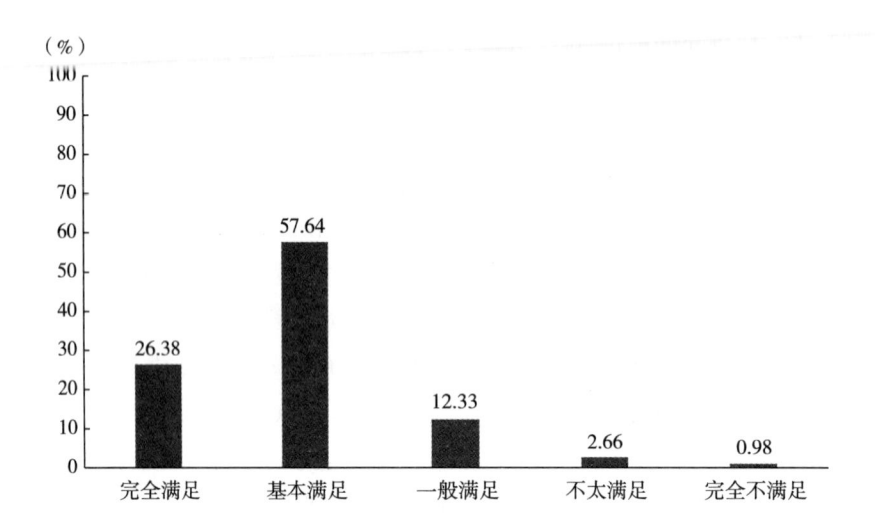

图6 网络信息获取的满足程度

对于农民所关注的信息能否及时获取，在有效受访农户样本中，认为信息获取很及时的受访农户超过6成（62.89%），仅有7.23%的受访农户认为不能够及时获取关注的信息。从信息获取及时性的区域比较看，认为信息获取很及时的受访农户比例在不同区域的差异并不大，各区域比例都大体上与全国水平相当，说明在主观认知上，农民总体认为信息获取是及时的。

(三) 信息使用效果认知

从信息对工作和生活影响来看,结合农户的主观感受,将近3成(29.09%)受访农户完全同意通过网络获取的信息对工作和生活有帮助,将近5成(48.05%)受访农户基本同意通过网络获取的信息对工作和生活有帮助,仅有2.32%受访农户认为通过网络获取的信息对工作和生活没有帮助(见图7)。说明网络化、在线化手段获取的信息已经能够基本满足农户对工作和生活的需要。

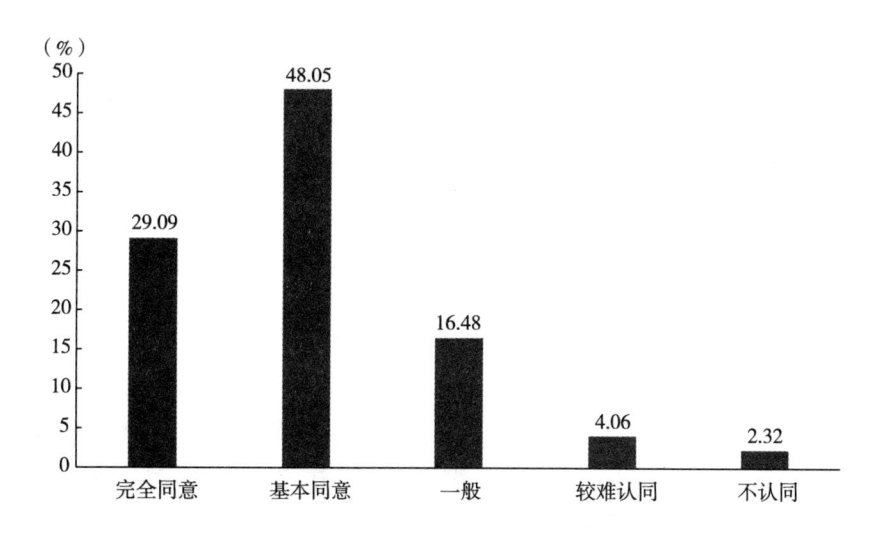

图7 网络信息获取的效果

进一步进行区域对比,分东部、中部、西部和东北地区来看,完全同意、基本同意以及一般同意通过网络获取的信息对工作和生活有帮助的农户比例均为95%左右,各区域的差异不大,比例大体上都与全国水平相当,说明在主观认知上,农户总体认为信息获取是有帮助的。

从信息的准确性来看,仅有16.85%受访农户表示完全可以判断通过手机或网络获取信息的准确性(见图8),其中高中及以上文化程度的占39.85%,50岁以上老年人占41.35%;仍有23.09%受访农户表示较难或不能判断通过手机或网络获取信息的准确性,其中高中及以上文化程度分别占13.77%和8.74%,50岁以上老年人占84.50%。可以看出,对网络信息的识别能力与教育水平、年龄结构密切相关,教育水平较低以及老年人群体等较难识别网络信息的准确性。

图 8　网络信息准确性的判断

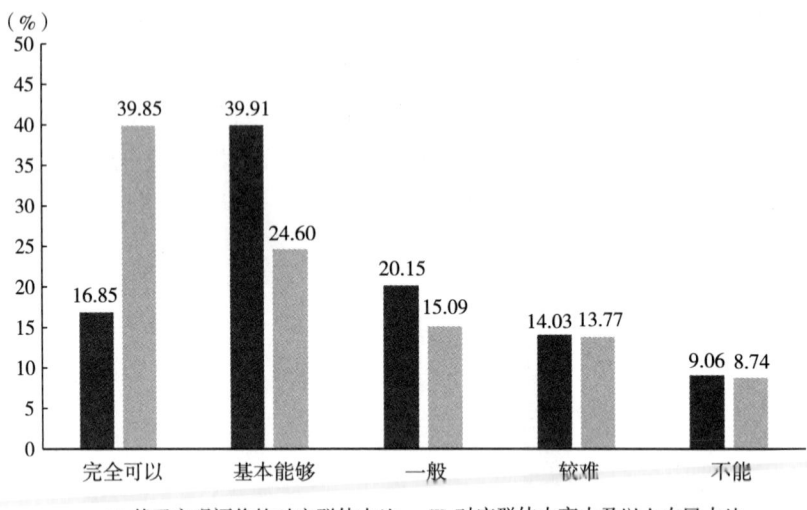

柱状图数据：
- 完全可以：基于主观评价的对应群体占比 16.85%，对应群体中高中及以上农民占比 39.85%
- 基本能够：39.91%，24.60%
- 一般：20.15%，15.09%
- 较难：14.03%，13.77%
- 不能：9.06%，8.74%

手机付费能够反映农户使用某类功能的特殊偏好，总体样本中17.15%的受访农民为手机App服务支付过费用，较之第一期（14.3%）有所提高。调研发现不同类型农民对手机付费均有需求，如从年龄结构看，中青年受访农民和50岁以上手机付费农户所占比例均为50%左右，其中50岁以上老年人占46.44%，学历较低的农户也依然有一定手机付费需求，如手机付费农户中初中文化程度占比为42.77%。

三　在线的村庄治理参与

伴随信息化水平的不断提升，网络已成为农户参与村级交流、获得村级信息和参与村内事务的重要渠道。本部分主要从农户层面考察了其所在村庄在线交流程度、农户对村庄信息传递方式的偏好以及在线参与村内公共事务交流的情况，从而识别当前村庄信息交流的网络化水平以及农户的需求状况。

（一）在线参与村级交流情况

从在线交流互动来看，几乎全部的村庄（98.03%）都有微信群、微信公众号等网络社交平台。94.23%的受访农户表示所在社区使用了在线公共交流平台，其中绝大多数（92.25%）社区使用了微信作为公共交流平台，使用其他公共交流平台（QQ、微博、网络论坛、钉钉等）的社区约占3.99%，仍有5.77%的受访农户表示所在社区没有任何在线公共交流平台。这表明，网络的便捷性正在改变村庄过去依赖于奔走相告或逐一电话通知的信息传递模式，成为提升信息传递效率、节约人力的重要方式，但同时也应注意到，未通过网络传递信息的村庄依然存在，村务治理信息化的差距已经开始显现。

在不同地区，受访人表示所在社区通过网络在线交流的比例，从东部、中部、西部到东北依次上升（见图9），分别为83.46%、85.81%、89.71%和92.84%。此比例的地区差异与通常认知并不相同。从西部、中部到东部地区，信息接入条件是逐步提高，但是数据中体现出的受访者所在村使用网络及时发布和传递重要信息的比例却是西部高于中部，中部高于东部，东北比例最高。

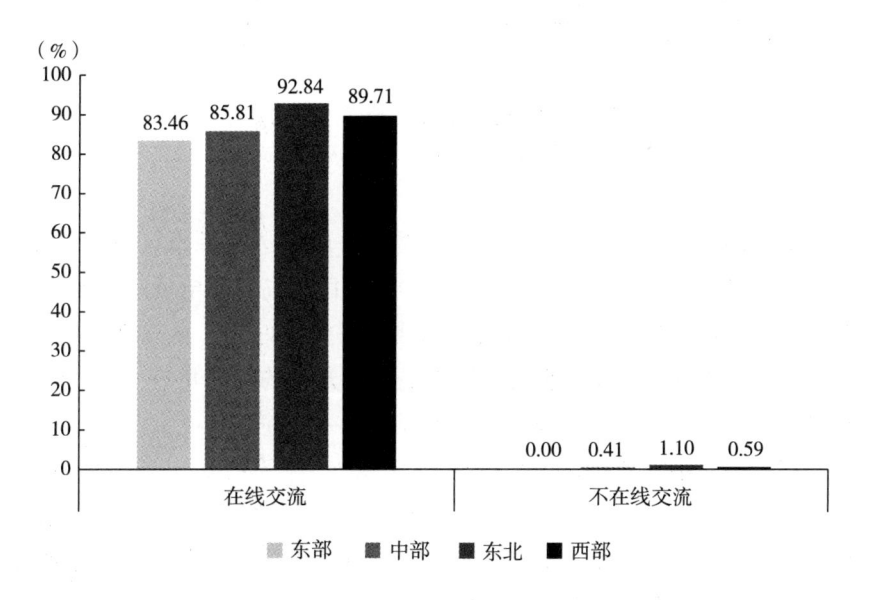

图9 所在社区在线公共交流平台的地区差别

（二）对村委会重要信息传递的方式偏好

在对村委会重要信息传递方式的方式偏好中（见图10），有63.64%的受访人选择了微信等网络手段，有28.80%的受访人选择了电话短信，有10.12%的受访人选择了广播，而公告、其他方式被提及的频率很小，占受访人的比例均不足3%。这表明微信等网络手段已经成为农户接收村委会信息的重要渠道，但同时，考虑到目前农村老龄化加深以及移动互联网应用大多缺乏适老化和无障碍改造的状况，必然存在一部分家庭还需要通过电话短信和广播等途径实现信息传递。

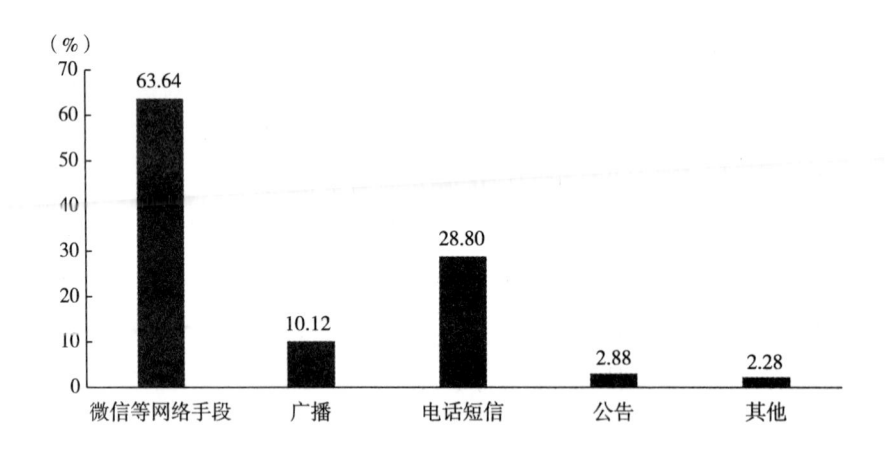

图10 对村委会重要信息传递的方式偏好

注：此题为多选，此处展示的是各类方式被受访人提及的频率。

从不同地区看，受访人对微信等网络手段的选择频率（见图11），东北地区最高；对广播的选择频率，中部地区最高；对电话短信的选择频率，西部地区最高。在对微信等网络手段的偏好上，从东部、中部、西部到东北地区，受访人偏好的频率是逐次升高的，这与前文所在村通过网络发布和传递信息情况的地区差异具有一致性。

（三）在线参与村庄公共事务

整体来看，通过微信群这类线上模式参与村内重要公共事务交流，已经相当普遍。在受访人通过微信群参与村内重要公共事务交流的情况看（见图12），有40.41%表示经常参与，29.62%表示有时参与，而很少和从未参与的分别占22.15%和28.40%。从受教育程度来看，在高

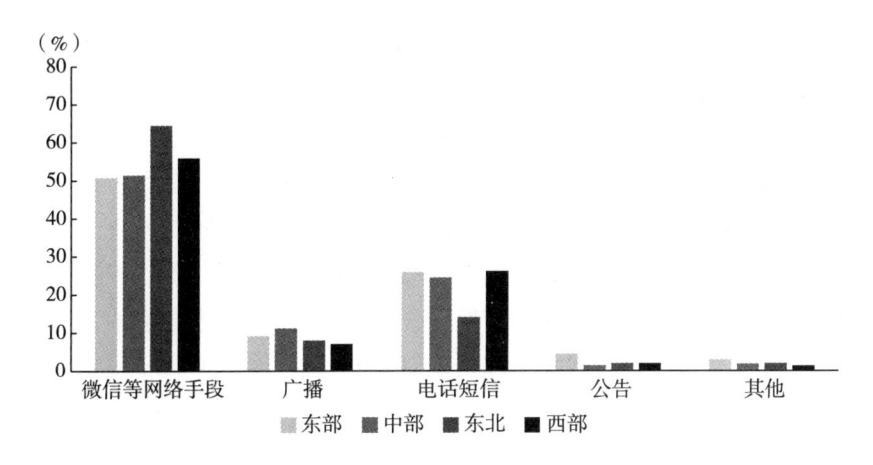

图 11 对村委会重要信息传递方式偏好的地区差异

注：此题为多选，此处展示的是各类方式被受访人提及的频率。

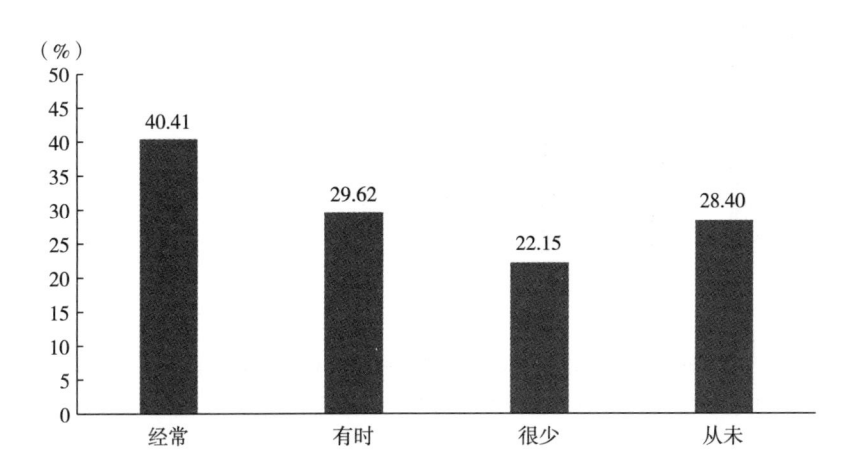

图 12 通过微信群参与村内重要公共事务交流

中及以上农民群体中，72.79%的农户经常或有时通过微信群就村内事务开展过交流，而在初中及以下农民群体中，该比例为53.88%。因此，文化程度越高的农户约有可能通过微信积极参与村级事务的交流中，一个原因与上文的分析结论相一致，受教育程度较高的农户使用智能设备能力较强，进而参与在线交流的实现难度更低。

从村庄选择发布党务、村务、财务等信息的渠道情况来看（见图13），通过公告栏、微信群和广播渠道发布党务、村务、财务等信息的受访村庄所占比例分别为93.09%、80.59%和50.00%，通过电话、电子政务平台发布事务信息的受访村庄所占比例分别为28.29%和22.70%，通过微信公众号、短信发布事务信息的受访村庄所占比例分别为18.42%和16.78%，通过其他渠道（开会、口头通知等）发布事务信息的受访村庄不足5%，说明微信群、电子政务平台等在线村庄信息发布渠道已经得到普遍应用，但公告栏、广播等传统村庄信息发布渠道依然占有很大比例，村庄治理表现出多种渠道相结合的特点。

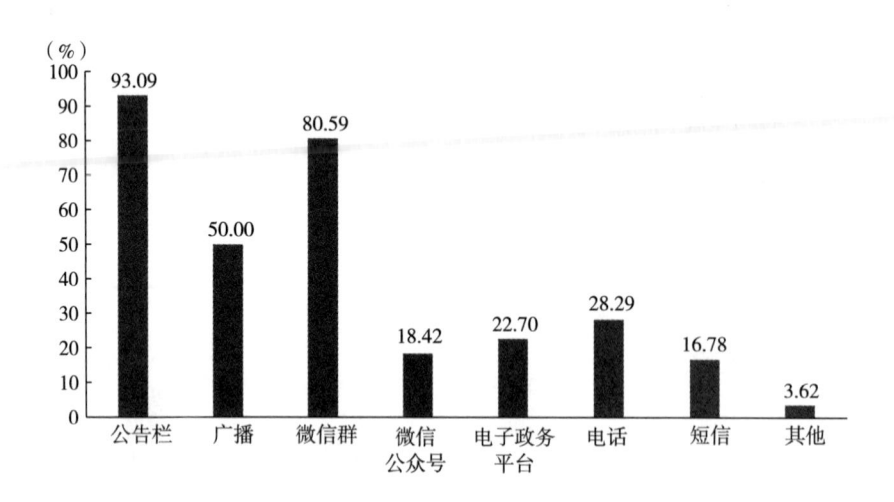

图13 村庄发布党务、村务、财务等信息的渠道情况

注：此题为多选，此处展示的是各类方式被受访人提及的频率。

除了微信群、微信公众号等网络社交平台，还有55.59%受访村庄表示本村有"互联网+政务"服务平台。进一步进行区域对比（见图14），分东部、中部、西部和东北地区来看，中部地区有"互联网+政务"服务平台的受访村庄所占比例最高，为66.67%，东北地区有"互联网+政务"服务平台的受访村庄所占比例最低，明显低于全国平均水平，说明各地区已经投入到"互联网+政务"服务平台的建设，但不同地区开展状况存在差异，这可能取决于各地财政投入和经济发展水平。另外，有92.38%受访村庄表示本村有村干部接受了信息技术培训，说明总体上村干部基本都接受了信息技术培训，但培训效果还需要另外讨论。

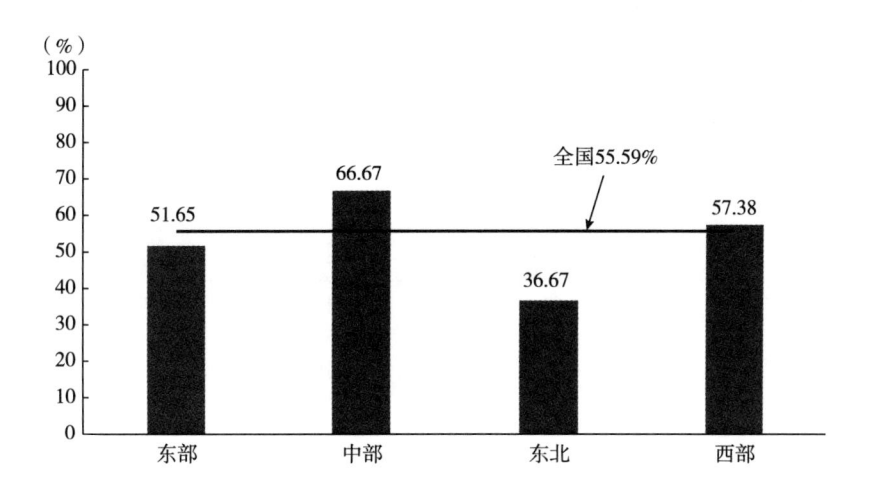

```
(%)
100
 90
 80
 70              66.67          全国55.59%
 60    51.65                               57.38
 50 ─────────────────────────────────────────
 40                      36.67
 30
 20
 10
  0
       东部    中部     东北     西部
```

图 14　农村地区"互联网+政务"服务平台情况

四　电商经营

近年来，伴随乡村信息条件改善和物流水平的提升，农村电商成为农户参与市场和自主就业的重要业态和增收渠道。本部分从电商参与比例、电商渠道的销售情况、电商参与过程中的经营困难等方面，考察了当前农村电商的基本形势。

（一）电商参与情况

调查结果显示，有 3.41% 的受访人表示家里有产品通过网络交易。这意味着电商参与已经成为农户参与市场、与市场连接的重要途径。分区域来看，在东部、中部、西部、东北地区，这个比例分别占 4.48%、3.32%、3.19% 和 1.19%（见图 15）。东部地区作为信息接入条件最优、农村电商产业集聚程度最高的地区，农户电商参与的比例也领先于其他地区。

411

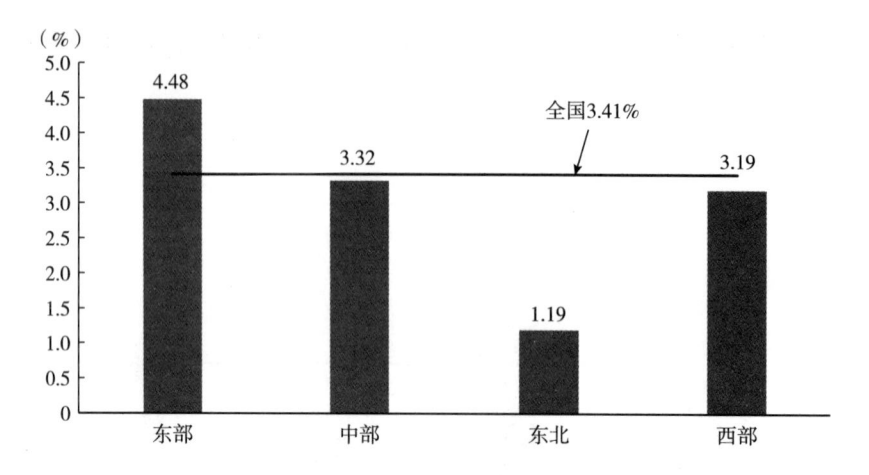

图15 家庭有产品通过网络交易的地区差异

（二）电商渠道销售情况

从农户在电商渠道销售的品类来看，在有产品通过网络交易的受访户（120户）中（见图16），有45.83%是销售了农产品，14.17%是销售了初级加工品，38.33%是销售农产品和初级加工品以外的产品（比如服装鞋帽等）。农产品销售比重相对第一期（64.50%）明显减少，初级加工品销售比重相对第一期（13.85%）略有增加，非农产品销售

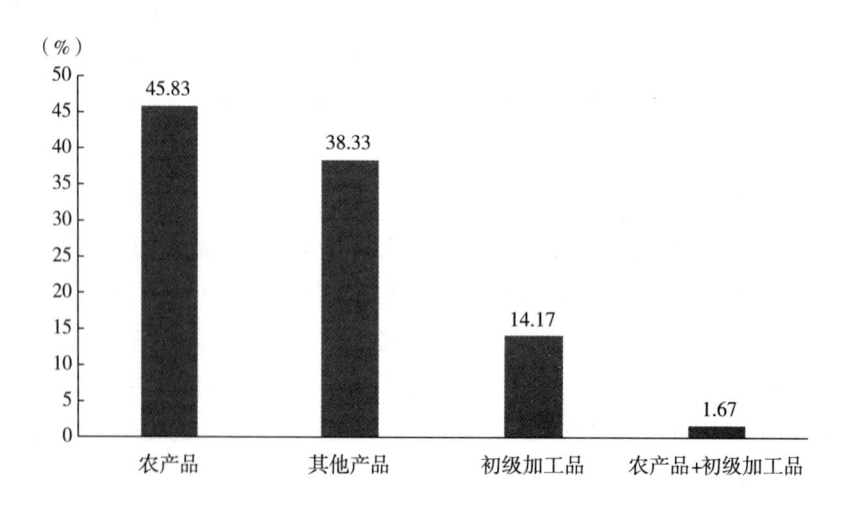

图16 通过网络销售的产品类型结构

比重相对第一期（18.61%）显著增加。另外，通过网络销售农产品的同时也销售了其他产品的，占1.67%。这表明，农产品依然是农户电商参与的主要品类，但所占销售比重逐渐下降，初级加工品尤其是非农产品逐渐成为农村电商参与新的主力品类。

在调查样本的网络交易中（见图17），有将近3/4（73.04%）使用了平台开店销售的渠道，有将近1/5（18.26%）使用了微信朋友圈、抖音等方式的社交网络渠道。平台开店销售以其高议价权、少中间环节和完整服务体系成为农户电商参与的重要渠道。

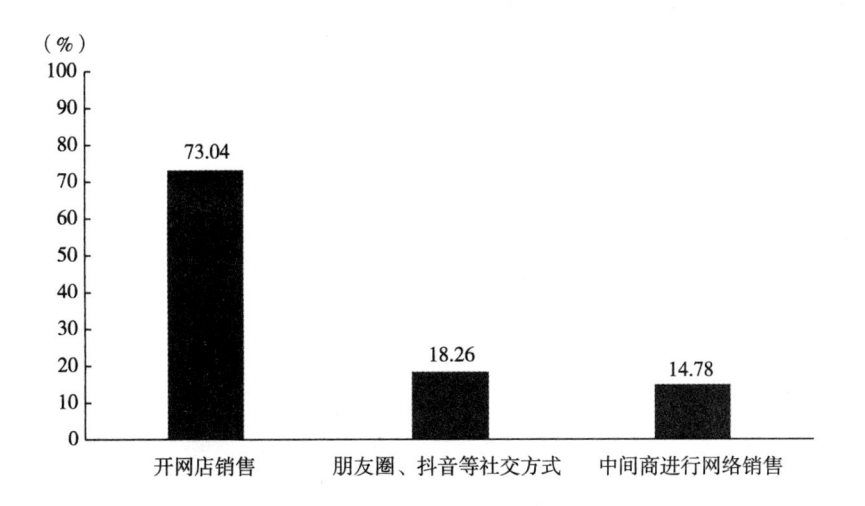

图17 产品参与网络交易的方式/环节

注：此项为多选题。

从电商参与户的首次网络销售年份看，时间最早的是2000年，但是2010年前实现首次网络销售的仅占9.35%，有3/4以上是2016年以来首次进入网络销售的，有一半以上（74.77%）是2018年以来首次进入网络销售的。

在电商参与的受访户中，其中有97户回答了2021年的网络销售额，平均销售额为9.48万元，最低的是600元，最高的是500万元。超过八成的受访户其2022年家庭网络销售额在5万元及以下，超过九成的受访户其2019年家庭网络销售额在10万元及以下。

（三）电商经营困难

在电商参与户反映的最主要经营困难中（见图18），运营管理、物流成本、专业技能排在前三位，分别有34.57%、19.75%和17.28%的电商参与户提到这三项困难。此外，价格波动、资金周转方面，均有12.35%的受访户表示存在这些方面的困难；场地设备、产品质量方面，均有7.41%的受访户表示存在这些方面的困难。这些问题与当前农村电商发展的困境具有一致性。这也表明，农户参与电商受教育水平较低，缺少专业培训，运营管理能力弱、缺乏相应专业技能等制约，同时物流基础设施不完善的外部条件也造成不利影响。

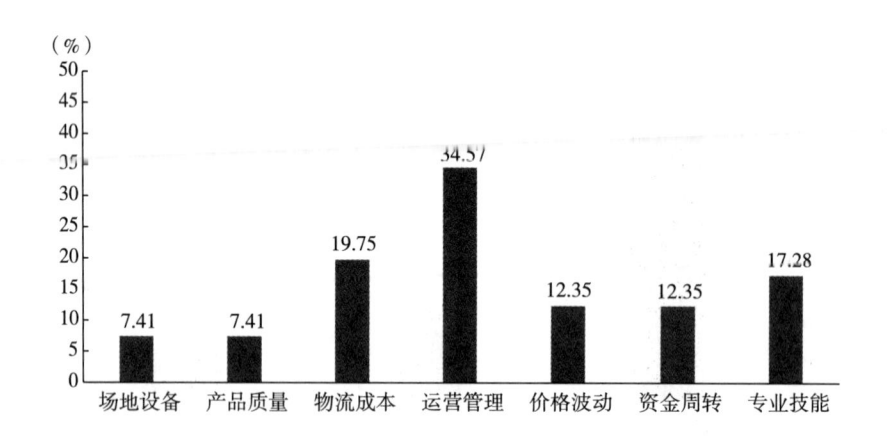

图18 电商参与户目前最主要的经营困难

注：此题为多选题。

五　政策建议

为更好地满足农户对信息的需求，充分发挥农村信息化在增强农民信息获取能力、提升乡村治理水平、促进农民致富等方面的作用，明确农村信息化的建设内容和重点方向，研究整合了分析结论并形成对应建议。

第一，全国整体互联网入户率超过70%，超过九成农户的家庭拥有智能手机、平板、笔记本电脑/台式电脑等上网设备。从信息接入的地域差异看，东部地区家庭网络条件较好，农民手机每日平均使用时长也明显高于全国。建议通过正规化和非正式的公共参与形式，提升对老年人和低教育程度群体的信息接入能力。

第二，农民更关注与生产生活联系密切以及娱乐休闲方面的信息，村级信息获取及时性较好，高教育程度和中青年群体相对更善于通过网络获取日常需求信息。需要针对不同地区农民的差异化需求，特别是结合农村留守人口的信息使用特点，畅通农村信息传播渠道，加强农村地区人口使用信息资源的能力。

第三，伴随信息化水平的不断提升，网络已成为农户获得村级信息、参与村内事务的重要渠道，但是未来还需着眼于缩小地区间的信息化水平，加快"互联网+政务"服务平台的建设，切实考察农户的信息化需求、障碍，并结合老龄化趋势改善网络应用场景，提升网络应用的适老化和无障碍化水平，进一步提升网络在村庄治理中的积极成效。

第四，伴随乡村信息条件改善，农村电商成为农户参与市场的重要途径，但农户电商参与体现出小买卖特征，缺少专业培训，运营管理能力弱、缺乏相应专业技能，同时物流成本过高的困境依然突出。从增进就业等角度出发，应增加电商运营管理和专业技能培训机构、人才引进等手段对小微电商参与户的支持，并在有条件地区优化物流条件、在条件受限地区通过组织化等方式化解物流条件和成本的障碍。

农村人居环境现状分析

于法稳　林　珊　孙韩小雪*

摘　要：农村人居环境整治提升，建设宜居宜业和美乡村是全面推进乡村振兴战略的重要任务，也是实现农村现代化的重要内容。本报告基于全国东部、中部、西部、东北地区10个省份3712个样本农户的调查数据，分析了2021年农村生活用水、生活污水、生活垃圾、厕所革命等领域的现状，以及农村居民对饮水安全、生活垃圾、村庄道路以及村庄生活环境状况的满意度；同时，结合2019年的实际情况，对上述内容进行了比较分析。研究发现：（1）农村生活用水情况比较稳定，用水来源多样。无论是用水量保障程度、还是自来水供水方式，保障程度或者方式改善，都有一定幅度的增加；但用水便利程度却有所下降。（2）采取直接排放的方式处理生活污水的农户比例为53.56%，东部地区为26.93%，中部地区为58.13%，西部地区为62.21%，东北地区则高达87.60%；与2019年相比，整体上，该比例下降了3.65个百分点。东部地区下降了6.73个百分点，中部地区下降了11.15个百分点，西部地区下降了3.06个百分点，但东北地区却增加了26.69个百分点。（3）对生活垃圾进行分类处置的农户比例为48.79%，认为村庄统一收集的农户比例为91.30%，与2019年相比，分别增加了3.67个百分点、0.36个百分点。（4）修建了无害化卫生厕所的农户比例为76.02%，比2019年增加了1.58个百分点。采取三格化粪池、双瓮化粪池、三联沼

---

* 于法稳，管理学博士，中国社会科学院农村发展研究所研究员，博士生导师，研究方向为自然资源管理、农村生态治理、农业可持续发展；林珊，中国社会科学院大学应用经济学院博士研究生，研究方向为生态经济学；孙韩小雪，中国社会科学院大学应用经济学院博士研究生，研究方向为农业农村绿色发展。

气池等方式改厕的农户比例都有一定程度的下降。（5）农户对农村饮水安全状况满意度较高，非常满意的农户比例增加了 3.51 个百分点，对生活垃圾处理状况非常满意的农户比例增加了 0.59 个百分点，对村庄生活环境状况非常满意的农户比例下降了 0.16 个百分点。

关键词：农村人居环境；农村生活污水；农村生活垃圾；农村厕所革命；农村居民满意度

Analysis of the Present Situation of Rural Living Environment

YU Fawen　LIN Shan　SUN Hanxiaoxue

Abstract：The improvement of rural living environment renovation and the construction of beautiful and harmonious countryside that is desirable to live and work in are important tasks to comprehensively promote the rural revitalization strategy, as will as important contents to realize rural modernization. This report is based on a survey of 3712 farming households in 10 provinces in the eastern, central, western and northeastern regions of China. It analyzes the basic status of rural domestic water, household's sewage, rural domestic waste, toilet revolution, and other fields in 2021, as well as the satisfaction evaluation of rural residents on drinking water safety, rural domestic waste, village roads, and rural living environment conditions. Meanwhile, based on the results of the 2019 survey, a dynamic comparative analysis was conducted on the above content, and the study found that：（1）The situation of rural domestic water is relatively stable, with diverse sources of water use. There has been some increase in the degree of security or improvement in the way water is supplied, both in terms of the degree of security of water consumption and the way in which it is supplied by tap‐water; however, there has been a decrease in the ease of access to water. (2) Overall, 53.56% of rural residents adopt direct discharge to treat domestic sewage. The proportion of rural residents adopting direct emission methods in the eastern region is 26.93%, 58.13% in the central region, 62.21% in the western region, and 87.60% in the northeast region. Compared to 2019, the overall proportion has decreased by 3.65 percentage points. The eastern region decreased by 6.73 percentage points, the central region decreased by 11.15 percentage points, the western region decreased by 3.06 percentage points, but the northeast region increased by 26.69 percentage points. (3) The proportion of rural residents who classify rural domestic waste is 48.79%, and the proportion of rural residents who collect garbage uniformly from villages is 91.30%, which is an increase of 3.67 percentage points and 0.36 percentage points compared to 2019, respectively. (4) The proportion of rural residents who have built sanitary toilets is 76.02%, an increase of 1.58 percentage points compared to 2019. The proportion of rural residents who adopt three-compartment septic tank, double urn type septic tank and three linkup methane pool to change toilets have all declined to some extent. (5) Rural residents are highly satisfied with the rural drinking water safety, and the proportion of very satisfied rural residents has increased by 3.51 percentage points. The proportion of rural residents who are very satisfied with the treatment of rural domestic waste increased by 0.59 percentage points. The proportion of farmers who are very satisfied with the environmental conditions of village life has decreased by 0.16 percentage points.

Keywords: Rural Living Environment; Rural Domestic Sewage; Rural Domestic Waste; Rural Toilet Revolution; Rural Residents' Satisfaction

改善农村人居环境是以习近平同志为核心的党中央作出的一项重大决策。《农村人居环境整治三年行动方案》的实施，有力地推动了农村人居环境的改善。2021年，中共中央办公厅、国务院办公厅又印发了《农村人居环境整治提升五年行动方案（2021—2025年）》，在巩固拓展农村人居环境整治三年行动成果的基础上，为加快推进"十四五"时期农村人居环境整治提升，从战略和全局高度作出新的重大决策部署。目前，全国农村卫生厕所普及率超过73%，农村生活垃圾进行收运处理的自然村比例达91%，农村生活污水治理率达31%左右，14万个村庄得到绿化美化，95%以上的村庄开展了清洁行动，村容村貌焕然一新（中国农业绿色发展研究会、中国农业科学院农业资源与农业区划研究所，2023）。

本报告基于2020年、2022年中国乡村振兴综合调查（CRRS）数据库，对农村人居环境状况及变化情况进行系统分析，在此基础上提出相应的政策建议，为建设宜居宜业和美乡村提供决策参考。

一 农村人居环境状况及变化分析

农村人居环境整治，是推进宜居宜业和美乡村建设的重要内容，也是推进农村生态文明建设，实现乡村生态振兴，提升农村居民生态福祉的重要抓手（于法稳等，2022）。围绕农村生活污水、生活垃圾及厕所革命的情况，系统分析农村人居环境状况，为进一步推进农村人居环境整治提升提供靶向。

（一）农村生活用水情况

农村饮水安全，是指农村居民能够及时、方便地获得足量、洁净、负担得起的生活饮用水。自2005年国家启动农村饮水安全工程建设以来，农村饮水安全问题得到有效解决，水质达标率连年提高，农村供水的质量显著改善。

1. 农村生活饮水水源情况

当前，农村生活用水以自来水、山泉水、井水为主，在黄土高原等一些地表水缺乏的地区，通过将雨水收集储存于水窖之中，作为生活饮水水源。这表明，农村生活用水来源具有明显的多元性特点。

（1）总体情况。调研数据表明，农村家庭日常生活用水主要是自来水，所占比例为71.09%；其次是井水，占15.57%；山泉水处于第3位，占9.54%。沟塘河等地表水占0.22%，窖水占0.54%，其他水源占3.04%（见表1）。

表1　　　　　　　　农村生活用水主要来源及变化　　　　　　单位:%

年份	自来水	山泉水	井水	沟塘河等地表水	窖水	其他（含多种水源并存）
2019	66.96	11.73	20.92	0.71	0.76	1.08
2021	71.09	9.54	15.57	0.22	0.54	3.04
变化	4.13	-2.19	-5.35	-0.49	-0.22	1.96

注：2019年数据中，由于存在多选，故比例之和大于100%。

从变化来看，农村生活用水主要来源比例发生了一定变化。为了与2020年调查数据进行比较分析，将"其他水源"与"多种水源并存"两个选项进行合并。从表1可以看出，与2019年相比，以自来水作为生活用水的家庭比例增加了4.13个百分点，以其他水源作为生活用水的比例增加了1.96个百分点。分析其原因，前者依然是农村饮水条件的改善，后者则可能是源于疫情，消费商品水的家庭增多。以山泉水、井水、沟塘河等地表水、窖水作为生活用水的家庭比例均有不同程度的下降，分别下降了2.19个百分点、5.35个百分点、0.49个百分点、0.22个百分点。

（2）区域情况。从农村生活用水来源来看，东部地区、中部地区、西部地区以及东北地区既表现出一定的共性，也具有明显的差异性（黄鑫和于法稳，2022）。就共性而言，不同区域农村生活用水均以自来水为主，除东北地区之外的三大区域，山泉水也是主要的生活用水水源。沟塘河等地表水、窖水、其他（含多种水源并存）起到一定的补充作用。就差异性而言，四大区域中，东北地区以自来水作为生活用水来源的家庭比例低于其他三个区域，为65.29%；以山泉水作为生活用水的家庭比例最低，仅为0.28%；以井水作为生活用水的家庭比例最高，为33.06%，不但高于全国平均水平，也高于其他三个区域。以自来水作为生活用水的家庭比例，东部地区、中部地区高于全国平均水平，而西部地区、东北地区低于全国平均水平；以山泉水作为生活用水的家庭比例，除上述东北地区之外，其他三个区域均高于全国平均水平；以井水作为生活用水的家庭比例，西部地区、东北地区高于全国平均水平，东部地区、中部地区低于全国平均水平。上述差异性一方面与社会经济发展水平有关，另一方面与自然气候条件、水资源禀赋有关。

与2019年相比,四大区域中以自来水作为生活用水的家庭比例,只有东部地区是下降的,下降了6.26个百分点,中部地区、西部地区、东北地区该比例都是增加的,分别增加15.57个百分点、3.65个百分点、14.08个百分点;以山泉水作为生活用水的家庭比例,只有西部地区是下降的,下降了7.21个百分点,东部地区、中部地区、东北地区分别增加了0.42个百分点、1.12个百分点、0.28个百分点;以井水作为生活用水的家庭比例,中部地区、东北地区是下降的,分别下降了19.33个百分点、16.00个百分点;以沟塘河等地表水作为生活用水只发生在东部地区、中部地区和西部地区,东北地区不存在,家庭比例都是下降的,分别下降了0.17个百分点、0.89个百分点、0.60个百分点(见表2);以窖水作为生活用水只发生在西部地区,尤其是黄土高原区,因缺乏地表水,只能通过收集雨水储备在水窖之中,用于日常生活。

表2　　　　不同区域农村生活用水主要来源及变化　　　　单位:%

区域	年份	自来水	山泉水	井水	沟塘河等地表水	窖水	其他(含多种水源并存)
东部地区	2019	80.16	10.89	8.69	0.35	0.00	1.93
	2021	73.90	11.31	9.01	0.18	0.00	5.61
	变化	-6.26	0.42	0.32	-0.17	0.00	3.68
中部地区	2019	61.56	9.07	30.35	1.30	0.00	0.32
	2021	77.13	10.19	11.02	0.41	0.00	1.24
	变化	15.57	1.12	-19.33	-0.89	0.00	0.92
西部地区	2019	63.97	17.37	17.08	0.80	2.10	0.36
	2021	67.62	10.16	18.24	0.20	1.30	2.48
	变化	3.65	-7.21	1.16	-0.60	-0.80	2.12
东北地区	2019	51.21	0.00	49.06	0.00	0.00	0.00
	2021	65.29	0.28	33.06	0.00	0.00	1.38
	变化	14.08	0.28	-16.00	0.00	0.00	1.38

2. 农村生活用水水质情况

农村供水工程是民生基础工程之一,事关居民生命安全和身体健康。但与城市供水相比,农村饮用水水质仍有较大的提升空间。

(1) 总体情况。2021年,94.83%的受访农户认为生活用水水质是安全的,仅有4.77%的受访农户认为生活用水水质不安全;0.27%的受访农户不清楚生活用水的水质是否安全;还有0.13%的受访农户对此问题未回答(见表3)。

表3　　　　　　　　农村生活用水水质安全及变化　　　　　　单位:%

年份	水质安全	水质不安全	不清楚	未回答
2019	92.88	6.73	0.34	0.05
2021	94.83	4.77	0.27	0.13
变化	1.95	-1.96	-0.07	0.08

与2019年相比,认为生活用水水质是安全的农户比例增加了1.95个百分点,而认为生活用水水质不安全的农户比例则下降了1.96个百分点;不清楚生活用水水质是否安全的农户比例也下降了0.07个百分点;对该问题未回答的农户比例则增加了0.08个百分点。这些数据表明,现阶段农村生活用水水质得到了较好的保障,越来越多的农户认为生活用水水质是安全的。

(2) 区域情况。东部地区、中部地区、西部地区、东北地区农村家庭对生活用水水质安全性方面的判断,既有明显的共性特征,也有差异性特点。就共性而言,四个区域认为水质安全的比例都在90%以上,东部地区、中部地区高于94.83%的全国平均水平,西部地区、东北地区则低于全国平均水平。就差异性而言,东北地区认为生活用水水质安全的农村家庭比例最低,为92.56%,认为生活用水水质不安全的农村家庭比例最高,为6.61%。其次是西部地区,认为生活用水水质不安全的农村家庭比例为5.86%,均高于4.77%的全国平均水平(见图1)。

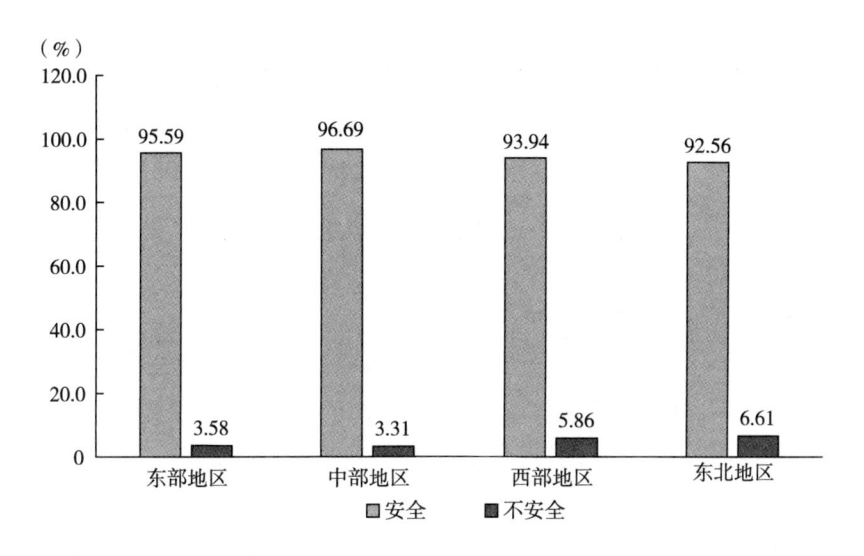

(%)
120.0
100.0 95.59   96.69   93.94   92.56
80.0
60.0
40.0
20.0   3.58   3.31   5.86   6.61
0
     东部地区   中部地区   西部地区   东北地区
            ■ 安全   ■ 不安全

图 1　不同区域农村水质安全情况

从不同区域农村生活用水水质的变化来看，东部地区、中部地区、西部地区、东北地区表现出相同的特征，即认为水质安全的农户比例都有一定幅度的增加，东部地区增加了1.99个百分点，中部地区增加了2.00个百分点，西部地区增加了2.08个百分点，东北地区增加了1.68个百分点；相应地，东部地区、中部地区、西部地区、东北地区认为水质不安全的农户比例分别下降了2.38个百分点、1.59个百分点、2.09个百分点、0.90个百分点（见表4）。

表4　　　　不同区域农村生活用水水质安全及变化　　　　单位：%

区域	年份	水质安全	水质不安全	其他（不清楚和未回答）
东部地区	2019	93.60	5.96	0.44
	2021	95.59	3.58	0.83
	变化	1.99	-2.38	0.39
中部地区	2019	94.69	4.90	0.41
	2021	96.69	3.31	0.00
	变化	2.00	-1.59	-0.41
西部地区	2019	91.86	7.95	0.19
	2021	93.94	5.86	0.20
	变化	2.08	-2.09	0.01

续表

区域	年份	水质安全	水质不安全	其他（不清楚和未回答）
东北地区	2019	90.88	7.51	1.61
	2021	92.56	6.61	0.83
	变化	1.68	-0.90	-0.78

3. 农村生活用水保障情况

近年来，党中央、国务院高度关注农村饮水安全问题，并采取了一系列措施加以推动，农村饮水安全条件得到有效改善。尤其是，"十三五"时期实施了农村饮水安全巩固提升工程，进一步提升了农村生活用水保障程度。

（1）总体情况。农村家庭用水量方面，在3712户样本农户中，有96.90%的农户认为家庭用水量能够得到满足，只有2.96%的农户认为家庭用水量得不到满足。与2019年相比，认为用水量能够满足的农户比例增加了0.93个百分点，而认为不能够满足的农户比例下降了1.07个百分点（见表5）。

表5　　　　　　　　农村生活用水保障及变化　　　　　　　　单位：%

年份	用水量保障		用水便利程度		供水方式	
	能够满足	不能够满足	用水方便	用水不方便	使用自来水	未使用自来水
2019	95.97	4.03	98.43	1.57	86.83	13.17
2021	96.90	2.96	98.01	1.80	93.48	6.41
变化	0.93	-1.07	-0.42	0.23	6.65	-6.76

农村家庭用水便利程度方面，有98.01%的农户认为用水方便，只有1.80%的农户认为用水不方便，还有0.19%的农户没有回答此问题。与2019年相比，认为用水方便的农户比例下降了0.42个百分点，而认为用水不方便的农户比例增加了0.23个百分点。

从农村家庭用水的供水方式来看，有93.48%的农户都是使用自来水，6.41%的农户没有使用自来水，还有0.11%的农户没有回答此问题。

(2) 区域层面。图 2 是不同区域农村生活用水保障情况。从农村家庭用水量满足情况来看，不同区域认为可以满足家庭用水量需要的农户比例都非常高，东部地区、东北地区比例分别为 95.77%、96.42%，低于 96.90% 的全国平均水平；中部地区、西部地区比例分别为 98.21%、97.20%，高于全国平均水平。

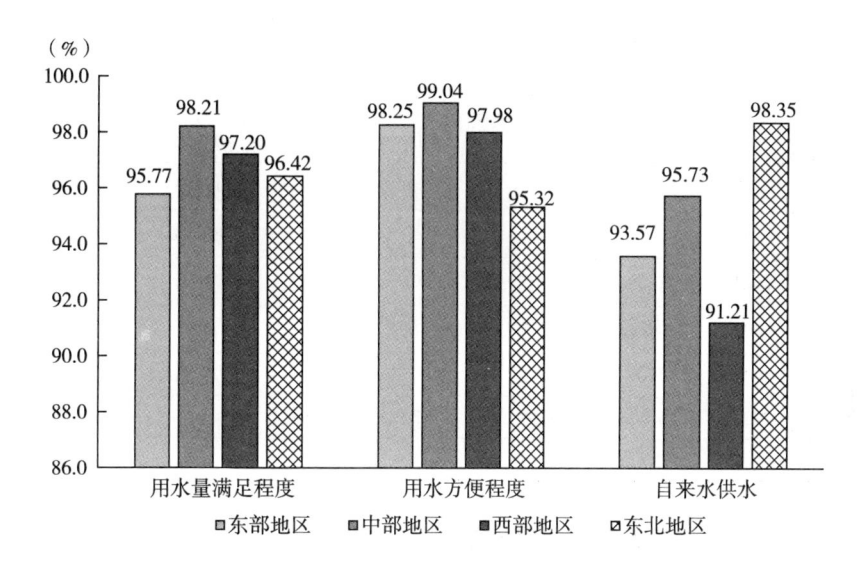

图 2　不同区域农村生活用水保障情况

从农村家庭用水便利程度来看，不同区域认为用水方便的农户比例都非常高，东部地区、中部地区分别为 98.25%、99.04%，高于 98.01% 的全国平均水平；西部地区、东北地区分别为 97.98%、95.32%，低于全国平均水平。

从农村用水的供水方式来看，不同区域使用自来水供水的比例都非常高，东部地区、中部地区、东北地区分别为 93.57%、95.73%、98.35%，均高于 93.48% 的全国平均水平；西部地区最低，为 91.21%，低于全国平均水平。

表 6 是不同区域农村生活用水保障及变化情况。农村用水的供水方式没有采取自来水的农户，四个区域都依然占有一定的比例，东部地区为 6.16%，中部地区为 4.27%，西部地区为 8.79%，东北地区为 1.38%。

表6　　　　　　不同区域农村生活用水保障情况的变化　　　　　　单位:%

区域	年份	用水量保障 能够满足	用水量保障 不能够满足	用水便利程度 用水方便	用水便利程度 用水不方便	供水方式 使用自来水	供水方式 未使用自来水
东部地区	2019	95.96	3.95	98.25	1.67	91.58	8.33
东部地区	2021	95.77	3.95	98.25	1.38	93.57	6.16
东部地区	变化	-0.19	0.00	0.00	-0.29	1.99	-2.17
中部地区	2019	96.33	3.67	98.91	1.09	84.08	15.92
中部地区	2021	98.21	1.79	99.04	0.96	95.73	4.27
中部地区	变化	1.88	-1.88	0.13	-0.13	11.65	-11.65
西部地区	2019	96.76	3.24	98.60	1.40	82.64	17.36
西部地区	2021	97.20	2.67	97.98	1.82	91.21	8.79
西部地区	变化	0.44	-0.57	-0.62	0.42	8.57	-8.57
东北地区	2019	97.05	2.95	97.05	2.95	94.91	4.83
东北地区	2021	96.42	3.58	95.32	4.68	98.35	1.38
东北地区	变化	-0.63	0.63	-1.73	1.73	3.44	-3.45

(二) 农村生活污水处理情况

农村生活饮水条件改善之后,生活污水产生量自然会增加。不同区域坚持因地制宜原则,逐步找到了适宜区域特点的农村生活污水处理模式。

1. 农村生活污水处理方式

针对农村生活污水处理方式,调查问卷中设置了直接排放、进入城市污水管网、沼气池处理、人工湿地处理、自建污水井、其他方式、多种方式并存等选项。

(1) 总体情况。在3712个样本农户中,选择"直接排放"的农户比例为53.56%,选择"进入城市污水管网"的农户比例为27.77%,选择"沼气池处理"的农户比例为5.20%,选择"人工湿地处理"的农户比例为0.13%,选择"其他"的农户比例为13.34%,其中选择"自建污水井"的农户比例为6.71%,选择其他方式的农户比例为5.77%,选择"多种方式并存"的农户比例为0.86%（见表7）。这些数据透露出如下几个方面的信息:一是《农村人居环境整治三年行动方案》《农村人居环境整治提升五年行动方案（2021—2025 年）》的实施，推动了农村生活污水处理设施建设，提升了污水处理率。二是随着农村生活水平的提高和农民环境保护意识的提升，一部分农户采用自建化粪池、污水井等方式自行处理污水，改善院落内生活环境。三是一些村集体经济条件相对较好的村庄，通过完善村网、村庄污水处理站、氧化塘等，对村内生活污水进行统一处理。

表 7　　　　　　农村生活污水处理方式及变化　　　　　　单位:%

年份	直接排放	进入城市污水管网	沼气池处理	人工湿地处理	其他
2019	57.21	28.07	5.68	1.18	7.99
2021	53.56	27.77	5.20	0.13	13.34
变化	-3.65	-0.30	-0.48	-1.05	5.35

资料来源：笔者根据调研数据计算。

（2）区域层面。2021 年东部地区选择农村生活污水"直接排放"的农户比例为 26.93%，低于 53.56% 的全国平均水平；中部地区为 58.13%，西部地区为 62.21%，东北地区则高达 87.60%，它们均高于全国平均水平。相应地，农村生活污水进入城市污水管网的农户比例，东部地区为 47.61%，中部地区为 30.17%，这两个区域高于 27.77% 的全国平均水平；西部地区为 18.50%，低于全国平均水平，尤其是东北地区，仅为 2.75%。更进一步的详细数据如表 8 所示。

表 8　　　　　不同区域农村生活污水处理方式及变化　　　　　单位:%

区域	年份	直接排放	进入城市污水管网	沼气池处理	人工湿地处理	其他方式
东部地区	2019	33.66	55.27	3.51	1.32	6.24
	2021	26.93	47.61	1.93	0.09	23.44
	变化	-6.73	-7.66	-1.58	-1.23	17.20
中部地区	2019	69.28	19.09	3.62	1.00	7.01
	2021	58.13	30.17	4.55	0.14	7.02
	变化	-11.15	11.08	0.93	-0.86	0.01

续表

区域	年份	直接排放	进入城市污水管网	沼气池处理	人工湿地处理	其他方式
西部地区	2019	65.27	13.75	9.84	1.59	9.55
	2021	62.21	18.50	8.99	0.13	10.17
	变化	-3.06	4.75	-0.85	-1.46	0.62
东北地区	2019	60.91	25.27	4.75	1.19	7.88
	2021	87.60	2.75	0.28	0.28	9.09
	变化	26.69	-22.52	-4.47	-0.91	1.21

资料来源：笔者根据调研数据计算。

2. 农村生活污水处理方式的变化

基于两次农户问卷数据，对农村生活污水处理方式的变化情况进行比较分析。

（1）总体情况。农村生活污水处理方式发生了一定的变化。为了便于2019年、2021年之间的比较，将"自建污水井、其他方式、多种方式并存"三个选项进行合并，统一为"其他"（见表7、图3）。从中可以看出，与2019年相比，选择"直接排放"的农户比例明显下降，下降了3.65个百分点；选择"进入城市污水管网""沼气池处理""人工湿地处理"的农户比例也有不同程度的下降，分别下降了0.30个百分点、0.48个百分点、1.05个百分点。选择"其他"的农户比例明显增加，上升了5.35个百分点。

（2）区域层面。东部地区、中部地区、西部地区样本农户中，选择"直接排放"的农户比例都具有一定幅度的下降，分别下降了6.73个百分点、11.15个百分点、3.06个百分点；但东北地区样本农户中，该比例则是增加的，增加了26.69个百分点。选择"进入城市污水管网"的农户比例，中部地区、西部地区都是增加的，分别增加了11.08个百分点、4.75个百分点；但东部地区、东北地区却是降低的，分别下降了7.66个百分点、22.52个百分点。选择沼气池处理、人工湿地处理以及其他方式的农户比例变化情况如表8所示。

农村人居环境现状分析

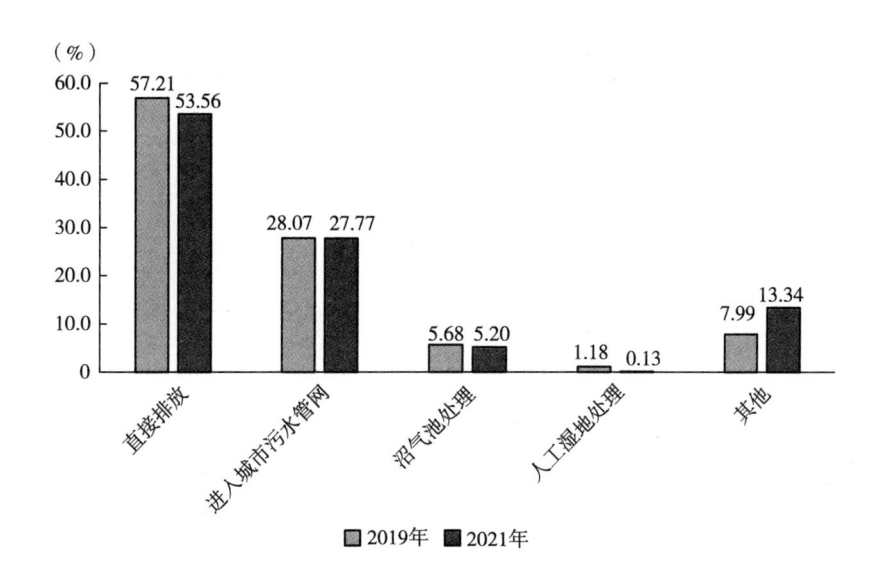

图3 农村生活污水处理方式变化情况

（三）农村生活垃圾处理情况

农村人居环境质量直接影响农村居民生活的品质，农村生活垃圾处理也是推进农村人居环境整治提升行动的重要内容之一，对于实现乡村生态振兴具有重要意义。

1. 农村生活垃圾分类情况

推行农村生活垃圾分类化、减量化、资源化、无害化处理，是实施乡村振兴战略，持续改善农村人居环境的题中要义。通过农户问卷数据，分析当前农村生活垃圾分类现状，为后期推行生活垃圾分类提供参考。

（1）总体情况。2021年3712个样本农户中，对生活垃圾进行分类处置的农户比例为48.79%，未进行分类处置的农户比例为51.05%。由此表明，农村生活垃圾分类处置还具有很大潜力，仍需要采取有效措施加以推动。

与2019年相比，对生活垃圾进行分类处置的农户比例有一定幅度的增加，增加了3.67个百分点，而未进行分类处置的农户比例下降了3.54个百分点（见表9）。

429

表9　　　　　农村生活垃圾"户分类"情况　　　　单位:%

年份	进行分类处置	未进行分类处置	未回答
2019	45.12	54.59	0.29
2021	48.79	51.05	0.16
变化	3.67	-3.54	-0.13

资料来源:笔者根据调研数据计算。

(2)区域层面。不同区域推进农村生活垃圾"户分类"方面存在明显的差异性,这与区域社会经济发展水平、自然生态条件以及农村乡风民俗紧密联系。东部地区、中部地区、西部地区样本农户中,对生活垃圾进行分类处置的农户比例,分别为59.83%、45.87%、41.69%,表现出明显的由东往西递减态势;相应地,未进行分类处置的农户比例则呈现出由东向西递增态势。由此表明,农村生活垃圾分类处理与经济发展水平紧密联系在一起。东部地区远远高于48.79%的全国平均水平,并高于中部地区、西部地区;东北地区为51.52%,高于全国平均水平,中部地区、西部地区则低于全国平均水平。

从变化来看,对生活垃圾进行分类处置的农户比例,东部地区没有增加,反而下降了1.07个百分点;中部地区、西部地区、东北地区都有不同幅度的增加,分别增加了10.79个百分点、1.24个百分点、12.54个百分点(见表10)。这表明,农村生活垃圾分类处置朝向好的方向发展。

表10　　　　不同区域农村生活垃圾"户分类"情况　　　　单位:%

区域	年份	进行分类处置	未进行分类处置	未回答
东部地区	2019	60.90	38.92	0.18
	2021	59.83	39.89	0.28
	变化	-1.07	0.97	0.10

续表

区域	年份	进行分类处置	未进行分类处置	未回答
中部地区	2019	35.08	64.06	0.86
	2021	45.87	54.13	0.00
	变化	10.79	-9.93	-0.86
西部地区	2019	40.45	59.55	0.00
	2021	41.69	58.24	0.07
	变化	1.24	-1.31	0.07
东北地区	2019	38.98	60.75	0.27
	2021	51.52	47.93	0.55
	变化	12.54	-12.82	0.28

资料来源：笔者根据调研数据计算。

2. 农村生活垃圾收集情况

农村生活垃圾收集是生活垃圾处理中的一个重要环节。近些年，"户分类、村收集、镇转运、县处理"模式的推行，对农村生活垃圾处理发挥了很大作用。尤其是，在实施城乡环卫一体化背景下，农村生活垃圾处理设施得到有效改善，处理水平也有了一定程度的提高。

（1）总体情况。农村生活垃圾统一收集是实现城乡环卫一体化的有效途径，也是一个关键环节。2021年3712个样本农户中，认为农村生活垃圾采取村庄统一收集的农户比例为91.30%，与2019年相比，增加了0.36个百分点；认为农村生活垃圾未采取村庄统一收集的农户比例为5.77%，与2019年相比，下降了2.17个百分点（见图4）。

（2）区域层面。不同区域在农村生活垃圾收集方面既有一定的共性，也存在差异性。认为农村生活垃圾采取村庄统一收集的农户比例，在四大区域中，中部地区最高，为94.77%，高于91.30%的全国平均水平，并高于东部地区、西部地区、东北地区（见图5）。

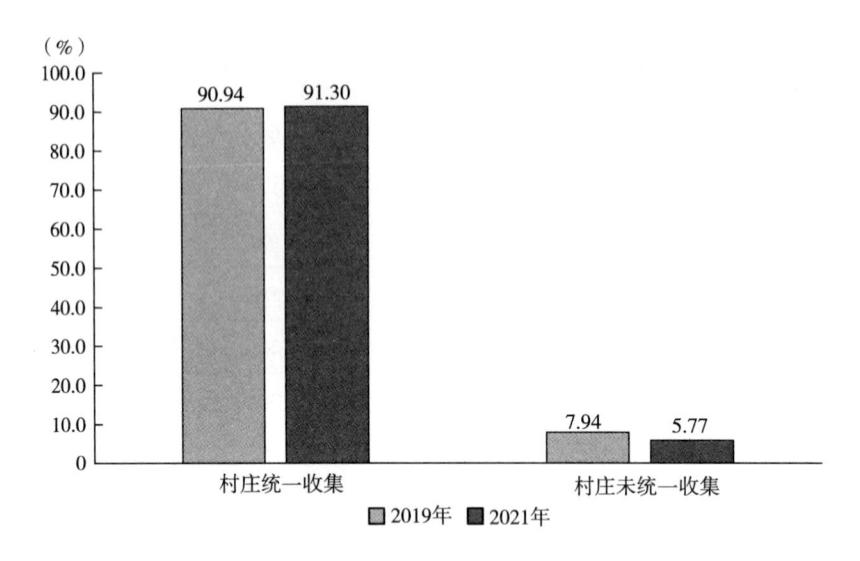

图 4　农村生活垃圾收集方式及变化情况

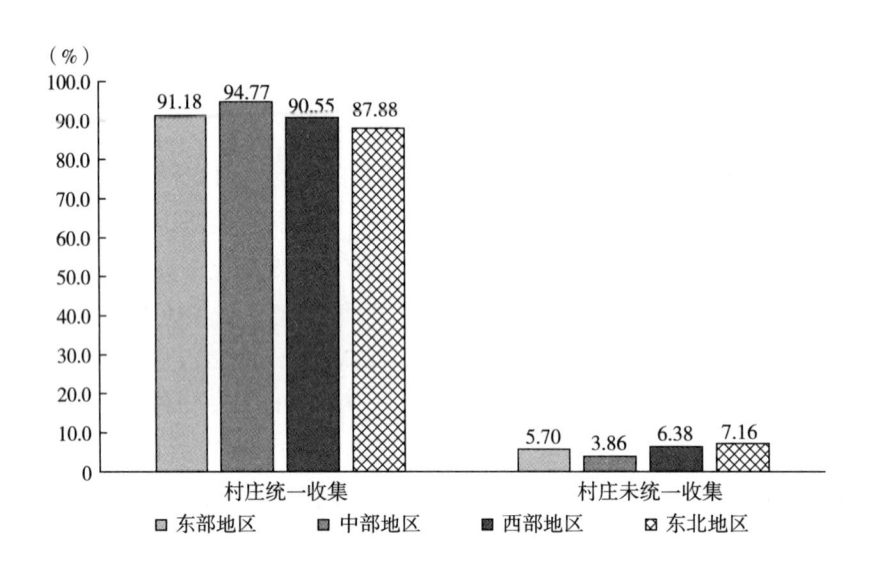

图 5　不同区域农村生活垃圾收集方式及变化情况

与 2019 年相比，认为农村生活垃圾进行村庄统一收集的农户比例，东部地区、东北地区不但没有增加，反而在一定程度上有所下降，分别下降了 3.72 个百分点、1.37 个百分点；中部地区、西部地区实现了不同程度的增加，分别增加了 1.15 个百分点、4.23 个百分点。认为农村生活垃圾没有实行村庄统一收集的农户比例，只有东部地区的比例在增加，增加了 1.57 个百分点，中部地区、西部地区、东北地区分别下降了 1.11 个百分点、5.92 个百分点、3.59 个百分点（见表 11）。

表 11　　　　　　不同区域农村生活垃圾收集方式及变化　　　　单位:%

区域	年份	村庄统一收集	村庄未统一收集	不清楚/未回答
东部地区	2019	94.90	4.13	0.97
	2021	91.18	5.70	3.12
	变化	-3.72	1.57	2.15
中部地区	2019	93.62	4.97	1.41
	2021	94.77	3.86	1.37
	变化	1.15	-1.11	-0.04
西部地区	2019	86.32	12.30	1.38
	2021	90.55	6.38	3.07
	变化	4.23	-5.92	1.69
东北地区	2019	89.25	10.75	0.00
	2021	87.88	7.16	4.96
	变化	-1.37	-3.59	4.96

（四）农村厕所革命情况

农村厕所革命是指对广大农村厕所进行改造的一项举措。在一定程度上来说，农村厕所卫生状况是衡量农村文明程度的重要标志之一。

1. 农村改厕及使用情况

农村卫生厕所建设及使用情况，在一定程度上反映了厕所革命取得的成效及可持续性。本部分重点分析农村是否建有无害化卫生厕所及使用情况。

（1）总体情况。2021 年 3712 个样本农户中，认为修建了无害化卫生厕所的农户比例为 76.02%，认为未修建无害化卫生厕所的农户比例为 23.81%，还有 0.17% 的农户对此问题没有进行回答（见图 6）。

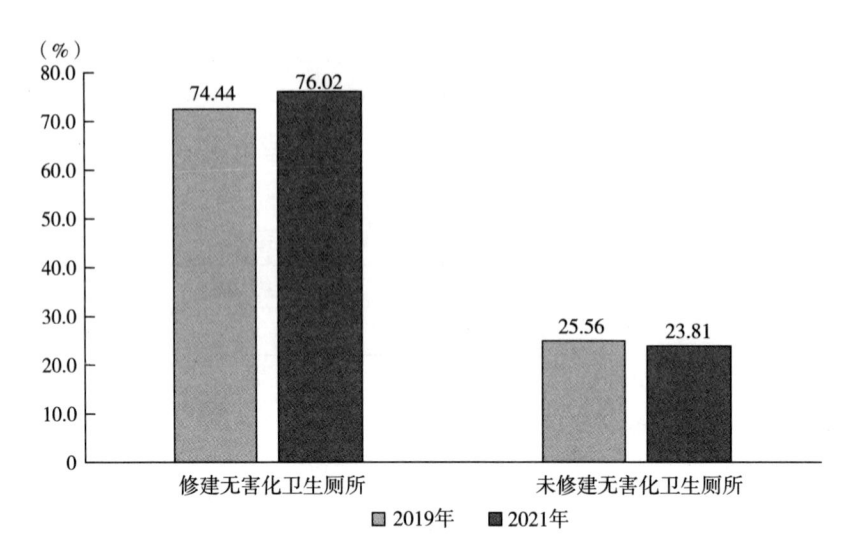

图6 农村无害化卫生厕所建设情况

从变化来看，与2019年相比，认为修建了无害化卫生厕所的农户比例增加了1.58个百分点，而认为未修建无害化卫生厕所的农户比例则下降了1.75个百分点。

样本农户中76.05%的农户表示可以日常使用农村无害化卫生厕所，2.21%的农户则表示未日常使用农村无害化卫生厕所，还有21.74%的农户对此问题没有回答。

（2）区域层面。不同区域农村无害化卫生厕所建设情况表现出明显的差异性，而且自东向西呈现出明显递减的态势。在样本农户中修建无害化卫生厕所的比例，东部地区为92.28%，中部地区为88.15%，以上区域均高于76.02%的全国平均水平，西部地区为67.49%，东北地区为39.12%，明显低于全国平均水平。未修建无害化卫生厕所的农户比例则表现出相反的趋势，即递增态势（见图7）。

从无害化卫生厕所使用情况来看，不同区域差异性较大。东部地区为91.82%，中部地区为88.02%，西部地区为68.40%，呈现出明显的递减态势；东北地区为37.19%，低于76.05%的全国平均水平。从动态来看，不同区域都有不同程度的下降，东部地区、中部地区、西部地区及东北地区，分别下降了6.30个百分点、8.95个百分点、25.04个百分点、38.62个百分点。

农村人居环境现状分析

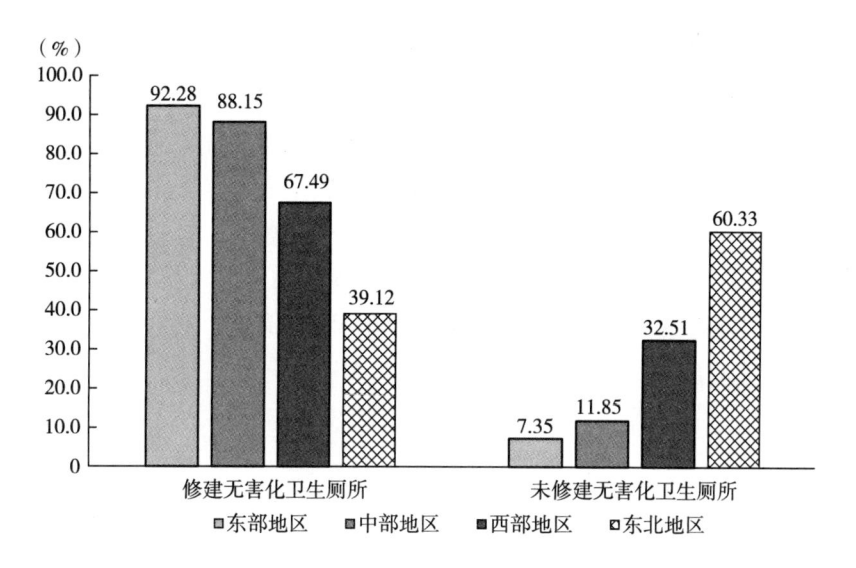

图7 不同区域农村无害化卫生厕所建设情况

区域	修建无害化卫生厕所	未修建无害化卫生厕所
东部地区	92.28	7.35
中部地区	88.15	11.85
西部地区	67.49	32.51
东北地区	39.12	60.33

2. 农村厕所革命的模式

在推进农村厕所革命进程中，不同区域进行了不断探索，在分析总结以往经验基础上，在问卷中设计了三格化粪池、双瓮化粪池、三联沼气池、粪尿分集以及其他模式选择项。

（1）总体情况。2021年3712个样本农户中，采取三格化粪池方式改厕的农户比例为38.20%，采取双瓮化粪池方式改厕的农户比例为8.89%，采取三联沼气池方式改厕的农户比例为4.82%，采取粪尿分集方式改厕的农户比例为7.11%，采取其他模式改厕的农户比例为40.98%（见表12），具体包括新建房的新式厕所模式、自建化粪池模式、单独的大桶模式、未改厕或正在改厕的情况。

表12　农村厕所革命模式选择及变化　　　　单位:%

年份	三格化粪池	双瓮化粪池	三联沼气池	粪尿分集	其他
2019	47.95	10.61	5.52	2.94	32.98
2021	38.20	8.89	4.82	7.11	40.98
变化	-9.75	-1.72	-0.70	4.17	8.00

（2）区域层面。不同区域依据社会经济发展水平、自然地理地貌特征以及农村乡风民俗等特点，选择了具有区域特点的农村厕所革命模式。采取三格化粪池方式的农户比例较高，这是有一个共性；同时，不同区域的农户比例也具有明显的差异性。东部地区、中部地区分别为44.21%、48.07%，均高于38.20%的全国平均水平；而西部地区、东北地区分别为33.88%、18.73%，低于全国平均水平（见图8）。采取其他方式推进厕所革命的农户比例也存在明显的差异。

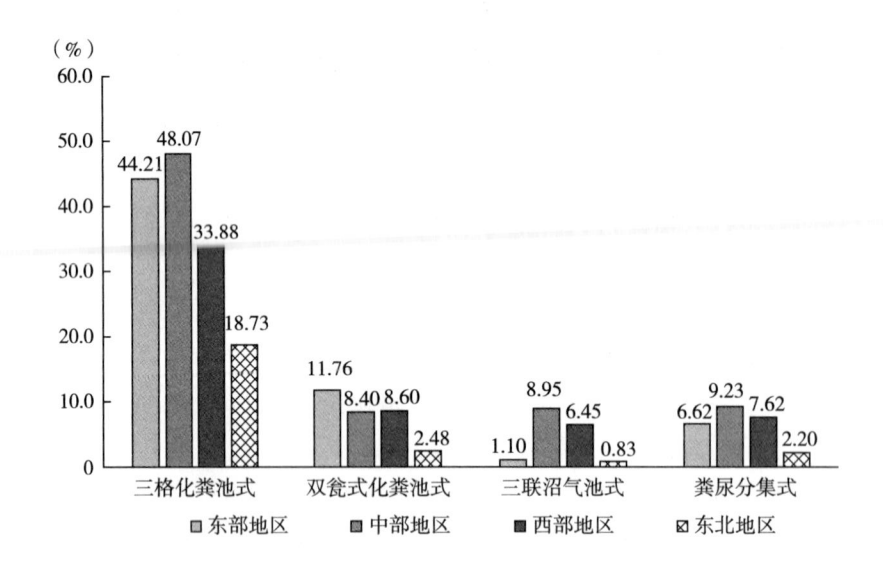

图8 不同区域农村厕所革命模式选择

与2019年相比，不同区域在推进农村厕所革命中，采取不同模式的农户比例均有不同程度的变化（见表13）。

表13　　　　不同区域农村厕所革命模式选择及变化　　　　单位：%

区域	年份	三格化粪池	双瓮化粪池	三联沼气池	粪尿分集	其他
东部地区	2019	41.51	11.28	2.48	0.93	43.80
	2021	44.21	11.76	1.10	6.62	36.31
	变化	2.70	0.48	-1.38	5.69	-7.49

续表

区域	年份	三格化粪池	双瓮化粪池	三联沼气池	粪尿分集	其他
中部地区	2019	54.74	10.80	6.42	5.55	22.49
	2021	48.07	8.40	8.95	9.23	25.35
	变化	-6.67	-2.40	2.53	3.68	2.86
西部地区	2019	57.18	11.75	9.15	2.60	19.32
	2021	33.88	8.60	6.45	7.62	43.45
	变化	-23.30	-3.15	-2.70	5.02	24.13
东北地区	2019	17.51	2.30	1.38	5.07	73.74
	2021	18.73	2.48	0.83	2.20	75.76
	变化	1.22	0.18	-0.55	-2.87	2.02

二 农村居民对人居环境的满意度分析

农村人居环境整治成效如何,应以农村居民的满意度作为衡量标准。本部分重点分析农村居民对饮水安全、生活垃圾处理、农村道路、生活环境的满意度。

(一) 对饮水安全状况的满意度

在实施乡村振兴战略中,针对农村饮水安全中的薄弱环节,自上而下都采取了有效措施,进一步提升了农村管网供水能力,不断提高群众的用水满意度。

1. 总体情况

2021年3712个农户样本中,有31.57%的农户对农村饮水安全状况是非常满意的,认为满意的农户比例为37.88%,认为一般的农户比例为20.34%,不太满意与非常不满意的农户比例为9.62%(见图9)。

从动态来看,对农村饮水安全状况满意度评价结果存在明显的变化,认为非常满意的农户比例增加了3.51个百分点,但认为满意的农户比例却下降了14.33个百分点,认为一般的农户比例增加了13.72个百分点，认为不太满意和非常不满意的农户比例也分别下降了 0.98 个百分点、2.22 个百分点。

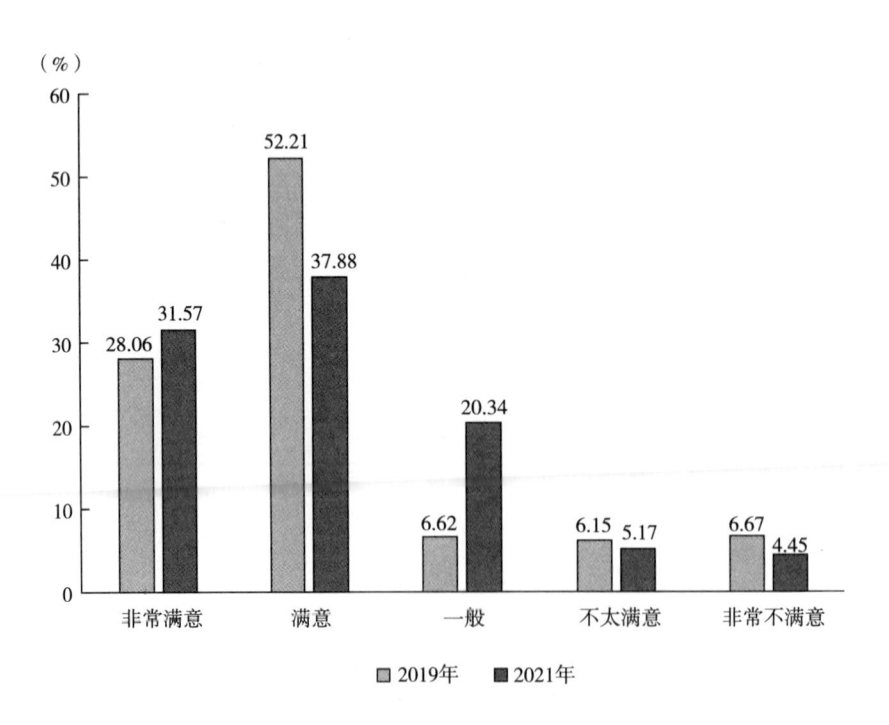

图 9 农村居民对饮水安全状况的满意度

2. 区域层面

不同区域农村居民对饮水安全状况的满意度，既表现出一定的共性，也表现出明显的差异性。就共性而言，不同区域农村居民对农村饮水安全状况感到非常满意、满意的农户比例都非常高；东部地区、中部地区、西部地区以及东北地区，对农村饮水安全状况感到非常满意、满意的农户比例，分别为 70.41%、71.21%、68.47%、67.22%；就差异性而言，不同区域对农村饮水安全状况非常满意的农户比例差别较大，东部地区比例最高，为 39.71%，远远高于 31.57% 的全国平均水平（见图 10）；而中部地区、西部地区、东北地区比例均低于全国平均水平。不同区域农村居民对饮水安全状况满意度的动态变化如表 14 所示。

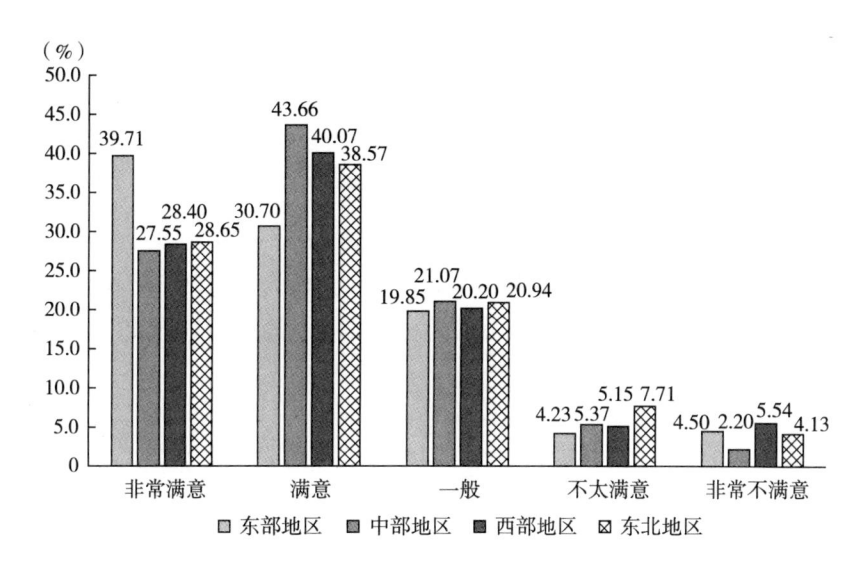

图 10　不同区域农村居民对饮水安全状况的满意度

表 14　不同区域农村居民对饮水安全状况的满意度及变化　　　　单位:%

区域	年份	非常满意	满意	一般	不太满意	非常不满意
东部地区	2019	34.63	48.63	6.61	6.08	3.96
	2021	39.71	30.70	19.85	4.23	4.50
	变化	5.08	-17.93	13.24	-1.85	0.54
中部地区	2019	27.14	52.76	6.92	5.73	7.35
	2021	27.55	43.66	21.07	5.37	2.20
	变化	0.41	-9.10	14.15	-0.36	-5.15
西部地区	2019	25.62	52.82	5.79	6.66	9.04
	2021	28.40	40.07	20.20	5.15	5.54
	变化	2.78	-12.75	14.41	-1.51	-3.50
东北地区	2019	19.89	60.48	9.14	5.65	4.57
	2021	28.65	38.57	20.94	7.71	4.13
	变化	8.76	-21.91	11.80	2.06	-0.44

（二）对生活垃圾处理状况的满意度

农村生活垃圾处理作为农村人居环境整治提升的重要内容之一，处理效果直接影响农村居民生活环境的质量。因此，生活垃圾处理日益受到关注。

1. 总体情况

在 3712 个样本农户中，对农村生活垃圾处理状况非常满意的农户比例为 28.69%，满意的农户比例为 40.03%，认为一般的农户比例为 23.71%，不太满意与非常不满意的农户比例分别为 3.72%、3.45%。与 2019 年相比，认为非常满意的农户比例增加了 0.59 个百分点，但认为满意的农户比例却下降了 14.55 个百分点，认为一般的农户比例也增加了 15.32 个百分点，而认为不太满意和非常不满意的农户比例也分别下降了 0.77 个百分点、0.91 个百分点（见图 11）。

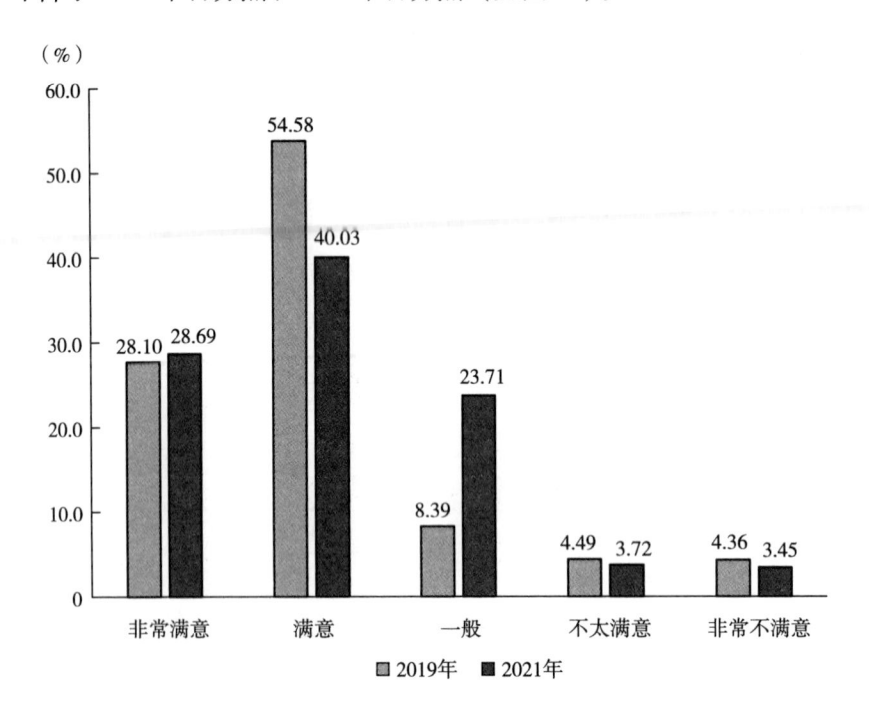

图 11　农村居民对生活垃圾处理状况的满意度

2. 区域层面

农村居民对生活垃圾处理状况的满意度，表现出一定的共性，也存在显著的差异性。就共性而言，就是对生活垃圾处理状况非常满意、满意的农户比例比较高，不太满意、非常不满意的农户比例都非常低。东部地区非常满意的农户比例最高，为 38.42%，高于 28.69% 的全国平均水平。这一比例从东部到西部表现出明显的递减态势（见图 12）。

农村人居环境现状分析

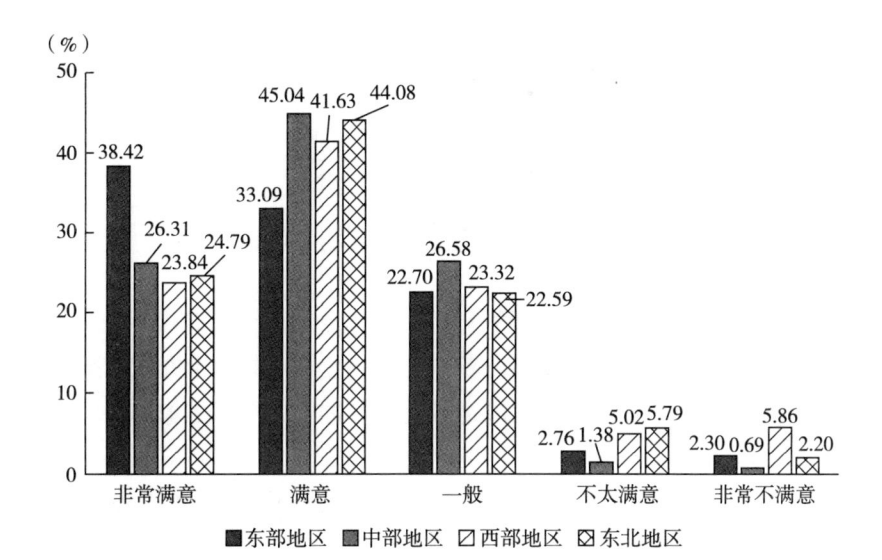

图12 不同区域农村居民对生活垃圾处理状况的满意度

从农村居民对生活垃圾处理状况满意度的动态来看，与2019年相比，东部地区、中部地区、西部地区、东北地区非常满意的农户比例分别增加了0.43个百分点、0.36个百分点、0.12个百分点、5.38个百分点（见表15）。

表15　不同区域农村居民对生活垃圾处理状况的满意度及变化　　单位:%

区域	年份	非常满意	满意	一般	不太满意	非常不满意
东部地区	2019	37.99	50.44	7.56	1.96	2.05
	2021	38.42	33.09	22.70	2.76	2.30
	变化	0.43	-17.35	15.14	0.80	0.25
中部地区	2019	25.95	58.31	8.14	3.04	4.45
	2021	26.31	45.04	26.58	1.38	0.69
	变化	0.36	-13.27	18.44	-1.66	-3.76
西部地区	2019	23.72	53.74	9.04	6.75	6.67
	2021	23.84	41.63	23.32	5.02	5.86
	变化	0.12	-12.11	14.28	-1.73	-0.81

441

续表

区域	年份	非常满意	满意	一般	不太满意	非常不满意
东北地区	2019	19.41	60.92	9.16	7.55	2.70
	2021	24.79	44.08	22.59	5.79	2.20
	变化	5.38	-16.84	13.43	-1.76	-0.50

（三）对村庄道路状况的满意度

近年来，村庄道路建设取得较好成效。尤其是党的十九大以来，乡村振兴战略的实施加速了村庄道路建设，农村居民出行更加方便。

1. 总体情况

农村居民对村庄道路的满意度比较高。2021年3712个样本农户中，对村庄道路非常满意的农户比例为27.37%，满意的农户比例为46.61%。不太满意、非常不满意的农户比例较低，分别为7.41%、3.34%（见图13）。

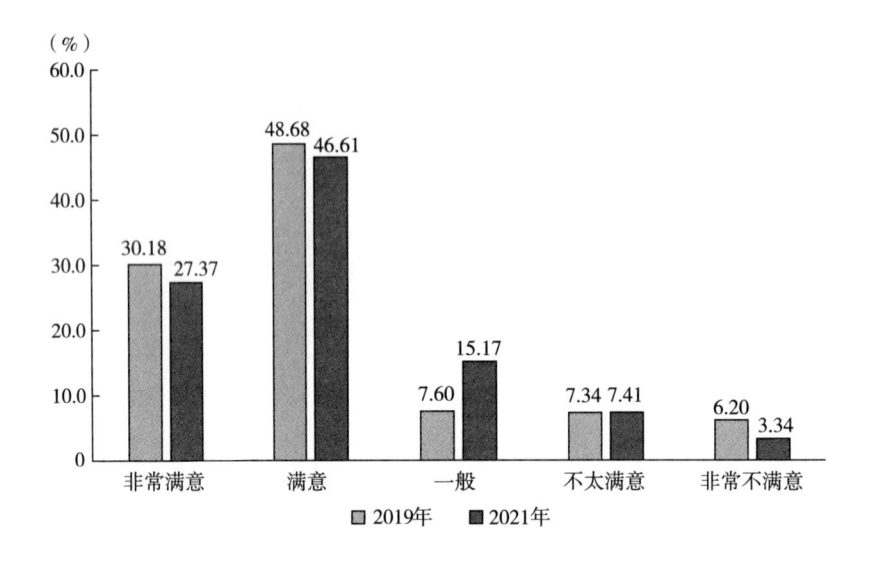

图13 农村居民对村庄道路状况的满意度

从动态来看，与2019年相比，对村庄道路非常满意的农户比例下降了2.81个百分点，满意的比例下降了2.07个百分点，一般的农户比例增加了 7.57 个百分点，不太满意的农户比例增加了 0.07 个百分点，非常不满意的农户比例下降了 2.86 个百分点。

2. 区域层面

不同区域村庄道路差异明显，农村居民对村庄道路的满意度既表现出一定的共性，也存在明显的差异性。从共性来看，就是农村居民对村庄道路非常满意、满意的农户比例较高，而不太满意、非常不满意的农户比例较低。具体而言，对村庄道路状况非常满意的农户比例，东部地区为 37.22%，高于 27.37% 的全国平均水平，中部地区、西部地区及东北地区，分别为 26.58%、23.26%、16.80%，均低于全国平均水平；对村庄道路状况满意的农户，东部地区为 39.98%、中部地区为 49.17%，西部地区为 49.12%，东北地区为 50.69%。从差异性来看，对村庄道路状况非常满意的农户比例，从东部地区到中部地区，再到西部地区、东北地区，依次递减，而且彼此之间具有一定的差距（见图 14）。

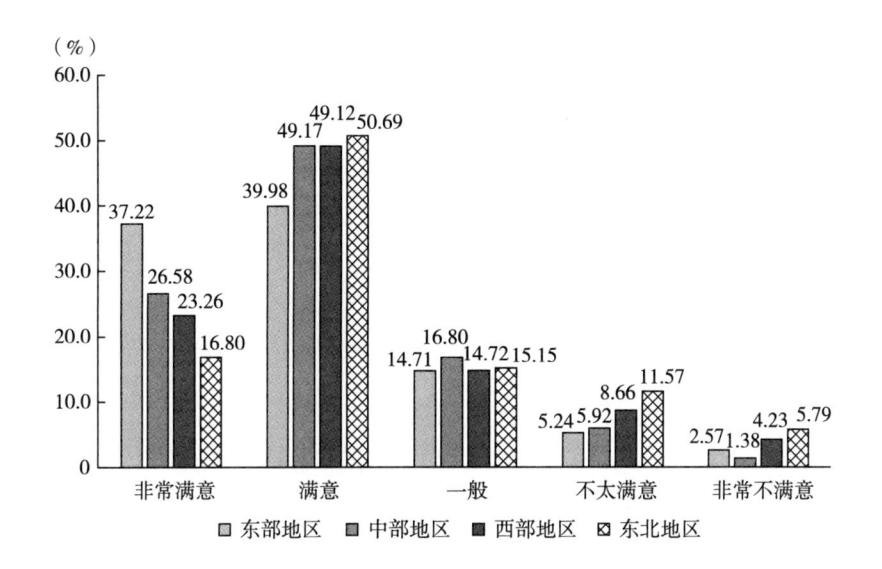

图 14 不同区域农村居民对村庄道路状况的满意度

表 16 是不同区域农村居民对村庄道路状况满意度变化情况。从中可以看出，对村庄道路状况非常满意、满意的农户比例，无论是东部地区、中部地区，还是西部地区、东北地区，都有一定幅度的下降。非常

满意的农户比例东部地区下降了1.62个百分点、中部地区下降了3.01个百分点,西部地区下降了3.70个百分点,东北地区下降了0.36个百分点;满意的农户比例东部地区下降了3.08个百分点、中部地区下降了2.99个百分点,西部地区下降了0.23个百分点,东北地区下降了4.00个百分点。

表16　不同区域农村居民对村庄道路状况的满意度及变化　　　单位:%

区域	年份	非常满意	满意	一般	不太满意	非常不满意
东部地区	2019	38.84	43.06	7.73	6.68	3.69
	2021	37.22	39.98	14.71	5.24	2.57
	变化	-1.62	-3.08	6.98	-1.44	-1.12
中部地区	2019	29.59	52.16	7.24	5.72	5.29
	2021	26.58	49.17	16.80	5.92	1.38
	变化	-3.01	-2.99	9.56	0.20	-3.91
西部地区	2019	26.96	49.35	6.88	7.90	8.91
	2021	23.26	49.12	14.72	8.66	4.23
	变化	-3.70	-0.23	7.84	0.76	-4.68
东北地区	2019	17.16	54.69	10.72	11.26	6.17
	2021	16.80	50.69	15.15	11.57	5.79
	变化	-0.36	-4.00	4.43	0.31	-0.38

(四) 对村庄生活环境状况的满意度

农村人居环境整治有效地改善了居民生活环境状况,提升了农村居民的生态福祉。因此,分析农村居民对村庄生活环境状况的满意度,可以从中发现问题并解决问题,进一步提升农村生活环境质量,满足人民日益增长的美好生活需要。

1. 总体情况

调查数据表明,2021年的3712个农户样本中,对村庄生活环境状况非常满意的农户比例为27.53%,满意的农户比例为49.87%,不太满意、非常不满意的农户比例分别为2.69%、1.78%。

农村人居环境现状分析

从动态来看，与2019年相比，对村庄生活环境状况非常满意的农户比例下降了0.16个百分点，满意的农户比例下降了7.23个百分点，认为一般的农户比例增加了8.29个百分点，不太满意、非常不满意的农户比例分别下降了0.22个百分点、0.78个百分点（见图15）。

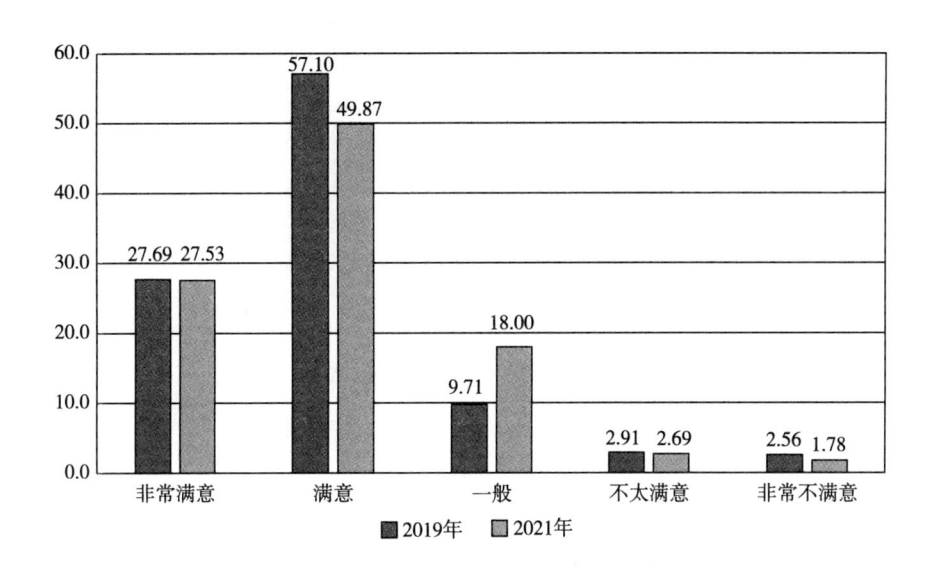

图15 农村居民对生活环境状况的满意度

2. 区域层面

不同区域地质地貌特点不同，社会经济发展水平各异，再加上村风民俗的不同，农村生活环境状况也存在不同之处。从共性来看，就是农村居民对村庄生活环境状况非常满意、满意的农户比例较高，而不太满意、非常不满意的农户比例较低。具体而言，对村庄生活环境状况非常满意的农户比例，东部地区为37.13%，高于27.53%的全国平均水平，中部地区、西部地区及东北地区，分别为25.34%、24.56%、15.70%，均低于全国平均水平；对村庄生活环境状况满意的农户比例，东部地区为41.73%，中部地区为53.03%，西部地区为52.90%，东北地区为55.10%。从差异性来看，对村庄生活环境状况非常满意的农户比例，从东部地区到中部地区，再到西部地区、东北地区，依次递减，而且彼此之间具有一定的差距（见图16）。

445

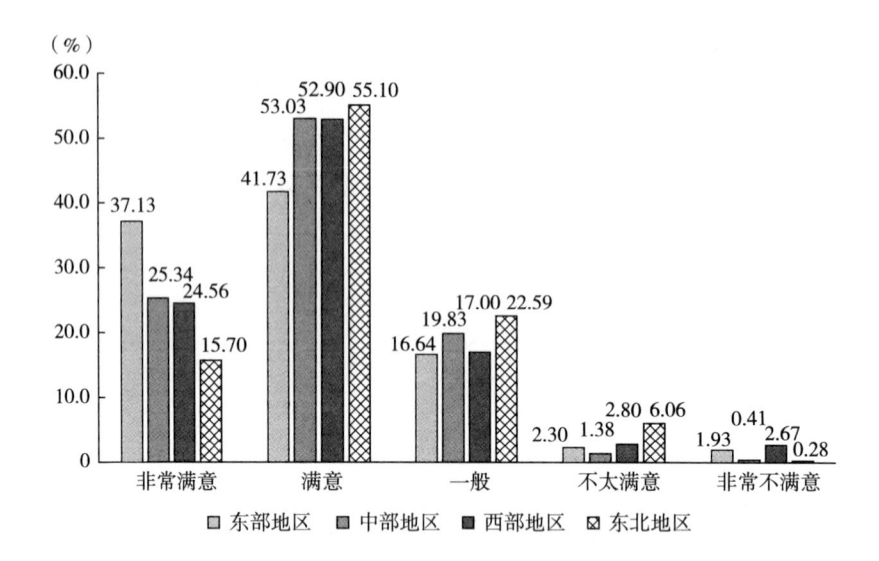

图 16　不同区域农村居民对生活环境状况的满意度

表 17 是不同区域农村居民对村庄生活环境状况满意度变化情况。

表 17　不同区域农村居民对生活环境状况的满意度及变化　　　单位：%

区域	年份	非常满意	满意	一般	不太满意	非常不满意
东部地区	2019	36.01	52.48	7.76	2.53	1.22
	2021	37.13	41.73	16.64	2.30	1.93
	变化	1.12	-10.75	8.88	-0.23	0.71
中部地区	2019	28.05	59.04	8.57	1.64	2.70
	2021	25.34	53.03	19.83	1.38	0.41
	变化	-2.71	-6.01	11.26	-0.26	-2.29
西部地区	2019	24.06	57.05	11.32	3.97	3.60
	2021	24.56	52.90	17.00	2.80	2.67
	变化	0.50	-4.15	5.68	-1.17	-0.93
东北地区	2019	15.19	66.76	12.32	3.15	2.29
	2021	15.70	55.10	22.59	6.06	0.28
	变化	0.51	-11.66	10.27	2.91	-2.01

三 政策建议

根据上述评价结果,确保农村人居环境整治提升取得成效并具有可持续性,提出如下政策建议。

第一,开展农村人居环境整治状况普查。农村人居环境整治三年行动方案结束之后,又开始了整治提升的五年行动方案,为实现预期目标,根据调研中发现的问题,需要对前期农村人居环境整治成效进行全面普查,以确定存在的关键问题;除此之外,需要对农村集中式生活污水处理设施和农村黑臭水体进行大排查,以建立完善的农村生活污水处理设施运行情况台账,逐步实现农村生活污水处理设施运行排查工作常态化、农村黑臭水体整治后的日常监管工作常态化,确保农村人居环境整治提升取得成效。

第二,科学确定农村人居环境整治提升的优先序。根据不同村庄农村人居环境整治的现状以及存在的问题,剖析问题背后的原因,以满足农村居民需求为原则,确定农村人居环境整治提升的优先序,并采取有效措施加以实施,确保工程质量以及效益的发挥。

第三,因地制宜选择农村人居环境整治提升的模式。依据不同区域农村人居环境的实际情况,因地制宜地选择设施、模式,确保这些设施功能的发挥及可持续性。理性对待浙江"千村示范、万村整治"的经验,学习其先进的理念、系统完善的管理制度,结合本地区实际,确定适宜的模式。

第四,建立农村人居环境整治提升的长效机制。从实践来看,建立农村人居环境整治提升的长效管护机制,已具有一定的基础。针对农村人居环境整治提升的时代需求,要进一步健全与完善长效管护机制的内容,形成有制度、有标准、有队伍、有经费、有监督的长效管护机制,以高质量推进农村人居环境整治提升。

参考文献

黄鑫、于法稳:《农村人居环境状况分析》,载魏后凯《中国乡村振兴综合调查研究报告(2021)》,中国社会科学出版社2022年版。

颜迪、罗楚亮：《支出弹性、消费升级与消费不平等》，《北京工商大学学报》（社会科学版）2023 年第 2 期。

于法稳等：《面向 2035 年远景目标的农村人居环境整治提升路径及对策研究》，《中国软科学》2022 年第 7 期。

中国农业绿色发展研究会、中国农业科学院农业资源与农业区域研究所：《中国农业绿色发展报告（2022）》，中国农业出版社 2023 年版。

致　　谢

2019年以来，受中国社会科学院重大经济社会调查项目资助，农村发展研究所中国乡村振兴调查（英文简称CRRS）团队在全国完成了两轮农村追踪调查。CRRS数据为国家政策咨询和学术研究提供了丰富的一手资料，已经在国内"三农"领域逐步形成了一定的社会影响力。CRRS样本分布在全国10个省份50个县（市）的300个村庄，此次调查又正值全国新冠疫情，样本追踪调查的难度进一步加大，能够顺利完成且达到近80%的样本追踪率实属不易。这与被调查地区相关单位的协调配合以及兄弟院校、科研院所的大力支持是分不开的。

感谢中国社会科学院科研局长期以来对CRRS的支持。没有科研局大量的资金支持，开展如此大规模的追踪调查是难以想象的。

感谢中央农村工作领导小组办公室和各省份党委农村工作领导小组办公室、农业农村厅等相关单位的协调配合。中央农村工作领导小组办公室高度重视和关心此次调查，在组织协调等方面给予大力支持。黑龙江省农业农村厅、浙江省农业农村厅、安徽省农业农村厅、山东省农业农村厅、河南省农业农村厅、中共广东省委农村工作领导小组办公室、四川省农业农村厅、中共贵州省委农村工作领导小组办公室、陕西省农业农村厅、宁夏回族自治区党委农村工作领导小组办公室、宁夏回族自治区农业农村厅等在实地调研中积极协调，在组织方面给工作开展提供了坚实的保障。

感谢被调查县（市、区）党委政府以及"三农"主管部门的积极配合。这些单位安排专人协助课题组深入样本点开展一线调查，极大地提高了样本追踪率，包括：黑龙江省同江市、宝清县、方正县、富裕县、望奎县；浙江省慈溪市、嘉善县、建德市、缙云县、开化县；安徽省肥西县、凤台县、黟县、石台县、涡阳县；山东省招远市、昌邑市、临邑县、临沭县、郓城县；河南省淇县、栾川县、确山县、杞县、叶县；广东省惠阳区、鼎湖区、乳源县、廉江市、丰顺县；四川省郫都区、夹江县、万源市、三台县、金川县；贵州省开阳县、万山区、晴隆县、平塘县、凤冈县；陕西省志丹县、城固县、米脂县、礼泉县、蒲城县；宁夏回族自治区惠农区、盐池县、贺兰县、彭阳县、海原县等。

感谢来自兄弟院校和科研院所的师生。他们或与课题组老师一并带队调查，或积极协助招募调查队员，为课题组输送了大量认真负责的调查队员，保证了调查数据的质量。他们是来自安徽工业大学、安徽农业大学、东北农业大学、贵州大学、华南农业大学、华中农业大学、南京农业大学、四川农业大学、中国农业大学、中国社会科学院大学（按照首字母排序）等60余所高校的250余名师生。受篇幅所限，不在此一一列出。